绍兴文理学院越文化研究院（浙江省哲社重点研究基地越文化传承与创新研究中心）
《中国越学》编委会

顾　　问　安平秋　黄　霖

委　　员　（按姓氏笔画排列）

　　　　　干春松　李圣华　汪俊昌　陈　巍

　　　　　寿永明　周鸿勇　胡朋志　赵敏俐

　　　　　俞志慧　钱　明　高利华　诸凤娟

　　　　　章越松　潘承玉　廖可斌

主　　编　汪俊昌

执行主编　诸凤娟

责任编辑　钱汝平

中国越学

【第十五辑】

ZHONGGUO YUEXUE

主　编◎汪俊昌
执行主编◎诸凤娟

中国社会科学出版社

图书在版编目(CIP)数据

中国越学.第十五辑/汪俊昌主编. —北京：中国社会科学出版社，2023.12

ISBN 978-7-5227-2753-0

Ⅰ.①中… Ⅱ.①汪… Ⅲ.①文化史—研究—浙江 Ⅳ.①K295.5

中国国家版本馆CIP数据核字(2023)第223496号

出 版 人	赵剑英
责任编辑	郭晓鸿
特约编辑	杜若佳
责任校对	师敏革
责任印制	戴 宽
出　　版	中国社会科学出版社
社　　址	北京鼓楼西大街甲158号
邮　　编	100720
网　　址	http://www.csspw.cn
发 行 部	010-84083685
门 市 部	010-84029450
经　　销	新华书店及其他书店
印　　刷	北京君升印刷有限公司
装　　订	廊坊市广阳区广增装订厂
版　　次	2023年12月第1版
印　　次	2023年12月第1次印刷
开　　本	880×1230　1/16
印　　张	17.75
插　　页	2
字　　数	385千字
定　　价	109.00元

凡购买中国社会科学出版社图书，如有质量问题请与本社营销中心联系调换
电话：010-84083683
版权所有　侵权必究

目 录

舜水学与阳明学:越文化融入东亚文明圈的两座丰碑 …………… 钱 明(1)
学术之余不忘经世思考的章学诚 ……………………………… 钱茂伟(23)
"更生于越"与"开拓越学"
　　——再论鲁迅与越文化的精神联系 ……………………… 黄 健(39)
"宋韵"溯源
　　——兼谈"宋韵文化"的学科属性 ………………………… 张宏敏(48)
州城、行在、辅郡:南宋初越州城市景观变迁研究 ……………… 朱国兵(58)
元朝末年的绍兴行御史台及其与周边群雄关系研究 …………… 邓文韬(69)
"余姚三黄子"与刘宗周以及蕺山学派 …………………………… 张天杰(77)
陶望龄与李贽的人际交往和思想交集 …………………………… 李会富(90)
明清绍兴城市水环境问题及其治理 ……………………………… 张 权(101)
明清时代绍兴地区文人社团类型概述 …………………………… 佘德余(117)
雍正《宁波府志》研究 ……………………………… 沈松平 李晶晶(128)
李慈铭的游赏及游记 ……………………………………………… 张桂丽(142)
傅以礼《华延年室题跋》漏收题跋辑释 …………………………… 廖章荣(161)
晚清章回小说《绘芳录》考究 ……………………………………… 朱 刚(168)
新发现的鲁迅佚简及其有关的绍兴元素 ………………………… 裘士雄(178)
梁漱溟与马一浮中西文化观比较 ………………………………… 王一胜(192)
论越地婚俗中的"主顾老嫚"与"送嫁老嫚" ……………………… 谢一彪(211)
从新昌调腔旧抄本浅谈舞台本曲本的整理 ……………… 卢柯同 彭秋溪(227)
越地治村型乡贤主导下的村治
　　——以浙江省绍兴市上虞区祝温村为分析个案 ………… 裘 斌(261)

· 1 ·

舜水学与阳明学:越文化融入东亚文明圈的两座丰碑

钱 明

【摘要】 朱舜水曾否认与朱熹有血缘关系,这一方面反映了他务实而不好虚荣、倔强而自作主张的性格特征;另一方面也在某种程度上表征了他想与朱子学保持距离以树立自主形象的原则立场。但朱熹毕竟是舜水心仪的对象,所以舜水对朱子的批评,也显得比较隐晦含蓄。本文认为,朱舜水应被划入朱王折中者的序列。不过舜水所主张的朱王调和论,并非朱王两可论,而是朱王协调论。他从自己的立场出发,对朱王既有批评又有褒扬,既有离弃又有汲取,并把主要矛头分别对准朱、王之后学,以复兴孔子儒教为旨归。朱舜水对阳明学的态度可有两种解读:一种是舜水推崇王阳明而在日本传播阳明学;另一种是舜水受到王阳明的感染而自觉不自觉地与阳明精神相吻合。而是否传播阳明学与是否受到阳明精神的感染是两个不同性质的问题。本文认为,舜水不仅受过阳明思想的感染,而且对阳明的态度亦是崇奉胜于担忧,赞赏多于批评。他批评的主要对象是阳明后学中的所谓"狂禅派"(或称"现场派")。对待王阳明,舜水的心理总的来说是比较矛盾的,一方面他与阳明在思想个性上有较大差异,对阳明学说持基本否定态度;另一方面他又在情感人格上十分敬重阳明,对阳明卓越的政治军事才能更是赞扬有加。因此,在舜水体内又存有不少与阳明相同的基因,最突出的便是两人共同推崇的豪杰精神。对于时隔一百余年,出生地只相隔数百米,从小就耳濡目染先贤事迹长大的朱舜水来说,与王阳明有着相近相通的情感世界和时代关切。尽管舜水学对于阳明学有理性批判的要求,但在感情世界中舜水又会时不时地流露出对阳明的尊崇和赞赏。因为在舜水心中,阳明毕竟是他的同乡先贤,即使出于对阳明的崇拜心理以及两人所共处的成长环境,也绝不能让阳明精神失传荒芜。对阳明及其学说,舜水是理性上的批评者,感性上的同情者。他表面上对阳明及其学说屡有批评,实际上却对阳明怀有很深的惺惺相惜之情甚至推崇之意。

【关键词】 王阳明 朱舜水 朱王折中 阳明学观

王阳明（1472—1529）及以其为代表的"阳明学"与朱舜水（1600—1682）及以其为代表的"舜水学"，是秦汉以来绵延两千余年的"浙学"长河中最具"越境"文化意义的思想学派，堪称近世东亚文明共同昌盛的一座丰碑。本文拟从宁波地域文化的论域中检视舜水学与阳明学之间的隶属关系，并在近世东亚文化交流的背景下考量两者的互动交融关系，进而以此为参照，来考察儒家思想文化的跨地域传播及其为适应域外文化气候和土壤条件而呈现出的相对于母文化而言的"在地化"取向。

众所周知，在16世纪至18世纪的东亚文明中，朱子学是一个巨大存在，不论在学术精神层面还是社会政治层面，亦无论赞成者还是反对者，都必须通过朱子学才能融入东亚文明体系，中、日、朝（指整个朝鲜半岛）、越、琉球概莫如此。然日本的朱子学在江户初期仍属于佛教僧侣的特权。平民出身的朱子学者林罗山（1583—1657）起初也是僧人，直到16世纪战国时代佛教地位下降之后，以林罗山为代表的新型知识群体才转而以讲习儒学（尤其是朱子学）为业，从而使朱子学上升为德川幕府的正统学问。但幕府并未在各藩强制推行朱子学，诸藩国的大名们不过是在遵循幕府治国理念的名义下才把朱子学确定为藩政的指导思想，而阳明学只是在与中江藤树（1608—1648）有关联的冈山、对马、会津、大洲等藩被采用。把阳明学作为主导，是迟至江户末期才在盛冈、宇都宫、村上、高田、金泽、福井、广岛、岩国、长府、熊本、高知、佐贺、秋月等藩上演的大戏。在朱舜水移居日本的二十余年间，正是幕府推行朱子学最为积极的时期，就连冈山藩这样的有池田光政（1609—1682）领导、中江藤树高足熊泽蕃山（1619—1691）辅佐的把阳明学作为指导思想的著名藩国，[①] 也因蕃山等的离去以及幕府的干涉，而转向以朱子学为主导。朱舜水就是在这样的大环境下传布儒家学说，教授东瀛弟子于九州、京畿地区的。然而，正是因为朱子学、阳明学、佛学、古学乃至神道教之间这种犬牙交错的关系，才使得舜水思想的隶属问题变得扑朔迷离。

有关朱舜水思想的隶属问题，历来众说纷纭，有说隶属阳明学的，有说隶属朱子学的，还有说隶属传统儒学的，更有说隶属明清实学思潮的。因为这已超出本文的讨论范围，所以不作梳理与评判。本文将重点考察朱舜水对王阳明及阳明学的态度及其所持的朱王折中论。

[①] 按：冈山藩在池田光政执政的十余年间（1645—1657），由于有熊泽蕃山的辅政而使阳明学说迅速在藩内传播开来。起先池田光政欲聘请中江藤树来藩国指导藩政，后因藤树"老母有病在身，无法远离乡里"而未果，于是由其长子宜伯、次子仲树、季子常省以及熊泽蕃山、蕃山弟熊泽泉仲爱等阳明学者作为代表先后来到冈山。这些人在冈山期间均得到了光政的优厚礼遇，光政还为他们开设了"花畑教场"，以讲授阳明学说。从当时制定的《花园会约》中可以看出，冈山藩重视的是阳明学说中"行"的方面。如《花园会约》云："诸于武士之德，而不勤于武士之业，乃良知之耻也。其德，以有心谓仁义，以显于天下之事业谓文武。故明其德而有慈爱，是文德也；明其德而为勇强，是武德也。明良知之本，则此德备于我也。是故今诸君子之约以致良知为宗。"这说明，池田光政所推行的阳明学，把"行"视为"致良知"的核心，主张文德与武德相统一的"勇强"，而视只说不做、文武脱节者为可耻之人。尤其值得肯定的是，当时江户幕府主要推行武士教育，而像冈山这样远离政治中心的藩国，则主要推行庶民教育，冈山藩所设立的闲谷学校就是以庶民教育为宗旨的（参见［日］难波征男《在日本的阳明学之展开——池田光政与闲谷学校》，《王学研究》2009年第3期）。这些主张与实践应该说皆与阳明学有某种联系，亦与朱舜水的主张有颇多相似之处。

一　朱王折中的基本立场

朱舜水尝与其门人有过一则耐人寻味的对话。安东守约问舜水是否为"文公之后"，后幕府儒官人见节（竹洞，1637—1696）可能出于政治考虑，干脆在《赞舜水朱先生》文中称舜水为"明宗室端肃王之裔，而世为道学之家"①，即把舜水先祖与明王室及道学宗师朱熹联系在一起。其实舜水本人在回答守约的提问时，只承认前者而否认后者，这在舜水的《答安东守约问三十四条》中有明确记载：

> 问：老师姓朱氏，文公之裔否？答：寒族多为此言。丙子、丁丑年间，得家谱，言文公子为敝邑令，家于余姚，惟一世不清楚，像、赞、诰、敕、国玺，班班可考也。阖族俱欲附会，独不佞云："只此一世，便不足凭。"且近不能惇睦九族，何用妄认远祖？……文公新安人，不佞余姚人，若能自树立，何必不自我作祖？若弃其先德，则四凶非圣贤之裔乎？②

后舜水又在《答源光国问十一条》中作了进一步阐释：

> 仆族人谓寒宗为晦庵先生之系，其子为余姚令，故留居于此；持其诰敕、画像、家谱来证。中间惟有一世不明白，举宗尽欲从之，惟仆一人不许，谓一世不明，其不足据便在于此，且子孙若能自立，何必文公？如其不孝，虽以尧、舜为父，只得丹朱、商均耳。③

实际上，朱舜水否认与朱熹有血缘关系，一方面反映了他务实而不好虚荣、倔强而自作主张的性格特征；另一方面也在某种程度上表征了他想与朱子学保持距离以树立自主形象的原则立场。在舜水看来，重要的是德行，而非门户，是自身的努力，而非出身的贵贱，这是他做人的基本原则。

在与朱熹保持距离的同时，朱舜水还时不时地会针对朱熹讽刺挖苦几句："不佞质性庄严，不能自化，每每以此为病，贤契岂可复蹈之？且'足容必重，手容必恭'，《礼》特言其大要尔。自朱子言之，俨然泥塑木雕，其复可行于世？"④ 并且针对程朱的"格物穷理"说评头论足几句："幸遇台台（指木下贞干），文苑之宗，人伦之冠，博综夫典谟、子、史，研穷乎孔、孟、程、朱。……身体力行，无须拾格致之余瀋；意诚心正，自能祛理气之肤言。"⑤ 这应该是宋儒之学被他归谬为"终不曾做得一事"之

---

① 朱舜水著，朱谦之整理：《朱舜水集》，中华书局1981年版，第209页。
② 朱舜水著，朱谦之整理：《朱舜水集》，中华书局1981年版，第398页。
③ 朱舜水著，朱谦之整理：《朱舜水集》，中华书局1981年版，第348页。
④ 朱舜水著，朱谦之整理：《朱舜水集》，中华书局1981年版，第190页。
⑤ 朱舜水著，朱谦之整理：《朱舜水集》，中华书局1981年版，第203页。

"无用之学"的重要原因。

从表面上看，朱舜水是以孔、孟、程、朱为穷研对象，称赞"朱子道问学、格物致知，于圣人未有所戾"，①认为安东守约是孔、孟、程、朱"之灵之所钟，岂以华夷、近晚为限"，②显露出维护朱子学正统地位之用意。但实际上却是把空洞的"格物穷理"视为多余的东西，所谓"拾格致之余沘""祛理气之肤言"，其实都是针对程朱理学而言的。在舜水看来，把格致、理气"说向极微极妙处"的程朱理学，是"使智者訾为刍狗，而不肖者望若登天，则圣人之道必绝于世矣"。他还对安东守约说过：

> 先儒将现前道理每每说向极微极妙处，固是精细工夫。不佞举极难重事，一概都说到明明白白、平平常常来，似乎肤浅庸陋。……然圣狂分于毫厘，未免使人惧。不佞之言，"人皆可以为尧舜"之意也。……末世已不知圣人之道，而偶有向学之机，又与之辨析精微以逆折之，……贤契尚须于此体认，择其优者而从事焉。③

所谓"择其优者而从事"，就是要守约选择平实简易的传统儒学，而不要盲从"极微极妙"的程朱理学。舜水的这一立场，不仅可用来解释他为什么对伊藤仁斋会先行礼节性赞誉而旋即不以为然——这是因为，仁斋表面上批判朱子学，还首次在日本将儒家经典结构由"四书"改变为《语》《孟》，并用"尽废宋儒注脚"的呼号给日本儒学界以极大震撼，但实际上在很多概念、范畴和理论框架上都未脱却朱子学之窠臼；而舜水对仁斋不满，与朱子学不无关系。其实舜水在日本所发挥的作用与仁斋有颇多相似之处，即使从两人共有的"古学"倾向和"实学"追求看，舜水对仁斋的宋学归谬，亦多少有违事实。④同时也可用来说明舜水为什么会对敬奉孔子儒教的日本大加赞赏，而对敬奉朱子学的朝鲜李朝不以为然。⑤舜水曾在《圣像赞》中声称：

> 然在中国，帝王之治或有盛衰，则仲尼之道固有明晦。况在日本，小学而法

---

① 朱舜水著，朱谦之整理：《朱舜水集》，中华书局1981年版，第84页。
② 朱舜水著，朱谦之整理：《朱舜水集》，中华书局1981年版，第174页。
③ 朱舜水著，朱谦之整理：《朱舜水集》，中华书局1981年版，第181页。按：朱舜水的"明明白白、平平常常"之道以及对孟子"人皆可以为尧舜"的赞同，与王阳明的主张完全一致。由此亦可看出，舜水血液里的确流淌着阳明的基因。
④ 按：童长义曾对朱舜水四封问学书函与仁斋自记的《同志会笔记》第二十七、《读予旧稿》及其长子伊藤东涯撰《古学先生行状》三篇进行思想学术的分析对比后认定，伊藤仁斋的确受到朱舜水的很大影响，而从仁斋著述中往往使用与舜水相同的语词并表现出相同的思想这点也能看出，仁斋身上的确有舜水的影子（参见童长义《德川大儒伊藤仁斋与明遗臣朱舜水》，《中国历史学会史学集刊》第30期）。
⑤ 按：其实当时的德川幕府亦与朝鲜李朝一样以朱子学为宗，只是表现得较为宽松而呈现出文化多元主义之特征罢了，这与日本特有的幕藩体制和法权分离的政治结构密不可分（参见拙著《胜国宾师——朱舜水传》第四章第二、三节）。又：朱舜水的朝鲜观与江户时期日本人的朝鲜观有一定联系，当时像倡导古学、兵学的山鹿素行，阳明学者熊泽蕃山等，都对朝鲜持蔑视态度（参见罗丽馨《十九世纪以前日本人的朝鲜观》，载徐兴庆编《东亚知识人对近代性的思考》，台湾台大出版中心2009年版，第51—57页）。

立，气果而轻生，结绳可理，画地可牢，前乎此，未闻有孔子之教也。故好礼义而未知礼义之本，重廉耻而不循廉耻之初。一旦有人焉，以孔子之道教之，行且民皆尧舜，比屋可封，宁止"八条"（按：指朱熹《四书章句集注》所推崇的"八条目"）之教朝鲜而已哉！①

笔者据此认为，如果硬要在朱、王之间为舜水做选择，那还不如将其划入朱王折中者的序列较为合适。比如朱熹解"格"为"至"，阳明解"格"为"正"，而舜水则认为"格兼至、正二义"；"至、正有相兼之义，非以正物也"。②调和朱王的意图昭然若揭。再比如，在阐释"博"与"约"、"一"与"多"的关系时，舜水的立场亦介于朱、王之间：

> 为学初时贵博，后来渐渐贵约。初时五经，后来有专经。一经之中，得力止在数语。譬之水海极浩瀚矣。观乎海者难为水，游于圣人之门者难为言。若不穷极河源，未为知水之本也。贤契当取数种书，熟读精思，后来渐到至一至约上去为妙。若生吞活剥，虽穷万卷，与不读所争不远。又重在践履，所谓身体而力行之，不然，又无用也。③

折中朱王的倾向极为明显。不过舜水所主张的朱王调和论，并非朱王两可论④，而是朱王协调论。他从自己的立场出发，对朱王既有批评又有褒扬，既有离弃又有汲取，并把主要矛头分别对准朱、王之后学，以复兴孔子儒教为旨归。这样的朱王观，谓之"折中"，略显平和，实可视为"扬弃"！

当然，朱熹毕竟是舜水心仪的对象，所以舜水对朱子的批评，也显得比较隐晦含蓄。比如明朝制深衣，一般法《文公家礼》⑤而不法《礼记》，照《家礼》制成的深衣，就连"王阳明门人亦服之"。但在舜水看来，"《家礼》所言自相矛盾，成之亦不易，故须得一良工精于此者，方能为之"。⑥虽然舜水批评的是《文公家礼》，针对的是制衣技术上的问题，与思想学问关系不大，⑦但若联系到阳明门人中像王艮（1483—1541）、王畿（1498—1583）、钱德洪（1496—1574）等喜穿奇装异服而行事的惊世骇俗之举，那就不能不使人对舜水的真实指向有所怀疑。它至少向我们透露出：舜水在批

---

① 朱舜水著，朱谦之整理：《朱舜水集》，第560页。
② 朱舜水著，朱谦之整理：《朱舜水集》，第412、413页。
③ 徐兴庆编：《朱舜水集补遗》，台湾学生书局1992年版，第159页。
④ 朱舜水曾针对安东守约的"其所入不同，而其所至者一也"的朱陆观批评说："至于更为朱陆两可之见，则大非矣。世间道理唯有可不可二者，无两可者也。"（徐兴庆编：《朱舜水集补遗》，台湾学生书局1992年版，第64页）
⑤ 关于《文公家礼》真伪问题的争论，可参见庄凯雯《朱舜水论"亲亲尊尊"二系并列的情理结构——以母子、夫妇关系为主》，"2008年经学与文化研讨会"会议论文，台湾中兴大学中国文学系主办，第71—72页。
⑥ 参见朱舜水著，朱谦之整理《朱舜水集》，第417页。
⑦ 就连朱舜水自己也承认："至若深衣之制，亦只学圣之粗迹耳。"（《朱舜水集》，第404页）

评阳明学的同时，并没有放过程朱及其后学。同时也说明：舜水是传统儒学的坚定捍卫者，而非程朱理学的真实信徒。正因为此，舜水才会在把《性理大全》《文公家礼》赠与安东守约的同时①，又在儒家礼制上强调"不采《家礼》"的原则立场。对于《文公家礼》，其弟子安积觉的《答荻生徂徕书》中也记载了一段与制深衣立场相同的话：

> 先侯（指光圀）尝问朱文恭（指舜水）以五庙之制，文恭不采《家礼》，其言曰："《家礼》乃庶士官司之礼，岂所以施于诸侯者哉？"……文恭不专尚程朱，往往此类是也。②

据《礼记》庙制：天子七庙，三昭三穆与太祖之庙而七（祖先崇拜）；诸侯五庙，二昭二穆与太祖之庙而五；大夫三庙，一昭一穆与太祖之庙而三；士一庙，庶人祭于寝。此庙制也。水户藩为诸侯国，故光圀借以五庙之制。舜水认为应以《礼记》为据，而不应以朱子《家礼》为据，因为《家礼》"乃庶士官司之礼"。舜水此处虽针对儒家庙祀制而发，与朱子学的思想学说无甚关系，但还是流露出他对代表传统儒学的礼经与代表近世儒学的《家礼》所持的不同立场。也就是说，舜水"不专尚程朱"，是因为他处处以原生态的儒学为基准。换言之，与阳明"背叛"程朱是基于心学的立场不同，舜水"背叛"程朱是基于传统儒学的立场。前者可以说是对程朱理学的创造性转换，而后者只能说是对程、朱、陆、王之学的复归性脱离。从思想史的意义说，舜水学显然比不上阳明学，但从社会史的意义看，舜水学又并不亚于阳明学。况且舜水"不专尚程朱"的立场，还对日本古学派的代表人物荻生徂徕（1666—1728）产生了间接的影响："时茂卿（徂徕）首倡古学，自树门户，视朱学之徒犹仇雠。"③ 从而在一定程度上使之成了日本古学派的创始人之一。而古学派与阳明学派、水户学派一样，都是日本走出中世纪、迈向近代化的思想发动机。舜水学对日本近代所产生的效应，就是在这种潜移默化、隐隐约约中发生的。

比较而言，对待宋儒，朱舜水赞赏的是周敦颐和程颢，轻视的是程颐和朱熹。他称赞周敦颐"推'太极'、'无极'以寄肥遁，意深远矣"；称赞程颢是"学贵有用，先生之学则有用；学贵不阿，先生之学则不阿"④；比较二程朱子是"明道先生甚浑厚宽恕，伊川先生及晦庵先生，但欲自明己志，未免有吹毛求疵之病"⑤。他写了《周濂溪像赞》三首、《程明道像赞》二首，还为神农氏、姜太公、周公、孔子、颜子、曾子、子思、孟子、孙武、萧何、张良、樊哙、苏武、诸葛亮、陶渊明、杜甫、司马光、苏轼、岳飞等写过像赞，几乎把历史上的儒家文武圣贤都写了个遍，但就是不为程颐、朱

---

① 就连朱舜水自己也承认："至若深衣之制，亦只学圣之粗迹耳。"（《朱舜水集》，第404页）
② 《朱舜水集》，第768页。按：安积觉在《答荻生徂徕书》中又说："文恭务为古学，不甚尊信宋儒，议论往往有不合者，载在文集，可征也。"（引自［日］原念斋《先哲丛谈》卷五《安积觉》，日本有朋堂书店1928年版，第273页）
③ 朱舜水著，朱谦之整理：《朱舜水集》，第824页。
④ 朱舜水著，朱谦之整理：《朱舜水集》，第568—569页。
⑤ 朱舜水著，朱谦之整理：《朱舜水集》，第402页。

熹写像赞。他对宋儒皆有批评,唯独认为周敦颐"无可议",对程颢不可"吹毛求疵";尤其对程朱末流,批判锋芒更是犀利:

> 即言洛、闽之徒,失其先王本意,以致纷然聚讼,痛愤明室道学之祸,丧败国家……无限低徊感慨故耳,未尝自叛于周、程、张、朱也。即使其中指摘一二,亦未为过。不闻"君子和而不同"乎?①

在舜水看来,思想是不能故步自封的,对前人的学术成就切不可人云亦云,墨守成规,而必须根据实际需要,随时世之变而变。所谓"晦庵先生之于程氏两夫子,虽曰私淑诸人,然崇奉而蓍蔡之者,莫过于此矣。及其著书立言,未尝率由无改,且有直纠其失者。……及今世远事殊,而必于葫芦画样,吾恐其谬于圣贤者不啻千里矣"②,便是舜水对包括朱子学在内的所有思想学说的基本态度,也是对处于官学朱子学思想控制下的日本学人的最及时忠告。日本后来走向了与中、朝两国不同的近代化道路,不能不说与舜水的及时忠告有一定关联。

依笔者之见,朱舜水赞扬周敦颐、程颢而轻视程颐、朱熹,可能与周子、大程思想中有浓厚的心学成分,连阳明对他们也另眼相看不无关系。比如舜水曾强调说:"存心贵实,善性欲灵。不实无以立其本,不灵无以造于虚。"③ 这就活脱脱把一个"准心学家"的立场和观点和盘托出!故此可以说,舜水推崇谁或褒扬谁而反感谁或反对谁,归根结底是由其内心深处潜藏着的认同心学的情感基础决定的,那种认定舜水隶属朱子学的观点是肤浅而经不起推敲的,因为就连舜水自己也矢口否认"为程朱":"至若以不佞为程朱,不佞问学荒陋,文字粗疏,岂易当此?"④ 这看似谦虚,实吐真言。舜水不想与程朱沾边的真实动机,其实已在其批判宋儒、埋怨程朱的诸多言论中表露无遗。

既然如此,在朱舜水授业目的以传播、普及儒学知识为主,招收门徒一般不受固有门户的限制而只看重德行的前提下,有来自江户前期业已形成的诸多学派的学人成为他的授业对象,那为什么是以朱子学者为多,而独缺当时已活跃于日本学术舞台的中江藤树及其高足熊泽蕃山、渊冈山(1616—1686)等阳明学者呢?难道是因为舜水对当时日本的阳明学者不屑一顾吗?问题的根源恐怕在于:舜水在日本授业始于被聘宾师之后,当时的幕府、水府(即水户)及加贺等大藩皆以朱子学为宗,所谓幕府儒臣和藩儒,大都是朱子学者或是从朱子学转化而来的古学派、国学派,所以舜水直接或间接交往的对象不是朱子学者就是古学派或国学派的代表人物,阳明学者的活动区域远未扩展到这些地区。⑤ 也就

---

① 朱舜水著,朱谦之整理:《朱舜水集》,第111页。
② 朱舜水著,朱谦之整理:《朱舜水集》,第112页。
③ 朱舜水著,朱谦之整理:《朱舜水集》,第569页。
④ 朱舜水著,朱谦之整理:《朱舜水集》,第174页。
⑤ 按:日本阳明学的鼻祖中江藤树,在朱舜水定居长崎前就已过世;藤树的两大高足熊泽蕃山和渊冈山倒是与舜水年龄相近,其学术活跃期亦大致与舜水在江户兴学设教同时,但熊泽蕃山在冈山藩致力于政治改革,而渊冈山则在京都利用京都学馆对武士和庶民进行启蒙教育,两人的学术活动都不在江户,故与舜水没有交结。舜水在江户讲学时,日本阳明学的代表人物北村雪山(1637—1697)曾游学过江户,但并无史料证明舜水与北村有过接触。而到中兴阳明学的代表人物三轮执(转下页)

是说，在舜水的主要活动区域，阳明学者的影响力还十分微弱，甚至还未进入府学、藩学之系统，只是作为中下武士阶层的兴奋点在下层社会传布。因此，与水户学派的德川光圀、安积觉，古学派的伊藤仁斋，朱子学派的安东守约、山鹿素行等不同，日本阳明学者的存在，当时根本还没有进入舜水的视野。①这也是日本有不少学者愿意把舜水列入朱子学范畴的重要原因，同时也是舜水对江户时期的水户学、古学、实学乃至朱子学都产生过影响，而唯独对阳明学未产生影响或影响甚微的根本原因。②

总之，在笔者看来，舜水虽深受浙西吴中文化的影响，有尊朱抑王的倾向，但他身上又带有浙东心学化的史学文化的深刻印记，③而与浙西吴中理学化的才子文化有显著区别。④比如明清时期浙西吴中盛行"以诗取士"，⑤然舜水不爱作诗，⑥尤其反对趋功逐利的辞章之学，⑦这些就与王阳明的主张颇为合拍。应该说，在江户初期朱子学占统治地位的情况下，舜水能够做到不随波逐流、人云亦云，显示出超凡出群的独立人格，的确不易。而他的独立人格后来又进一步在"水户学"（即以史鉴今、以实维新的学术志趣）和"古学"（即诠释和普及传统儒学的价值坐标）上得到了完整体现，这可以说

（接上页）斋（1669—1744）在江户创立明伦堂时，舜水已逝世多年。这就是说，尽管舜水在江户讲学时，日本阳明学已逐渐从京都、大阪影响到江户一带，但并无直接证据证明舜水与日本阳明学者有过直接或间接的交往。舜水的阳明学观，主要是通过他的门人安东守约、佐野回翁、木下贞干、加藤明友、小宅生顺等向他询问阳明学的有关问题时才透露出来的，而这些提问者都是朱子学派或古学派的人，一般都带有明显的倾向性。舜水能在朱子学占据主导地位的京畿地区客观地评论王阳明及阳明学，并对以朱熹为代表的宋儒提出批评，是需要一定勇气的。

① 按：黄心川说朱舜水与日本阳明学派的代表人物也有直接或间接的交往（参见氏著《朱舜水的学术思想及其在日本》，载张立文、町田三郎主编《中日文化交流的伟大使者——朱舜水研究》，人民出版社1998年版，第106页），似显证据不足。

② 覃启勋认为："在重组汉学队伍的过程中，其辐射的箭头未及阳明学派和心学派，这是舜水对自己招收学生和授业原则的印证。从一般的意义上讲，舜水认为文成公'讲良知，创书院，天下翕然有道学之名'，有其可取之处。但是，就日本的阳明学派乃至心学派的学风、主张而言，他不移志而苟同，因为他认为这些学派的主张'高视阔步，优孟衣冠'，不足为训。"（氏著《朱舜水东瀛授业研究》，人民出版社2005年版，第164页）笔者对此不能苟同。因为舜水所谓的"高视阔步，优孟衣冠"（朱舜水著，朱谦之整理：《朱舜水集》，第397页），不仅针对阳明学者，同样亦针对朱子学者，舜水对宋儒空疏学风的批评甚至要超过阳明学者（参见《朱舜水集》，第160、274—275、839、386页）。由此可见，以授业对象的不同来判断舜水对不同学派所持的不同立场是难以成立的。

③ 按：朱舜水虽然没有完整的史学著作，但他对史学价值的认同，与浙东史学派毫无二致，如他说："经简而史明，经深而史实，经远而史近。"（《朱舜水集》，第274页）这实际上为与他同时的黄宗羲等的当代史研究作了最好的注脚。

④ 按：浙西吴中文人的文章可谓明代文风之代表，然而当时的"我邦（日本）文章，多学唐宋，故与明家文章殊不同"（《朱舜水集》，第411页）；"唯迄明家诸公文章，全不相类，终日读之，徒觉聱牙"（《朱舜水集》，第411页）。不惟文章，明人的学问恐怕亦为日人所不齿。这恐怕也是江户学人大都喜爱对宋明儒学皆持批评立场的朱舜水的原因之一吧！

⑤ （清）王鸣盛：《江左十子诗钞》，转引自陈鸿森《钱大昕、王鸣盛、阮元三家遗文拾补》，台湾：《中国文哲研究通讯》2007年第17卷第4期。

⑥ 朱舜水说："如作诗作赋，无益于世道人心，而但逢迎时俗之所好，即其用心已自不肖，岂非不幸耶？"（《朱舜水集》，第403页）

⑦ 朱舜水说："盖有高才而能文章者，志功名，趋利禄，不过以文字取名，终不可入乎圣贤之大道也。若退之、永叔以文章振于当世，然不免于词章之学耳。"（《朱舜水集》，第403页）

是舜水学的重要支撑点,也是舜水学的历史价值之所在。除此之外,舜水学还有两个面向,即一方面舜水学是一门百科学,另一方面舜水学是一门政治学;因百科学而使日本民众受益,因政治学而使水户学、古学、实学兴盛。作为百科学的舜水学,与黄宗羲所要复兴的"绝学"有异曲同工之处。黄宗羲说:"绝学者,如历算、乐律、测望、占候、火器、水利之类是也。郡县之上于朝,政府考其果有发明,使之待诏,否则罢归。"① 可见,所谓"绝学",即百科实用之学,朱舜水向日本人传授的各种技能和实用知识,就是这类"绝学"的重要组成部分。只不过舜水所传授的"绝学",实用性和技术性更强,更易于为低文化者所掌握。

二　与时俱进的阳明学观

朱舜水的王阳明及阳明学观,可以有两种解读:一种是舜水推崇王阳明而在日本传播阳明学,对此笔者已有另文专论并予以否证;另一种是舜水受到王阳明的感染而自觉不自觉地与阳明精神相吻合,本节将着重对这一问题进行深究。其实,是否传播阳明学与是否受到阳明精神的感染,是两个不同性质的问题。依笔者之见,舜水不仅受过阳明思想的感染,而且对阳明的态度亦是崇奉胜于担忧,赞赏多于批评。他批评的主要对象是阳明后学中的所谓"狂禅派"。

对待王阳明,舜水的心理应该说是比较矛盾的。一方面他与阳明在思想个性上有较大差异,对阳明学说持基本否定态度;另一方面他又在情感人格上十分敬重阳明,对阳明卓越的政治军事才能更是褒扬有加。

舜水的出生地余姚龙泉山麓,距离比他早128年出生的王阳明的出生处瑞云楼仅数百米之隔②。"阳明"之号取之家乡的山名③,而"舜水"之号得之故乡的水名。孔子曰:"知者乐水,仁者乐山。知者动,仁者静。知者乐,仁者寿。"可两人的性格却与孔子所言正好相反。喜欢水的舜水,长寿、好静,素以道德家见称;而喜爱山的阳明,则乐学、好动(个别时期除外),素以思想者著称。水的性格是虚而善变,山的性格是实而具象,这也恰好与阳明、舜水之号相背。这就是说,以山名为号的阳明之性格近于"水",而以水名为号的舜水之性格近于"山"。舜水的率真和固执,④ 曾给他带来许多误解和烦恼,而阳明的善于应变、讲求谋略却使他取得了一次次的丰功伟绩。因此可以说,舜水与其常常引以为豪的阳明在性格上有较大差异。

然而,舜水与阳明毕竟生长于同一方水土,而且还是阳明的信奉者施邦曜(1585—1644)的表弟⑤。因此,在舜水体内又存有不少与阳明相同的基因,最突出的便是两人

---

① 沈善洪主编、吴光执行主编:《黄宗羲全集》第1册,浙江古籍出版社1991年版,第19页。
② 据朱舜水说:"王文成为仆里人,燃灯相炤,鸣鸡相闻。"(《朱舜水集》,第635页)
③ 按:阳明之号来源于阳明山或阳明洞。关于阳明山或阳明洞的考证,可详见拙著《王阳明及其学派论考》上篇第一章,人民出版社2009年版。
④ 朱舜水尝自称:"仆好真言,故多唐突。"(《朱舜水集》,第410页)
⑤ 朱舜水《答野节问三十一条》:"问:施邦曜,先生之所亲也,亦在赐谥之中?答:(转下页)

所共同推崇的豪杰精神。豪杰作为儒家的理想人格，由孟子首倡。南宋朱子学者黄震（1213—1281）尝引弟子言称："豪杰而不圣人者有之，未有圣人而不豪杰者也。"[1] 此话据说出自朱熹，然今考《朱子全书》《朱子语类》等著作，均未见朱子对圣贤与豪杰关系的此种设想；且此言一出，即遭黄氏反驳。众所周知，两宋之际陈亮等浙江事功学者已倡导豪杰人格，并产生了一定的社会影响，但程朱学者对此说并不认同。明代王阳明继承和发扬了浙东学术的豪杰精神；[2] "倡道越中，豪杰景从"，[3] 颇具"儒侠身兼"[4]的人格品质，使儒学中的此一传统得以重新焕发。同时，阳明还强化了两种基本素质：一是强烈的社会责任意识，志在担当整个天下国家；二是突出自我意识，坚持独立人格和自我判断力，坚信"己心"即良知本体具备扭转乾坤的能力。阳明尝自视"狂者"，而"狂者"行为即为豪杰精神之俱现。舜水身上亦有浓烈的"儒侠身兼"的人格品质。他"贵乎豪杰之士"，被安南人视为世间少有的"狂人"和"好汉子"，[5] 而且这种精神气质在他定居长崎后仍未改变。1661年他在写给明石源助的信中说：

若使馌于斯、粥于斯、歌于斯、哭泣于斯，则亦世俗之民尔已，非所贵乎豪杰

（接上页）施四老为仆表兄。在围城之外，入城就死。其促家兄曰：'汝领敕已久，何故不出城！此城旦夕间必破，吾特来就死耳。'观此，知其烈，烈过于诸公矣。"（《朱舜水集》，第390页）按：施邦曜（1585—1644），字尔韬，余姚人，人称四明先生。万历进士，不乐为吏，改顺天武学教授，历国子博士，官工部员外郎。调任屯田郎中，耻受阉官节制，请出任漳州知府，后升福建左布政使，官至左副都御史。李自成克北京，自尽身亡。施邦曜倾心王阳明，崇祯八年（1635）在漳州知府任上，尝取阳明著作，分为理学、经济、文章三帙，汇编成《阳明先生集要三编》，共15卷，并略作评注，详加分析，授梓于平和（由王阳明于1517年奏请设县）县令王立准督刻。该书刊刻后，一度成为阳明著作的基本资料，后来翻印阳明全书，也曾以施本作底本。舜水表彰施氏忠烈，而不提其刊刻阳明著作之事，也从一个侧面反映了他对豪杰气概的认同和对朱王之争的回避。

[1] （宋）黄震：《黄氏日抄》卷四十二，文渊阁《四库全书》子部第708册，台湾商务印书馆1975年版，第219页。

[2] 按：明末王思任在致马士英的信中说过一句浙东人士多引以自豪的话："会稽乃报仇雪耻之乡，非藏垢纳污之地！"这也体现了一种豪杰人格。鲁迅说他很喜欢这句话，多次引用，有人作过统计，《鲁迅全集》里一共引用了五次，最为大家熟悉的是《且介亭杂文附集·女吊》开头的那句话（参见《鲁迅杂文全集》，河南人民出版社1994年版，第901页）。又，明儒赵维新称王艮"儒而侠者也"，称陈献章"洒然有儒者风味"，而称王阳明为"天生豪杰……千世之一人也"（赵维新：《感述续录·忠恕第八》，《四库全书存目丛书》子部第91册，齐鲁书社1997年版，第251页）。这与王阳明的再传弟子邓豁渠所说的"阳明振古豪杰，孔子之后一人而已"（[日]荒木见悟整理：《南询录》，第105条，载《中国哲学》第16辑，岳麓书社1999年版，第346页），意思相同，都是对王阳明豪杰精神的充分肯定。

[3] （明）孙应奎：《燕诒录引》，载《燕诒录》卷首，收入《四库全书存目丛书》集部第90册，齐鲁书社1997年版，第532—533页。

[4] 胡秋原：《古代中国文化与中国知识分子》上册，中华书局2010年版，第10页。按：明人陈继儒尝对"侠"者精神作过如下评述："贫贱非侠不振，患难非侠不脱，辟异非侠不解，怨非侠不报，恩非侠不酬，冤非侠不伸，情非侠不合，祸乱非侠不克。"（胡绍棠选注：《陈眉公小品·侠林序》，文化艺术出版社1996年版，第56页）王阳明身上不仅有"侠"者风骨，更有"儒"者气质，是故将其定位为"儒侠"是较为恰当的。

[5] 朱舜水著，朱谦之整理：《朱舜水集》，第19—20页。

之士也。夫千人之中，万人之中，翘翘特拔，谓之豪杰。混混然随波逐流，同声附和，谓之乡人。二者惟足下择而安焉尔！①

尽管日本人中，既有"乡愿"伪善者，又有像明石源助那样在"豪杰""乡愿"之间"择而安"者，但也有真豪杰者，比如在舜水眼里，知己安东守约就称得上这样的豪杰之士，所谓"柳川安东省庵者，真贵国豪杰之士"②也，便是舜水对守约的高度评价。

不难看出，朱舜水身上所体现出的这种豪杰人格，既是为解决当时面临的尖锐社会危机所必须，又是对浙东地域文化包括阳明学精髓之传承。舜水所追求的"翘翘特拔"的豪杰人格其实就是阳明所倡导的"行不掩言"的狂者精神，两者都是基于对自我的高度认同，都表现出与众不同的独立人格。他们之间的差异，只是在于豪杰以担当天下为己任，具有强烈的淑世精神③，而狂者更多地感受到自我与社会的疏离，与世俗对立的情绪较为浓烈。不过在阳明身上，这种差异性表现得并不明显，在一定时期两者甚至还是统一的，直到其高足王畿（1498—1583）等时，豪杰人格与狂者精神才发生了分裂的迹象。王畿身上所体现出来的追求自主意识、自我性命的狂者意识，便与明清之际士大夫身上的豪杰精神有不小的差异性，这也是舜水猛烈抨击王畿而尽量回避直接批评阳明的原因之一。

在朱舜水的时代，传统豪杰精神中的"济世"要素得到了有效放大，从明遗民身上几乎都能找到顾炎武所说的"天生豪杰，必有所任，如人主于其臣，授之官而与以职。今日者拯斯人于涂炭，为万世开太平，此吾辈之任也。仁以为己任，死而后已"④的历史使命感，舜水自然也不例外。但舜水长期漂泊海外，反清活动给他带来的又多是打击和无奈，满腔热情的济世情怀不仅得不到彰显，而且还处处受挫，这给舜水心灵造成的反差和伤害在明遗民中可谓无与伦比。故此，舜水内心深处一直就有的"得数亩田地"，过近似与世隔绝的隐居生活，而把传承古道作为支撑其"救世"愿望的重要选择这样的信念，便愈加强烈起来，使得清人屈大均（1630—1696）在《书逸民传后》中所说的"道之博厚高明，与天地同其体用，与日月同其周流，自存其道，乃所以存古帝王相传之天下于无穷也"⑤的遗民价值观，在他身上得到了最充分的体现。而舜水这种以"传道"代替现实之"济世"、以"小我"代替家国之"大我"的要求方式，也同样出现在阳明一生当中的若干时期。这也可以说是浙东精神留给他们的"遗产"之一吧！

正是基于类似的政治生态和个人心态，使得王阳明和朱舜水都非常赞赏孟子的"反身诸己"说。如阳明主张："惟当反求诸己，苟其言而是欤，吾斯尚有所未信欤，

---

① 朱舜水著，朱谦之整理：《朱舜水集》，第83页。
② 朱舜水著，朱谦之整理：《朱舜水集》，第84页。
③ 参见李瑄《豪杰：明遗民群体的人格理想》，《浙江学刊》2007年第5期。
④ （清）顾炎武著，华忱之点校：《顾亭林诗文集·病起与蓟门当事书》，中华书局1959年版，第48页。
⑤ 欧初、王贵忱主编：《屈大均全集》（第3册），人民文学出版社1996年版，第394页。

则当务求其是，不得辄是已而非人也。"① 舜水亦主张"自反于己"②，直言"反求于身"，"极简当，妙妙"③！其在求道上的简易特征，堪比阳明。所以舜水在不少论述上，几乎用的就是阳明的原话或者阳明的口吻，譬如说："要我胸中自有主裁，何必忌其形迹。圣贤之学，惟患不好，既好之，随其质性所近，必将有得……圣学有不备，一语直透狂夫心髓，的的如是。"④"静坐澄心，亦不必改，亦不当用佛氏本来面目语。"⑤甚至还提出了与阳明相似的"拔本塞源论"：

> 如徒以诛杀为事，而不能使天下万姓晓然明于邪正之辨，而中心诚服焉，是非拔本塞源之论也。乃若吾道泰否、贵国尚武，及仆居贵邦，安望其得行圣人之道三条……⑥

所不同的是，舜水强调的是"圣政体用之学"，而非心性体用之学，而他的"拔本塞源论"，就是为圣政圣教服务的。同理，舜水固然亦与阳明一样强调"心得之学"，主张"本末先后"，当以"躬行心得"为本：

> 然须知学者以躬行心得为主，而润色之以文彩；不可以文字为主，而润色之以德行。能知其本末先后，则庶几矣。⑦

但舜水主要是从"圣政之体"的角度谈论"本体"，反对"舍其政治"，而阳明则主要是从至善良知的角度谈论"本体"，虽不离政事，但一切皆当依附于"致良知"，良知本体的发用流行，即为不离政事。

再进一步，与阳明基于圣学而鄙视辞章之学、基于良知而反对以孔子之是非为是非一样，舜水也是基于"圣政之体"而鄙视诗词文学：

> 今之诗益无用矣，高者宣淫导豫，下者学步效颦。何尝发之性灵？甚至公侯卿相不能禁饬，反舍其政治，习效成风。如东晋清谈，遗落世事……是岂邦家之福哉？故曰：诗不可为也。⑧

或者基于"自有主裁"而反对"以古戾今""泥定传注"：

---

① 吴光、钱明、董平、姚延福编校：《王阳明全集》，上海古籍出版社1992年版，第188页。
② 朱舜水著，朱谦之整理：《朱舜水集》，第190页。
③ 朱舜水著，朱谦之整理：《朱舜水集》，第63页。
④ 朱舜水著，朱谦之整理：《朱舜水集》，第176页。
⑤ 朱舜水著，朱谦之整理：《朱舜水集》，第183页。
⑥ 朱舜水著，朱谦之整理：《朱舜水集》，第313页。
⑦ 朱舜水著，朱谦之整理：《朱舜水集》，第333页。
⑧ 朱舜水著，朱谦之整理：《朱舜水集》，第335页。

至于晦翁之注，自当遵依。《诗序》等但可参看，不敢以古而戾今也。然看书贵
　得其大意，大意既得，传注皆为刍狗筌蹄。岂得泥定某人作何解、某人作何议也？①

　　不难看出，舜水的上述思想与阳明的价值取向是非常吻合的，所彰显的都是自得自主的独立人格。除此之外，舜水还与阳明一样赞赏《大学》古本②，也像阳明那样强调"立志"的重要性："然窃尝闻之于师矣：为学非难，立志为难。志既坚定，则寒暑晦明，贫富夷险，升沉通塞，均不足以夺之矣。"③甚至在为国效忠而习武强身方面，两人也有可比性。

　　朱舜水从小就受家族感染④，喜欢习武，弱冠之年，又特地赴嵩山少林寺习武。他在《源光国字子龙说》中介绍的"瑜弱冠时，瞻仰中岳（即嵩山），历少室（指少室山，与太室山构成嵩山之主体），其上有龙池焉"，⑤即为此推断提供了佐证。一个多月后，舜水又燕居高拱居所⑥，其间是否读过高拱著作，是否受到了主张实学、实政、实理、实事的高拱之笃实学风的影响，⑦尚难定论，但有一点似可确证，即舜水也强调实学、实政、实理和实事，也喜爱武艺，强调"习射非恶事……但须默有主张，自然不为所移"，⑧于是才选择距离嵩山五十多公里的高拱居所做短暂停留。而能够入居高拱家的人，肯定与高家的关系非同一般。估计其兄朱启明或族叔朱澄与高家曾有过交往，舜水不过是靠着长兄或族叔的关系才入住高家，后又与高家的"大兄锦衣君（疑为高拱孙辈）"建立了友谊。⑨《源光国字子龙说》中虽只有舜水在高家"观光"的记录，而无任何研习、求学之记载，但这并不能作为舜水与高家无学问交流的证据。因为舜水原本就有追求自得自主的独立人格，不仅对门户之辨不屑一顾，而且也从不谈及自己的学术来源。据此笔者认为，舜水有意识地隐瞒自己与以高拱为代表的北方实学传统的渊源关系，是完全有可能的。当然，这种渊源关系并不一定反映在师承关系或问学履历中，而有可能体现在心心相印的内在感悟或实行实用的习武强身中。依笔者之见，身处

---

① 朱舜水著，朱谦之整理：《朱舜水集》，第385页。
② 朱舜水著，朱谦之整理：《朱舜水集》，第66页。
③ 朱舜水著，朱谦之整理：《朱舜水集》，第86页。
④ 按：朱舜水长兄朱启明、族叔朱澄，皆为天启五年（1625）武进士。据《民国余姚朱氏谱·朱澄传》："澄，庆祖公次子，字京沚，号宁野，行铭四十。生万历辛卯二月十五，卒崇祯丁丑五月廿一。中天启乙丑科武进士，初授山东抚标旗鼓。"其表兄施邦曜曾任顺天武学教授。这样的家族背景，无疑会对舜水的成长过程产生影响。
⑤ 朱舜水著，朱谦之整理：《朱舜水集》，第442页。
⑥ 朱舜水著，朱谦之整理：《朱舜水集》，第443页。
⑦ 参见岳金西、岳天雷《高拱全集·前言》，载《高拱全集》，中州古籍出版社2006年版。按：高拱（1512—1578），字肃卿，号中玄，谥文襄，河南新郑（今郑州）人。嘉靖二十年（1541）进士，累官至吏部尚书，加柱国，晋中极殿大学士，任内阁首辅。舜水所交者当系高拱子孙，或即同篇所引。新郑乃少林武术的发源地，高拱的爱徒杨博又是著名的杨氏武艺的传人。杨博"魁梧丰硕，临事安闲有识量，出入中外四十余年，始终以兵事著"（《明史·列传》卷120）。高拱亦复如此，主张"以力求义"（《高拱全集》，第45页），整饬武备，堪称文武双全的政治家。虽然高拱的死敌徐阶属于阳明学派，但高氏对阳明还是比较倾心的，尤其欣赏阳明治国治军的政治才干。
⑧ 朱舜水著，朱谦之整理：《朱舜水集》，第190页。
⑨ 朱舜水著，朱谦之整理：《朱舜水集》，第443页。

明末灾难深重的社会环境下的朱舜水，是很有可能为高拱的实学、实政、实理、实事之学风所感染的，如果朱家与高家真有深交，这种感染的可能性就更大了。事实上，舜水身上所体现出来的既不同于浙西又不同于浙东的学术特质，就与北方的实学实用精神有颇多相合之处。

如果说，以上所述只反映了舜水与阳明在精神志向上的同构型，那么可以说，舜水对阳明较深的情感要求就更能体现出两人的同趣性。① 舜水是个有着浓郁家乡情结的人，他对父母、祖父母的孝敬之情，对业师的感恩之情，对家乡山水的怀念之情，以及对家乡硕学志士的深厚感情，都会在一定程度上影响其思想性格的形成和人格坐标的确立。比如他对王翊的感情就很特殊。王翊（1616—1651）生于慈溪，徙居余姚，是浙东地区的抗清名将，但算不上最著名，明州地区比他英勇壮烈的抗清志士有的是，在抗清斗争中与舜水并肩战斗过的人也有不少，但舜水唯独视王翊为"知己"，这其中可能就有家乡情结在起作用。他对阳明的感情也很特殊，曾为高祖坟墓与阳明祖茔相邻而自豪，又为清兵伐木毁坏墓地植被而担忧："高曾（祖）坟与阳明先生祖莹（茔）比邻，其树木之美，概不能及荒垄。房人求大木造船，此必遭残坏者。"② 这无疑亦与阳明的乡亲身份有密切关系。又比如他对刘宗周（1578—1645）的态度就与浙东学者相差很大，对刘宗周的批评力度要远大于对王阳明，③ 而对于阳明后学的抨击，也主要集中于山阴人王畿身上，这是否亦与其家乡情结以及浙西乃至北方文化的特殊背景有某种关联呢？这些现象，似乎都可以作为舜水学研究中值得探究的问题。

毫无疑问，对于时隔一百余年，出生地只相隔数百米，从小就耳濡目染先贤事迹长大的朱舜水来说，与王阳明有着相近相通的情感世界和时代关切，是完全可能的。尽管

---

① 比如朱舜水曾对安东守约说："贤契旧学亦无所失也，但不当拘泥执着尔。学者之道，如治裘遴其粹然者而取之。故曰：'千金之裘非一狐之腋。'故曰：'择其善者而从之，其不善者而改之。'若曰'我某氏学、某氏学'，此欺人盗名而巧取世资者也。何足效哉？阳明先生为不佞比邻，向曰：'所言终不肯少有阿私。'贤契犹能记忆否？至于更为朱、陆两可之见，则大非也。世间道理惟有可不可二者，无两可者也。"（徐兴庆编：《朱舜水集补遗》，第14—15页）所谓"旧学"，包括守约以往所学的朱子学。可见舜水内心深处是很敬佩阳明的，尤其推崇阳明的为学精神，但他又不效仿阳明，而是结合中、日两国的实际，开拓出一条既不同于朱学、又不同于王学的自得之路。

② 朱舜水著，朱谦之整理：《朱舜水集》，第221页。按：朱舜水尝把清军"签派船料、搬运木植之害"（徐兴庆编：《朱舜水集补遗》，第8页），即掠取百姓大树作桅木用于军事，当作"虏害"之一。

③ 按：朱舜水在回答林春信（1642—1666，林罗山之孙）的"崇祯年中，巨儒鸿士，为世所推者几人"的提问时说："明朝中叶，以时文取士，时文者，制举义也。此物既为尘饭土羹，而讲道学者，又迂腐不近人情。如邹元标、高攀龙、刘念台等，讲正心诚意，大资非笑。于是分门标榜，遂成水火，而国家被其祸，未闻所谓巨儒鸿士也。巨儒鸿士者，经邦弘化，康济艰难者也。"（《朱舜水集》，第383页）这种把凡是讲正心诚意、从事讲学活动的人都视为迂腐之人、祸害之士，显然有失公允。而日本人当时对晚明思想家的情况又知之甚少，甚至连名字都未听说过［如野节问："前日闻刘宗周道学之徒也……"舜水答："刘念台盛谈道学，专言正心诚意。其为大京兆也，非坐镇雅俗之任矣，而其伎止于如此。性颇端方廉洁，而不能闲其妻子。"（《朱舜水集》，第389页）］，听了舜水的介绍，肯定会对刘宗周等人产生不良印象，要不然刘氏思想是不会不受到日本人重视的。到了江户后期，刘宗周的思想才逐渐受到重视，尤其在幕末时期的楠本端山、硕水那里，刘宗周的地位有了进一步提升。

舜水学对于阳明学有理性批判的要求，但在感情世界中舜水又会时不时地流露出对阳明的尊崇和赞赏。① 因为在舜水心中，阳明毕竟是他的同乡先贤，即使出于对阳明的崇拜心理以及两人所共处的成长环境（祖茔旁的"树木之美"亦可作成长环境解），也绝不能让阳明精神失传荒芜（"概不能及荒垄"亦可作失传荒芜解）。更何况对于一个只身海外的游子来说，家乡的山水人文更是具有特殊的心理价位和情感意蕴。正是凭着这份浓浓乡情，即使学术宗旨、思想性格相异，舜水也不会厌恶更不会拒斥阳明，至少在其心底里是这样想的。可以这么说：对阳明及其学说，舜水是理性上的批评者，感情上的同情者。他表面上对阳明及其学说屡有批评，实际上却对阳明怀有很深的暗恋之情甚至推崇之意。木下贞干（1621—1699）晚年喜爱阳明之文，"常以其集置旁，有暇频频读之。一日语仆曰：'舜水朱子甚敬守仁，得其文必改容称叹。'"② 即为有力之证据。因此从总体上说，舜水对于阳明，在情感上是相当尊崇的，在行动上是有意靠近的，在学理上是无所作为的，在评价上是避重就轻的，在门户上是坚决反对的。或者可以说，舜水在思想感情上对阳明抱有同情性的理解，在实学精神上对阳明思想有所继承和发展，在对待宋儒的态度上与阳明有许多相通之处。由此而言，后人解读舜水学时，常把他视为阳明学在日本的传播者，是不无缘由的。当然，若据此便武断地得出朱舜水隶属阳明学的系统，则显然有失史实和史识，这在上文已有详述。

那么，流淌在舜水情感世界中的阳明情结，会不会自觉不自觉地感染给他的日本弟子呢？对此，舜水最心仪的弟子安东守约的《初学心法序》已经作了很好的回答。序云：

> 学者先养根本、立趋向，然后可以适道。不然依然莫知所之，所谓登山而陷谷，适越而北辕也。盖人心至灵至妙，主乎方寸之中，足以管天下之理，理虽散在外而总乎一心。……岂可以心与事判乎内外，遗弃事物，专求诸心乎哉？……世之从事于此者，不知体察诸身心，徒求之于名物度数训诂词章之末，智识愈广而心愈惑。著述愈多而道愈离……是岂朱子之训乎？③

不难看出，所谓"养根本""人心至灵至妙""智识愈广而心愈惑"，其实都能在王阳明的《传习录》中找到出处；特别是其中的理在心中、心事合一说，更是与阳明学说若合符节。这说明，就连关西朱子学的代表安东守约也受到了阳明心学的某些感染，而受感染的管道，无疑应追寻到舜水那里。

要知道，守约在与舜水相见前，曾对把朱陆学说截然分割而主张"是朱非陆"的明人陈建（1497—1567）的《学蔀通辨》作过如下评论：

---

① 汤寿潜曾在《舜水遗书序》中说："先生生余姚，而讲学不宗阳明，不交太冲（指黄宗羲），信乎能自立者。"（《朱舜水集》，第798页）不宗阳明，此言不差，但汤氏没有看到，在舜水的情感世界里，阳明的地位，除了孔孟，实在无人可比。

② 朱舜水著，朱谦之整理：《朱舜水集》，第807页。

③ ［日］安东守约：《初学心法序》，载《省庵先生遗集》卷三，《安东省庵集影印编》第1集，日本柳川市史编集委员会1993年版，第421页。

学术之蠹，释氏为最甚矣。……朱氏尽力辟之，故曰朱子之功，不在孟子下。如陆氏顿悟，王氏简易直裁，乃释氏不立文字机轴，似目《六经》为附赘悬疣。……及朱陆早异晚同之说与《朱子晚年定论》出，辞说愈巧，遮掩愈深。此皆根据释氏，所以其蠹为最甚也。清澜先生作为此书，究辨真似是非，明白痛快，不遗余力，重重蠹障，瓦解冰消，其功岂朱子下乎！①

同时守约还借用《学蔀通辨》的口气，对阳明学进行了相当猛烈的抨击：

尝闻"明万历以降，聚徒讲学，各创书院，名为道学，分门别户，各是其师，圣贤精一之旨未阐，而玄黄水火之战日烦，高者求胜于德性良知，下者徒袭夫峨冠广袖，优孟抵掌，世以为笑"。②

这个时候的安东守约，俨然把舜水看成自己的同盟军，希望追随舜水，为弘扬朱子学、拒斥阳明学发挥更大的作用。然在舜水的眼里，守约的"是朱非陆"论却是"好为高远"："贤契学问好为高远，亦只是狥人之念，恐于自己未必有得。"③ 后来在舜水的引导下，守约才逐渐模糊了自己的立场，从"是朱非陆"滑转到"朱陆同源"：

朱陆之异同，异说纷纷，终为千古未了之谈。予尝不自揣作其辨曰：天下之水一也，其支分派别不同者，流之然。其源未尝不一，圣贤之道亦然。其立教也，或繇本达末，或溯末探本，其所入不同，而其所至者一也。……苟析圣征心，则同异之嫌无容于喙矣。学者其平心察之焉。④

在安东守约看来，若从"绝对的心"的观点考虑，朱陆之间其实并无什么不同。这样的立场实已远离广东的陈建而近于浙江的王阳明，而这无疑与浙江人朱舜水的影响有一定关系。

64岁那年，朱舜水曾在长崎写过一篇《操心说》，该文未收入《朱舜水集》和《朱舜水集补遗》，属舜水佚文，加上其心学化的思想倾向，值得格外重视。若将该文所主张的心本体之立场与阳明高足钱德洪、王畿等人的主张作番比较，便可以发现，舜水固然与钱、王二人一样都强调"操心"的重要性，但钱、王等是把关注的重点放在"操心"之工夫上，而舜水则把重点放在"操心"之本体上。现将其《操心说》全文录于下：

---

① [日]安东守约：《省庵先生遗集》卷四《学蔀通辨跋》，《安东省庵集影印编》第1集，第439页。
② 朱舜水著，朱谦之整理：《朱舜水集》，第738—739页。
③ 徐兴庆编：《朱舜水集补遗》，第17页。
④ [日]安东守约：《省庵先生遗集》卷一《朱陆辨》，《安东省庵集影印编》第1集，第401—402页。

操心者虽是好一边事。孔子曰："操之则存，舍之则亡，出入无时，莫知其乡。"然终是对已放者说，若君子则存其心，此心自不至于亡，知至于大人，则终身如此，所谓不失其赤子之心者也。既不失矣，又何待操而后存？足下（指安东守约）英年向学，要使此心恒惺惺，不为色欲所摇，不为利禄所夺，不为威武所屈，不为好恶所淆。此心自无放时，故曰心要在腔子里，既在腔子里，则物交物而不能引，不待操而自存矣。①

很显然，舜水的这段论述，看似与阳明学派的心本体论比较相近，但却源自程颢所谓的"腔子亦只是天理"说，而有悖于阳明所谓的"若论本体，元是无出无入的"②立场。换言之，阳明强调的是出入、存放、动静之合一的浑一性的工夫论，而舜水强调的是存心于腔子里的支离性的工夫论。可见，尽管舜水与阳明一样重视心本体，但其思想理路却近于朱子。

反观钱、王等人，则是在坚持阳明学之基本立场的前提下，重点讨论了如何把握"操"之工夫问题。比如钱德洪在回答门人有关孟子"操则存"的思想时说过：

操如操舟之操。操舟之妙在舵，舵不是死操得。操军必要坐作进退如法，操国柄必要运转得天下。今要操心，却只把持一个死寂，如何谓之操？③

"操舟"说乃当时学界譬喻"操"之功夫的常用术语，如罗汝芳（1515—1588）弟子杨起元（1547—1599）说过："譬之操舟然，吾儒捩舵理楫于波涛之中，二氏乃指顾提撕于高岸之上，处身虽殊，则求治之理则一。"④王畿亦有与之相近的说法："操是操习之操，非把持也。……譬之操舟，良知即是舵柄，舟行中流，自在东西，无碍深浅，顺逆无滞，全靠舵柄在手，随波上下，始能有济……若硬把捉死，手执定舵柄，无有变通，舟便不活。"⑤"良知便是做人舵柄……若信得良知过时，纵横操纵，无不由我。如舟之有舵，一提便醒。"⑥而且王畿在其会语中也有把操舟之喻换成操兵之喻的记载。⑦说明钱德洪、王畿这两位阳明高足都是在自由活泼的前提下强调"操"之功夫的，所不同的，只是钱氏在"操舵"的同时，为保证船只不出意外，还主张"把缆"；而王畿则主张"解缆"，因为既然已有了"舵"把方向，"缆"这根保险就显得多余了，不仅多余，甚至还会成为阻碍舟行中流的"死舵"。也就是说，钱氏反对的是"死操得"，

---

① 转引自计文渊《朱舜水墨迹研究》，载徐兴庆编《朱舜水与近世日本儒学的发展》，第426—427页。
② 钱明、孙佳立注：《传习录》卷上，哈尔滨出版社2016年版，第41页。
③ 钱明编校：《徐爱·钱德洪·董澐集》，上海古籍出版社2007年版，第129页。按：颜元的《四书正误》卷六亦录有钱德洪的这则语录，唯文字略异，说明颜元很欣赏钱氏的这一思想。
④ （明）杨起元：《太史杨复所先生证学编》卷首《论佛仙》，载《四库全书存目丛书》子部第90册，齐鲁书社1995年版，第87页。
⑤ 吴震编校：《王畿集》，凤凰出版社2007年版，第778页。
⑥ 吴震编校：《王畿集》，凤凰出版社2007年版，第96页。
⑦ 吴震编校：《王畿集》，凤凰出版社2007年版，第162—165页。

即僵化地"把持一个死寂",而王畿则更进一步,不仅反对"执定舵柄",而且主张在"由我""纵横操纵"的同时,"悬崖撒手",使船只"自在东西"。所以钱氏又把"心操"比作"如明珠走盘,终日圆转,不离于盘";[1] 这与王畿所强调的"如珠之走盘,不待拘管,而自不过其则也"[2] 的思想,在侧重点上明显有别。另外两人对"舵"的关注程度亦不尽一致:王畿是说"有舵",强调"信"良知之舵,而钱氏注重"操舵",强调"操舟之操";王畿所谓的"操非执定",即钱氏的"不是死操得"之意,但王畿强调"不为所牿",而钱氏看重"操舟之妙"。尽管他们两人都反对"死操得",且都有"复还活泼之体"的愿望,但钱氏担心的是"离盘",所以强调"操舵";而王畿担心的是"拘管",所以强调在"有舵"的前提下"纵横操纵,无不由我"。从这一意义上说,黄宗羲对两人的把握还是相当准确的。据刘宗周说:"白沙先生之学以自得为宗,他自信如舟之有舵,操纵在手,全不费力。"[3] 这与钱德洪"舵不是死操得"的思想是一致的。说明不能简单地把钱氏的"把缆放船"思想理解为"拘谨小心"。罗洪先《赠钱绪山》诗云:"此行不是寻常别,为向春风自放船。"[4] 依笔者之见,钱氏的"把缆放船"其实就是在这种自由心态和宽松环境下的"自放船",而王畿的"撒手悬崖",则是"信得良知"过后的一种激情释放。

如果以上分析能够成立,那么舜水的"操心说",则是既不同于钱德洪也不同于王畿的回归朱子学的心本体说。为什么这么说呢?因为包括钱德洪、王畿等在内的王学现成派之"活泼泼""自由自在"的特质,在舜水那里已被完全否决,而更多地表现出了王学归寂派之"收敛保聚""不待操而自存"的特性,尽管这两派都坚持"不失其赤子之心"的心本体说。换言之,舜水的思想立场如果说与阳明学有某种契合之处,那也是相通于王学归寂派,而这正好与舜水竭力批判王学现成派的上述言论相合拍。

其实,指出舜水学与阳明学的某种相通性,与强调舜水学属于实用学的范畴并不矛盾,因为阳明学中原本就有鲜明的实学倾向和内质。如果可以把阳明学定位为心学化的实学,那么舜水学便可以定位为史学化的实学。这两种实学既有区别又有联系。联系已如上述,除此之外,还可再以明人徐栻(1519—1581)在《史学要义序》中说的一句耐人寻味的话——"归诸心学,以为史学者勖也"[5]——为证剖析之。

所谓"勖",即激励、动力之意。换言之,心学可以为作史者提供精神动力,也可以说是作史者之史识的灵感之源。朱舜水重视史学,但要到心学中去寻找动力,这就如同王阳明讲心学,但要到史学中去寻找根据一样。这可以说是浙东史学家与心学家之间所形成的一种互补关系,从而也可以说舜水学与阳明学在本质上是有相通性的。

区别则源自:阳明所面对的是一病态的世界,所企望的是思想的启蒙;而舜水所面对的是一病故的世界,所企望的是文化的复归。或者说,阳明实学是在明代中叶特殊的

---

[1] 钱明编校:《徐爱·钱德洪·董澐集》,第133页。
[2] 沈善洪主编、吴光执行主编:《黄宗羲全集》第7册,浙江古籍出版社1992年版,第270页。
[3] 吴光主编:《刘宗周全集》第2册,浙江古籍出版社2002年版,第402页。
[4] 徐儒宗编校:《罗洪先集》,凤凰出版社2007年版,第1249页。
[5] (明)卜大有:《史学要义》,万历五年刻本,载中华全国图书馆文献缩微复制中心《明刻史学要义》,中华全国图书馆文献缩微复制中心1999年版,第4页。

政治环境和理学空疏学风泛滥成灾的背景下产生的，而舜水实学是在明朝灭亡、外族入侵的残酷现实中形成的。所以相对于阳明的心学化的实学以拯救心灵为首选，舜水的史学化的实学所选择的目标乃是中华传统的复归和文化的重建。这也可以视为阳明学与舜水学的根本区别之所在。从这一意义上说，两者又是谈不上可比性的。

故此，刚入日本时，舜水既不愿对阳明学说的利弊得失做出回应，更不愿意像靠批判朱子学而自立门户的阳明那样，以抨击阳明学为标榜而另辟蹊径、独树一帜，所谓"不以良知赤白自立门户"，指的就是这层意思。因为舜水对明亡的原因是这样分析的："国政有理学之党、有文章之党，日日相轧相诋，争权不已，继之以连年之凶荒，故闯贼作逆，鞑虏夺位，皆是奸逆之臣为之祸根矣。"① 参与学术界的门派之争，就会陷入"理学之党"或"文章之党"，于是舜水明白无误地告诉日本学人：自己既非为朱学而来，亦非为王学而来；朱王之辩，与其无关；朱王之学，皆非其所爱。也就是说，舜水至少在主观上是没有另立门户之"野心"的。

他在回答佐野回翁的提问时曾说过：

> 王文成为仆里人，然灯相照，鸣鸡相闻。其擒宸濠，平峒蛮，功烈诚有可嘉，官大司马，封新建伯。后厄于张璁、桂萼、方献夫，牢骚不平之气，故托之于讲学。若不立异，不足以表见于世。故专主良知，不得不与朱子相水火，孰知其反以伪学为累耶？愚故曰："文成多此讲学一事耳。"②

这就明确把阳明讲学与阳明功烈区分开来：功烈诚可嘉，然学问却被伪学所累。言下之意，阳明提出的良知学说本身并不是伪学，只是在讲学过程中被人当成了与朱子相戾的伪学，若无讲学自立门户这一步，阳明是够不上伪学之罪的。

然舜水又把王学的良知学说划入"固染于佛氏"③的范畴，而斥其"嘘佛之气，足以飘我；濡佛之沫，足以溺我"④。所以凡涉及王学尤其末流的良知学说，舜水的语气就会变得异常尖锐，如曰："孔子生知之圣，其一生并不言生知，所言者学知而已。……陆象山、王阳明之非，自然可见矣。不论中国与贵国，皆不当以之为法也。"⑤ 从而明白无误地向日本人表明了自己反对以陆王心学为宗的原则立场。

从"不以良知赤白自立门户"到明确反对以良知学说为宗，舜水的转变不可谓不唐突，但若把这一转变放在当时日本为"邪道"所染、中国为"伪学"所害的现实背景下考虑，就不难理解了。很显然，舜水是鉴于明朝灭亡的教训和日本的社会思想状况，才举起反对良知学说的旗帜的，而良知学说在舜水看来，即等于空谈心性的"伪学"，与说玄说妙的"邪道"没什么两样。

其实，舜水所说的良知学说与阳明原貌已相差甚大，是阳明晚年所担忧的极端化的

---

① 徐兴庆编：《朱舜水集补遗》，第249页。
② 朱舜水著，朱谦之整理：《朱舜水集》，第85页。
③ 朱舜水著，朱谦之整理：《朱舜水集》，第85页。
④ 朱舜水著，朱谦之整理：《朱舜水集》，第268页。
⑤ 朱舜水著，朱谦之整理：《朱舜水集》，第166页。

良知学说，这点舜水本人也看得很清楚，所以他的批判锋芒大都对准王学末流，尤其是其中的狂禅派。对此，舜水与小宅生顺的有关对话，已为我们提供了有力的左证。众所周知，宋明思想文化在日本的传播管道主要是由僧侣架构起来的，故而那些逃禅者的著作相对来说更容易传入日本。这也是为什么王畿、林兆恩、袁璜、茅坤、钟惺等的著作会比王学正统派的著作更早传入并在日本迅速流布的重要原因。小宅生顺评价明代文人学术时，就曾列举了上述这些人而只字不提钱德洪、邹守益、罗洪先、王时槐等。

几乎同样的观点，舜水在回答安东守约"阳明之学近异端，近世多为宗主，如何"的提问时表达得更为清晰：

> 王文成亦有病处，然好处极多。讲良知，创书院，天下翕然有道学之名；高视阔步，优孟衣冠，是其病也。出抚江西，早知宁王必反。彼时宸濠势焰熏天，满朝皆其党羽，文成独能与兵部尚书王琼，先事绸缪，一发即擒之。其剿横水、桶冈、浰头之方略，与安岑之书，折冲樽俎，亦英雄也。其徒王龙溪（即王畿）有《语录》，与今和尚一般。其书时杂佛书语，所以当时斥为异端。①

很显然，舜水在高度评价阳明的政治品格及其为国家、社会所做的巨大贡献的同时，亦批评了导致学风变坏的阳明"讲学一节"，但那是带着明显惋惜的口吻说的。而对其高足王龙溪等，则可谓嗤之以鼻，不屑一顾，与对阳明的态度反差极大。"异端"的帽子，可以戴在龙溪头上，而阳明却只能说是"亦有病处"，与"亦英雄也"，用的是同一语气。他在去世前两年写的《跋袁了凡书〈太上感应篇〉》中，对王龙溪弟子袁了凡的狂禅式的成仙虚无说也予以了严加痛斥：

> 袁了凡佞佛之徒，其为治也，法纪凌迟，民无所则，不佞深鄙之。所录《感应篇》，旧有此文，非渠所撰。好善者亦多崇信之，特其中所作，必成神以可□！"欲求天以者，当立一千三百善；欲求地以者，当立三百善"等语，深戾圣贤之旨，古人为善，惟日不足，岂希望天以地以而为之耶？②

由此可见，朱舜水是把批判的主要矛头对准阳明学派中的"狂禅"思潮的。其门生小宅生顺曾这样评价过明代的文人学者，并就此质问舜水：

> 皇明人物高出汉唐者，虽我外国而知之有素。如顺之管见，虽不知所议，而窃闻之先辈。如薛文清（瑄）、蔡虚斋（清）者，所谓君子儒，如王文成、王龙溪、林子中（兆恩）、袁了凡者，淫老佛，不免三脚猫；如王世贞、李梦阳、李于鳞（攀龙）者，文章与五《诰》三《盘》相似，而大不及；如徐中行、茅鹿门（坤）、钟伯敬（惺）者，不过醉古人糟粕。今依先生（舜水）欲质问之，果如何？

---

① 朱舜水著，朱谦之整理：《朱舜水集》，第396—397页。
② 转引自计文渊《朱舜水墨迹研究》，载徐兴庆编《朱舜水与近世日本儒学的发展》，第431页。

对此，舜水明确回答道：

> 国朝人物如薛文清、李梦阳，气骨铮铮，足为国家砥柱，所谓烈风劲草，板荡忠臣也，无愧儒者。若王阳明先事之谋，使国家危而复安，至其先时击刘瑾，堪为直臣；惜其后多坐讲学一节，使天下多无限饶舌。王龙溪虽其高第门人，何足复道？袁了凡恬静清和，亦其好处；全然是一老僧，何足称为人物！其他或以理学名家，或以诗辞擅声，未足可以著称贵国者；其中如王弇州（世贞），尤少长于数子耳。愚见如此，有当高明否？①

总的来说，关于有明一代的文人学者，舜水评价最高的是薛瑄（1389—1464）、李梦阳（1473—1530）、杨升庵（1488—1559）、陈子壮（1596—1647）等文学出众、事功卓著者，② 评价最差的是王畿、袁了凡（1533—1606）等玄虚逃禅者。除此之外，他对邹元标（1551—1624）、高攀龙（（1562—1626）、刘宗周等道学家的评价也很低；而王阳明因为既属于道学中的心学家，又属于践行中的事功家，故舜水对他的评价时好时坏、褒贬不一。舜水推崇"形而下"的政治家而瞧不起"形而上"的道学家，欣赏现实主义的文学家而指斥虚无主义的佛道家。他对龙溪、袁了凡等不屑一顾，实质上反映了他对形而上的超越性哲学问题的漠视甚至生疏。他指责良知学说，但又不做深入剖析，同样也是这种思维定式的显现。因此，舜水的明代人物论，带有他那个时代的鲜明印记，尽管存在不少偏颇，但他在对日本人说这些话时，却具有很强的针对性。

众所周知，宋明时期的中日文化交流有一独特现象，就是许多文人学者之著作的输出入，都是通过往来于两地的禅僧们才得以实现的。于是，像王畿、林兆恩（1517—1598）、茅坤（1512—1601）、袁了凡、钟惺（1574—1624）这类所谓近禅者的著述，在较早的时候就已通过禅僧而传入了日本，反倒是那些较为正统的王学修证派及归寂派的著作比较后才传入。也因此，而使得日本阳明学者较早接触到王畿、袁了凡等的著作。比如中江藤树很早就读过王畿、袁了凡的著作，他除了撰述《鉴草》这部善书以外，还撰有《阴骘》一书，专门对晚明流行一时的善书"阴骘文"做了日文解释。另据木村德光的研究，他在日本东北地区的一个地方城市——喜多市调查有关藤树学派文献时发现了一部该学派传承下来的《孝经》，竟然前半部分是《孝经》，后半部分是《太上感应篇》一卷。这个发现印证了藤树大弟子熊泽蕃山有关藤树门下经常集体诵读《太上感应篇》和《孝经》的记述。③ 而阴骘文也好《太上感应篇》也罢，都与袁了凡有着千丝万缕的联系，袁氏不仅录有《太上感应篇》，而且所著有劝善书《了凡四训》即又名《阴骘录》。

据笔者分析，朱舜水针对王畿、袁了凡等所作的猛烈抨击，实际上是对着日本阳明

---

① 朱舜水著，朱谦之整理：《朱舜水集》，第405—406页。
② 朱舜水著，朱谦之整理：《朱舜水集》，第405—406页。
③ 参见吴震《中国善书思想在东亚的多元形态——从区域史的观点看》，《复旦学报》（社会科学版）2011年第5期。

学派而去的，或者说是对日本阳明学派的一种善意提醒；后来日本阳明学之展开的方式和方向，亦正好与朱舜水所坚守的实用、实行方向相一致，这可能也是受朱舜水批判、反正的影响的结果。与此同时，中江藤树开始学习中国阳明学是从王畿入手的史实也提醒我们，袁了凡所书《太上感应篇》可能当时就是随着王畿著作而一起传入日本的；而其传入后，便配合神道教、佛教而在日本大行其道，成为日本阳明学的重要思想资源之一。

当然，需要指出的是，尽管朱舜水鼓励日本学人走出架空蹈虚、空谈性命之窠臼，强调以经邦弘化、致用治世为旨归的为学志向，对日本社会的进步有一定的推动作用，对明代政治社会的针砭亦不可谓无的放矢，但舜水"实用学"中刻意回避形而上的哲学问题，并将实用实功做低俗化处理的为学倾向，也是十分明显的。[1] 朱舜水可以说是明清实学思潮中最具实用主义情结和工具主义取向的思想家，这既与其所走过的坎坷曲折的人生道路息息相关，又与其为适应日本固有文化传统和现实状况而主动调整授业内容和学问方式密切相关。从一定意义上说，朱舜水可谓近世中国士大夫中日本传统实用主义文化的最大受益者，同时亦应为日本近代文化中的极端实用主义或庸俗践行主义倾向承担部分责任。

(作者：钱明，浙江省稽山王阳明研究院常务副院长，研究员)

---

[1] 舜水曾回复安南官员说："不肖寡学薄识，乌足以知天文地理？至于三才之实理实事，稍稍窃闻一二。"(《朱舜水集》，第21页)所谓"天文地理"，实即包括形而上的天道天理。舜水确实对天道问题不关心，他说的是实话。具体到舜水的政治观，亦存在制度性、根源性的思考不足，而大都停留在现象描述、罪状罗列上，与黄宗羲的《明夷待访录》相比，完全属于两个档次。可以这么说：对理性思辨的忽视，直接影响到舜水的政治洞察力和批判力。

学术之余不忘经世思考的章学诚

钱茂伟

【摘要】 章学诚是浙学的代表人物。他的学术特点是更多地与当代学者对话,直接面向生活世界进行思考,或者说在古今生活世界与文本世界的比较中思考的。他主张学术以"大道"为旨归,提倡宏观史学,反对微观史学,颇具逆时代潮流而行的色彩。学术之余,他还关心现实政治,提出了不少经世思考。

【关键词】 章学诚　浙学　学术　经世思考

章学诚是浙学的代表人物,晚清以来即受到关注,研究成果不胜枚举。新材料、新视野,向来是推进学术研究的不二法宝。章学诚研究,虽然是一个达到"题无剩义"的选题,但若解放思想,拓宽思维,仍可寻找到一些全新的材料,譬如《偶山章氏家乘》,譬如同时代朋友汪辉祖《梦痕余录》的记录,晚清萧穆《章学诚实斋先生事略及遗书本末》。研究视野也可转换,譬如从科举视野来研究章学诚的生平,可从治国理政角度思考章学诚的政治思想。治学不忘经世,就是章学诚一生的基本写照。

一　章学诚其人

对大众来说,已经过世三百多年的章学诚,是一个陌生的人名符号。不过,对学界来说,却是大名鼎鼎的史家大家,是浙学十大家之一。

章学诚(1738—1801),字实斋(因同音关系,偶被误作"石斋"),号少岩,浙江会稽(今属绍兴市越城区)人。章学诚的祖籍地在绍兴府会稽县道墟镇。他晚年几次回道墟,说明家乡观念重。此前,大家只注意到章学诚祖、父名。据光绪《偶山章氏家乘》卷一《世系表·开三十五房》,开三十五房始于第十一世为章一阳,第十二世章达德,第十三世章铨,第十四世章匡义,第十五祖章如璋,第十六世章镳,第十七世章学诚。非常遗憾的是,章学诚生前亲自关注的章氏家谱编纂并不理想,《偶山章氏家乘·世系表》竟没有生卒年月记录,如此也无法确定章学诚祖先及后代的生卒年月,这可能是20世纪以来的章学诚研究少有人引用《偶山章氏家乘》的原因所在。

1950年,会稽县并入绍兴县,道墟镇划归上虞市,故而2005年在上虞市道墟镇开辟了一个章学诚纪念室。不过,章学诚一支自从父亲章镳开始,就已经迁居绍兴城中大禅法弄,他就出生于此。章学诚晚年归乡,"卜居城南",以平生积蓄购得老屋数间,继续从事著述。故居在绍兴城中的塔山北麓,坐南朝北,两进三开间,前进平屋,后进楼房,辟为"渝云山房"藏书楼,藏书5万余卷。2002年,章学诚故居已经恢复对外开放。

绍兴是明代中国进士之乡,有"天下人才出浙江,浙江人才出绍兴"之谚,可见一斑。生于进士之乡,绍兴人自然热衷于科举考试。不过,浙东的科考竞争太激烈了,所以总有一些人想着通过其他途径参与科考,近于当代一度出现的"高考移民"现象。章学诚一家,即属此类。晚清的萧穆因与章学诚族人章小雅交往,得以了解到更为内幕的消息,称"其祖父以上,尝客游北方,遂入大兴籍。父镳,曾登乾隆元年丙辰恩科顺天举人,官湖北应城县知县。……年四十,应乾隆四十二年丁酉顺天乡试,乃改归会稽原籍,中式举人"。① 也就是说,章学诚祖父以上先人就客游北方,学籍入了北京大兴县。这条记录,前人注意不多。

章学诚家生于一个科考家庭,经过几代积累,到了其父亲章镳时代,终于考取进士。不过,清代官场僧多粥少现象严重,职位分配相当困难。章镳虽然在乾隆七年(1742)中了进士,但直到乾隆十六年(1751)才被分配到一个知县职位。于是,14岁的章学诚随父母来到了湖北德安府应城县。当时,章学诚已经结婚,这样的早婚现象,当时也属正常。

章学诚早年随祖、父亲学习,少时体弱多病,自称"资质椎鲁,日诵才百余言",是个不折不扣的"笨小孩"。"惟性耽坟籍,不甘为章句之学。塾师所举子业,不甚措意。塾课稍暇,辄取子史等书,日夕披览,孜孜不倦。"② 至14岁时,"四书"仍未学完,可见科举教育之路起步十分晚。直到16岁以后,全靠父亲在应城县衙聘请了专职的好塾师柯绍庚,他总算开窍,从而走上科考之路。因为父亲知县的关系,他考中了应城县秀才,具体时间不详,最迟应在乾隆二十一年(1756)。这年,章镳因为工作上的失误而被免了官。"贫不能归",这样的解释并不一定合适。罢官后当然不是急于返乡,除了路费限制外,返乡也找不到工作。倒是留在当地,多少有一些人脉资源,可以找到一份工作。果然,乾隆二十四年,章学诚被应城推荐,成为贡生。因为贡生关系,他得以直接参加顺天乡试。为了应付乡试,他在北京生活了较多时间,这让他结交了不少名流,开阔了眼界。不过,举人考试不顺,初试就失利。乾隆二十七年(1762),第二次应顺天乡试,又未中。不过,他得入京师国子监读书,一入竟达十多年。他自视甚高,但每次国子监考试,他的成绩都是倒数的,可见他的科考基础确实差。乾隆三十一年至三十二年间,因国子监的新任祭酒欧阳瑾赏识他,章氏的考试成绩名列六馆之首,由此出名。乾隆三十三年(1768),父亲病死应城。既然老父亲不在了,章学诚索性全家迁

---

① (清)吴庆坻:《蕉廊脞录》卷五《桐城萧敬孚穆记章学诚实斋先生事略及〈遗书〉本末》,民国《求恕斋丛书》本。
② (清)章华绂:《文史通义跋》,见《章氏遗书》附录,文物出版社1985年版,第622页。

居北京，省得北京、湖北来回奔波了。

章学诚唯一的官职是国子监典籍，何时获得？"戊戌成进士，归班铨选，后官国子监典籍。"[1] 据此，他似是乾隆四十三年以后。其实，当在乾隆四十一年（1776），"援例授国子监典籍"[2]，从九品。由此说明，这是多年国子监秀才努力才得到的低级职位。不过，他一直处于"候补"[3]状态。由此，他也难以领到俸禄。章氏到底参与了多少次会试？前人多不详。据他晚年说法，至少七次。"中间七应科场，三中兼副榜，一荐一备二落"[4]。副榜可以做低级官员，但得等待机会。显然，章氏没有成功，一直是国子监典籍。

到了乾隆四十二年（1777），他终于考中举人，其时40岁了。不过，此后的进士考试比较顺利，次年应乾隆四十三年（1778）会试，一考就中。复经殿试，顺利成为进士。据天津博物馆网查阅，此馆藏有乾隆四十三年章学诚殿试卷，上书："臣章学诚年叁拾玖岁，浙江绍兴府会稽县人，由副榜贡生，应乾隆肆拾贰年乡试，中式。由举人应乾隆肆拾叁年会试，中式。今应殿试，谨将三代脚色并所习经书开具于后：曾祖匡义，祖如璋，父镳，习《易经》。"这里提及了曾祖名章匡义。从一经传家的习惯推断，章学诚所攻当也是《易经》。此间自称39岁，不知是如何计算的。近日发现了前人不太注意的《乾隆戊子科顺天乡试易经三房同门姓氏录》载："副榜，章学诚，字实斋，号少岩，行六，庚申年九月二十九日申时生，浙江绍兴府会稽县监生，民籍，习《易经》。"[5] 庚申年是乾隆五年（1740），与今日通行的乾隆三年说相差两年。如此，也就可理解"年叁拾玖岁"。王利器的说法，可能是科举中虚报的"官年"现象。此乡试登记明确称"习《易经》"，证明前面的推理是成立的。

不过，如前所述，乾隆时代是典型的做官难时代，编制太少，进士过多。考中进士仅获任职资格，多数人仍得要在吏部排队，等候职务分配。等到乾隆五十二年（1787）50岁时，好不容易可改任知县，章氏考虑再三，感觉仕路不适合自己，"不到省"，放弃了分配机会。

从章学诚的全程来看，他就是一个专才，就是一个学者。他擅长理论思考，"好深湛之思"。尤其在史学上表现出过人之处，自称"天授"。兴趣是最好的老师。即便好老师柯绍庚教他举业时，他仍关注史学，动手编纂《东周书》。被老师发现以后，打消了这种不切实际的念头，才得集中精力应付科考。不过，他显然仍会时时关注，有自己独立的思考。在二十三四岁时就提出了"诸史于纪表志传之外更当立图，列传于《儒林》、《文苑》之外更当立《史官传》"[6] 这样的卓见。要求增加图像，确实是一大

---

[1] （清）吴庆坻：《蕉廊脞录》卷五《桐城萧敬孚穆记章学诚实斋先生事略及〈遗书〉本末》，民国《求恕斋丛书》本。
[2] （清）章学诚：《章氏遗书》卷十九《庚辛之间亡友列传·序》，第189页。
[3] 乾隆四十四年《永清县志》刊登时，仍署名"候补国子监典籍章学诚"。
[4] 章学诚：《章氏遗书》卷二十九《与汪龙庄简》，第259页。
[5] 转引自王利器《章学诚的生年》，《文献》1982年第2期。
[6] 章学诚著，仓修良编注：《文史通义新编新注》外编四《家书六》，商务印书馆2017年版，第824页。

卓识。传统的史著，多为文字文献，没有图像。进入明清以后，插图增加，但国史中尚无此例。至于设立史官传，更是一大创举。史官是中国特色的专业职官体系，在中国史学发展史，贡献很大。

　　章氏学术思想是如何形成的？章氏学术思想的形成，在早期的启蒙阶段，受祖、父与老师的影响较大。余姚人邵廷采定居会稽，长期在道墟章氏讲学，有一批章氏弟子。由此，章如璋十分推崇会稽学者邵廷采。受祖父的推荐，章学诚祖孙三代，也十分推崇邵廷采。姚名达曾作《邵念鲁与章实斋》，从七个方面论述邵、章之间的影响。归纳起来，邵廷采对章学诚的影响，表现为五个方面：一是文史哲兼通风格；二是接受了邵氏的古文理论；三是继承了邵氏治学重经世的精神；四是重视宏观研究；五是反对门户之见。① 此外，重史义，源于父。强调通，源于柯绍庚师。20 岁以后，逐步形成识大体的思想。27 岁与修天门县志时作《修志十议》，首次付实践。乾隆三十一年以后，受到朱筠与戴震等师友的影响，完成由空谈义理到求真务实的转型。乾隆三十七年，决心撰写《文史通义》，标志着他学术思想的成熟。②

　　由于没有入仕，没有固定收入，导致他一生为生存而奔波，四处应聘。在清代的职业场中，对读书人来说，幕客、书院讲席、塾师、编书，是四大自由职业。幕客是政府临时工，没有法定的编制，完全由督抚及各级衙门主官私人出钱聘任。在这批来自全国各地的幕客中，浙江士人居多，其中又以绍兴人最出名，后人称为"绍兴师爷"。他们平时做幕客，或在书院讲课，到期应科考。章学诚当了一生的临时工，不断地在聘任路上。漂泊无止的生活，使他不时面对家庭经济的危机。家有十口，家庭经济压力不小。面对这样的生活，章学诚有时候感到万念俱灰，失去做人的乐趣。这就是当时文化师爷的生活。

　　乾隆二十九年（1764），父亲章镳主受聘，主编《天门县志》。章学诚也参与了县志编纂。这开启了后来章学诚多次的地方志编修先河。此后，乾隆三十七年，协助朱筠编修《顺天府志》。乾隆三十八年，编修《和州志》。乾隆四十一年，主修《永清县志》。乾隆五十四年，编修《亳州志》。地方志多是临时聘任制的，可以提供一笔收入，这为没有正式编制的章学诚们提供了机会。乾隆五十六年，编修《麻城县志》。乾隆五十八年，参修《常德府志》《荆州府志》。此间，主编《湖北通志》，影响最大，打击也最大。"乾隆五十六、七年，两湖总督镇洋毕秋帆制军创修《湖北通志》，特请先生为总纂，又延一时英俊数人为分纂。先生乃别出心裁，发凡起例，推陈出新，为同事诸人所骇。先生于诸分纂中，除其老友桐城胡雒君征士虔外，一概以奴隶视之，诸分纂积不能平，因先生为制军所重，无敢谁何，一时不敢不唯唯听命。逾年，高宗纯皇帝特命毕公入觐，别委他人署湖督，而先生势孤。毕公回任尚遥遥无期，一时分纂诸人，各于当道逸言蜂起，且指摘先生所笔之例不合，签条百出。而诸当道均于修志事不甚了了，乃以诸人批驳，各条令先生一一复答。先生乃为《驳议》一册以复之，

---

① 详参钱茂伟《姚江书院派研究》，中国社会科学出版社 2005 年版，第 239 页。
② 薛璞喆：《章学诚学术研究思想——以〈文史通义〉为中心》，博士学位论文，上海师范大学，2016 年。

且力诋分纂诸人一无所知，妄肆讥评。知势不能为，乃作书以谢毕公，即以己所总纂各类，席卷而去。"① 这段记录十分逼真，完全可信。一般来说，学术个性十分强的学人过于看重学术，往往难与庸人相处。胡虔（1753—1804）是当时方志名家，年龄小于章氏，但学问相通，在编修上比章学诚"慎密"，可弥补章氏不足，二人搭配比较好。章学诚有毕沅的全力支持，担任总纂，他人自然要听命于他。不过，可能内部沟通尚不足，诸分纂并不真心相服。乾隆五十九年，毕沅入京述职，代理两湖总督、湖北巡抚惠龄完全是外行，无法判断批评者意见的高下，于是命章学诚回答。章学诚于是一一回复，写成《驳议》一卷。这样的处理方式伤了章学诚的自尊心，他十分不悦。不久，毕沅降职山东巡抚，章学诚完全失去学术靠山。乾隆六十年（1795），毕沅虽重任两湖总督，但忙于镇压苗民之乱，无暇文事。

乾隆五十八年，章学诚在逐步做回归故乡工作，先将家眷迁回绍兴。此后几年，就近在华东地区寻找幕客工作。嘉庆二年（1797），章学诚到安庆及桐城。"尝一访旧交左良宇、胡雒君于桐城，居数月，纵观龙眠之山水，顾而乐之，将有终焉之志，遂回绍兴，卜居于塔山之下。"② 这年章学诚已60岁了，到了退休年龄。他有机会与朋友左眉、胡虔游玩了几月，享受了桐城龙眠山的大自然风景，他决定回归绍兴塔山北生活。

从年谱可见，45岁以后，章学诚逐步进入著述的高峰期。可惜，他的人生过于短暂。可能是过于劳累，人近中年，双耳失聪。年63岁时，双目又失明。次年便离世，才64岁。嘉庆六年（1801）冬，朋友汪辉祖记曰："闻章实斋十一月卒。余交实斋三十二年，踪迹阔疏。甲寅，归自湖北，就馆近省。往来吾邑，必过余叙谈。见余撰述，辄作序言、书后以赠。去春，病瞀，犹事论著，倩写官录草。今夏，属志归庐，实斋易名'豫室'，中有数字未安，邮筒往返，商榷再三。稿甫定而疾作，遂成绝笔。昔二云言'实斋古文，根深实茂'，重自爱惜，从无徇人牵率之作，文稿盈箧。数月前，属榖塍编次，异日当有传人也。"③ 在古代寿命多不长时代，这样的年龄不算太小，但对一著名学者来说，却是一大损失。假如多活几年，可以生产出更多的学术作品与学术思想。

二　对学术的宏观思考

尽管一生都在"车尘马足之间"劳顿奔波，章学诚还是没有放弃自己的学术追求。作为学者，他与世人有着不同类型的名利思想。他追求的是文本世界的成绩与永恒的名声，而忽视生活世界当下的名利。他善于用自己的思想驾驭前人的文献。"观书常自具识力，知所去取。意所不惬，辄批抹涂改。疑者随时札记，以俟参考。"④此间，他有

---

① （清）吴庆坻：《蕉廊脞录》卷五《桐城萧敬孚穆记章学诚实斋先生事略及〈遗书〉本末》。
② （清）汪辉祖：《梦痕余录》，道光三十年（1850）刻本，第57页。
③ （清）汪辉祖：《梦痕余录》，第57页。
④ （清）章华绂：《文史通义跋》，见《章氏遗书》附录，第622页。

一个好习惯，养成了做读书札记的好习惯，"每有所得，辄笔之于书"，随时记录自己思考的点滴。故章学诚的学术研究自有一条不断向前发展的线索。只有沿着章学诚学术发展的轨迹，纵向贯通考虑，才能把握章学诚学术思想之真谛。

20世纪以来，我们逐步进入专业化时代，喜欢用专业的眼光看章学诚。这样的观察，不免让人有盲人摸象之感。因为他所处的18世纪中国，仍是儒学或国学时代，最大特点是四部综合之学。由此，他强调四部通观。"惟于古今著述渊源、文章流别殚心者，盖有日矣。……比者校雠其书，申明微旨，又取古今载籍，自六艺以降讫于近代作者之林，为之商榷利病，讨论得失，拟为《文史通义》一书。"[①] 由此可见，他的关注范围十分宽泛，古今著述均在范围内，所以用"学术"来概括章学诚的范围是比较适合的。中用"文史校雠"来表达，"文史校雠，盖将有所发明"。[②] 问题是，如何理解"文史校雠"？是两事或一事？他继续说："惟文史、校雠二事，鄙人颇涉藩篱。"由此可见，这是两大研究方向。"鄙人所业，文史、校雠，文史之争义例，校雠之辨源流"[③] 此间表明，文史讨论的重点是争义例，校雠的重点是辨源流。"以谓向、歆以后，校雠绝学失传，区区略有窥测。"校雠之学成为"辨章学术，考镜源流"的溯源之学。由此可进一步推理，文史是属横向的学术理论思考，而校雠属纵向的学术源流梳理。"大抵推原官礼而有得于向、歆父子之传，故于古今学术渊源，辄能条别而得其宗旨。"[④]说明《周礼》、刘向父子的影响较大。最后，他将代表作命名为《文史通义》，连"校雠"也隐退了。何以如此？显然与中国传统的两大理论名著《文心雕龙》《史通》有关。将他的书命名为《文史通义》，就有超越"二刘"（刘勰与刘知几）之意。今人研究《文史通义》，千万别望文生义，以为对应今日的文学、史学。"盈天地之间，凡涉著作之林，皆是史学。"[⑤] 由此可知，在章学诚心目中，凡书皆文，凡作皆史，这是古人广义的文与史。

《文史通义》应是一部仿《史通》而编的、有一定体系的、能成一家之言的文集汇编。据他自己的设想，分内篇、外篇、杂篇三大部分。由杂篇、外篇而内篇的过程，可以理解为由散而整的过程。从题目可知，内篇各篇文章二字为题，十分整齐。从内容上看，也更为体系化、理论化。全书在结构上，模拟《史通》。不过，毕竟刘知几与章学诚身份不同，关注度不同，所以主题明显不同。刘知几是国史馆的史官，所以关注国史编纂研究，有感于史馆编修之弊，退而著《史通》，章学诚将之称为"史法"，用今日话说，是讲究历史文本生产之学或历史编纂学。章学诚是民间学者，虽也关注国史，但他不是国家史官，所以接触的层面明显不同于刘知几。刘氏言史法，章氏言史义。谈史法，要结合文本来研究，这不是章氏的关注点所在，也不是他能力所及。他希望从更高层面来思考史义，用今日话说，是历史哲学层面的思考。要实现这样的思考，须有由生活世界而文本世界，复由文本世界而生活世界两大境界的思考，如此才能超越传统的文

---

① 章学诚著，仓修良编注：《文史通义新编新注》外篇三《上晓徵学士书》，第649页。
② 章学诚著，仓修良编注：《文史通义新编新注》外篇三《上辛楣宫詹书》，第658页。
③ 章学诚著，仓修良编注：《文史通义新编新注》外篇一《与孙渊如观察论学十规》，第393页。
④ （清）章华绂：《文史通义跋》，见《章氏遗书》附录，第622页。
⑤ 章学诚著，仓修良编注：《文史通义新编新注》外编三《报孙渊如书》，第724页。

献世界的束缚。章氏直接从天人角度来思考历史的发展线索。这种思考方式，已近于今日根据西学而来的现代学术了。

《文史通义》是一部纵论文史，品评古今学术的著作。《文史通义》的命名，先标"文史"，突出地表明书中探讨的范围要包括"文史著作之林"，及整个学术领域，突破经、史、子、集的畛域；并且亮明旗帜，归结为"义"，即以思想、观点、哲理作为贯穿全书的重点；其方法则是古今上下贯通，并将文史的不同门类打通研究，强调与只作狭窄范围研究者不同的治学之"通识"。由此可知，此书更像是"传统中国人文学术通论"。"典籍淹贯，经史豁然，洞究本原，特著是书。意欲力挽颓，网罗放失。每竖一义，独开生面，前无古人，后无来者。而实则齐心同所愿、含意俱未伸，洵不朽盛业也。"①

章氏一生，以做大学问为己任。所谓大学问，是指在理论上有创新、能自成体系的学问。贵专家、贵创造发明，力图在理论上"自成一家之言"，是章氏治学的最高奋斗目标。从以后的治学实践来看，章氏学术的奋斗目标基本是实现的，这主要表现在三个方面："一是史学理论上的突破，二是方志学的奠基，三是校雠学的系统与完善。"② 这也是他学术的三大成就所在。

近代以来的章氏方志理论研究，对章氏所面对的问题，并没有讲透彻，或者说并没有把他所面临的"问题"放到突出位置上加以阐述。国史向来是史学的主流，但章学诚没有机会修国史。在前代史编修实践上，当时官修《明史》，早在乾隆四年（1739）已定稿，进呈刊刻。清代本朝的官修国史，自康熙二十九年至乾隆三十年，已五次续修。作为普通士人，章学诚没有资格参与。既不想整理旧史，又没有资格参与新修国史，最后章学诚只能投身地方志编纂。地方志编修可以为一些没有机会施展才能的学者提供一个就业与参与修史实践机会。章氏参与了乾隆时代的方志编修活动，通过实践提升了方志理论认知。不过，地方志编修同样的是一项集体活动。他在地方志编修中，经常自成一家。他更欣赏纪传体，所以编纂方志时，也要求用这种综合体。以史入志，这是章氏方志学的最核心理念所在。③"志者，志也。其事其文之外，有义焉，史家著述之微旨也，国史所取裁也，史部之要删也。序人物，当详于史传，不可节录大概，如官府之点卯簿。载书籍，当详其目录卷次凡例，不可采录华词绮言，如诗文之类选册本。官名地名，必遵一朝制度，不可假借古称。甲子干支，必冠以年号。以日纪事，必志晦朔。词赋膏粉，勿入纪传。"④ 这段话，集中体现了章学诚在方志学的新观点。此间值得注意的是，提倡"志义"，这是由"史义"投射而来的。根据傅振伦、仓修良、林天蔚、黄苇、来新夏等的研究成果，章学诚在方志学方面的创见主要有方志为史、方志立三书说、四体说（"六体"说）、州县立志科议、设立前志列传和阙访列传等。⑤

---

① （清）伍崇曜：《文史通义跋》，见《章氏遗书》附录，第622页。
② 仓修良：《章学诚的"成一家之言"》，《史学史研究》1994年第2期。
③ 钱茂伟：《以史入志：章学诚方志学核心理念的再认识》，《中国地方志》2004年第5期。
④ （清）章学诚：《章氏遗书》卷十九《庚辛之间亡友列传·序》，第196页。
⑤ 薛艳伟：《论章学诚的方志学说在晚清之回响》，《中国地方志》2017年第7期。

章学诚关注校雠之业，显然与《四库全书》编修有关。乾隆三十七年，在章学诚老师朱筠的提议下，朝廷开始编修《四库全书》。章学成虽没有资格参与，但与之关系密切。有老师，有朋友参与此事。当时邵晋涵负责史部提要编修。因为这件事，他写了不少文章，最后编成《校雠通义》。又策划了目录学巨著《史籍考》的编修。这个项目的点子是由朋友周震荣提出的，章学诚接过以后，推荐给河南巡抚毕沅。得毕沅支持，于是进入执行期。《史籍考》从长编开始，第一步是抄录《四库全书总目》经、史、子、集四部资料，可见与《四库全书》关系之紧密。此书经过了三个阶段，一是河南巡抚、两湖总督毕沅主持时期，乾隆五十二年至五十六年，完成100卷。因毕沅供养不起章学诚一家，给他找了一份专职的书院讲席工作，这导致章学诚没能全力参与此书的编纂，从而导致项目迟迟不成。① 二是浙江布政使谢启昆主持时期，完成了325卷。三是江南河道总督潘锡恩主持时期，完成300卷，这已经是道光二十八年（1848）。可惜，咸丰六年（1856）战乱中，潘家房屋被烧，图书全毁，此稿由此失传。根据章学诚《论修史籍考要略》设想，《史籍考》是一部通贯古今的史部资源汇编，既将经部、子部、集部之中记述历史者揽入，也将已佚史书列入考录的范围，还要采择或登录对史书的已有评介资料，即各部史籍的序论题跋。《史籍考》实际上开中国史学史资料长编编修之先河。再结合他的设"史官传"理念，两者合一，一部中国史学史的轮廓就体现出来了。

笔者初次接触《文史通义》时，章氏四大治学精神之一的"札记之功，必不可少"，给笔者留下了深刻的印象。笔者理想的札记是"日知录"，自1985年以来，坚持写作《学术日记》36年，中间的好处不言而喻。早期的日记，多为摘抄型的，中间是碎片化的，近二十年完全是思想型的。"如不札记，则无穷妙绪，皆如雨珠落大海矣！"问题是，章氏自己是如何实践的，这个问题一直未见有人来探索。近因研究平步青，关注到了《信摭札记》《乙卯札记》《丙辰札记》《丁巳札记》《知非札记》《阅书随札》六种札记作品，今收在《章氏遗书外编》。前五种书，平步青将之编辑为《实斋札记钞》。之所以没有收录《阅书随札》，平氏的说法是，因为"《阅书随札》一册，则仅就所阅群籍，掇取生卒年月及著述若干卷，与《札记》之自下己意发明疏证、有裨经史之大义者不同"②。也就是说，前5种札记的性质是"自下己意发明疏证、有裨经史之大义者"。笔者粗翻阅一遍，它就是普通的明清杂史笔记，为文献性札记，部分条目发明己意，难怪一直不受人关注。读了这些札记，只能说这种根据文献的实证与阐述的写作方式，实在不是章学诚的长处。

三　学术思想要旨

章学诚的思考，不是通过现代西方理论学者那样与前代学者的对话来实现知识增长

---

① 乔治忠：《〈史籍考〉编纂问题的几点考析》，《史学史研究》2009年第2期。
② （清）平步青：《樵隐昔寱》卷十五《实斋文略外编跋》，《清代诗文集汇编》，上海古籍出版社2010年版，第329页。

的。他更多与当代学者对话，直接面向生活世界进行思考，或者说在古今生活世界与文本世界的比较中思考的。"性好持论，贵识大体，不欲求工于文字语言以为末务。"① 章学诚是一个思想家型的学者，通过自己大脑的独立思考，做出原独的思想成果。理论上他的文章应是建立在思想札记基础上的，但我们没有看到过这样的札记，也未发现什么线索。考虑到章学诚写的文章，篇幅都不大，短者几百字，长者上千字，估计只要大脑思考累积即可，不必通过札记这种文本形式来积累表达。

凡大学者，都有自己要解决的现实学术问题。任何的观点，任何的文本，总是在一定的背景下形成的。先有问题的深刻性，才有批评反思的深刻性。循着问题入手考察学者的思考活动，也许更能把握其学术精旨。

逆时代潮流而行的思想

要理解章学诚的学术思想，得从时代学术风气的对比中加以解读。

乾隆时代的史学研究，主流的模式是二十四史的整理与研究。章氏对此类以考据为主的实证研究，没有太大兴趣。顺治、康熙时代，学人治学有自己的学术灵魂、学术主旨，那就是经世致用。顾炎武《日知录》的形式是一部札记汇编，但其中倾注了作者经世致用主旨。雍正、乾隆初期的全祖望，固然注重文献考据之学，但也有其学术灵魂。到乾、嘉时代，学风明显不同，人人竞言考据，崇尚博雅，为学贪多、炫博，认为一物不知，是儒者之耻；考索只管旁征博引，不管义理当否，认为不如此不足以让人折服；纂述只管详尽备列各说，不管有无矛盾。他们说这是王应麟、顾炎武两位大师教导的。至于王、顾的学术灵魂，他们则搁置一边。大师当年的治学手段，现在成了他们的治学目的。为考据而考据，没有更高一层的目标。章学诚虽生当乾嘉考据盛世，但却能不为时风所动，以做大学问为己任，试图找回清初大师的学术灵魂，开创新的学风。

章学诚对考据时风进行了猛烈批判。针对汉学扬扬自得的考据、博雅习尚，章学诚一针见血地说，考据不成家，博雅仅是"求知之功力"，绝不是"成家之学术"。他认为，考据、札记是治学之阶梯，积久贯通后可以成为学问，但本身绝不是学问。博采是做学问的物质基础，但不能为博而博，想样样精通，读遍天下之书，不仅不可能，而且没有必要。博必须深入专、约，才能将所学知识串连起来，也才能有所创新。他觉得治汉学者分析过细，过于烦琐，只有一些小心得，缺乏会通，不能自成一家之言。在批判旧学风基础上，章学诚明确主张改变旧学风。他对学风的演变规律作了理性的思考，认为学风的演变，是一个新陈代谢过程。作为一个高明的学人，"不宜以风气为重轻"，而应"持世"，救正时风，创造出新的学风来。宋学空谈，但治汉学又征引太多，他的主张是兼采汉宋，"识大意""知大体"，加强宏观性、理论性研究，从整体上去领会、把握前人著述中的精神内核，"上阐古人精微，下启后人津逮"②。

以"大道"为旨归的学术

章学诚晚年的思考进入了历史哲学思考层面，表现为研究大道，这是其伟大之处。何

---

① 章学诚：《章氏遗书》卷二十九《题壬癸尺牍》，第324页。
② （清）章学诚：《章氏遗书》卷二九《又与正甫论文》，文物出版社1985年版。

善蒙强调章学诚的史学始终是哲学的进路,具备了哲学中的心学倾向,关键就是章学诚关切读史、学史、写史的根本目的在求道,求道即在修养自己以及行为举事上。①"史家之书,非徒纪事,以明道也。"②"明道"是章学诚学术研究的终极追求。③道,是古代中国的哲学术语,指自然法则。章学诚所谓大道是什么?简单地说,就是社会历史发展规律。史义,又称史意,相当于今天所言的历史观。章氏认为"史所贵者,义也"。④何谓义?义是"史家著作之微旨"⑤,是一书之"精神"。用今日话说,就是历史思想。有义,"书始成家"。具体地说,高明的史义应能"纲纪天人,推明大道","通古今之变"⑥。中国传统史学理论多讲史法,不太讲史义,章氏重视史义,把史义置于首位,主张以史义指导修史实践,说明到了封建社会末叶,史学的科学性已提上议事日程。

提倡宏观史学,反对微观史学

史学是章学诚的特长。这点他很得意,自言"吾于史学,盖有天授,自信发凡起例,多为后世开山"。⑦何谓史学?章氏眼中的史学是什么?这是必须回答的。"世士以博稽言史,则史考也;以文笔言史,则史选也;以故事言史,则史纂也;以议论言史,则史评也;以体裁言史,则史例也。唐宋至今,积学之士,不过史纂、史考、史例;能文之士,不过史选、史评。古人所为史学,则未之闻也。"⑧"古人所为史学",这是一种典型的托古形态,因为古代社会显然是不存在这种高明史学。他是章氏眼中或理想中的高形态史学。只是,他人微言轻,不得不托古而已。除了史选外,史纂、史考、史例、史评,应是史学的形态之一。结果,章学诚说,这些都不是史学。"盖史学之失传已久,而真知者鲜矣。"⑨这种史学是什么?用今日的话,只能说是有理论的宏观史学了。

章氏史学理论体系,是围绕写著作展开的。他认为,只有史义、史德、史体、史事、史文有机结合的史著,才可称著作。他用人身比喻说:"事者其骨,文者其肤,义者其精神也。"⑩义、事、文三个概念,是孟子概括《春秋》旨意时提出的。章学诚借助这些概念,作了进一步的阐述,从而构筑了他的新史学理论体系。史德。史学是一种主体通过史料中介对客体的认识活动。主体素质关乎史学认识的水平,所以,传统史学自刘勰、刘知几以来,一直重视这个问题。刘知几有著名的才、学、识"三长"说,

---

① 何善蒙、卢涵:《略论章学诚思想的心学倾向》,《吉林师范大学学报》(人文社会科学版)2020年第5期。
② (清)章学诚:《文史通义新编新注》外篇五《永清县志前志列传序例》,第986页。
③ 傅荣贤:《学术传承与创新——论章学诚的"文史校雠"路径及其得失》,《扬州大学学报》(人文社会科学版)2018年第5期。
④ 《文史通义新编新注》内编五《史德》,第265页。
⑤ 《文史通义新编新注》外篇六《为张吉甫司马撰大名县志序》,第1040页。
⑥ 《文史通义新编新注》内篇四《答客问上》,第252页。
⑦ 《文史通义新编新注》外篇三《家书二》,第818页。
⑧ (清)章学诚《章氏遗书》之《补遗·上朱大司马论文》,第612页。
⑨ 《章氏遗书》外编卷三《丙辰札记》,第389页。
⑩ 《文史通义新编新注》外篇四《方志立三书议》,第828页。

刘知几以后，曾巩、揭傒斯、胡应麟等力图完善刘氏理论，纷纷提出了"心术""直笔""公心"诸概念。章学诚结合当时现实，对扬、胡诸人的概念作了进一步提炼，明确提出了"史德"概念。且对"四长"位置作了重新排列，以史识、史德置于首、二位，史才、史学次之。史体。体例是反映历史内容的形式，形式水平高低，直接影响到一部史著的水平。要写出一部成一家之言的史著，没有好的体例是不行的。中国传统的史体，到宋代已臻完善，但没有停止史体革新的脚步。明中叶以来，史家仍在努力探索新史体，曾出现过种种新的综合性史体，只是没有为后人认可、接受而已。章学诚是封建社会后期重要的史体革新者，他曾"仍纪传之体而参本末之法，增图谱之书而删书志之名"① 设计过一种新综合史体。章氏新纪传体有四部分：纪，相当编年史，是纲；传，伸编年之详，用纪事本末法，或书人，或述事，灵活多变；图，专门写天象、地形、舆服、仪器等难以用文字说明者；表，排列难以稽检，难以详写的人事。章氏的新史体，曾在修《湖北通志》时实践过。在内容上，提倡"六经皆史"，认为"盈天地间，凡涉著作之林，皆是史学"②。这是一种广义的历史观，极大地扩展了历史研究、史料搜集的范围。

章氏贵著述的最终归结点是提倡修通史。他认为通史便于阐明历史的发展和变化。他作《释通》篇，称"通史之修，其便有六：一曰免重复，二曰均类例，三曰便铨配，四曰平是非，五曰去抵牾，六曰详邻事。其长有二，一曰具剪裁，二曰立家法"。前人对宋代郑樵《通志》议论纷纷，章氏则从郑樵承古通史家风角度，给予郑樵很高的评价。宋朝的郑樵推崇通史，私著《通志》。郑樵在理论上没有过多阐述，想法多体现在总序与小序中。郑樵更多地表现实践能力，以一人之力，重修一部中国通史。不过，纪传多因袭，仅《二十一略》有创新。这说明，要重修通史，难度不小。章学诚继承了司马迁、郑樵以来的通史精神，又想超越刘知几，专门从史义角度谈中国通史编纂的理论。有人以为，《文史通义》中对郑樵的《通志》捧得过高，而对马端临的《文献通考》贬得过低。这是有他当时特定的推广通史精神考虑，不必在意。章氏的不足是，他仅是通史理论家，而不是实践家，没有机会编修出他理想的中国通史。这个任务，直到 20 世纪初才进入实践期。

"著述""比次""考索"三分

章氏史学的特点是"贵其著述成家"。提倡写著作，这是他在史学上最高明的见解，为史学的科学化指明了方向。所谓著述，又称"独断"、"撰述"，是指在观点、材料、体例上有独创的史著。著作是相对"比次""考索"而言的。比次又称记注，是指记录、选辑和汇编原始资料之书。考索就是考订、札记一类史著。这是从学术研究、学术价值角度立论的。从学术角度，将天下史著区分为三个档次，是一种十分高明的认识。这对当时那些成天"疲精劳神于经传子史"的朴学家来说，无疑是当头棒喝。章氏谈史学三类型，目标是突出历史著述的位置，这是当时没有的方向。今日再谈章氏三

---

① 《文史通义新编新注》外篇三《与邵二云论修宋史书》，第 672 页。
② 《文史通义新编新注》外篇三《报孙渊如书》，第 722 页。

分法，目标是突出"比次"，即最低当代历史记录层面。这是历史学存在的基础层面，同样重要。志者，志也，更精确地说，是记录。"盖史以纪事，事出于人，人著于传，凡史莫不然也。"① 通过人物传来记事，近于今日的公众历史记录了。章学诚也留下了不少当代人物记录，除了几篇专传，还写了《庚辛之间亡友列传》。这篇类传收录12人，共10420多字。它的信息量相当大，可以称为友朋交往录。此文前人关注不多。笔者近关注到此文，马上眼睛一亮。它不亚于黄宗羲的《思旧录》，是一篇交往记忆样本之作，值得推荐给大家。这种体裁，人人可为。"余撰《庚辛之间亡友列传》，皆无状志可凭，惟耳目所及，间涉自叙，参述交谊，以舒哀思，盖列传之变体也。顾知心好友，性命可以共喻，而世系家风及其生平履涉，往往习处相忘，至于没身而追溯为文，则知平日之交往，在形骸之外矣。"② 据此，前人写传，多据已有文献而成。这篇亡友传则是根据自己平时所见所闻记忆而成，既有朋友的平生信息，又有交往记忆。他称为"列传之变体"，今日可称为回忆录体，属历史文本的初生产，有别于历史文本的再生产。

四 "时务六书"反映的治国理政思想

章学诚虽考中了进士，但习惯了学者生涯的他，知道从政非己所长，最终没有入仕。一生从事着伟大的公共学术文化活动，但经常处于连一家都养不活的状态。虽时时出入大员之堂，但却是以文化幕僚的身份出现的。不过，他生活在国家之中，不可能完全置身政治之外。"以贫贱之故，周流南北，于民生吏治，闻见颇真。"③ 他是个思考型学者，作为旁观者时时关注着政治。"无用于世，然读书著文，耻为无用空言。所述《通义》，虽以文史标题，而于世教民彝、人心风俗，未尝不三致意。往往推演古今，窃附诗人义焉。"④ 他是经世型学者，总想着著述立说，能为世所用。

平生只能偶尔在私下言说，到了晚年终于有机会系统地表达。嘉庆四年（1799）正月，乾隆帝去世，嘉庆帝亲政，和珅倒台，形势大变。借助铲除和珅集团之机，皇帝以"咸与维新"为旗帜，"虚己求言"，实施"新政"。于是，"下至末吏平民，皆得封章上达，言路大开"⑤。在此感召下，62岁的章学诚，阅读相关邸抄以后，连作《上执政论时务书》《上韩城相公书》《再上韩城相公书》《三上韩城相公书》《上尹楚珍阁学书》《上曹定轩侍御论贡举书》⑥ 6篇政论，可简称"时务六书"。此间的尹楚珍是受到皇帝关注的退休官员，曹定轩是侍御史，而"韩城相公"则是嘉庆初年的首辅大臣王杰。用今日话说，是"国级"领导。由此，这次上书的级别是不低的。这三位都是章

---

① 章学诚：《文史通义新编新注》外篇二《史姓韵编序》，第512页。
② 章学诚：《章氏遗书》卷十九《庚辛之间亡友列传·顾文子书传后》，第194页。
③ 章学诚：《章氏遗书》卷二十九《上执政论时务书》，第354页。
④ 章学诚：《章氏遗书》卷二十九《上尹楚珍阁学书》，第355页。
⑤ 章学诚：《章氏遗书》卷二十九《上执政论时务书》，第354页。
⑥ 章学诚：《章氏遗书》卷二十九《上执政论时务书》，第354页。

氏座师类人物，有十多年的私人交情，正处掌权时候，所以才敢提出建言。

从"事后之明"来说，乾隆时代是清朝的鼎盛时代，而嘉庆时代则是逐步转衰时代。物极而衰，进入乾嘉交际，清政府面临"教匪"横行、地方普遍"亏空"、吏治深度败坏三大危机。"时务六书"中不仅批评了朝政腐败，而且提出了应对危机，纾解困局以图长治久安的诸多措施。作为国家大事，"盖时势得失所系，亿万生命所关"①。"时务六书"的主要观点是，并举增容，广开言路；思考"国家大计"要"问先政治之得失"，政治之得失在于吏治之清浊；"弭寇先须清吏治"，吏治之重在"督抚"，吏治之清在于祛"威""权"复"礼""义"等"治安三策"。这是解决当时社会、经济和政治危机的一揽子方案。章氏对三大危机的研判是，"事虽分三，寻原本一"。即"吏治之坏，其原由于上下通融，讲求设法弥补亏空，民不聊生，教匪横行，所以得而蛊惑"。② 由此可见，吏治是改革的核心所在。将吏治当作核心来处理，应该说是找到了关键所在。这也有助于理解当下的反腐倡廉活动，事关亡党亡国之大是大非。章氏注意到让人民获惠问题，"民不受惠"，肯定出问题。不同时代有不同的问题，不同问题要有不同的解决方略。章氏这种经世意识、实用意识，是值得肯定的。

章氏议政，对今日学人如何议政，也有一定的借鉴意义。官员是政府网络系统中一员，有明确的空间与职责范围。平时只管上面领导下达的任务，偶尔也会自己找事来做。传统政府系统外的人文学者，往往是"国士"，擅长大空间整体思维，所以他们的建议有整体、系统、顶层、超前诸多特点。当时他是一个"重耳"的、行将就木的老人。所以，章氏建议是纯公益的，是一种知识分子的"国士"担当精神在起作用。"建白自当择其大且要者，所谓得纲领而余可推也。"③ 这种议"国是"思想，有值得肯定之处。等言路大开，建言很多的时候，又在"集议之善择耳"④。只是学者上书，仅供领导参考而已。用不与用，用哪些建言，完全取决于领导自身的需求。"建言与不建言同，议准与不议准同，所谓不壅蔽之壅政。"⑤ 即使皇帝获得建言、大臣制定了政策，地方官员也会执行不力。可见，治国理政、改造社会有难。他又提出了加强执行力度的对策："即令条奏之员，熟察外间果否实力奉行，或简员勘验，或因参议，且责成原奏之员，随时纠劾，量加甄叙，以旌诸言。则封事皆非传播空文，可以收实效也。"⑥ 国家政策也不能强推，强推会引起地方官员的反抗。权力系统外的知识分子没有行政经验，思想简单，以为一声令下，就可让下面执行了，就可以改造社会了。在论政策略上，章氏主张"学者论政应该秉持立诚为公的价值向度、执两用中的理性界度，把握问题意识与系统设计的契度、批判性与建设性的平准度，注意社情观察与学理考察相济以益于拓展的深广度。不仅如此，还应在论政的时机把控、问题选择等技术性方面作如

---

① 章学诚：《章氏遗书》卷二十九《三上韩城相公书》，第355页。
② 章学诚：《章氏遗书》卷二十九《上尹楚珍阁学书》，第355页。
③ 章学诚：《章氏遗书》卷二十九《上尹楚珍阁学书》，第355页。
④ 章学诚：《章氏遗书》卷二十九《三上韩城相公书》，第355页。
⑤ 章学诚：《章氏遗书》卷二十九《三上韩城相公书》，第355页。
⑥ 章学诚：《章氏遗书》卷二十九《上执政论时务书》，第354页。

何增加可接受度的考量。而章氏所为对执政者该如何对待政府体制外学者论政也应该有所启发"。这些,"堪称学者政论之典范"。①

此外,在社会政治思想上,提出"三王不相袭,五帝不相沿"的变革思想,批评"执古以概今""泥古而不化"的思想。在人才思想上,提出了时势造英雄,圣人来源众人、"学于圣人,斯为圣人"的论断。认识到了人才对于国家治理的重要性,并提出了一些人才选拔和考核的具体办法。②

五 历史影响

关于章学诚身后学说的境遇,胡适曾有一个流行甚广的观点,即有关章氏生平与学说的信息被埋没了一百二十年。这个观点是不完全符合事实的,是胡适在信息掌握不全的情况下的想当然。传统的说法,进入 20 世纪初,章学诚因受到日本学人内藤湖南(1866—1934)的推崇而逐步引起中国学人的关注。这种说法,多少有点倒果为因,或截断标准过于崇洋了。

一个学者的社会影响,生前靠他自己的活动与学术思想。身后,得完全靠文章来体现其思想及历史价值。早在乾隆年间,浙江嘉兴秀水人郑虎文(1714—1784)就推章学诚为"良史才"③。身后的道光三年(1823),弟子、朱筠长子朱锡庚称"实斋长于史学,为乾隆年间一代通人"。④ 道光六年(1826),朱锡庚进一步认为,清代乾隆学术有三种绝学,一是孔广森的春秋学,二是王念孙的训诂学,三是章学诚的史学。"锡庚尝谓,乾隆年间积学之士与嘉庆年间所学似出两途,以阮制军为当代龙门,尚不能深知尊大人之底蕴,他人不待言矣。前拟撰《文史通义书后》,秖以尊大人之学当世罕有知者,唯锡庚尚能窥其旨趣。第其事重,但有史官,而无私学,其诗书礼乐以及典章象数皆史官职守。故孔子适周,问礼于老聃;韩宣聘鲁,观易象春秋曰周礼尽在鲁矣,俱指史官而言也。自刘向区六艺为九,汉唐以降,经史各立专家,言史者祖马班,言经者尊贾郑,从是史家者流,或考其事迹同异为刊误之书,或订其疆域沿革为地理之学,其于著述之旨趣,体例之要删,鲜有讲明其故者。唐刘子元、宋郑渔仲,间有著论,第驳而未醇,偏而未全。且株守史氏之一家,隔阂六经之条理。实斋先生以毕生所读之书,自成一家之学,勘辨同异,抉择是非,合而知要,离而能通。著《文史通义》内外篇若干卷,盖上穷官礼之遗意,下溯中垒之校雠,合经史为一者也。不知者见其详论史裁,近于刘、郑两家之绪余。是犹目考古音者,谓出于吴棫《韵谱》,岂其然乎?其为绝学,知之者希,空前绝后,鼎立为三矣。"⑤ 朱锡庚对章学诚此番评价,长期未曾为人

---

① 何永生:《章学诚"时务六书"给学者论政的启示》,《湖北社会科学》2017 年第 12 期。
② 叶建华:《试论章学诚的社会政治思想》,《史学月刊》1994 年第 5 期。
③ (清)谭献:《文林郎国子监典籍会稽实斋章公传》引,见《章学诚遗书》附录。
④ (清)朱锡庚:《章氏遗书》第三册跋,转引自戚学民《清廷国史〈章学诚传〉的编纂——章氏学说实际境遇之补证》,《社会科学研究》2016 年第 2 期。
⑤ (清)朱锡庚:《朱少河先生杂著·与章杼思贻选书》,稿本,国家图书馆藏。

所知。朱锡庚曾是章学诚学生，所言未见得客观公正，但他对章学诚的学说有深切的理解，言章氏合经史为一，颇中肯綮。① 阮元《两浙輶轩续录·章学诚传》150字，认为他是"夹漈之伯仲也"。刻于1958年的钱林《文献征存录》有100字，虽然错误不少。

自从道光十八年《文史通义》刊刻后，学界对章学诚的了解也增多，章学诚的知名度也不断在上升之中。其中，浙江书局本的影响度最为广泛，使长三角区域的学者了解了章学诚的学术。从而，进入光绪时代，对章学诚的推崇也达到高峰。

同乡平步青对章学诚是十分欣赏的。"生平札记，其精理独识，多见于《文史》、《校雠》两《通义》及《文略》，盖深有得韩子钩元提要之旨。"② 光绪四年（1878）跋《章氏遗书》后，光绪六年（1880），平氏给章学诚曾孙章小同的信中称，章学诚学术，虽私淑邵廷采，而二部通义，"辨伪订讹，实有得于西京向、歆父子之传，在唐惟刘知几，在宋惟郑渔仲，元明后无人问津"。到了清朝，巨儒林立，远驾汉唐。乾隆朝人材更多。当时的戴震，自负当代第一，弟子推为孟子后一人。当时，只有邵晋涵可引为同调。自从邵氏"北徂"，章氏"南逝"，其学失传。③

平步青较早地勾勒了章学诚在清代浙东学派脉系上的位置。他在给章学诚曾孙的信中称"浙东学术，自东发、深宁以来，远有代绪。国初黄南雷、万石园兄弟及邵念鲁、全谢山氏而下，惟令曾祖（实斋）先生，远绍独肩。先生殁，而浙东学术不绝如线。道、咸间，宗涤甫（源翰）观察颇以起衰自任（指办宁波辨志书院），而接受无闻"④。在另一篇文章中，也有类似说法，"环顾宇内，深宁、东发之学，绍述者谁？而浙东南雷、石园、思复、南江、实斋诸家，渊源具在，津逮者亦复暗然"。⑤ 增加了邵晋涵。给合两文来看，黄震、王应麟、黄宗羲、万斯大、万斯同、邵廷采、全祖望、邵晋涵、章学诚一线就一清二楚了。这一论点，对今人研究浙东学术史是有启迪意义的。

与平步青的高评有别，李慈铭对章学诚的评价十分低。"实斋于志学用力甚深，实为专家，而自信太过，喜用我法。尝言作史作志，须别有宗旨，自开境界，此固可为庸下针砭，而其弊也，穿凿灭裂，尽变古法，终坠于宋明卒腐儒师心自用之学。"⑥ 这只能体现李氏的狂妄自大，终不解章氏理论贡献。古代中国的理论思考不是太多了，而是太少了。动辄将之与宋明理学家的义理之学来比攀，这是不当的。

桐城学者萧穆对章学诚的评价很高，称"《文史通义》系论修史各条，与唐人刘知几分道扬镳。刘氏所论为史法，先生所论为史意；刘氏乃论官局纂修，先生所论为一家著述。体大思精，远过刘氏。《文集》多当代名人碑传及熙朝掌故，文笔与《文史通义》不同，即以古文而论，亦不愧为一代作者，竹垞、西溪诸公所不及也。《湖北通

---

① 戚学民：《清廷国史〈章学诚传〉的编纂——章氏学说实际境遇之补证》，《社会科学研究》2016年第2期。
② （清）平步青：《安越堂外集》卷一《实斋札记钞后叙》，《清代诗文集汇编》，上海古籍出版社2010年版，第379页。
③ （清）平步青：《樵隐昔寱》卷四《答章筱同书》，《清代诗文集汇编》，第218页。
④ 《樵隐昔寱》卷四《答章筱同书》，第218页。
⑤ 《樵隐昔寱》卷十四《鲒埼亭文集跋尾》，第324页。
⑥ （清）李慈铭：《越缦堂日记》第11册，广陵书社2004年版，第84页。

志》虽未成书,而所纂各类及其序例均出前人意表,实在阮文达、谢蕴山二公两广志之上"。①

由此,出了几篇章学诚传记。一是杭州的谭献作《文林郎国子监典籍会稽实斋章公传》,作于1880年前后②。二是光绪八年至十四年间,清朝修订国史《文苑传》时,增加了《章学诚传》。三是萧穆作《章实斋事略》,未见,主要内容见《桐城萧敬孚穆记章学诚实斋先生事略及〈遗书〉本末》。目前,学界只关注到谭献的传,近年才有人使用萧穆等的传记资料。此外,钱塘人吴士鉴作章学诚传。"又将《章实斋事略》及《遗书》别钞本寄示吴絅斋学使一阅。盖学使旧曾有记章公之事,仿阮文达拟《国史·儒林传》体裁成文,已刻。"③由此可知,钱塘人吴士鉴也是较早推崇章学诚之人。可惜,此文一时未找到。

因为《文史通义》收录了章学诚的方志学诸论,所以晚清士人得以间接了解其方志学思想。在他去世后的晚清100余年间,方志学思想作为章学诚学术思想的核心部分已经产生了广泛而深远的影响。他的主要方志学创见在晚清基本都得到回应,也不乏一些学者效仿章学诚的修志体例撰修方志。章学诚的方志学说被引用率极高,晚清方志学家已经奉他为方志学的权威。④

由上可知,正是因为中国学人的关注,才引起了内藤湖南的关注。在1902年秋的对中国访问中,内藤湖南接触到了章学诚的著作。从社会进化论的角度,内藤湖南对章学诚《文史通义》做出了自己的解读,发表了《章实斋年谱》(1920)⑤。据胡适《章实斋先生年谱自序》说法,内藤湖南获得了《章氏遗书》18册抄本。至于内藤湖南是如何得到此抄本的,是谁的抄本,不得而知。

1921年,胡适读到内藤湖南《章实斋年谱》后,据此撰写了更为详细的《章实斋先生年谱》(1922),文中不仅考证了章氏的生平和交游,并摘录章氏著作中材料,对其学术思想进行阐述。梁启超虽然没有专文,但《清代学术概论》(1920)、《中国历史研究法》(1922)将章学诚推得十分高。《文史通义》"实为乾嘉以后思想解放之源泉","为晚清学者开拓心胸,非直史学之杰而已"⑥。梁启超对章学诚评价很高,他说:"'方志学'之成立,实自实斋始也。"又说章学诚"不独方志之圣而已"。⑦上述几人登高一呼,其后国人更加重视章学诚研究。⑧

(作者:钱茂伟,宁波大学人文学院教授)

---

① (清)吴庆坻:《蕉廊脞录》卷五《桐城萧敬孚穆记章学诚实斋先生事略及〈遗书〉本末》。
② 黄兆强:《章学诚研究述评1920—1985》,台湾学生书局2015年版,第4页。
③ (清)萧穆:《敬孚日记》,光绪二十九年癸卯九月廿八日。
④ 薛艳伟:《论章学诚的方志学说在晚清之回响》,《中国地方志》2017年第7期。
⑤ 陶德民:《内藤湖南进步史观的形成——对章学诚〈文史通义〉的共鸣》,杨际开译,《杭州师范大学学报》(社会科学版)2008年第1期。
⑥ 梁启超:《清代学术概论》,中华书局1989年版,第50页。
⑦ 梁启超:《中国近三百年学术史》,东方出版社1996年版,第330—334页。
⑧ 详参陈磊《论民国时期的章学诚研究》,博士学位论文,武汉大学,2015年。

"更生于越"与"开拓越学"

——再论鲁迅与越文化的精神联系*

黄 健

【摘要】 越文化是作为地域性的母文化，对鲁迅的成长，特别是精神发育和成长产生了重要的影响，同时，这也是鲁迅与越文化保持精神联系的深层缘由。越文化孕育的叛逆、反抗、复仇性格和坚韧精神，融化和贯穿在鲁迅的性格、心理、精神和人格意志之中，为他"更生于越"奠定了基础，使他能够在历史大变革和现代转型中，赋予越文化精神以鲜明的现代性价值内涵，也引发了他在整个传统学术体系中力图构建新的"越学"体系的设想，以"开拓越学"新局面，彰显越文化的独特价值和意义，为再造文明，创新文化提供可转化的新因子。

【关键词】 鲁迅 越文化 孕育 影响 "更生于越" "开拓越学"

尽管当年鲁迅决意离开故乡越地，要去"逃异地"，"走异路"，去"寻求别样的人"，[①] 甚至说出"不爱江南"[②] 的话，但并不能由此就认定他从此与故乡越地、与越文化断了联系。事实恰恰相反，而是始终与之保持着紧密的精神联系。无论是从所发表的相关言论，还是从他在虚构和非虚构的文学作品中，对故乡越地的人和事的叙述和描写及其所作的批评来看，都可以证实这一点。毕竟生于斯，长于斯，故乡越地再怎么让他伤心，甚至愤懑、失望，但那种早已融入性格、心理和精神与人格意志之中的越文化血脉，始终都是不会隔断的。如同他所描绘的那样，故乡山阴道上的风景，常常是出现在梦境中，是那样的"美丽，幽雅，有趣，而且分明。青天上面，有无数美的人和美的事，我一一看见，一一知道"。[③] 而儿时的美好记忆，那"旧来的意味

---

* 基金项目：本文为2019年度国家社会科学基金重大课题"鲁迅的文化选择对百年中国新文学的影响研究"阶段性成果，项目批准号：19ZDA267，并为《论鲁迅与越文化的精神联系》的后续之文。

① 鲁迅：《呐喊·自序》，《鲁迅全集》第1卷，人民文学出版社2005年版，第437页。
② 鲁迅：《书信集·350901·致萧军》，《鲁迅全集》第13卷，第531页。
③ 鲁迅：《野草·好的故事》，《鲁迅全集》第2卷，第190—191页。

留存。他们也许要哄骗我一生，使我时时反顾"。① 1912 年 1 月 3 日，鲁迅与陈子英、孙德卿等一起创办《越铎日报》时，就以"黄棘"的笔名，撰写了《〈越铎〉出世辞》，热烈称赞越地是"无敌于天下，海岳精液，善生俊异，后先络绎，展其殊才；其民复存大禹卓苦勤劳之风，同勾践坚确慷慨之志，力作治生，绰然足以自理"，同时，也指出在现代"世俗递降，精气播迁"的情形下，更是要谋求"更生于越"，以"纾自由之言议，尽个人之天权，促共和之进行，尺政治之得失，发社会之蒙覆，振勇毅之精神"。② 不言而喻，保持与越文化的精神联系，是鲁迅生长于越，精神源于越，而又"更生于越"，并致力"开拓越学"③ 的文化创新意识的一个显著特征。

一

作为地域性的母文化，越文化对于鲁迅所起到的是孕育和影响的作用。鲁迅曾说，他虽然离开故乡越地，却"还是脱不出往昔的环境的影响"。④ 虽然当年因看清"S"城人的"脸"和"心"，并带着一种悲伤、愤懑的心情离开，但仍然是始终不能忘情于故乡，忘情于越，无法割舍。因为毕竟"知道他们毕生受着压迫，很多苦痛"。⑤ 1912年 1 月，在撰写《军界痛言》中，他呼吁"吾绍之军人"当继承越人"卧薪尝胆，枕戈待旦"精神，要引以"自诫"。⑥ 1936 年 9 月，在撰写《女吊》一文中，就引用明末绍兴人王思任的话说："会稽乃报仇雪恨之乡，非藏污纳垢之地！"并表示"这对于我们绍兴人很有光彩"，而自己"也很喜欢听到，或引用这两句话"。⑦ 尽管也非全然"的确的"正确，但这种精神早已是融在越文化之中，成为一种精神的向度，一种价值的取向。所以，在《会稽郡故书杂集》中，他表示整理此书是为了"用遗邦人，庶几供其景行，不忘于故"。⑧

按照现代心理学的发生原理，人的童年和青少年所受的源自内外部各种精神因素的潜移默化影响，往往是作为一种"集体无意识"的积淀，作为一种精神文化的原型，在人的性格、心理和精神发育与成长过程中，发挥着至关重要的作用。著名心理学家荣格指出："无意识是深入长期被称为'交感性'神经系统中的精神，它从理智和道德之明晰意识的日光下脱离了出来。它不像脑脊髓系统那样操纵着知觉和肌肉的活动，它还是保持着生活的平衡，并通过交感神经兴奋的神秘路径向我们提供他人内心生活的知识，同时对他们实行内在的影响。在这个意义上，它是一个极具集体性的系统，是一切

---

① 鲁迅：《朝花夕拾·小引》，《鲁迅全集》第 2 卷，第 236 页。
② 鲁迅：《集外集拾遗补编·〈越铎〉出世辞》，《鲁迅全集》第 8 卷，第 41 页。
③ 鲁迅：《书信集·101221·致许寿裳》，《鲁迅全集》第 11 卷，第 337 页。
④ 鲁迅：《坟·杂忆》，《鲁迅全集》第 1 卷，第 236 页。
⑤ 鲁迅：《集外集拾遗补编·英译本〈短篇小说选集〉序》，《鲁迅全集》第 8 卷，第 411 页。
⑥ 鲁迅：《集外集拾遗补编·军界痛言》，《鲁迅全集》第 8 卷，第 44 页。
⑦ 鲁迅：《且介亭杂文末编·女吊》，《鲁迅全集》第 6 卷，第 637 页。
⑧ 鲁迅：《古籍序跋集·〈会稽郡故书杂集〉序》，《鲁迅全集》第 10 卷，第 35 页。

'神秘参与'的功能基础。"① 对于鲁迅而言，越文化就是以一种"集体无意识"的方式，积淀在他的"交感性"神经系统，是伴随他童年和青少年的成长，特别是促成他精神发育和成长的重要文化元素，也是他以此为基点，接受异域文化影响的重要平台或基础。在离开故乡越地之后，虽然他对包括越文化在内的传统文化有过激烈的批评，呈现出一种"反传统"的倾向，但在精神上却依然还是与越文化保持着紧密联系。他在虚构作品创作中，多择取越地的镜像，越地的人和事，作为整个传统中国的缩影进行叙事和描写，在"针砭时弊"的杂文创作中，或者在其他类型的写作中，也都有着自觉性的运用越文化视角和材料来进行表述。这些都说明越文化作为文化孕育要素，是鲁迅与越文化保持紧密的精神联系的关键连接点。

越文化对于鲁迅性格形成、心理发育和精神成长、人格意志的孕育和影响，其中一个最显著的特点，就是生成了他的叛逆、反抗、复仇的性格和心理，以及建立在此基础上而形成的坚韧精神和人格意志。用瞿秋白的话来说，就是让他像喝了"狼的乳汁"那样，获得了那种"野兽性"。② 当然，所谓"野兽性"，乃是对鲁迅这种"狼性"性质的"野兽性"性格、心理和精神、意志的一种形象性描述和表达。鲁迅自己对此也是十分认可和认同的。在一些自传性的文章中，他多次说到自己的性格和为人处世的方式。如在《俄文译本〈阿Q正传〉序及著者自叙传略》中，他几次提到他的"出走"。尽管每次都有不同的原因，但之所以要"出走"，并不是不热爱自己的故乡，也不单单是出于对现实的不满或失望，而是意识到在历史的大变革和现代转型中，应该去寻找"改变"的方法和途径，应该去寻找"别样的人"。如在文中，他说自己"不肯"像故乡大多数人那样"学做幕友或商人"，于是，便"旅行到南京，考入水师学堂"，半年后，"又走出，改进矿路学堂"，后又去了日本留学，学医不久又做出"弃医从文"的决定。回国后，先后在杭州和故乡两地学堂任教。辛亥革命后，又去了北京，在政府中任职。③ 显然，这种频繁的"改变"，不断的变动，除了生计和择职的因素外，也是与他不断地寻求"改变"的思想观念和叛逆、反抗、复仇的性格、心理等有密切的关系，而这些又与越文化中的那种"锐兵任死""习于战守""民皆尚勇"等激越精神有着内在的联系，尤其是越地历史上曾涌现出一大批杰出的人物，像大禹、勾践、范蠡、王充、王羲之、陆游、王阳明、黄宗羲、徐文长等，他们对于越地，乃至在中国历史上所做出的卓越贡献，所形成的文化精神传统，都作为是一种"集体无意识"，积淀在鲁迅的性格、心理和精神世界之中。所以，从这个维度上来看，说越文化精神孕育他的"野兽性"，并不是一句随随便便说的口头语，不是一句简单的形容词句，而是有着深厚的地域文化依据的。如同鲁迅自己说的那样，他一向对地方的历史景物，对于地方的先贤们，是十分敬仰的，敬仰那些"人们和天然苦斗而成的景物"和"天然的倔强的魂灵"。④ 在日本留学期间，他常以越地先贤为榜样，不断激励自己，如凭吊流亡、客死在日本的乡贤朱舜

---

① [瑞士]荣格：《荣格文集》，冯川等译，第57—58页。
② 何凝（瞿秋白）：《鲁迅杂感选集·序》，青光书局1933年版，第3页。
③ 鲁迅：《集外集·俄文译本〈阿Q正传〉序及著者自叙传略》，《鲁迅全集》第7卷，第85—86页。
④ 鲁迅：《三闲集·看司徒乔君的画》，《鲁迅全集》第3卷，第73页。

水,在后来所写的一些文章中,如《杂忆》《藤野先生》等,多次提到朱舜水,引其言论证自己的观点。1903年1月,鲁迅与陶成章、许寿裳、经亨颐等27人,参加了在东京牛込区清风亭所召开的同乡恳亲会,后发表的《绍兴同乡公函》中就有:"我绍郡古有……黄梨洲煌煌人物之历史。我等宜益砥砺,以无先坠前世之光荣"①之句,说明他与同乡们所形成的共识,并以"共同宣言"方式所表达的越地先贤文化精神,是高度认可和认同的。

越文化所孕育的叛逆、反抗、复仇性格、心理和坚韧精神,全然融化和贯穿在鲁迅的性格、心理、精神和意志之中。特别是明末清初越地所涌现出来的诸多英雄,像清兵攻陷杭州后誓死不降而自沉的越人,如祁彪佳、王毓蓍、潘集等,都令他感念至深,为之钦佩。对包括这些越人在内的"明末遗民",他说:"要顶礼"他们,"必须接受他的民族思想,这才可以心心相印"。②又称赞他们的作品"却实在还要好,现在也正到了标点,翻印的时候了:给大家来清醒一下"。③显然,这种印在骨子里的越地文化刚毅、坚硬、坚韧之气,是浸染在鲁迅的为人(人生)和为文(创作)实践之中的。如在《女吊》一文中,他在写到绍兴的"大戏"和"目连"时,那"起殇"招魂的场面,就彰显出了越文化内在的精神气场:它是"专限于横死者的","在薄暮中,十几匹马,站在台下了;戏子扮好一个鬼王,蓝面鳞纹,手执钢叉,还得有十几名鬼卒","在脸上涂上几笔彩色,交付一柄钢叉。待到有十多人了,即一拥上马,疾驰到野外的许多无主孤坟之处,环绕三匝,下马大叫,将钢叉用力的连连刺在坟墓上,然后拔叉驰回,上了前台,一同大叫一声,将钢叉一掷,钉在台板上"。这种描写可谓是在"动魄"之中,处处都可见越文化沉郁、刚毅、激越、复仇之精气:"明社垂绝,越人起义而死者不少,至清被称为叛贼,我们就这样的一同招待他们的英灵。"④可见,无论是性格、心理、精神和意志,还是为文、为人、做事、处世等,都可以清晰地看到越文化精神对鲁迅的孕育和影响。可以说,鲁迅与越文化的精神联系是至深的,是融化在血脉之中的,也是他生命的一种精神底色。

二

与越文化保持精神联系,是鲁迅"更生于越"的重要前提,其含义一方面是揭示出鲁迅在越文化孕育和影响中形成自身独特的精神禀赋,另一方面也寓意着鲁迅精神源于越,又超越于越,在不断"更生"中赋予越文化以鲜明的现代性价值和精神内涵。

在鲁迅看来,作为最具地域文化特征的越文化,在近代中国处于大动荡、大变革的

---

① 绍兴市档案馆编:《绍兴与辛亥革命》,凤凰出版社2011年版,第8页。
② 鲁迅:《且介亭杂文·病后杂谈》,《鲁迅全集》第6卷,第174页。
③ 鲁迅:《花边文学·读书忌》,《鲁迅全集》第5卷,第619页。
④ 鲁迅:《且介亭杂文末编·女吊》,《鲁迅全集》第6卷,第638—639页。

时代转型中，有着地域"小传统"的越文化，就像汹涌澎湃的"浙江潮"一样，在"大传统"的中心文化逐渐走向边缘的特定时期，发挥出了自身特定的作用。① 如由蒋百里执笔的《浙江潮》发刊词所写的那样："地理与人物有直接之关系在焉。近于山者其人质而强，近于水者其人文以弱，地理之移人，盖如是其甚也。……浙江潮。挟其万马奔腾，排山倒海之气力，以日日激刺于吾国民之脑，以发其雄心，以养其气魄。20世纪之大风潮中，或亦有起陆龙蛇，挟其气魄，以奔入于世界者乎？"② 也如公猛在谈论浙江文明特点时所说的那样："乃读乡先贤哲学士大夫之遗书，其理想之高超，出乎天，天而入于人，人发为文章，云蒸霞蔚，光怪陆离，我浙人以干政治界、哲理界、文艺界，其位置固何等乎？……且将挟其一切哲理、一切艺术，乘此滚滚汩汩飞沙走石20世纪之潮流，以与世界之文明相激射相交换相融合，放一重五光十色之异彩，以灌溉我二十一行省之同胞，浙江省文明之中心点也。吾浙人其果能担任此言乎，抑将力不能胜任，徒为历史羞乎？"③ 正是越文化以地域"小传统"方式，在应对中心文化"大传统"失落而引发的近代中国大变局当中，不仅显示出其激越精神之一面，也更是显示出如"浙江潮"的"弄潮儿"一般的先锋性精神之一面。这个给予了鲁迅以莫大的精神激励和鼓舞。据许寿裳回忆，鲁迅当时最喜欢《浙江潮》上刊登的章太炎先生的狱中所作的四首诗，并常诵之。还有章先生所作的《张苍水集后序》的其中句子，也是他常诵的句子。在1908年撰写的《文化偏至论》中，他看到了近代以来整个时局演变情形，指出："中国既以自尊大昭闻天下，善诋諆者，或谓之顽固；且将抱守残阙，以底于灭亡。"因此，在这种情况下，国人自然会是将求索的眼光投向西方，也如他在文中接着所描述的那样："近世之人，稍稍耳新学之语，则亦引以为愧，翻然思变，言非同西方之理弗道，事非合西方之术弗行。"④ 当然，鲁迅也是赞成这种求索西方的方式的，但面对历史进程的演化特点，他也发现"全然西方"化的做法，未必全是，或全对，同时，也需要审时度势，从自身文化传统中寻找可用的文明因子，从中获得有力的补充，真正地为现代中国寻找到一条"外之既不后于世界之思潮，内之仍弗失固有之血脉，取今复古，别立新宗"的路子。⑤

正是基于这种认识理念，鲁迅在与越文化的精神联系中，首先是要从越地文化资源中寻找那些适应现代化进程的文明因子，使之能够在新的文化体系中，获得新的排列组合，从中发挥出自身的独特作用，而这则正是"更生于越"的关键性环节。在他看来，"更生于越"不是简单地回到所谓越文化传统中去，恢复越文化的往日光景，而是要推动越文化对于现代化的积极应对和适应，以获得激活自身的动力，这样做便可以使越文化既能保持自身优秀传统，又能够在应对和适应现代化进程中焕发活力，从而为整个中心文化的失落并引发空前的"意义危机"，做出积极的自我拯救。因此，我们可以看

---

① 本文使用"小传统"和"大传统"的概念，源自费正清《剑桥中华民国史》，中国社会科学出版社1993年版。
② 蒋百里：《〈浙江潮〉发刊词》，《浙江潮》1903年第1期。
③ 公猛：《浙江文明之概观》，《浙江潮》1903年第1期。
④ 鲁迅：《坟·文化偏至论》，《鲁迅全集》第1卷，第45页。
⑤ 鲁迅：《坟·文化偏至论》，《鲁迅全集》第1卷，第57页。

到，鲁迅当年不仅非常喜欢那些鼓吹地域文化的杂志，也十分乐意在上面发表系列文章，像《人之历史》《科学史教篇》《文化偏至论》《摩罗诗力说》《破恶声论》等，就发表在《河南》杂志上，《斯巴达之魂》《中国地质略论》《说𨱎》等，发表在《浙江潮》杂志上。可以说，鲁迅此时已经充分地认识到在"大传统"的中心文化整体失落，并引发价值世界激烈动荡，产生系统性的意义危机；让人最终失去终极关怀的庇护而无所依凭中，只有从作为"小传统"的地域文化中，寻找应对危局和适应现代化的文明因子，方能在历史大动荡、大变局和现代转型当中，再造文明，创新文化，这才是"更生于越"的真正要义所在。

于是，从日本回国以后，鲁迅就开始着手从整理越地历史文化典籍为入口，寻找可以"更生于越"，也即寻找能够应对和适应现代化的文明因子，以期能够获得创造性的转化，为新文化提供可借鉴的文化蓝本和历史资源。许寿裳后来在回忆文章中，曾多次提到鲁迅对越地历史文化典籍的兴趣，说当年在北京时就曾从许寿裳的哥哥那里见到一本《越中先贤祠目序例》，鲁迅特别感兴趣，便索取了其中一册，以致由此"籍录会稽，对于乡邦文献，也是很留意的。……撰集先贤的逸文，足供后人瞻仰景行"。① 鲁迅曾说在近代中国开启迈向现代化进程，迈向现代文明之时，越地文化、越地之人由此开始获得了"三大自由"，也即孙中山在《民权初步·自序》中所说的"人民之集会自由、出版自由、思想自由"，从而"以更生于越"，形成了"民气彭张，天日腾笑"②的大好局面，这也充分地说明了越文化自身的先锋性、先进性精神是具备可转化，可再造的质地和因子的，可以在中心文化失落而滑向边缘之时，以自身的特质来进行文明再造与文化创新，以弥补作为"大传统"的中心文化失落及其所引发的种种文化失范问题。当然，随着对问题的深入思考，鲁迅也由此发现了其中的难度。譬如，他发现了"老中国"子民的愚昧、麻木、无知，以及改变的难度，指出："可惜中国太难改变了，即使搬动一张桌子，改装一个火炉，几乎也要血；而且即使有了血，也未必一定能搬动，能改装。不是很大的鞭子打在背上，中国自己是不肯动弹的。"不过，尽管是这样，他最终还是相信"这鞭子总要来，好坏是别一问题，然而总要打到的"。③ 在整理越地历史文化典籍中，鲁迅感受到了越文化精神中的那种刚毅、坚韧和百折不屈的品质特征，时而引用越地先贤著作予以校注和说明，如在早年校辑虞预《会稽典录》时，校注"上虞孟英三世死义"，就引王充的《论衡·齐世篇》之句作注，并在《会稽郡故书杂集序》中特意说明是"使后人穆然有思古之情"。④ 又如，曾历时十一年辑校《嵇康集》，接着又作他的《逸文考》和《著录考》等，表示对这位乡贤及其精神特征的高度认同，反映出两人在精神气质和品格上具有同一性或相通性的特点，如同许寿裳所说："鲁迅的性质，严气正性，宁愿覆折，憎恶权势，视若蔑如，皓皓焉坚贞如白玉，懔懔焉劲烈如秋霜。"⑤

"更生于越"是鲁迅的精神源于越，而又超越于越，以及保持与越文化精神联系的

---

① 许寿裳：《亡友鲁迅印象记》，岳麓书社2011年版，第32页。
② 鲁迅：《集外集拾遗补编·〈越铎〉出世辞》，《鲁迅全集》第8卷，第41页。
③ 鲁迅：《坟·娜拉走后怎样》，《鲁迅全集》第1卷，第171页。
④ 鲁迅：《古籍序跋集·〈会稽郡故书杂集〉序》，《鲁迅全集》第10卷，第35页。
⑤ 许寿裳：《亡友鲁迅印象记》，第35页。

一种独特方式。对于鲁迅来说，即便他在走出故乡越地，接受更为广阔、丰富和多样的思想文化影响，而越文化始终都是他的一个基础性平台，是他的出发始点。在决定"弃医从文"之后，他的创作多择取越地的人和事作为叙事对象，从中发现"弱中国"的衰败、没落，"老中国"儿女的愚昧、无知、麻木，也正是他的"更生于越"，在文学领域中的艺术表现和思想反映。如上文所说，尽管他当年离开故乡越地，以及后来回故乡时的心情，难以言说，但他始终不忘故乡的思想情感，从中形成了他"更生于越"的一种精神症候：以越地为原点，审视整个中国，整个世界，展示出他的思想的不断飞跃和演化提升的态势。

三

鲁迅的"更生于越"还表现在他力图"开拓越学"的理念，以谋求在整个传统学术体系中，构建新的"越学"体系，彰显"越学"独特的价值和意义，并且通过这种独特方式，保持与越文化精神的深层联系。在1910年12月21日致许寿裳的信中，他就把"开拓越学"的想法告诉了他。在信中说要"开拓越学"，以"俾其曼衍"。如果能成，并产生效果，以"至于无疆"，那将是"学子之幸"。①

显然，"开拓越学"不是鲁迅的心血来潮，一时冲动的所想所为，而是他的深思熟虑，良久考量，系统谋划。从知识谱系和结构上来说，他对越地历史文化是"熟知"的。不论是感性的认知，还是理性的认识，他都具备"开拓越学"的能力和素养。在他看来，做这项工作十分有意义，尤其是在近代中国遭遇空前的困境时，作为"大传统"的中心文化日益式微，从作为"小传统"的越文化中寻找可转换的文明因子，使之在新文化序列中重新排列组合，占据重要位置，发挥其重要功能，就需要对越文化典籍进行认真的整理和发掘，这样才能在"更生于越"中"开拓越学"，以应对和适应现代化的挑战和历史进程的发展。即便是以一己之力，鲁迅也力图要尝试去完成这项虽不能说是浩大、宏伟，但却是一项系统的工程。他要在整理和考据中，发掘越文化的新的价值与意义，并使之具有充分的学理依据，有深厚的历史根基和丰富的文化含量，如同他在信中对许寿裳所说的那样，此乃"吾越学界中鱼龙曼衍之戏"也。

在鲁迅的考量中，"开拓越学"既然是一项系统工程，那么，在整体考量中，至少需要分三个步骤进行：一是全面进行收集和整理，特别是要收集和整理那些分散在典籍之中的越地历史文献，使之能够成系统，能整体反映越地历史和文化演化的进程与特点；二是确定重点，尤其是对那些能够反映与其他地域不同的越地独特历史和人文的风情；三是深入考据和发掘，尤其是要对那些深蕴在越地先贤身上的越文化精神，进行考证、发掘、传承和发扬光大。

据许寿裳回忆，鲁迅先后完成了系列的有关会稽的"乡邦文献"，像《会稽郡故书襍集》，其中就包括了"谢承的《会稽先贤传》，虞预的《会稽典录》，钟离岫的《会

---

① 鲁迅：《书信集·101221·致许寿裳》，《鲁迅全集》第11卷，第337页。

稽后贤传记》，贺氏的《会稽先贤像赞》，朱育的《会稽土地记》，孔灵符的《会稽记》，夏侯曾先的《会稽地志》"① 等，可以说这也就是一部较完整和系统的《会稽史志》。此后，他又陆续开始整理古籍和抄古碑，其中有许多的内容，就涉及与越地相关的典籍，像校勘《嵇康记》，并作《逸文考》《著录考》，详尽的考据，被许寿裳称为"校勘最善之书"。后来，他又辑录《谢承后汉书》，整理古碑等，也大都是与越地相关。他采用史志互证的考据方式，予以认真的钩沉和考证，并写出跋文，作出详尽的说明。对于这项工作，鲁迅几乎是将业余时间全都搭上去，旨在为"开拓越学"认真地做些基础性工作，勾勒框架，规划体系，界定"越学"的内涵和外延。现收录在《鲁迅全集》中的《古籍序跋集》的序跋文，就有32篇，其中为越地典籍所写的序跋就占了多数，如《会稽郡故书杂集》，除了总序之外，所辑录和考证的各篇都作了序文，作了详细的说明。这不仅可见他辑录和考据的用心和所下的功夫，从中也更是可见他对"开拓越学"所付出的艰辛努力。这种系统和整体的考量，显示出他缜密、细致和全面、系统的"开拓越学"的宏大构想。

越地历史和人文风情的独特性，越文化精神的独特价值，是鲁迅"开拓越学"，即在辑录和考证越地典籍中所要确定的重点。鲁迅认为，越地的历史和人文风情在整个华夏文明体系中有着自身的独特性，如同他在《会稽郡故书襍集》的序文中所指出的那样，会稽历来是"珍宝所聚"之地，只是"远于京夏，厥美弗彰"。因此，"开拓越学"就需要针对越地的独特性来进行收集、整理、发掘和修复，使之能够集大成，既能反映出越地独特的"人物山川"，又能记叙"旧闻故事"，做到"更理其绪"，全面、系统而独特地展示越地历史和人文演化进程及其特点，以彰越地独有的"风土之美"。② 于是，在他的系统辑录、考据和校勘中，越地历史和人文典籍，便在他的重新的审视之中得以充分的展示。这不仅仅只是纯粹意义上的古籍整理，或地方志的考据、修复和补充，而是在这个基础上所做的一次较为全面的对越地历史和人文风情的审视和巡礼，真正的意图是为了激活越文化的文明因子，弘扬越文化精神，展示越文化独特价值，使之能够以自身独特而优质的文化属性和品格，汇入由整体文化转型而迈向现代文明的时代洪流中去，如同他后来在致友人的信中所说的那样，即便是"揭发自己的缺点"，也是"意在复兴，在改善"。③

正是依据这种理路，鲁迅对越地历史典籍的收集、整理和考据、集成，就格外注重深蕴在越地先贤身上的那种独特的精神和品格特征，认为从这些先贤身上可以发现越文化的精髓和独特之处，尤其是通过"叙述名德，著其贤能"，便可"记注陵泉，传其典实"，以激励后人，弘扬光大越文化精神。从鲁迅所辑录的典籍数量上来看，尽管看上去数量并不算特别的多，但毕竟是凭他的一己之力，且是用业余时间完成，尤其是从"开拓越学"的志向、用心和目的来看，他是非常注重对越文化精神进行准确把握和发掘的，像他花费十多年的时间辑校《嵇康集》，不只是为了求全，为了满足自己的兴

---

① 许寿裳：《亡友鲁迅印象记》，第32页。
② 鲁迅：《古籍序跋集·〈会稽郡故书杂集〉序》，《鲁迅全集》第10卷，第35页。
③ 鲁迅：《书信集·附录6·致尤炳圻》，《鲁迅全集》第14卷，第410页。

趣,而是为了求质,发掘蕴含嵇康身上那种独特的精神和人格特征,特别是他深受越文化影响的精神和人格特征。不言而喻,鲁迅在"开拓越学"中通过大量的校勘、整理和发掘,发现了自己与嵇康及魏晋士人,在精神意志、人格品质、思维方式、审美趣味和艺术追求等方面都有着诸多的趋同性和相通性。同为越人后裔,鲁迅与嵇康二人具有地域文化血缘的共通性。嵇康所提出的"越名教而任自然"的主张,崇尚自然情性,"俯仰自得,游心太玄"而不失君子之德,为鲁迅所认同和接受。在那篇非常有分量和影响的演讲文《魏晋风度及文章与药及酒之关系》中,鲁迅就指出嵇康等"反抗旧礼教"的精神特点,认为嵇康的"论文"是"思想新颖,往往与古时旧说反对",[①]充分地肯定了嵇康的精神和人格。所以,在鲁迅的身上,人们或多或少地都可以看到嵇康及其魏晋士人风骨和精神传统。正是对越地先贤身上蕴藉的越文化精神的考证和发掘,鲁迅也就为"开拓越学"做出了学术研究的价值指引,确立了"越学"研究的基本范式。

总而言之,鲁迅受越文化的孕育和影响及其所生成的文化性格,是他与越文化保持精神联系的关键缘由,也使他在"更生于越"的文化实践中,获得了"开拓越学"的动力。无论是对于深入开展越地历史和文化研究,还是对中国历史和文化研究来说,鲁迅都是做出了表率,为后续的研究奠定了坚实的基础。

(作者:黄健,浙江大学文学院教授)

[①] 鲁迅:《而已集·魏晋风度及文章与药及酒之关系》,《鲁迅全集》第3卷,第533页。

"宋韵"溯源

——兼谈"宋韵文化"的学科属性

张宏敏

【摘要】 在当下的浙江宣传舆论界,具有中国气派和浙江辨识度的重要文化标识的"宋韵文化",绝对是一个热门词汇。除却浙江宣传舆论所倡言的"宋韵文化"之外,学术界又是如何理解"宋韵"的呢?这就需要对"宋韵"概念予以溯源。从学术或学科视角,以公开出版的以"宋韵"命名的学术著作、以"宋韵"为选题的学术期刊论文为切入点,来探究"宋韵"抑或"宋韵文化"的学科属性也是一个有意义的话题。

【关键词】 宋韵 唐风宋韵 宋韵文化 学科属性

毫无疑问,在当下的浙江社科理论界、宣传舆论界,具有中国气派和浙江辨识度的重要文化标识的"宋韵文化",绝对是一个热门词汇。

作为浙江历史文化标识与金名片的"宋韵文化"的出处,是现任浙江省委书记袁家军 2020 年 9 月 21 日在浙江文化研究工程实施十五周年座谈会暨省文化研究工程指导委员会会议上的讲话中的一句话:"要擦亮一批文化标识,大力推进宋韵文化传承发展中心建设,让南宋文化这张浙江文化金名片更加深入人心、走向世界。"[①] 2021 年 8 月 31 日召开的浙江省委文化工作会议强调,"在打造以宋韵文化为代表的浙江历史文化金名片上不断取得新突破,抓研究、抓传播、抓转化,做足特色、放大优势,传承好浙江优秀传统文化的精神内核";"'跳出南宋看南宋,跳出浙江看浙江',从思想、制度、经济、社会、百姓生活、文学艺术、建筑和宗教等方面全方位立体化系统性研究阐述宋韵文化,准确把握其文化精髓、历史意义和时代价值,组织提炼'宋韵'的核心特征"[②]。这一政

[①] 《"强省""树人"!省委书记袁家军谈书写"重要窗口"文化新篇章》,转引自浙江社会科学网,2020 年 9 月 22 日。

[②] 袁家军:《加快打造新时代文化高地 为高质量发展建设共同富裕示范区注入强大文化力量》,浙江在线,2021 年 8 月 31 日。

治宣传语境下的"宋韵"抑或"宋韵文化",是要求从现代学术视域下的综合性的学科背景中来探究其内涵与外延,也就是要从中国思想史、政治制度史、经济史、社会学、民俗学、文学、艺术学、建筑学、宗教学,也包括文化学、新闻传播学等多学科出发,来整体把握宋韵文化的精髓、历史意义和时代价值。

本文想要说的是,在浙江社科、宣传理论界所倡言的"宋韵文化"之外,学术界又是怎样理解"宋韵""宋韵文化"的呢?这就需要对"宋韵"概念予以溯源,对学术意义上"宋韵"的本义予以阐释。易言之,如何从学术或学科视角,比如以公开出版的以"宋韵"命名的学术著作、以"宋韵"为选题的学术期刊论文切入点,如何来探究"宋韵"抑或"宋韵文化"的学科属性呢?这也是本文关注的一个话题。

一 以"宋韵"命名的学术著作

据统计,目前学界公开出版的学术著作中,书目中含有"宋韵"的出版物有12种。

(1)李庆、武蓉著《宋韵:中国古代诗歌》,新华出版社1993年版。该书是就宋代诗词意蕴来理解"宋韵"。

(2)孙维城著《宋韵:宋词人文精神与审美形态探论》,安徽大学出版社2002年版。该书在第一章"宋韵的人文精神及其与宋词的互选"中,对"韵"与"宋韵"的内涵予以诠释,认为,"韵"是一个由晋至唐的漫长生长的过程,"宋词"也成为"宋韵"的鲜明体现,而一部唐宋词史也就显形为"韵"的衍生史。而"宋韵"(实际上就是"宋词"),则是封建后期艺术审美的最高标准;在"宋韵"与"宋词"的双向选择中,宋韵的人文精神也得以完美呈现。总之,该书通过对宋词诸家作品的分析,来探讨宋代文坛的共同审美态度与审美心理,即以"韵"来解释宋词,以探究宋词的艺术魅力。这就是作者关于"宋韵"的创意解读之所在。

(3)陈晋主编《唐风宋韵新吟》,中央文献出版社、万卷出版公司2006年版。该书的"宋韵",就是对宋代学者创作的诗词而言,并予以注译和引申解读。

(4)中国国家博物馆、遂宁市博物馆、彭州市博物馆联合编选《宋韵:四川窖藏文物辑粹》,中国社会科学出版社2006年版。该书就"宋瓷""宋代金银器""两宋仿古器物"的造型图像与产品工艺风格,来探究宋人所追求的人与自然和谐的审美观念与生活情趣。总之,该书中的"宋韵",就是从不同的视角反映宋代特有的工艺风格和流行时尚,以使今人领略宋代艺术之风韵。

(5)郭永福、余向鸿主编《唐风宋韵》,中央民族大学出版社2006年版。该书是从诗词赏析的角度,来理解"宋韵"。

(6)刘雪梅、张金桐著《唐风宋韵》,大众文艺出版社2009年版。该书是就唐宋两朝的主流文学"唐诗""宋词",也就是就"宋词"来理解"宋韵",进而阐发宋词的审美特质。

(7)陈晋主编《唐风宋韵》,中国青年出版社2012年版。该书的"宋韵"也是就宋代诗词而言。

（8）余恕诚著《唐音宋韵》，北京大学出版社2015年版。该书收录整理了作者20世纪80年代以来有关唐宋诗词的鉴赏文章百余篇，展示了唐宋诗词的迷人风貌。作者的赏析文字，文辞清丽且富于诗意，下笔简省又善于点出精妙之意，给人以意韵悠长的美感。《唐音宋韵》一书中的"宋韵"，是从宋代诗词以及宋词之"美"的角度来理解"宋韵"。

（9）陈乃明著《宋韵明风：宋明家具形制与风格》，浙江人民美术出版社2021年版。该书就宋代家具的具体形制与风格来解读"宋韵"，也可以从美学意义来理解。

（10）浙江省社会科学院编著的《宋韵文化简读》，浙江人民出版社2021年版。该书是对省委文化工作会议提出的"宋韵文化"的全方面解读，围绕宋韵文化的概念内涵、精神实质、形态特征和当代价值，分别是陈野撰写的"导论"，张宏敏撰写的"理一分殊的思想体系"，王宇撰写的"重视规则的制度设计"，王一胜撰写的"精良裕如的经济生产"，徐吉军撰写的"开放包容的社会风貌"，徐吉军撰写的"丰盈乐活的百姓生活"，宋雪玲撰写的"理性内敛的文学精神"，毛建波、许可撰写的"清简雅正的艺术审美"，徐吉军撰写的"整饬精致的建筑标格"，陈永革撰写的"多元自在的宗教生态"，何勇强撰写的"独步天下的科技高峰"等11个专题，集中展示了多元包容、百工竞巧、追求卓越、风雅精致的宋韵文化气象，准确把握其文化精髓、历史意义和时代价值，组织提炼"宋韵"的核心特征，让千年宋韵在新时代"流动"起来、"传承"下去。

（11）中共浙江省委宣传部组织编写的《开卷有益·宋韵文化之制度》《开卷有益·宋韵文化之经济》《开卷有益·宋韵文化之思想》《开卷有益·宋韵文化之文学艺术》《开卷有益·宋韵文化之教育》《开卷有益·宋韵文化之科技》《开卷有益·宋韵文化之建筑》《开卷有益·宋韵文化之百姓生活》，浙江人民出版社2021年版。该套丛书是为贯彻落实浙江省委文化工作会议精神，向广大读者阐释、解读、宣传"宋韵文化"而组织编写。每种图书分为"概述""名篇""解读""风物"四个板块。"概述"对本卷主题作总览式介绍，概括了这一宋韵文化形态的突出特点、发展过程、深远影响等；"名篇"汇编了有关这一宋韵文化形态的名篇佳作，主要以宋代文学作品为主；"解说"精选近现代著名宋史学者关于这一宋韵文化形态的理论文章，帮助读者把握其精髓；"风物"汇编与宋韵文化形态有关、现今保留于浙江省内与宋韵文化有关的历史遗存。

（12）编委会编著的《宋朝的365天：宋韵日历》，红旗出版社2021年版。该书认为，"宋韵"作为一种精神气质，反映了当时社会生活的状态，渗透在宋朝人的日常生活细节中。全书采用12种莫兰迪色作为主色调，并在此基础上做了色块分区，将一年四季、二十四节气作为主线牵引，配以高清的宋画图片，将古朴典雅又风流自洽的宋韵加以呈现。

二 以"宋韵"为选题的学术期刊论文

在"中国知网"上检录以"宋韵"为主题（篇名中含有"宋韵"二字）的学术期

刊论文，从1985年至今（截至2022年4月20日），共有143篇。其中，1985年1篇；1990年1篇；1991年3篇；1997年3篇；1999年1篇；2001年2篇；2002年2篇；2003年2篇；2004年2篇；2006年4篇；2007年3篇；2008年2篇；2009年6篇；2010年8篇；2011年4篇；2012年7篇；2013年5篇；2014年4篇；2015年5篇；2016年3篇；2017年5篇；2018年4篇；2019年7篇；2020年6篇；2021年33篇；2022年20篇。作者、篇名、刊载报刊（论集），日期等信息如下。

（1）何昌林：《唐风宋韵论南音——写给海内外南音弦友》，《人民音乐》1985年第5期。

（2）董亚军：《大型电视艺术片〈唐风宋韵〉开拍》，《电影评介》1990年第10期。

（3）江声：《〈唐风宋韵〉扬国魂》，《瞭望周刊》1991年第9期。

（4）周汝昌：《〈唐风宋韵〉琐谈》，《中国电视》1991年第3期。

（5）陈志昂：《关于〈唐风宋韵〉的一封信》，《中国电视》1991年第4期。

（6）穆治国：《宋韵古风扑面来——浅谈山石盆景〈宋人画意〉的创作》，《中国花卉盆景》1997年第1期。

（7）马树霞：《唐风宋韵——太姥山灵峰石刻》，《福建艺术》1997年第1期。

（8）孙维城：《宋韵的人文精神及其在宋词中的体现》，《中国韵文学刊》1997年第1期。

（9）唐如：《"唐风宋韵"拂澳门》，《舞蹈》1999年第2期。

（10）初延峰：《唐风宋韵的流变——文运与世运之间》，《昭通师范高等专科学校学报》2001年第1期。

（11）祝琰：《唐音宋韵——我读唐诗宋词》，《中文自修》2001年第Z1期。

（12）初延峰：《唐风宋韵的流变——文运与世运之间》，《青海师专学报》2002年第2期。

（13）陈伯海：《〈宋韵——宋词人文精神与审美形态探论〉序》，《安庆师范学院学报》（社会科学版）2002年第5期。

（14）孙维城：《宋韵：宋词的人文精神与审美形态》，《2003年安徽省文学学会学术会议论文集》2003年6月。

（15）李娜、金东河：《论朝鲜时代李后白诗歌的唐风宋韵》，《北方工业大学学报》2003年第4期。

（16）王琴：《从唐"境"宋"韵"看中国传统美学的特点》，《福州大学学报》（哲学社会科学版）2004年第2期。

（17）胡传志、叶帮义：《宋词文化学研究的新成果和新启示——评孙维城〈宋韵：宋词人文精神与审美形态探论〉》，《古籍研究》2004年第2期。

（18）徐志伟：《感受唐风宋韵——苏教版选修教科书〈唐诗宋词选读〉介绍》，《古典文学知识》2006年第1期。

（19）王学仲：《唐风宋韵铸画魂》，《国画家》2006年第1期。

（20）谢宏：《自古英雄尽解诗——读〈唐风宋韵新吟〉》，《党建研究》2006年第4期。

(21) 邱振刚：《窖藏文物展宋韵》，《中国艺术报》2006年12月1日。
(22) 倪俊宇：《走在唐风宋韵里（散文诗）》，《青岛文学》2007年第3期。
(23) 王海纳：《唐风宋韵五（5）班》，《少年文艺》（写作版）2007年第6期。
(24) 佚名：《游大足石刻 看唐风宋韵》，《当代汽车》2007年第9期。
(25) 倪俊宇：《走在唐风宋韵里（四首）》，《泉州文学》2008年第11期。
(26) 李占军：《艺术奇葩——宋韵套色烙画》，《开封日报》2008年12月20日。
(27) 《开封：宋韵菊香 和谐开放》，《时代青年（月读）》2009年第4期。
(28) 倪俊宇：《走在唐风宋韵里（三首）》，《中国铁路文艺》2009年第6期。
(29) 《开封：一城宋韵半城水》，《河南日报》2009年6月23日。
(30) 若寒：《唐风宋韵里的杏花村美酒》，《新晋商》2009年第10期。
(31) 若寒：《唐风宋韵里的杏花村美酒（二）》，《新晋商》2009年第11期。
(32) 王玉洁、李金路等：《一城宋韵半城水——从水系工程探索开封古城的宋韵复兴之路》，《城市规划》2009年第12期。
(33) 谷天义：《一城宋韵半城水》，《词刊》2010年第2期。
(34) 倪俊宇：《走在唐风宋韵里》，《高中生》2010年第7期。
(35) 《宋韵·锦春长》，《荣宝斋》2010年第5期。
(36) 陈凌：《章江门前迎客亭 唐风宋韵醉游人》，《南昌日报》2010年6月18日。
(37) 叶毓中：《宋韵·濂溪荷》，《荣宝斋》2010年第7期。
(38) 廖绍芷：《秦砖汉瓦唐风宋韵与山水辉映》，《桂林日报》2010年8月17日。
(39) 叶毓中：《宋韵·满江红》，《荣宝斋》2010年第9期。
(40) 胡庆生等：《开封"一城宋韵半城水"的美景有望再现》，《人民政协报》2010年12月24日。
(41) 马起来：《流光焕彩载史册 典雅奢华说宋韵：安徽出土宋代金器珍品鉴赏》，《东方收藏》2011年第1期。
(42) 倪俊宇：《走在唐风宋韵里（二章）》，《星星诗刊》2011年第2期。
(43) 王荷、李昕：《一城宋韵半城水》，《城市住宅》2011年第6期。
(44) 范江、洪堃：《唐情宋韵 真璞草堂》，《室内设计与装修》2011年第11期。
(45) 笑非：《唐风宋韵汇丹青》，《江西画报》2012年第1期。
(46) 洪治纲：《皤滩古镇撷 一缕唐风宋韵》，《风景名胜》2012年第3期。
(47) 龚保家：《〈宋韵〉创作随想》，《美术观察》2012年第3期。
(48) 倪俊宇：《唐风宋韵的风景（十章）》，《散文诗世界》2012年第5期。
(49) 李跃平：《唐诗宋韵总关情》，《厦门文学》2012年第2期。
(50) 葛景春：《唐风宋韵咏诗心——佟培基〈萤雪吟草〉读后感》，《汉语言文学研究》2012年第2期。
(51) 张斌：《嘴边上的唐风宋韵 笔尖下的诗魂文魄——2012年高考名篇名句默写三维透析》，《语文教学通讯》2012年第25期。
(52) 李跃平：《唐诗宋韵总关情》，《厦门文学》2013年第2期。
(53) 华涛琛：《唐风宋韵杨柳青——谈华友国"古韵新唱江南风"歌词的艺术风

格》,《词刊》2013 年第 3 期。

(54) 舒忠、李运静：《〈唐风宋韵铸真情〉禅意源缘入旷达：与赵延彤先生的〈须臾集〉相遇》,《临沂大学学报》2013 年第 5 期。

(55) 李菡苕：《宋韵在苏轼美学中的呈现》,《剑南文学（经典教苑）》2013 年第 10 期。

(56) Grace：《梅国建大师"唐风宋韵"作品及烧制工艺展》,《陶瓷研究》2013 年第 3 期。

(57) 张旭：《灵姿宋韵 有凤来仪》,《宝藏》2014 年第 1 期。

(58) 乐明：《赵孟𫖯浴马图满卷形神兼备唐风宋韵 消费者权益法旨在让消费者更有力量——2014 年 3 月新邮介绍》,《上海集邮》2014 年第 3 期。

(59) 邹宝生、吴伟昌：《唐风宋韵生笔端——引导学生尝试古诗词创作的思考与实践》,《语文教学通讯》2014 年第 28 期。

(60) 王学仲：《唐风宋韵铸画魂》,《明日风尚》2014 年第 24 期。

(61) 张筠等：《宋韵龙城 风雅泸县》,《中国西部》2015 年第 11 期。

(62)《宋韵清风·万苇作品展》,《新民周刊》2015 年第 28 期。

(63) 郭瓅、王新文等：《碧水绕绿城 宋韵散菊香：开封市创建国家园林城市掠影》,《城乡建设》2015 年第 9 期。

(64) 李军辉：《"汉风宋韵"是定州取之不尽的文明财富》,《光明日报》2015 年 12 月 12 日。

(65) 王学仲：《唐风宋韵铸画魂》,《明日风尚》2015 年第 24 期。

(66) 汪赛云：《浅析"宋韵"系列陶瓷绘画之〈消夏图〉》,《艺术品鉴》2016 年第 2 期。

(67) 云鼎：《宋韵瓷词》,《躬耕》2016 年第 10 期。

(68) 田建一等：《素墨烟岚——北京宋韵画院作品选》,《书画世界》2016 年第 6 期。

(69) 岳蔚敏：《宋韵清明 美丽开封》,《开封日报》2017 年 3 月 31 日。

(70) 王娅然、逸夫：《智默堂 唐风宋韵自然来》,《普洱》2017 年第 5 期。

(71) 若寒：《唐风宋韵里的杏花村美酒》,《黄河》2017 年第 3 期。

(72) 吴奇敏：《从"宋韵提梁壶"窥见紫砂光货的简约之美》,《江苏陶瓷·陶艺园地》2017 年第 3 期。

(73) 秦卫华、吴长勤：《故园忆旧承宋韵 侨乡追梦绽新芳——中山市风俗画画家邓振铃先生的艺术人生》,《珠江论丛》2017 年第 4 期。

(74) 陆杨：《宋韵悠"泽"法古弥"新"》,《航空港》2018 年第 1 期。

(75) 赵红继：《一城宋韵半城水 梦华飘溢伴汴京》,《中国三峡》2018 年第 5 期。

(76) 肖柏峰：《宋韵开封：开封市规划展示馆》,《室内设计与装修》2018 年第 6 期。

(77) 欧阳洋博：《从〈唐风宋韵〉看"宫体诗"中男女风貌之原因》,《传播力研究》2018 年第 18 期。

(78) 孙家宽：《宋风宋韵 千年民俗》,《河南电力》2019 年第 2 期。

(79) 苏扬：《宋韵千菊：可与一座江山相媲美（组章）》,《诗选刊》2019 年第 3 期。

（80）温玉鹏：《宋韵元风——杭州博物馆馆藏宋元瓷器赏析》，《艺术市场》2019年第3期。

（81）朱利亚、俞姝姝：《留下宋韵杭风——杭州留下古镇历史街区更新规划设计》，《城乡建设》2019年第8期。

（82）沈小倩：《宋韵新启——谈我的创作体会》，《书与画》2019年第7期。

（83）徐广伟：《"汉魂·唐风·宋韵"是中华文化复兴永恒的主题——以叶毓中教授的中国画思维为例》，《荣宝斋》2019年第9期。

（84）气球、然而：《宿享宋韵》，《休闲》2019年第11期。

（85）夏爽：《岱风宋韵，艺道其行》，硕士学位论文，山东艺术学院，2020年。

（86）杨宗鸿：《书仙欣挥如椽笔　唐风宋韵入心怀》，《现代艺术》2020年第6期。

（87）花芬、庹武：《宋·韵》，《上海纺织科技》2020年第8期。

（88）徐艳文：《流溢唐风宋韵的江南千灯古镇》，《浙江林业》2020年第10期。

（89）吴奇敏：《最美是宋时——论紫砂作品"宋韵提梁"的人文美学》，《江苏陶瓷·陶艺园地》2020年第5期。

（90）陈菡英：《扬州，一幅唐风宋韵浸染的水墨丹青》，《绿叶》2020年第12期。

（91）陈鸿儒：《唐宋韵图释读》，《汉字文化》2021年第1期。

（92）徐吉军：《宋韵：登峰造极的两宋文明（一）》，《文化交流》2021年第1期。

（93）徐吉军：《宋韵：登峰造极的两宋文明（二）》，《文化交流》2021年第2期。

（94）徐吉军：《宋韵：登峰造极的两宋文明（三）》，《文化交流》2021年第3期。

（95）徐吉军：《宋韵：登峰造极的两宋文明（四）》，《文化交流》2021年第4期。

（96）徐吉军：《宋韵：登峰造极的两宋文明（五）》，《文化交流》2021年第5期。

（97）徐吉军：《宋韵：登峰造极的两宋文明（六）》，《文化交流》2021年第6期。

（98）徐吉军：《宋韵：登峰造极的两宋文明（七）》，《文化交流》2021年第7期。

（99）徐吉军：《宋韵：登峰造极的两宋文明（八）》，《文化交流》2021年第8期。

（100）胡丹丹：《宋韵·记忆一》，《上海纺织科技》2021年第3期。

（101）叶毓中：《宋韵·画品东坡·露雨牡丹》，《荣宝斋》2021年第5期。

（102）陈鸿儒：《唐宋韵图释读（二）》，《汉字文化》2021年第13期。

（103）叶毓中：《宋韵—画品东坡—白梅无声》，《荣宝斋》2021年第7期。

（104）李铎：《"穿"千年宋韵"绣"十指春风》，《人生与伴侣》2021年第28期。

（105）《如何让宋韵文化成为浙江文化金名片》，《浙江日报》2021年9月10日。

（106）《传世宋韵茶文化的流芳》，《茶博览》2021年第9期。

（107）叶毓中：《宋韵·画品东坡·白梅无声》，《荣宝斋》2021年第9期。

（108）杨桦：《"宋韵名都"住宅景观设计》，《上海纺织科技》2021年第9期。

（109）陈新森：《解码婺州南孔　传承千年宋韵》，《金华日报》2021年9月20日。

（110）林旻：《考古学家郑嘉励谈宁波该如何打造宋韵文化传世工程》，《宁波日报》2021年10月11日。

（111）姜青青：《"宋韵"说》，《杭州》2021年第19期。

（112）何菊：《激活文化赋能聚焦融合创新　打造宋韵文化传承示范县》，《衢州日报》2021年11月5日。

（113）叶毓中：《宋韵·画品东坡·牡丹别裁》，《荣宝斋》2021年第11期。

（114）陈缃：《天台宋韵》，《文化交流》2021年第11期。

（115）何瑛儿：《宋韵，正需要陆游的诗意》，《绍兴日报》2021年11月18日。

（116）钱科峰：《在演绎中"活化"，让宋韵文化"传世"》，《绍兴日报》2021年11月18日。

（117）金浏河：《实施"文化基因再解码工程" 打造温州宋韵文化标识》，《温州日报》2021年11月22日。

（118）刘志皎、明文彪：《推动宋韵文化产业高质量发展的思考》，《杭州》2021年第22期。

（119）张蕾：《加快发展夜间经济"活化"宋韵文化传承》，《杭州》2021年第22期。

（120）本报记者：《解码舟山宋韵文化基因》，《舟山日报》2021年12月2日。

（121）吴远龙：《"宋韵文化"传世工程：金华方位与响应》，《金华日报》2021年12月14日。

（122）鲍亚飞：《杭州的"上乘"宋韵》，《文化交流》2021年第12期。

（123）施剑：《解码浙江文化基因 打造宋韵文化品牌的构想和建议》，《科技智囊》2021年第12期。

（124）刘克敌：《关于"宋韵"阐释的几个问题》，《浙江学刊》2022年第1期。

（125）陈野：《试论宋韵文化的认识维度、精神实质和当代价值》，《浙江学刊》2022年第1期。

（126）郑梦莹：《解码宋韵 韵通古今》，《浙江日报》2022年1月7日。

（127）何忠礼：《南宋的历史地位与"宋韵"文化》，《浙江社会科学》2022年第1期。

（128）周伟达：《宋"韵"嘉禾双人谈》，《嘉兴日报》2022年1月14日。

（129）凯特：《我和宋韵文化的不解之缘》，《文化交流》2022年第1期。

（130）康冀楠：《宋风宋韵"味"正浓》，《开封日报》2022年2月8日。

（131）童波：《宋韵流淌的绍兴年味》，《绍兴日报》2022年2月9日。

（132）朱友君、荣明：《以沉浸式场景再现宁波宋韵的流光溢彩》，《宁波通讯》2022年第2期。

（133）《千年海曙宋韵甬存》，《宁波通讯》2022年第2期。

（134）康冀楠：《花灯如梦宋韵浓》，《开封日报》2022年2月15日。

（135）邓钰路：《宋韵嘉禾，数风流人物》，《嘉兴日报》2022年2月25日。

（136）于锋：《这幅"南京版清明上河图"，隐藏着哪些千古宋韵》，《新华日报》2022年2月25日。

（137）李辉：《建设数字博物馆 展示杭州宋韵文化》，《杭州》2022年第4期。

（138）应晓霞：《举办宋韵雅集 倡导新时尚》，《杭州》2022年第4期。

（139）王宣艳：《宋韵——士大夫的精神世界》，《收藏家》2022年第3期。

（140）邓钰路：《古城文化复兴中，宋韵遗迹如何重现文华？》，《嘉兴日报》2022

年3月11日。

（141）《宋韵——士大夫的精神世界》，《浙江画报》2022年第3期。

（142）司马一民：《挖掘古诗词里的"宋韵杭州"故事》，《杭州》2022年第5期。

（143）孟云飞：《诗书禅境宋韵风流——黄庭坚的诗书禅境》，《中国书法》2022年第3期。

通读以上篇名中含有"宋韵"论文（含新闻报道），我们可以得出以下结论与启示：

第一，学术论文中第一次出现"宋韵"这个词汇，最早源于何昌林的一篇书信——《唐风宋韵论南音——写给海内外南音弦友》，载《人民音乐》1985年第5期。

第二，一直以来，"宋韵"多与"唐风"并称，1990年由天津电视台、天津歌舞剧院联合开拍，天津电影制片厂协助拍摄的题名为"唐风宋韵"的大型电视艺术片完成（六集），并在当时中国电视界有一定影响。这里的"宋韵"，主要就是"宋词"。

第三，在21世纪初的一段时间里，"宋韵"一词正式进入宋代文学界，与"宋词"并称，视之为宋词的人文精神与审美形态，详见孙维城的学术专著《宋韵：宋词人文精神与审美形态探论》（安徽大学出版社2002年版，前文已述）；与此同时，"宋韵"也与宋代美学发生了关联，如李菡苕的论文《宋韵在苏轼美学中的呈现》（载《剑南文学》2013年第10期），就认为"韵"是我国封建社会后期艺术审美的价值取向，至宋代才定型成熟，并推广到一切艺术领域。

第四，由于北宋定都河南开封（汴京），一段时间以来，"宋韵"便成为用于指称开封这座城市精神气质乃至民间风俗的专属名词，比如赵红继的文章《一城宋韵半城水 梦华飘溢伴汴京》（载《中国三峡》2018年第5期），就是这样来使用"宋韵"一词。

第五，超脱"宋词"的文学樊篱，以两宋历史文明来诠释"宋韵"，是浙江省社会科学院历史所原所长徐吉军研究员的研究发现，他在2021年第1期至第8期的《文化交流》（由浙江省委宣传部主管，浙江省对外文化交流协会、浙江省人民对外友好协会主办）期刊上连续发表的8篇文稿——《宋韵：登峰造极的两宋文明》，从科技强国、城市文明、文化成就、移风易俗等多重维度对两宋文明的菁华予以系统阐释。

第六，受2021年8月浙江省委文化工作会议的影响，尽管浙江省内2021年、2022年公开出版发行的报刊上出现了不少篇名中含有"宋韵""宋韵文化"的新闻报道，也包括一些学术论文但仅限于上文提到的《浙江学刊》《浙江社会科学》2022年第1期中的若干篇论文。这也说明在未来几年内，"宋韵""宋韵文化"在浙江宣传理论界还会持续升温，但是学术界对"宋韵文化"作为一个学术命题的"容受"还是受到限制。尽管作为学术范畴的"宋韵"已进入宋代文学、美学的研究领域，但其学术内涵的影响力尚未得到充分挖掘，故而"宋韵"的学术影响力也是仅限于"宋词"领域；宋史学界、文化学界、中国哲学（思想）史界并未对"宋韵""宋韵文化"的研究有过多投入与关注。某种意义上来说，"宋韵""宋韵文化"在浙江省内的宣传理论界，尚存有一种"自说自话""孤芳自赏"的舆论倾向。而让"宋韵"充分进入传统文史哲等基础学科视域的场景中，尚有很长的"路"要走，而这就要依靠宋史学界、宋代文学界、民俗学界乃至宋代思想史、宋代哲学史界等学术同人的充分关注与勤力同心。

第七,近年来乃至未来一段时间,"宋韵"依旧会是浙江省内党政机构(主要是宣传理论界、人文社科基础研究领域)的一大"热门词汇",尤其在省内各地市、县、区"+宋韵"(包括"宋韵+"省内各市、县、区名)的使用频率会继续走高,诸如"杭州宋韵""绍兴宋韵""永康宋韵""宋韵永嘉""宋韵金华"等。

第八,如上所述,"宋韵""宋韵文化"在浙江乃至在长三角的江南文化场域中的落地生根乃至开花结果,仍有待省内外理论界、文史界、社科学界的努力。但是一个重要的问题是,如果把"宋韵文化"从舆论宣传界导入学术界之后,它的学科归属在哪里?置于文学学科(中国古代文学中"宋词")、历史学学科(中国古代史即断代史中的"宋史",中国思想史中的"宋学")、哲学(中国哲学史中的"宋代理学""道学"),还是作为一门综合性学科的"文化学"(这里,需要从"宋代文化""两宋文化"的角度来界定)?这是亟待判明的一个学术话题。而"从思想、制度、经济、社会、百姓生活、文学艺术、建筑和宗教等方面全方位立体化系统性研究阐述宋韵文化",就是要从中国思想史、政治制度史、经济史、社会学、民俗学、文学、艺术学、建筑学、宗教学,也包括文化学、新闻传播学等多学科出发,来进行学科大交叉、大融合,进而把握宋韵文化的精髓、历史意义和时代价值。

总之,"站在赓续中华文脉的高度"去推进宋韵文化的研究传承与发展,"做好浙东学派、永嘉学派、金华学派等的新世代传承,积极打造具有浙江特色的标志性南宋文化品牌、文旅融合品牌,持续扩大影响力和穿透力",任重而道远。这也是"南宋文化""宋韵文化"在当下作为被视为最重要浙江历史文化金名片,并在2022杭州亚运会召开之前出场的一个"契机"① 吧!

(作者:张宏敏,浙江省社会科学院哲学所副所长、研究员)

---

① "契机"的拉丁文是momentum,意思是指推动力、决定性因素等;英文是Moment,作为汉语中的一个舶来词,指事物发展过程中的关键、枢纽或决定性的环节。

州城、行在、辅郡：
南宋初越州城市景观变迁研究

朱国兵

【摘要】 南宋初期，受朝廷驻跸和宋金战争的影响，越州（绍兴府）城市景观发生了重大的变迁。其一，因三年一岁的郊祀，将仅容旋马的越州州治衙署增改为明堂。其二，重组越州的宫观寺院。其三，"旌忠庙"的建造和改额。在动荡之际越州出现的这些变迁，无一不体现出绍兴府对南宋这一新生政权的重要性。更甚之，由于越州仅与临安府一江之隔的地理位置，在南宋人的眼中其相当于北宋的"辅郡"。

【关键词】 南宋 越州 战争 驻跸 城市景观

靖康二年（1127），金军南下攻夺北宋都城，掳走徽、钦二帝及宗室成员，北宋宣告灭亡。同年五月，在北宋残余势力支持下的兵马大元帅、康王赵构于南京应天府即位，改元建炎，延续了宋朝的国祚，史称宋高宗。金人闻悉赵宋重建消息后，决意再次发起抓获宋高宗、消灭小朝廷的南侵军事行动，南宋中枢不得不辗转驻跸各地。南宋朝廷从建炎元年（1127）初建到绍兴八年（1138）正式决定驻跸临安府期间，曾陆续驻跸扬州、临安府、建康府、越州等。因为宋金战争和朝廷的驻跸，扬州、建康府由内地城市转变成了抗金前线的边地，临安府由普通州城升格为行在。由此可以看出这三座城市发生了很明显的变迁，甚至性质发生了变化。那么另一座朝廷驻跸过的城市——越州（绍兴府）会发生怎样的变迁呢？

建炎四年（1130）三月，在避敌海上途中，宋高宗君臣就驻跸问题展开商议。吕颐浩上言："此行未审，且驻会稽，为复须到浙右。"① 高宗亦认为"须由苏、杭往湖州，或如卿所奏往宣州。朕以谓会稽只可暂驻，若稍久，则人怀安，而不乐屡迁。"②

---

① 李心传：《建炎以来系年要录》，中华书局1983年版，第737—738页。
② 李心传：《建炎以来系年要录》，第737—738页。

可见高宗君臣皆认为越州只能暂驻。四月，宋高宗听闻"黄天荡大捷"，从海上归来，驻跸越州。此时高宗驻跸越州的心态与此前的战战兢兢截然不同，在越州驻跸长达将近两年。在这两年里，越州诸层面或多或少受到了皇帝暂驻带来的影响，显而易见的影响是绍兴元年（1131）六月，孟太后攒殡于越州。此后绍兴府陆续攒葬南宋帝后，成为了南宋陵域。

由于南宋朝廷一开始就没打算长期驻跸越州，故无论是居住、办公、祭祀还是军队驻防用地都不太可能新建，更多的是利用当地原有的建筑设施。那么这些中央机构置于越州这个普通的州城，城市景观究竟会发生怎样的变迁？本文将对这一前人很少关注的问题作一探索。

一 郊祀之地：改衙署设厅为明堂

绍兴元年（1131）九月，宋高宗一行驻跸越州，以州治衙署为行宫。这一年正值三年一岁的郊祀，虽然朝廷处在"风雨漂泊"中，但是高宗自即位以来，依然承续着宣和七年（1125）的郊祀。建炎二年（1128）在扬州举行了祭天礼仪，故绍兴元年（1131）的祭天也不能例外。宋高宗之所以十分重视郊祀祭天，这是因为国家祭祀有着宣扬赵宋天命所在、昭显夷夏之辨，显示自身统治的合法性的作用。① 所以高宗刚在越州安定下来，郊祀就提上了议程。

越州作为州城，是不具备南郊祭祀的空间的。郊祀需要的基本场地是祭天坛，也称作圜丘。据《宋史》记载，宋初开始在汴京南薰门外作坛，坛形制是四成、十二陛、三壝；成的大小是一成二十丈，再成是十五丈，三成是十丈，四成是五丈，成高八尺一寸。陛有十二级；壝的大小是一壝二十五步。徽宗年间，圜丘的规模更大，坛为三成，一成用九九之数，广八十一丈；再成用六九之数，广五十四丈；三成用三九之数，广二十七丈；每成高二十七尺。壝的大小是一壝三十六步。② 由此可见徽宗年间都城的祭天空间之大。那么普通府州祭祀的空间有多大呢？通常，府州祭祀主要是社稷祭，社稷祭设坛，称作社稷坛。坛的大小据《政和五礼新仪》记载："州县社坛，方二丈，高三尺，四出陛；稷坛如社坛之制……四门同一壝，二十五步。"③ 二者对比，大小相差十多倍，所以高宗到了越州之后，能够称作祭祀的场地也只有与都城圜丘相差十多倍的社稷坛。但于礼于实南宋朝廷不可能会在越州社稷坛上祭天，那么朝廷将在哪里将以何种方式进行如期而至的祭天仪式？

显然，狭隘的越州城是满足不了祭天的空间，但为了如期进行祭祀，朝廷还是想到了变通的办法。时任礼部尚书秦桧上言：

---

① 朱溢：《临安与南宋的国家祭祀礼仪——着重于空间因素的探讨》，《中研院史语所集刊》2017年第88本。
② 脱脱：《宋史》，中华书局1976年版，第2433—2434页。
③ 郑居中：《政和五礼新仪》，《文渊阁四库全书》第647册，台湾商务印书馆1986年版，第137页。

> 伏睹建炎恭行郊祀之礼，其时仪文制度与夫衣服、器皿之类，已不能如礼。明年渡江，国步愈艰。今岁复当郊祀，谨按冬祀大礼，神位六百九十，行事官六百七十余员，而卤簿、仪仗、舆辇、宫架、祭器、法服，散失殆尽，及景灵宫、太庙行事与登门肆眚等礼，不可悉行。至于祫享，亲诣宗庙行礼，又不及天地，惟宗祀明堂，似乎简易。苟朝廷深原礼意，采先儒之说，汉武帝、孝章之制，而略其严父之文；志存享帝，而不拘于制度之末，独明堂之礼，尚或可行。乞博采群议，令有司参考典礼以闻。①

秦桧认为建炎二年（1128）冬在扬州举行的郊祀礼已经未能遵从传统的礼仪——是在扬州城内的东南隅进行而不是南郊。另外卤簿、仪仗等法器在南渡的时候已经散失殆尽，且景灵宫、太庙等也不在越州，难以祫享，权且宗祀明堂即可。故"绍兴元年，当郊。以国步多艰，合祭天地于明堂，以祖宗并配"。②

那么，明堂是一个什么样的建筑以及明堂祭祀又是以一种怎样的方式进行？据金子修一研究，明堂是行德政的"王者之堂"，被认为是象征君主有德的建筑物。③宋仁宗时期，在进行明堂祭祀前，也曾谕示过明堂的作用，即"明堂者，布政之宫，朝诸侯之位，天子路寝"。④可见明堂的功能更多的是作世俗布政之用。但在北宋时期，明堂却是常作祭祀先代帝王之用。如北宋仁宗皇祐二年（1050）的首次明堂祭祀，可用马端临的按语作一总结：

> 宋初虽有季秋大享明堂之礼，然未尝亲祠，只命有司摄事，沿隋、唐旧制，寓祭南郊坛。至仁宗皇祐二年，始以大庆殿为明堂，合祭天地，三圣并侑，百神从事，一如圜丘南郊之仪。盖当举郊祀之岁，而移其礼用之于明堂，故不容不重其事也。⑤

从上文看，北宋初的明堂祭祀大多在祭天时一并在南郊进行，但在宋仁宗皇祐二年（1050），改大庆殿为明堂，在明堂内既进行了本该祭祀的五帝和配祀本朝先帝，此外还进行了祭天地的仪式。通俗点讲，就是在明堂内将国家所有的大祀都一并进行。仁宗皇祐二年（1050）之所以在明堂内进行祭祀，原因是"日至在晦，用建隆故事，宜有所避"。⑥皇祐二年的明堂祭祀被南宋朝臣当作"故事"援引到绍兴元年（1131）改郊祀为明堂祭祀的依据当中。但二者形式上相差悬殊，以神位为例，皇祐二年明堂祭祀所设神位多达700多位。绍兴元年的明堂祭祀，囿于州治衙署这一逼仄的空间，可谓是简陋到了极致。

经过南宋君臣的讨论，最终在越州州治中进行了祭祀。祭祀的空间是以常御殿增筑

---

① 马端临：《文献通考》，中华书局2011年版，第2298页。
② 马端临：《文献通考》，第2220页。
③ [日] 金子修一：《古代中国与皇帝祭祀》，肖圣中、吴思思、王曹杰译，复旦大学出版社2017年版，第87页。
④ 李焘：《续资治通鉴长编》，中华书局2004年版，第4034页。
⑤ 马端临：《文献通考》，第2287页。
⑥ 李焘：《续资治通鉴长编》，第4034页。

地步为明堂，具体的空间位置，据《嘉泰会稽志》"设厅"下注：

> 会当郊祀之岁，乃行明堂大礼，即以设厅为明堂。前期下诏曰："朕将来宗祀明堂，遵用皇祐二年四月诏书，合祭天地，并配祖宗。盖以太祖、太宗配上帝。一时绵蕝之仪，实在此地焉。"①

《嘉泰会稽志》中论及明堂是改设厅（衙署厅堂）而成的，但是通过对比《文献通考》和《要录》所记载的厅堂应是高宗驻跸后改称为常御殿，故常御殿与仪门之间的空地应是改筑为明堂。由此可以想象空间之狭小。在礼毕后，宣赦书也因空间的狭小而与以往不同，即"就常御殿外宣赦书，以行宫门前地峻狭故也"。②

其中，明堂内的摆设也因空间的狭小甚是简陋，"上设天地祖宗四位，其位版朱漆，青字。长二尺有五寸，博尺有一寸，厚亦如之，用丑时一刻行事"。③ 具体的空间布置是：

> 是时，太常少卿苏迟等则请用皇祐诏书之意，兼采景祐礼官之请，即常御殿，南向西上，设昊天上帝、皇地祇位；西向北上，设太祖、太宗、真宗神位；于殿之东庑，设圜丘第乙龛九位；于殿之西庑，设方泽第一成一十六位。④

通过检视以上史料，可以发现昊天上帝、皇地祇位在"明堂"西北方向，牌面朝南；太祖、太宗、真宗神位在"明堂"东北方向，牌面朝西。在常御殿的东庑设圜丘第二龛的九个神位，但史料中尚未提及是哪九个神；在常御殿的西庑设方泽第一成的十六个神位，也没有讲是哪十六个神位。由此，将绍兴元年（1131）的明堂祭祀与皇祐二年（1050）的相比，从神位和其他空间布置来看可谓是天壤之别。这其中的原因主要还是没有合适的场地，且当时高宗也并没有打算在越州长驻，所以只能权且在州治衙署中进行。

至此，可以这么认为，由于适逢郊祀之岁，为了应期祭天，在战争年代宣扬赵宋正统所在，稳定军民之心，南宋朝廷只能在逼仄的越州州城衙署内上演一场向内外宣示自身统治合法性的郊祀大戏。就增常御殿为明堂对城市景观的重塑而言，这使得越州城市的空间出现了短暂的类似都城的政治性景观。

二 原庙：宫观寺院的重组

由于宋高宗的驻跸，朝廷征用衙署为行宫，且增筑常御殿为明堂进行祭祀，使得城

---

① 沈作宾修，施宿等纂：《嘉泰会稽志》，《宋元方志丛刊》第7册，中华书局1990年版，第6732页。
② 李心传：《建炎以来系年要录》，第990页。
③ 李心传：《建炎以来系年要录》，第990页。
④ 马端临：《文献通考》，第2229页。

市景观发生了变迁。但这是战争年代的权宜之计，此景观发生的变迁是短暂的。在绍兴二年（1132），宋高宗车驾移跸临安后，下诏"绍兴府行宫复作府治"。① 虽然看似一切复归原样，但是高宗所赐的府额和驻跸带来的荣耀却"铭刻"于绍兴府。如果仅仅通过衙署的征用来看越州城市景观的变迁，显然是难以说明这一事实的。其实越州城市景观的变迁除了体现在州治的征用外，还有宫观寺院功能的重组。

1. 天庆观

建炎三年（1129），宋高宗驻跸在扬州。十一月，金人犯太平州，保宁军承宣使主管侍卫步军司公事间勍奉迎祖宗神御至越州。高宗下诏将神御奉安于天庆观。② 天庆观诸州皆有，其产生的背景是自签订澶渊之盟后，宋真宗感到自己的威信严重受损。为了扭转这一局面，真宗接受王钦若等的建议，采取"以神道设教"的方式，上演"天书降"、"圣祖临"的大戏，通过神化自身来巩固自己的统治。③ 于是在大中祥符二年（1009），真宗下诏：

> 朕钦崇至道，诞受元符。庶惇清静之风，永洽淳熙之化。式崇仙馆以介民禧，宜令诸路、州、府、军、监、关、县，有全无宫观处，择官隙处，建道观一区，并以天庆为额。民有愿舍地备材创盖者，亦听。④

诏令载建天庆观缘因宋真宗崇仙，令路府州县等皆在官地建观，可见天庆观是代表着官方政治信仰的建筑。大中祥符五年（1012）又下诏在天庆观内置圣祖殿，供奉宋圣祖，政治意义不言而喻。⑤ 越州的天庆观便是在这样的背景下应运而生。越州的天庆观位于州治东南五里一百二十步，唐时初建为紫极宫，也是大中祥符二年应真宗诏书改为天庆观。⑥ 迨至建炎年间，越州天庆观却被赋予了奉安列圣御容这一新的政治使命。这就与其他州县有所不同。在往常，列圣御容只奉安在都城的宫观内。

此外，在绍兴元年（1131）的明堂祭祀中，上文已经论及州治常御殿空间的狭隘，是不可能完全遵照皇祐二年（1050）的明堂祭祀规矩。在祭祀对象上，只能祭祀天、地、太祖、太宗、真宗等重要神灵。那么剩下的祭祀对象该如何处理？建炎四年（1130），高宗海上归来驻跸越州。十一月权尚书工部侍郎韩肖胄上奏请复天、地、日、月、星、辰、社、稷之祀。太常寺则建议在越州天庆观设位。⑦ 那么，绍兴元年（1131）的明堂祭祀剩余的神灵应该是安置在天庆观。见苏迟的奏疏："如以不遍及百神为未足，则请即行在所天庆观，于大享后择日，取祖宗大礼既毕恭谢之文，亦命大臣简其仪物，而悉

---

① 《嘉泰会稽志》，《宋元方志丛刊》第7册，第6718页。
② 李心传：《建炎以来系年要录》，第673页。
③ 汪圣铎：《宋代政教关系研究》，人民出版社2010年版，第631—637页。
④ 司义祖整理：《宋大诏令集》，中华书局1962年版，第647页。
⑤ 徐松辑：《宋会要辑稿》，刘琳、刁忠民、舒大刚等校点，上海古籍出版社2014年版，第572页。
⑥ 《嘉泰会稽志》，《宋元方志丛刊》第7册，第6732页。
⑦ 李心传：《建炎以来系年要录》，第867页。

举以告，亦足以尽祈报之心也。"① 即将百神神位安置在天庆观，于明堂祭祀完后，再命人简短告祭。

由于南宋朝廷的南渡，越州尚为安全之地，天庆观先是奉安了北宋诸帝后的神御。之后朝廷驻跸越州，恰逢郊祀，天庆观又临时充当了安置百神神位的祭祀之所。经此一重组，南宋初期天庆观已不是单纯的各州府通行的官方崇仙之观。

2. 报恩光孝寺、观

除了天庆观以外，报恩光孝观和报恩光孝禅寺也被赋予了新的功能。报恩光孝观，在州治的东三里九十四步，原是南朝陈时，州人舍宅所建。在北宋崇宁二年（1103）间依蔡京请，"天下州军各赐寺额，以崇宁为名"，崇宁三年，添入"万寿"二字。② 政和三年（1113），又改为天宁万寿观，置徽宗本命殿，号景命万年殿。③ 绍兴十二年（1142）八月，依绍兴十一年的宋金和议，徽宗梓宫被送还。当年，天宁万寿观改为报恩光孝观，专奉徽宗香火。报恩光孝禅寺原为刘宋僧人所建，徽宗年间也被"收编"，改为崇宁万寿寺、天宁万寿寺。绍兴十二年同样被改作专奉徽宗香火。其实这观和寺本乃徽宗祝圣之地，宋高宗为敬孝道，将客死他乡的徽宗牌位置于报恩光孝寺观广受天下香火也属安置合理。但是徽宗香火一供奉，寺观地位已非往日。从高宗的诏书便可窥知一二：

> 诸路报恩光孝寺观系专一追崇徽宗皇帝去处，与其他寺院不同，应官员、军兵等并不许拘占安下，及不得丛寄，仍免非时借什物。④

高宗在诏书明确规定了报恩光孝寺观与其他寺院不同，不能被占用，从诏书中也可以推测其他寺观包括报恩光孝寺观的前身天宁万寿宫可能会被占用。奉安徽宗香火之后，报恩光孝寺观政治地位就不同往日了。行在临安府的报恩光孝观都成为了告祭的地点之一。绍兴三十二年（1162），宋孝宗即位，"奏告天地、宗庙、社稷、景灵宫、天庆观、报恩光孝观、泰一宫、诸陵、绍兴两攒宫"。⑤

绍兴府报恩光孝寺除了供奉宋徽宗的香火之外，还承担着另外一个功能，便是辟出西南隅为濮安懿王园庙。濮安懿王赵允让，为英宗生父。英宗即位后，针对濮王的名分，朝野展开了激烈的争论。最后，英宗下诏称濮王为亲，有追崇之命不兴追崇之典，以茔为园，即园为庙，濮王子孙世袭濮国，自主祭祀。⑥ 而濮王原祔葬宋太宗永熙陵，经英宗"濮议"后，濮王园庙便依旧坐落在河南府巩县，祔于永熙陵。靖康

---

① 马端临：《文献通考》，第2290页。
② 徐松辑：《宋会要辑稿》，第571页。
③ 《嘉泰会稽志》，《宋元方志丛刊》第7册，第6825页。
④ 谢深甫等：《庆元条法事类》，戴建国校，杨一凡、田涛主编《中国珍稀法律典籍续编》第1册，黑龙江人民出版社2002年版，第722页。
⑤ 马端临：《文献通考》，第2732页。
⑥ 李焘：《续资治通鉴长编》，第5043页。

之乱后，濮安懿王神主、神貌跟随着朝廷漂泊不定。绍兴五年（1135），嗣濮王仲湜言：

> 昨被旨迎奉濮安懿王神主、神貌至行在，今已至绍兴府，欲权就本处安奉。①

高宗批允了赵仲湜的奏疏。濮王祠堂从此便安奉在绍兴府，终南宋不变。濮王祠堂安奉在绍兴后，朝廷并未为其兴建园庙，而是祏寓报恩光孝寺。碍于濮王的地位和祭祀的礼仪，绍兴十三年（1143），主奉祠事贺王赵士㑹请：

> 即光孝寺之法堂为庙，而辟寺西南隅向为庙门，如旧制置卫甚谨。其香火官吏出入縣别门。园令一人，以濮邸诸王孙充。嗣濮王奉朝请，岁以春秋来荐献，亦循旧制也。②

赵士㑹所请即表示此后，濮王的园庙便固定于光孝寺西南隅，并开庙门。园庙虽展拓于寺颇似权宜之计，但是祭祀规制皆不变。濮王园庙最终定于绍兴府，可以说是绍兴府所独有的城市景观。这也是绍兴府显著的景观变迁之一，尤其是濮王祭祀与徽宗香火共处一寺，这种安排在历史上也是罕见的。另外，濮王园庙最终寓于绍兴府，这也可以看出绍兴府"近辅"的重要地位。这是因为宋英宗戒汉哀帝立庙京师，干扰正统之事，于河南府即园立庙。③ 故赵仲湜当初迎奉濮王神主、神貌"止寓会稽"，④ 由此可见，绍兴府地位实与北宋西京河南府相当。

三 劝忠：旌忠庙的建造和改额

前揭绍兴府因高宗临时驻跸和毗邻行在临安的"近辅"地位，使得绍兴府城市景观出现了明显的变迁以及政治化倾向。这种景观变迁主要表现在原有建筑物功能的重组上。然而在南宋初宋金战争和政治局势的影响下，同样也使得越州城出现了新的景观。这主要体现旌忠庙的建造和改额上。绍兴府旌忠庙有两处，一处是建炎四年（1130）傅崧卿请建奉祀在宋金战争中牺牲的烈士唐琦的庙宇，另一处是绍兴元年（1131）原供奉三圣的庙宇改额成旌忠庙。杨俊峰从赐封与劝忠的角度对两宋之际的旌忠庙作了详细的考察。他认为两宋之际，国家开始有意大规模在烈士死事之所下诏建祠追烈，赐有带"忠"字的庙额，以褒显祭祀对象的忠行，实为向四方劝忠的新手段。⑤ 唐琦旌忠庙便是在死事之所越州建立的；而三圣庙的改额则是因为神迹的显现——阴佑南宋取得了

---

① 徐松辑：《宋会要辑稿》，第1627页。
② 《嘉泰会稽志》，《宋元方志丛刊》第7册，第6800页。
③ 李焘：《续资治通鉴长编》，第5043页。
④ 《嘉泰会稽志》，《宋元方志丛刊》第7册，第6800页。
⑤ 杨俊峰：《封赐与劝忠——两宋之际的旌忠庙》，《历史人类学学刊》2012年第10期。

宋金和尚原之战的胜利。这种忠于宋廷的"政治正确",在当时的政治环境下对南宋君臣来说无疑是需要刻意宣扬的。

1. 唐琦旌忠庙的建成

绍兴府旌忠庙在府治南三里二百六十六步,供奉的是建炎三年(1129),誓死以报国的卫士唐琦。[①] 唐琦事迹如下:

> 戊戌,金人陷越州。初,两浙宣抚副使郭仲荀在越州,闻敌陷临安,遂乘海舟潜遁。知越州、充两浙东路安抚使李邺遣兵邀击于浙江,三捷。既而寡众不敌。邺乃用主管机宜文字、宣教郎袁潭计,遣人赍书投拜。虏引兵入城,以琶八为守。亲事官唐琦袖石击琶八不中,诘之,答曰:"欲碎尔首,死为赵氏鬼耳。"琶八曰:"汝杀我奚益,胡不率众救汝主?"琦曰:在是惟汝为尊,故欲杀汝耳。"琶八叹曰:"使人人如此,赵氏岂至是哉!"琦顾邺曰:"汝享国厚恩。今若此,非人也!"声色俱厉,不少屈。琶八杀之。后为立祠,名"旌忠"。[②]

从唐琦的事迹来看,作为亲事官的他在宣抚副使的逃遁和安抚使投降的情况下,只身抗敌,全然不顾自身的安危,以石击敌。此行为虽是以卵击石,但足以见其誓死报国的赤子之心。结合建炎年间宋金战争中,士大夫的投降卖国行径频出,如唐琦事迹中的两浙路宣抚副使郭仲荀听闻金军攻陷临安,立即乘海舟逃遁;知越州、充两浙东路安抚使李邺因难以抵抗强大的金军,最后投降;建炎四年(1130),完颜宗弼以中原地为筹码,劝降了宋高宗曾委以重任的杜充;这对高宗打击非常大,以致"不食者累日";[③] 因此在这种士人闻金而降的情况下,旌忠庙的建立在一定程度上能够塑造世人忠君爱国的价值观。

建炎四年,奏请建庙者傅崧卿在庙记中也说明了建旌忠庙的重要性:

> 呜呼!敌内侵六年,国家之难,生民之祸,至此极矣,前世未有也。士大夫畏避,至不敢诵言虏为贼,其能为吾宋伏节死难者与有几?侯以卫士武人,生不知书,遇乱愤发,顾不能爱其死,狙击虏酋,慢骂将帅,至死犹不绝口,其义岂惟今人所希见,古书传所载何以尚兹?……天子愍嘉之,诏议追褒,而邦之人复相与请建祠宇,以旌侯之忠,以劝来者,乃作今庙。[④]

通过傅崧卿的庙记可以看出,靖康之乱以来士大夫的畏避失节,反而是普通的卫士唐琦能够誓死为国。傅崧卿认为,靖康之乱是前世未有的大动荡,唐琦忠义之事也是今

[①] 《嘉泰会稽志》,《宋元方志丛刊》第7册,第6802页。
[②] 李心传:《建炎以来系年要录》,第695页。
[③] 李心传:《建炎以来系年要录》,第722页。
[④] 《嘉泰会稽志》,《宋元方志丛刊》第7册,第6802页。

人所稀见，古书所载怎么能够记述此类事情呢。所以从这可以看出，旌忠庙是在两宋之际这一特殊的历史时期才出现的，北宋及以前是相对较少的。杨俊峰的文章追溯了为数不多的北宋中期以降的赐封表忠之举，认为最初的赐封之举劝忠意味较淡，意在褒显人物成神之后的神迹。及至南宋，杨俊峰认为旌忠庙的大量赐封原因是缙绅的变节，需要以"忠"来劝谕臣民。① 因此，以祠庙承载忠义的价值，这类追祀烈臣的措施公开宣示的意味浓厚。② 而唐琦旌忠庙的建立，这也给死事之所——绍兴府抹上了浓厚的忠君爱国的政治色彩。

其实，南宋之际建旌忠庙之缘由还暗含着"忠"这一概念的变化。史怀梅（Naomi Standen）梳理了中国历史上"忠"的概念与运用，认为在对"忠"的态度上，随着时间推移，越发苛刻，在帝国晚期渐居主导，随着民族主义的发展，在民国后依然盛行。③ 在北宋以前，不忠和易主并不是不守节，只是君主不值得效忠。到了11世纪初，宋与边疆政权日渐严明的政治对立，以及新儒学对于"夷夏之辨"的鼓吹，显然催生一种继之而起的近似于民族国家认同和忠诚观念。④ 在靖康之乱之后，这种政治对立达到顶峰，所以忠也就达到了一个道德的制高点。从此也可以进一步理解为什么南宋旌忠庙大量出现，且带有劝忠的政治意涵。

2. 三圣庙改额护国旌忠庙

绍兴府护国旌忠庙，在子城内，原为三圣庙。在绍兴元年（1131），牌额改为护国旌忠。

关于越州三圣庙的由来，据《嘉泰会稽志》载：

> 自昔陕西出兵，祈祷三圣，必获显应。当睦寇作，是邦得三圣阴祐，遂建庙。⑤

由此可知，以往陕西边事兴起时，即宋夏交战，祈祷三圣可以保佑宋军获胜。而在宣和年间方腊起事时，宋军也是因为得到了三圣神的庇佑所以才击败了方腊叛军，使得越州未被战争蹂躏。可见，宣和年间，三圣庙业已从西北传到越州。

那么三圣神到底是何方神圣？关于三圣的起源，王元林做了详细的考证：三圣神源于泾原路平夏城（今宁夏固原黄铎堡镇），受当地干旱缺水的环境影响，在建城伊始，当地人看到了三条蜥蜴的出现，而蜥蜴能随环境变色，被认为能兴云致雨，所以被供奉起来。三圣神起初只是普通的民间信仰，但在元符元年（1098），宋军取得了平夏城大捷，其中很重要的原因是三圣神的显灵，出现了有利于宋军防守的大风天气，经此，三圣神得到了朝廷的赐封。⑥

---

① 杨俊峰：《封赐与劝忠——两宋之际的旌忠庙》，《历史人类学学刊》2012年第10期。
② 杨俊峰：《封赐与劝忠——两宋之际的旌忠庙》，《历史人类学学刊》2012年第10期。
③ 史怀梅：《忠贞不贰？辽代的越境之举》，曹流译，江苏人民出版社2015年版，第76页。
④ 王鸿：《宋代是否已是"民族国家"及其他》，《中华读书报》2016年2月17日第10版。
⑤ 《嘉泰会稽志》，《宋元方志丛刊》第7册，第6801页。
⑥ 王元林、孙廷林：《三圣神崇拜与宋代军民的忠烈信仰》，《历史研究》2017年第6期。

据前面的引文知，越州三圣庙的建造是因为保佑了越州未被毁于方腊起事。那么三圣神信仰是怎么传播到越州来的呢？王元林认为，三圣神信仰是随着征讨方腊的陕西军队的步伐，传播到临安、会稽等江浙地区的。不过，王元林并未考证三圣神信仰传播到越州的具体情况。本文认为，也许与来自西北的越州守将刘韐有关。宣和三年（1121），方腊起义军波及越州，此时负责守卫越州城的将领刘韐面对方腊的进逼"不为动，益厉战守备。寇至城下，击败之"。① 而刘韐此前恰好任陕西转运使，在与西夏作战中，出奇制胜，取得了对夏的胜利。② 因此，越州的三圣神信仰很有可能随着刘韐传至越州。

随着对方腊起义作战的胜利，宣和年间，越州就兴建了三圣庙。那么在绍兴元年（1131）改额为护国旌忠的原因是什么呢？据《嘉泰会稽志》载：

> 绍兴元年，宣抚处置使张浚奏，据吴玠陈请，乞于凤翔府和尚原立三圣庙，赐额旌忠，封忠烈灵应王、忠显昭应王、忠惠顺应王，所至庙祀，一用是额。③

绍兴元年正值宋金陕西交战。宋在富平之战失利后，宋金双方会战和尚原，在宋将吴玠的带领下，大败金军。战争过程如下：

> 绍兴元年，金将没立自凤翔，别将乌鲁折合自阶、成出散关，约日会和尚原。乌鲁折合先期至，阵北山索战，玠命诸将坚阵待之，更战迭休。山谷路狭多石，马不能行，金人舍马步战，大败，移砦黄牛，会大风雨雹，遂遁去。没立方攻箭笴关，玠复遣将击退之。两军终不得合。④

从《宋史》所载的战争的过程中可见，和尚原之所以大捷也多亏了"大风雨雹"。吴玠将兴大风雨雹归功于三圣神。张浚据吴玠的陈请向朝廷上奏："是岁捍御金贼，祈祷山神、土地、黑龙王潭祠，创立三圣神祠，四战皆捷。移寨据黄牛岭，本境小雨，房寨大风雨雹，折木震屋，贼惧，遂遁去。乞加封爵焉。"⑤

于是绍兴元年十月，在张浚、吴玠的陈请下，朝廷加封三神为威烈王封忠烈灵应王、威显王封忠显昭应王、威惠王封忠惠顺应王。此次赐封中，三圣加封为四字王，且都带有"忠"字。

根据上文对"忠"这一概念的梳理，绍兴年间以"忠"赐予三圣王，正是这种忠诚观念和劝忠行为达到极致的年代。此时，官府已经不仅仅希冀神明显灵庇佑战事获胜，更是传播出一种神明都忠于大宋的价值取向，以劝谕世人忠义死节。朝廷要将这种"忠"的价值观传递给世人，除了政治宣传，著书立说外，一定程度表现在城市

---

① 脱脱：《宋史》，第13162页。
② 脱脱：《宋史》，第13162页。
③ 《嘉泰会稽志》，《宋元方志丛刊》第7册，第6801页。
④ 脱脱：《宋史》，第11410页。
⑤ 徐松辑：《宋会要辑稿》，第1075页。

的景观上，可以给世人一种强烈的视觉冲击，留下深刻的印象。旌忠庙的建立和改额正是如此。

四 结语

南宋初年，宋高宗驻跸在越州。此期间又恰逢郊祀，为了彰显大宋政权所在，朝廷不得不在仅容旋马的越州州治举行了祭祀。由于适逢乱世和空间狭小，此次祭祀是将郊祀改成明堂祭祀，在礼仪规格上也与北宋皇祐二年（1050）的明堂祭祀有着天壤之别。高宗的驻跸和此次的朝廷祭祀，使得越州城市的空间出现了短暂的类似都城的政治性景观。虽然不久南宋朝廷升越州为绍兴府，离开越州前往临安，绍兴府行宫复为府治，这政治性景观看似是短暂的，但是这给越州带来了无上的荣耀。迨至宋廷定临安为行都后，在这政治光环的笼罩下，绍兴府虽然未正式得到辅郡的名分，但却具有了"近辅名藩"的地位。

由于朝廷的南渡和驻跸临安，使得原本供奉宋圣祖的天庆观转变成了供奉祖宗神御和国家临时祭祀之地。原本徽宗的本命寺、观——报恩光孝寺、观，也因宋徽宗客死他乡成了专供宋徽宗香火之地。此外，由于绍兴府与行在临安府仅一江之隔，且朝廷遵守英宗京师不立庙的教戒，故将濮安懿王的园庙奉安于绍兴府。而濮王奉安之所正是位于供奉徽宗香火的报恩光孝寺的西南隅。这种景象是前所未有的。因为宋高宗临时驻跸和毗邻行在临安府的"近辅"地位，绍兴府的三所寺观的功能发生了变化。这无疑是绍兴府城市景观变迁中的重要一环。这种变迁和其他府州明显不同，其主要表现在景观的政治化上。

除了原有宫观寺院功能的重组之外，绍兴府城市景观的变迁还体现在旌忠庙的建造和改额上。旌忠庙祀奉的对象是建炎年间金人南侵越州时为国牺牲的壮士唐琦。供奉唐琦的旌忠庙承载了忠义的价值。传递忠义的价值是针对南宋初期对金战事中众多士大夫失节的情况下所迫切需要的。护国旌忠庙原为三圣庙，在绍兴元年改额为护国旌忠。这同样也是战争年代所迫切需要的。在特殊的战争年代，一个州府中出现了两座旌忠庙，给世人以强烈的视觉冲击，可以动员士庶一致对外与金人作战。这两座渲染着浓厚"忠君爱国"色彩的旌忠庙的出现，同样也是绍兴府城内明显的景观变迁。

（作者：朱国兵，中央民族大学历史文化学院博士）

元朝末年的绍兴行御史台及其
与周边群雄关系研究

邓文韬

【摘要】 绍兴行御史台是元朝御史台设置于绍兴路的派出机构,其存续年代为1356—1366年;其职能则为监察江南诸行省吏治和负责吴越地区的军事镇遏。绍兴行台存续期间,吴越地区出现张士诚、朱元璋与方国珍等群雄逐鹿的历史格局。作为元朝官方在绍兴地区的权力代表,行台与周边各支群雄势力形成了各不相同的政治军事关系。张士诚政权通过派遣吕珍进驻绍兴,完成了对绍兴行台的军事"保护",同时还侵夺、干涉与利用行台的人事权力。朱元璋政权与绍兴行台间存在激烈的军事与人才竞争,绍兴行台及其分台治所三次被攻破皆系朱元璋政权所为。方国珍政权与绍兴行台之间看似存在着一种微妙的"合作"关系,在某些政治立场与军事行动方面存在默契,但方国珍亦能在一定程度上干涉行台事务。要之,绍兴行台在与周边群雄政治和军事博弈中均处于下风地位,最终覆灭于朱元璋的军事进攻之下。

【关键词】 元代御史台 绍兴路 方国珍 张士诚 朱元璋

有元一代,中央官署在各地派驻分支机构的现象较为常见。在吴越地区,元朝主要的派出机构有江浙行省、江南行枢密院、江南行御史台、江南行通政院、江浙行宣政院等,这些派出机构大多驻于长江两岸的建康、扬州、镇江或是南宋故都杭州。只有江南行御史台曾在元朝末年特殊的历史背景下短暂驻足于绍兴路,成为元代绍兴地方官署中唯一的中央派出机构。

元朝中前期,吴越地区的政治环境较为稳定,江南行台主要发挥其监察功能。至正十一年(1351)以后,农民战争的烽火燃遍大江南北,元朝控制下的吴越地区亦受到多支反元武装的威胁。绍兴行台作为凌驾于本路总管府之上的中央派出机构,不得不出面与张士诚、朱元璋、方国珍等群雄周旋,勉力维持元朝官方在绍兴及吴越地区的统治。由于元末相关史料较为分散,学界关于江南行台的研究主要以元朝中前期为主。① 有关元末绍兴行台尤其是它与周边群雄关系的研究，在学术界还尚未得见。笔者拟对此问题予以考察，并探索绍兴行台最终覆灭之原因。

一　绍兴行台建立的历史背景

行御史台是元代重要的地方监察机构，元朝统一中国后，相继建立了御史台、江南行台、河西行台、云南行台和陕西行台，以分管全国十一省的监察工作。

在四处行台中，唯江南行台存续时间最久，其下辖湖广、江西、江浙三省十道，监察范围为除云南行省与四川行省之外的整个南方地区，在元代监察制度中具有相当重要的地位。这座始置于至元十四年（1277）的官署，最初将治所设置于扬州路（今江苏扬州），至元二十一年移治南宋故都杭州路（今浙江杭州）。次年，朝廷又因江南行台与江浙行省治所皆在杭州，存在功能冲突以及地理位置偏僻等原因而移至江州（今江西九江）。至二十三年夏四月，江南行台治所最终被固定在建康路（今江苏南京）②，历七十年之久不变更治所。

时至元末，朝廷的统治秩序随着红巾军淮泗起兵而逐渐崩溃，群雄并起，各地涌现出若干支反元力量，而其中对元朝威胁最大者，则莫过于朱元璋的武装。至正十六年（1356）三月，朱元璋与濠州红巾军首领郭天叙、张天佑自和州（今安徽和县）渡过长江，先后攻破太平府（今安徽当涂）与江南行台治所集庆路（由建康路改名而来），杀死行台首官御史大夫福寿，江南行台遂落入朱元璋政权之手。

为了保证江南地区的监察工作能够正常运转，朝廷不得不于当年九月委任本来已经致仕，在庆元路（今浙江宁波）家中养老的前任江南行台御史大夫高纳麟牵头重建行台。彼时，张士诚已进占平江、松江、湖州等地，而集庆路周边的常州、江阴、宜兴等地则沦为朱、张两军拉锯战的战场，均不能确保安全。所幸江浙行省参知政事杨完者在嘉兴与杭州两次击退了张士诚军队的进攻，故而朝廷只得选择将行御史台驻地转移到了位于杭州以南的绍兴路。纳麟到任绍兴后，将本路总管府迁往原南宋绍兴提刑司官廨，而将故总管府官廨作为台址，并遴选台官，于十二月正式开台署事。到1366年十二月绍兴路被朱元璋攻陷，江南行台十年驻镇于绍兴路达十年之久，这就是本文所谓的"绍兴行台"。

绍兴行台成立之际，正值红巾军起义的高峰期，元朝遭遇到了定鼎中原以来最为严重的统治危机。除了改集庆路为应天府，并定都于此的朱元璋以及盘踞平江路的张士诚，在浙东的温、台两地，还有揭竿而起的盐枭方国珍，整个吴越地区呈现出群雄逐鹿的历史格局。由于前述安全原因，行御史台最终被安置在了绍兴，其地缘政治格局较为

---

① 详见［日］堤一昭《元朝江南行臺の成立》，《東洋史研究》第54卷第4号（1996年）；李治安《元代行御史台述论》，萧启庆主编《蒙元的历史与文化》，台湾学生书局2001年版；［日］工藤健《元代の江南行台について——その歴史の展開に関する一考察》，《北大史學》第43卷（2003年）。

② （明）宋濂：《元史》卷九十二《百官志八》，中华书局1976年版，第2334页。

复杂，北临张士诚，西毗朱元璋，东面则受方国珍的威胁。各支势力对元廷叛服不常的政治态度，致使他们与绍兴行台间形成了各不相同的复杂关系。作为一个具有半独立性质的中央派出机构①，绍兴行台为完成其按治诸省，监临各道和镇遏江南军事的职责，与各支群雄势力亦形成了各不相同的关系，以适应当时的政治格局，维护元朝在江南地区的统治。

然而，如同元朝派驻江南的其他官署一样，绍兴行台在与元末群雄打交道的过程中多处于劣势地位，其权力被侵夺，活动受限制，甚至连军事力量也难以保留。时人题于行台大门上的"二十四官徒獬豸，越王台上望金陵"②，便是讥讽南台空有光复集庆路旧治，却无力完成夙愿的无奈。以下试分别对绍兴行台与张士诚、朱元璋与张国珍政权的关系作探讨。

二　绍兴行台与张士诚政权的关系

元末江南群雄中，与绍兴行台关系最为密切的群雄是至正中后期盘踞于平江路的张士诚。

张士诚原为泰州白驹场亭盐贩，至正十三年（1353）在兴化起兵反元，攻克高邮府城，自称诚王，建立大周政权。随着元丞相脱脱组织的镇压大军在高邮城下作鸟兽散，张士诚彻底坐大，势力渐长。绍兴行台成立之同年，张士诚政权概已自南通州渡过长江，攻陷平江、湖州、松江及常州等地，占据了浙西地区。元朝在无力剿灭张士诚的情况下，只能采取招诱政策，封张士诚为太尉。而张士诚虽然在名义上归附元朝，但仍保有实际意义上的独立地位。

即便如此，名义上的"元臣"身份，还是能够减轻江南地区原来忠于元朝的官僚士大夫改仕张士诚之际所面临的道德压力。一批遭遇军事失败而走投无路的江南行台官员，遂选择了归附张士诚。早在朱元璋渡江攻打集庆路时，被常遇春击溃的江南行台御史中丞蛮子海牙（时任元朝水军统帅）就选择率溃军顺流东下，"走投张士诚"③，以寻求庇护。

为了保卫绍兴行台周边地区的军事安全，实现行台的镇遏职能，首任绍兴行台御史大夫高纳麟征召了一支"台军"④，将其作为绍兴行台麾下直属的军事力量，并设镇抚

---

① 此处谓绍兴行台为"半独立"机构，盖因元末吴越地区官署与远在大都的中央政府因中原地区群雄并起而道路不通，风信隔绝。在此情境下，中央通常委任吴越地区各派出机构高官"便宜"行事，自行施政。加之绍兴周边郡县长官亦皆拥兵自保，甚至与行台出现冲突，足可见其政令不一，各自为政。
② （元）陶宗仪：《南村辍耕录》卷23《讥省台》，齐鲁书社2003年版，第307页。
③ 《明太祖实录》卷四"丙申二月庚寅"条，台湾中研院历史语言研究所1983年版，第42页。
④ 《南村辍耕录》卷十"越民考"条，第135页。谓御史大夫拜住哥"自统军三千，曰'台军'"，而同书卷二十三"造物有报复"条，第307页。则谓安安欲除掉余姚同知秃坚，"夜半率台军擒杀之"，可知"台军"之名号与建置，早在安安代纳麟摄政南台时就应存在了。拜住哥麾下的台军只是沿用其名号而已。

司予以统辖。然而至正十八年（1358）十月，时任江南行台御史大夫拜住哥与同僚手足相残，诱杀了行枢密院判迈里古思，招致迈氏部将黄中的复仇。拜住哥所统帅的三千台军一败涂地，两营被屠，黄中"尽杀拜住哥家人及台府官员掾史，独留拜住哥不杀，以告于张士诚"，士诚遂乘虚而入，"乃遣其将以兵守绍兴"①，完成了对台城绍兴路的军事占据。

次年（1359）二月，朱元璋属将胡大海开拔至绍兴城外，准备攻城。绍兴行台御史大夫庆童无兵可用，只得倚仗张士诚属将吕珍所统帅的武装力量，"行台官属皆集卧龙山上"以避战。从《保越录》所记载的战争过程来看，行台只是发挥了赏赐、犒军，提供后勤以及祭祀祈祷等有限的作用②。相较于前任御史大夫拜住哥统辖的三千台军，庆童只拼凑出了不到十分之一的军队，"命元帅秃满迭儿，以帐前军二百人，弓箭手二十人，赴（吕珍）军前听调"③。将台军交由吕珍统领，意味着庆童与绍兴行台已然放弃了独立军事指挥权。

庆童离任后，张士诚进一步攫取行台军权，"庆童罢去，继居台端者非材，台城内乱。先是，泰州张氏据苏、湖、松、秀等郡，杭、越犹听行省节制，于是遣其部将据台城，台纲遂弛"。如原本为庆童所提拔，负责守卫台城的平江等处水军副万户叶应槐"亦失兵柄"④。台城遂完全沦于张士诚的军事保护之下，江南行台本应承担的"镇遏"职能丧失殆尽。

在攫取绍兴行台军权的同时，张士诚还不忘对行台进行政治胁迫。追求王爵是降元以后张士诚的主要诉求，在"令其部属自颂功德，求王爵"失败后，张士诚于1363年九月自立为吴王，并"讽行台为请实授于朝"，即希望绍兴行台为之向远在大都（今北京市）的朝廷申请册封，但遭到时任行台御史大夫普化帖木儿的拒绝。张氏"即使人至绍兴，从普化帖木儿索行台印章。普化帖木儿封其印置诸库……乃仰药而死"⑤。御史中丞月鲁不花的施政也同样受到了张士诚的掣肘，"时宪台多故"，"惟藩府跋扈，方伯莫制"，"公绳纠以法，厥惟艰哉"⑥。

此外，张士诚还试图干涉江南行台的用人权。徐一夔《送笃襧平章还燕序》记载："初，张氏之有浙西，其于元室阳顺而阴悖……于元官尤慎防焉。凡授官于其境者，则扼使弗上，或调官他境，而道过其地者，则留而弗遣。或有阿顺取容而得收用之者，则必易其官而官之，务抑遏其志。如逼杀南台大夫而强公摄行台事之类是己。"⑦ 可见，在逼杀普化帖木儿后，张士诚挑选了原江浙行省平章笃襧作为傀儡，这表明绍兴行台存续末期的官吏选用权已严重被张士诚侵蚀。

---

① 《元史》卷一百八十八《迈里古思传》，第4312页。
② （元）徐勉之：《保越录》，中华书局1985年版，第3—16页。
③ 《保越录》，第5页。
④ （明）徐一夔著，徐永恩校注：《始丰稿校注》卷十四《故元明威将军平江等处水军都万户府副万户叶君墓碑》，浙江古籍出版社2008年版，第357页。
⑤ 《元史》卷一百四十《达识帖睦迩传》，第3378页。
⑥ （明）乌斯道：《春草斋集》卷八《送逊都月公赴山南廉访使序》，《丛书集成续编》第111册，上海书店1994年版，第555页。
⑦ 《始丰稿校注》卷五《送笃襧平章还燕序》，第108页。

为了摆脱张士诚的政治影响，元朝于1365年在福州路设置了绍兴行台的分台，令绍兴行台所辖诸道廉访司经由福州分台，通过海道向大都御史台传递文书。虽然御史大夫完者帖木儿声明新设福建分台的原因是为了应对"道梗"①，即道路不通的特殊状况，但我们也不能排除福州分台的设置与绍兴行台急于摆脱张士诚的影响有关的可能性。

综上，张士诚对绍兴行台的态度是在军事上予以"保护"，在政治上加以干涉与利用。"保护"与干涉均是手段，其最终目的是控制行台，利用其作为江南地区最高台宪机构的性质为自身利益而服务。

三 绍兴行台与朱元璋政权的关系

相较于张士诚对绍兴行台"保护"与利用并存，元末乱局的最终胜利者朱元璋与绍兴行台之间则完全是竞争关系，这种竞争主要表现于军事对抗与人才争夺。

在军事对抗方面，正如前文所言，绍兴行台的建立本就是朱元璋攻克原江南行台治所集庆路的一个直接后果。在绍兴行台存续的约十年间（1356—1366），行台官僚又多次与朱元璋部将在婺州、绍兴等地对阵作战。

婺州路（今浙江金华）是绍兴行台之分台所在地。所谓"分台"，盖指元代御史台和行御史台的临时派出机构，通常驻扎于诸道廉访司驻地，统领当地诸司从事监察工作。凡江南行台分台，一般情况下多委任治书侍御史坐镇统摄，如大德时南台治书赵秉政分台按治"江浙省臣为奸利"②，赵世延以"以治书分台浙省"③，等等。绍兴行台成立之初，沿袭惯例由时任治书侍御史的帖木烈思"分台于婺"④，坐镇婺州城中。

至正十八年（1358），朱元璋在与张士诚争夺浙西地区获得优势后，开始向元朝控制下的浙东地区扩展领地，派属将胡大海攻陷兰溪县（今浙江兰溪），随后又以兰溪为跳板攻打婺州城。婺州分台的最高指挥官帖木烈思在"义军"首领章溢和行枢密院石抹宜孙兄弟的帮助下击退了长枪军和胡大海的初次围城。但由于行枢密院佥事宁安庆与帖木烈思不和，打开城门向亲征至婺州的朱元璋投降，致使婺州城被攻破。结果元浙东廉访使杨惠、婺州达鲁花赤僧住皆在战斗中被杀，帖木烈思则被活捉。婺州之战最终以朱元璋的胜利而告终。

朱元璋与行台围绕台城绍兴的争夺战有两次。第一次发生于至正十九年初，即胡大

---

① "江南诸道行御史台衙门，尝奉旨于绍兴路开设，近因道梗，湖南、湖北、广东、广西、海北、江西、福建等处，凡有文书，北至南台，风信不便，径申内台，未委事情虚实。宜于福建置分台，给降印信，俾湖南、湖北、广东、广西、海北、江西、福建各道文书，由分台以达内台，于事体为便"（见《元史》卷九十二《百官志八》，第2334页）。

② （元）苏天爵著，陈高华、孟繁清点校：《滋溪文稿》卷十《元故少中大夫江西湖东道肃政廉访使赵忠敏公神道碑铭》，中华书局1997年版，第148页。

③ （元）许有壬：《至正集》卷四《送萧孚有归庐陵并序》，元人文集珍本丛刊（7），台湾新文丰出版公司1985年版，第46页。

④ （明）宋濂著，罗月霞主编：《宋濂全集·銮坡前集》卷二《大明故资善大夫御史中丞兼太子赞善大夫章公神道碑铭》，浙江古籍出版社1999年版，第362页。

海在婺州之战结束后乘胜追击，进攻台城所在地绍兴路。在张士诚部将吕珍的协助下，时任行台御史大夫庆童暂时击退了胡大海的进犯。第二次则发生于朱元璋自称"吴王"前夕，1366年十一月，朱元璋属将李文忠攻破绍兴城，张士诚所任命的行枢密院同佥李思忠与绍兴路总管衡良佐归降，而被张士诚所迫摄行台事的御史大夫笃𧖟则被李文忠俘获，押送至应天府，江南行台遂再次为朱元璋所攻灭。

此外，前述绍兴行台设置于福州路（今福建福州）的分支机构——福建分台亦在次年（1367）十二月为汤和率领的"吴军"所摧毁。因此，从客观结果来看，绍兴行台及其两个分台的三度覆灭，均是由朱元璋政权一手造成的。

较之于军事进攻，朱元璋从元朝的行台官员中征辟人才无疑更能起到釜底抽薪的效果。洛阳人秦从龙原为元江南行台侍御史，因集庆路失陷而避居镇江，徐达访得之，朱元璋遂"因邀从龙与同处，朝夕访以时事……事无大小悉与之谋"[1]，成功将秦从龙转变为自己麾下的谋士。绍兴行台治书侍御史帖木烈思于婺州路分台被攻克时被俘，朱元璋"以帖木烈思为集贤大学士"[2]，只不过帖木烈思趁机逃走，没有出仕朱元璋。另一名曾任职于绍兴行台的监察御史傅敏学也至迟在至正二十七年（1367）前归附了朱元璋，后以佥事之官衔参与到了吴政权的律令制定中[3]。至于绍兴行台末代御史大夫笃𧖟，在被朱元璋政权俘虏期间，"上既优待，授馆与粲，其至如归矣"[4]。朱元璋对待上述四名元臣的态度，足见其对绍兴行台官员招诱政策之力度。

元代台察官员队伍多由各民族的饱学之士所充任，朱元璋对绍兴行台官吏的招诱政策，一方面增强了其统治集团的治理能力，为其日后建立吴政权，乃至称帝做好了人才储备；另一方面亦削弱了张士诚所控制下的绍兴行台，为朱元璋政权日后攻略浙西地区扫除了一大障碍。

四 绍兴行台与方国珍政权的关系

至正八年（1348），因受到蔡乱头、王伏之等仇人逼迫，台州人方国珍揭竿而起，出海劫掠元江浙行省通过海运送往大都的漕粮。对于前来征讨或宣抚的元朝文武官僚，方国珍采取了灵活应对的策略，时降时叛。

至正十二年初，随着红巾军起义席卷中原与江南，方国珍再次入海反元。当年五月，江南行台御史大夫纳麟"给宣敕与台州民陈子由、杨恕卿、赵士正、戴甲，令其集民丁夹攻方国珍"[5]。武力镇压未成，元廷又转而对方氏进行诱降，"命江浙行省左丞帖里帖木儿、江南行台侍御史左答纳失里招谕方国珍"[6]，二人"报国珍已降，乞立巡

---

[1] （清）张廷玉：《明史》卷一百三十五《秦从龙传》，中华书局1974年版，第3914页。
[2] （明）刘辰：《国初事迹》，中华书局1991年版，第16页。
[3] 《明太祖实录》卷二十六"吴元年十月甲寅"条，第389页。
[4] 《始丰稿校注》卷五《送笃𧖟平章还燕序》，第108页。
[5] 《元史》卷四十二《顺帝纪五》，第899—900页。
[6] 《元史》卷四十三《顺帝纪六》，第908—909页。

防千户所,朝廷授以五品流官,令纳其船,散遣徒众","国珍不从,拥船一千三百余艘,仍据海道,阻绝粮运"①,颇令江南行台头疼。直到1356年三月,随着方国珍的再度降元,方氏政权与江南行台的关系才缓和下来。

江南行台移驻绍兴之后,方国珍大致与行台上层官僚维持了一种微妙的"合作"关系,尤其是对绍兴周边那些掌握着兵权的元朝州县官员,方氏与行台似乎达成了合力剪除他们的某种默契。代父纳麟掌握绍兴行台政务的行枢密院判高安安,视忠于朝廷、团结民兵的慈溪县尹陈文昭、绍兴路录事迈里古思和余姚同知秃坚为眼中钉,"以三人为不易制,思有以去之乃"。安安方才诱杀秃坚,"方国珍亦执陈文昭,沈之海"②。当方国珍进攻绍兴属县上虞之际,时任绍兴行台御史大夫拜住哥不但不出兵收复城池,反而"愤迈里古思擅举兵,恐且生事",而将这位出兵抵抗方氏的行枢密院判杀害③,造成本就薄弱不已的元朝统治力量内耗。

当绍兴行台面临反元武装的军事威胁时,方国珍也曾派其弟方国璋给予援助。"明年(1358)江东畔,兵陷建德,瞰绍兴,势殊鸱张。时南台移置绍兴,内外震动,省台驰檄旁午,公挥御多方,寇莫能犯。"④ 在这段史料中,"兵陷建德,瞰绍兴"的敌对势力正是朱元璋部将胡大海。由是可见前述至正十九年二月元军在绍兴路之战取胜,除了张士诚属将吕珍的奋战之外,可能也离不开方国璋的援助。

然而,绍兴行台与方国珍"合作"的结果无疑将造成方氏势力进一步扩张,进而令朝廷无所掣肘。至正二十二年(1362)以后的方国珍甚至宣称"省台贵臣,皆听吾命"⑤,可见其与张士诚类似,亦能够对绍兴行台的施政给予一定程度的政治影响。

五 小结

通过上述论证,我们不难发现绍兴行台在与张士诚、朱元璋和方国珍的政治和军事博弈中均处于下风地位。"时南行台治绍兴,所辖诸道皆阻绝不通。绍兴之东,明、台诸郡则制于方国珍;其西杭、苏诸郡则据于张士诚。宪台纲纪不复可振,徒存空名而已"⑥ 便是对这种尴尬局面的真实写照。

就历史教训而言,绍兴行台未能协调好与元朝地方官员及其所率领之义军的关系。对于掌握了兵权的元朝地方官员,行台非但未加以合理利用和拉拢,而是与之同室操戈,自相残杀。"当是时,只有倚赖拥护朝廷的'民兵',钱塘江两岸的保障才有可能。

---

① 《元史》卷四十三《顺帝纪六》,第914页。
② 《南村辍耕录》卷二十三《讥省台》,第307页。
③ 《元史》卷一百八十八《迈里古思传》,第4311—4312页。
④ 黄瑞:《台州金石录》卷十三《大元赠银青荣禄大夫江浙等处行中书省平章政事上柱国追封越国公谥荣愍方公神道碑铭》,《石刻史料新编》第一辑第15册,台湾新文丰出版公司1982年版,第11176页。
⑤ (明)苏伯衡:《苏平仲集》卷十二《故元承中奉大夫江浙等处行中书省参知政事周公墓志铭》,中华书局1985年版,第297页。
⑥ 《元史》卷一百四十二《庆童传》,第3399页。

可是，已经腐化的上层禁不住诛戮'有功'，遂致仅存的希望化为乌有。"① 相较于同僚，绍兴行台似乎更乐于同方国珍与张士诚这种对元朝阳奉阴违的枭雄进行军事"合作"，这种与虎谋皮的行为无异于引狼入室，造成了绍兴行台最终覆亡的结果。

（邓文韬，宁夏大学历史文化学院副教授）

---

① 王颋：《西夏人迈里古思与元末两浙的守护》，郝时远、罗贤佑主编：《蒙元史暨民族史论集——纪念翁独健先生诞辰一百周年》，社会科学文献出版社2006年版，第292—293页。

"余姚三黄子"与刘宗周以及蕺山学派

张天杰

【摘要】 余姚三黄子,即黄宗羲与黄宗炎、黄宗会三兄弟。全祖望说他们"同受业子刘子之门,其所造各殊"于是表彰"三黄子"的学术,也特别看重他们受业于刘宗周门下一事。明清之际,余姚县仍属绍兴府,故黄氏兄弟因为科举考试等,经常往来于绍兴,而黄宗炎与黄宗会则跟随黄宗羲一同参与刘宗周证人社的讲会,故深受蕺山学的影响,也与蕺山学派之中的众多高弟,都有所交往。黄宗炎在兼容师承与家学的同时,对刘宗周蕺山易学多有拓展,对《宋元学案》之《太极图》辨析有着重大影响;黄宗会则致力于文献、史传,有多篇关于刘门高弟的重要传记,从另一个侧面为后人了解刘宗周以及蕺山学派,提供了线索。

【关键词】 黄宗羲 黄宗炎 黄宗会 刘宗周 蕺山学派

余姚三黄子,即黄宗羲(1610—1695)、黄宗炎(1616—1686)、黄宗会(1618—1663)三兄弟。全祖望说他们"同受业子刘子之门,其所造各殊"[1]。应黄宗羲之孙黄千人(证孙,1694—1771)之邀,全祖望为黄宗羲撰写了《梨洲先生神道碑文》之后,又撰写了《鹧鸪先生神道表》,其中说:

> 姚江黄忠端公有子五,其受业蕺山刘忠正公之门者三:伯子即梨洲先生,其仲则所谓鹧鸪先生者也,叔子曰石田先生。梨洲学最巨,先生稍好奇,而石田尤狷,天下以"三黄子"称之。[2]

全祖望特别表彰"三黄子"的学术,也特别看重他们受业于刘宗周门下一事。他

---

[1] 全祖望:《子刘子祠堂配享碑》,《鲒埼亭集》卷二十四,《全祖望集汇校集注》,朱铸禹汇校集注,上海古籍出版社2000年版,第448页。
[2] 全祖望:《鹧鸪先生神道表》,《鲒埼亭集内编》卷十三,《全祖望集汇校集注》,第246页。

编辑的《续甬上耆旧诗》，除选录黄宗羲诗三百十八首之外，还有黄宗炎诗八十一首、黄宗会诗三十六首。① 黄宗羲，字南雷，学者称梨洲，作为传承刘宗周蕺山学的代表人物，自然不必多加表彰，故本文主要梳理他的两个弟弟与刘宗周以及刘门高弟的交往，以及他们对于蕺山学派的贡献。②

黄宗炎，字晦木，一字立溪，学者称鹧鸪先生，著有《忧患学易》一书，包括了《周易象辞》二十一卷，附《寻门余论》二卷、《图书辨惑》一卷，《四库全书》著录；另著有《六书令通》以及《二晦》《山栖》诸集皆不传。黄宗炎一生所作的诗，所谓"生平作诗几万首，沉冤凄结，令人不能终卷。晚更颓唐，大似诚斋"③，因其诗文集亡佚，大约仅存于全祖望所辑的八十一首了。黄宗会，字泽望，号缩斋，学者称石田先生，著有《缩斋文集》《缩斋日记》以及《学御录》《瑜伽师地论注》《成唯释论注》《四明游录》等，大多不传；今人整理的《缩斋诗文集》，为《缩斋文集》与《余姚竹桥黄氏宗谱》中的《诗文集》等合辑而成。④

明清之际，余姚县仍属绍兴府，故黄氏兄弟因为科举考试等，经常往来于绍兴，而黄宗炎与黄宗会则跟随黄宗羲一同参与刘宗周证人社的讲会，故深受蕺山学的影响，也与蕺山学派之中的众多高弟，都有所交往。事实上，黄宗炎在兼容师承与家学的同时，对刘宗周蕺山易学多有拓展，对《宋元学案》之《太极图》辨析有着重大影响；黄宗会则致力于文献、史传，其《缩斋诗文集》当中，也有多篇关于刘门高弟的重要传记，从另一个侧面为后人了解刘宗周以及蕺山学派，提供了线索。

一　黄氏兄弟之学术异同

明亡之际，黄宗炎跟随黄宗羲共举义军"世忠营"，他主要承担治理辎重等职，后又加入也曾师事于刘宗周的冯京第的军营。冯军被清军围剿而四散，黄宗炎被捕，被友人以死囚换出；冯军旧部再度复合，黄宗炎也再去共事，又一次被捕，又被友人救出。然而黄宗炎已经尽丧其资了，于是提着药笼游于浙西的海昌（今海宁）、石门（今桐乡）之间，还以为人镌花乳印石、作画、制砚为生，所谓"卖艺"为生。⑤

再看黄宗炎的为学，也与黄宗羲有着密切的关联，曾跟随黄宗羲前往山阴参加证人社的讲会，然当时尚未真正致力于学术，故未见与刘宗周论学的书信或语录。黄宗炎以明经而成为太学贡生，未中举，便闭关读书著述。全祖望说：

> 其学术大略与伯子等，而桀岸几有过之。己卯秋试不售，与叔子约，以闭关尽

---

① 全祖望：《续甬上耆旧诗》，杭州出版社2003年版。
② 参见张天杰《黄宗羲对刘宗周学术的承继及其师门护持之功》，《中山大学学报》（社会科学版）2014年第5期。
③ 全祖望：《鹧鸪先生神道表》，《鲒埼亭集内编》卷十三，《全祖望集汇校集注》，第251页。
④ 黄宗会：《缩斋诗文集》，印晓峰点校，华东师范大学出版社2009年版。
⑤ 全祖望：《鹧鸪先生神道表》，《鲒埼亭集内编》卷十三，《全祖望集汇校集注》，第247—248页。

读天下之书，而后出而问世。

先生兄弟于象纬、律吕、轨革、壬遁之学，皆有密授。既自放，乃著《忧患学易》以存遗经，著《六书会通》以正小学。①

所谓大略等同，一是指为学之历程；另一是指为学之内容，如象纬、律吕、轨革、壬遁之学等。黄宗炎《周易象辞》与《图书辨惑》，即可与黄宗羲《易学象数论》相互参看，其中除了黄氏家学外，当有受到刘宗周《读易图说》等易学著作的影响。或者说，黄氏兄弟的易学著作就是刘宗周蕺山学之易学的补充与发展，从中亦可以梳理出蕺山学派的易学之史。关于黄宗炎的易学三种，《四库》馆臣指出：

其说易，力辟陈抟之学，故其解释爻象，一以义理为主，……皆可备易家之一解，……又于《易》之字义多引篆文以释之，亦不免王氏《新义》务用《字说》之弊。当分别观之可也。

后附录《寻门余论》二卷，《图书辨惑》一卷，宗旨大略相同。《寻门余论》兼排释氏之说，未免曼衍于《易》外。其诋斥宋儒，词气亦伤太激。然其论四圣相传，不应文王、周公、孔子之外，别有伏羲之《易》为不传之密；《周易》未经秦火，不应独禁其图，至为道家藏匿二千年，至陈抟而始出，则笃论也。《图书辨惑》谓陈抟之图书乃道家养生之术，与元陈应润之说合；谓周子《太极图说》，图杂以仙真，说冒以易道，亦与朱彝尊、毛奇龄所考略同；至谓朱子从而字析之，更流于释，则不免有意深文，存姚江、朱、陆之门户矣。②

《周易象辞》一书虽以义理为主，然而诠释方法却与宋儒不同，如引篆文来分析字义，令人想起王安石的《三经新义》，全祖望也说："先生虽好奇字，然其论小学，谓杨雄但知识奇字，不知识常字，不知常字乃奇字所自出。三致意于《六书会通》，乃叹其奇而不诡于法也。"③可见黄宗炎解易，从字源、字义入手，有其文字学之基础，与王安石其实大不相同。黄宗炎的方法，已经是考据学的方法为主，虽然起初也是为了解决义理的问题，这一点也与黄宗羲较为接近。

据黄宗羲《前乡进士泽望黄君圹志》记载，黄宗会天资聪慧，十六岁补博士弟子员；二十岁参加岁试而得第一，成为廪生；二十一岁考举人，一时誉望所归，但因其傲

---

① 全祖望：《鹧鸪先生神道表》，《鲒埼亭集内编》卷十三，《全祖望集汇校集注》，第247—248页。全祖望文中还说："性极僻，虽伯子时有不满其意者。"严元照此处有注："晦木与梨洲志行不同，梨洲晚年颇涉世事，晦木赤贫自守，梨洲绝不过问。昆弟之间，有难言者，此文谓不满于伯子者是也。要之，晦木虽僻，不愧明治遗民。"载《全祖望集汇校集注》，第251—252页。按，黄宗羲与黄宗炎之隔阂，也与黄宗羲与吕留良之龃龉有关，黄宗炎之子黄廉远是吕留良的连襟，而黄宗炎本人又常住吕家，故因为性情、交游以及对清廷态度之差异，使得二人渐行渐远，以至于黄宗炎去世之后，黄宗羲亦无纪念文字。

② 《四库全书总目》卷六《经部易类六》，《景印文渊阁四库全书》第1册，台湾商务印书馆1986年版，第134页。

③ 全祖望：《鹧鸪先生神道表》，《鲒埼亭集内编》卷十三，《全祖望集汇校集注》，第252页。

然而填为二等。崇祯十七年（1644）以拔贡入京，未及廷试而国变。此时，黄宗会年二十七岁，场屋坊社已历十余年之久，行辈视为老师名宿。① 在具体的学问方面，黄宗羲将自己与其作了对比：

> 泽望少无师，以余为师。余初读《十三经》，字比句栉，三礼之升降跪拜、宫室器服之微细，《三传》之同异、义例、氏族、时日之杂乱，钩稽考索，亦谓不遗余力，然终不及泽望之精，冥搜博览，天官、地志、金石、算数、卦影、革轨、艺术、杂学，盖无勿与予同者。
>
> 其诗初喜僻奥，余一变而之冷淡，泽望亦变其文，华藻错落，……日就刊落，蹊径顿尽。
>
> 自濂洛至今日，儒者百十家，余与泽望皆能知其宗旨离合是非之故，而泽望忽折而入于佛。其初遇学佛者，概而信之，凡吃菜合眼躲闪篱落之徒，便降心而与之交。及穿剥三藏，穷岁累月，稍稍出而观今之所谓宗师者，发露其败阙，牛毛茧丝，为其教之书数十万言。余于释氏之教，疑而信，信而疑，久之，知其于儒者愈深而愈知不相似，乃为泽望反复之，盖十年而不契，终于不可而止。②

由此可知，黄宗会确实聪慧异常，虽然以其长兄黄宗羲为师，然而无论是《十三经》的研究，还是诗文创作，以及儒佛之辨析，都不是一般兄弟之亦步亦趋，这一点与黄宗炎也很不相同。也就是说，黄宗会跟随黄宗羲读书入门之后，就选择了适合自己性情的为学之路，特别是在儒佛之间的选择上。黄宗会也能辨析濂洛诸家的学术宗旨之离合是非，但没有太大的兴趣在儒学，而是转向了佛学；黄宗羲则对于佛学依旧在疑与信之间，二人反复讨论而终究不能契合。再者，黄宗会学佛渐渐入门之后，将其中的"牛毛茧丝"细细辨析，撰写了数十万字的书，即《瑜伽师地论注》《成唯释论注》之类。

所以说，就学术而言，则黄宗会与蕺山学是渐行渐远，所谓师从刘宗周，也当是早年曾跟随黄宗羲、黄宗炎一同听讲，然毕竟年纪尚小，影响也小。至于现存《缩斋文集》之中多有史传类的文章，却又在文献之学上，黄宗会又与黄宗羲较为接近，可以说是亦得家传之学，而其中也多有蕺山后学的身影。

二 《图书辨惑》与《宋元学案》

黄宗炎的易学涉猎广博，此处则仅以《宋元学案》中涉及《太极图》的问题为例，来看黄宗炎的易学及其与刘宗周、黄宗羲的思想关联。

---

① 黄宗羲：《前乡进士泽望黄君圹志》，《黄宗羲全集》第10册，浙江古籍出版社2005年版，第301页。
② 黄宗羲：《前乡进士泽望黄君圹志》，《黄宗羲全集》第10册，第302—303页。

黄宗炎《图书辨惑》之中关于《太极图》的辨析，后被黄百家收录于《宋元学案》。《宋元学案》中的《濂溪学案》，属于"黄宗羲原本、黄百家纂辑、全祖望次定"一类，也就是说该学案为黄宗羲初编，黄百家补编并基本完成，全祖望则有适当的调整与少量的补充。值得补充的是，虽说《濂溪学案》应当体现黄宗羲的学术史观，但其传承自刘宗周的一面特别明确。其中不但收录大量刘宗周《圣学宗要》等书的按语，还在《太极图说》《通书》首条等周敦颐的文本之后，都先附上标明"刘蕺山曰"的刘宗周按语，然后方才是黄宗羲的笺注或按语，接着是黄百家的按语，若有摘引顾宪成、高攀龙语录则也排在刘的按语之后，这样的排序很有可能就是黄宗羲本人的意思。所以说，整个《濂溪学案》呈现的就是包括黄宗炎在内的蕺山学派师弟子对濂溪学的重新诠释与定位以及相关的学术史观。

虽说当时无论官方或民间都有朱子学的转向，但贯穿《宋元学案》的学术主旨却是程朱、陆王的和会，甚至可以说略偏于陆王一系。就《濂溪学案》来看，有两点反朱子学的因素特别值得注意。其一，《太极图说》置于《通书》之后。其二，《濂溪学案》没有附录朱子《太极图说》与《通书》的"解"，这两种"解"却是宋以来大多版本的周敦颐集以及《性理大全》都附录的。代替朱子"解"的则是刘宗周、黄宗羲、黄百家的讲义、笺注或按语，如：刘宗周在《圣学宗要》里关于《太极图说》的长段按语，以及《五子连珠》等书中论及周敦颐等的相关语录；黄宗羲的《太极图说讲义》与《通书笺注》及其编辑时所加的按语；黄百家则在编辑时新加按语近三十条，对刘宗周、黄宗羲的诠释作了补充。①

为什么要将《太极图说》移后，黄百家在《通书》之首有按语说："《性理》首《太极图说》，兹首《通书》者，以《太极图说》后儒有尊之者，亦有议之者，不若通书之纯粹无疵也。"② 此处说得较为委婉，只是强调《太极图说》有推尊之，也有议论之，所以不如《通书》纯粹无疵。所谓推尊，自然是指朱子一系。朱子所定的周敦颐集，以及官方认同朱子学而编撰的《性理大全》，都是首列《太极图》与《太极图说》，朱子说："抑尝闻之，程子昆弟之学于周子也，周子手是图授之。"③ 此类说法虽不确凿，却已从理路上推定《太极图说》的重要性。朱子还说："《通书》者……本号《易通》，与《太极图说》并出程氏，以传于世，而其为《说》，实相表里。"④ 在朱子的诠释之下，二书的理路完全可通。然而在《濂溪学案下》引述了多家评述之后，黄百家还有按语说：

> 至于其图之授受来由，虽见于朱汉上震之《经筵表》，而未得其详。今节略先

---

① 牟宗三先生也曾注意此问题，认为这是"以刘蕺山之解说为领导，兼及其他，抹过朱子，以争学统"，然而并未对具体的学术史问题作进一步的探析。牟宗三：《心体与性体》，上海古籍出版社2001年版，第334页。
② 黄宗羲、全祖望：《濂溪学案上》，《宋元学案》，中华书局1986年版，第482页。本文的引文部分标点有所改动。
③ 朱熹：《太极图说解》，《周敦颐集》，中华书局1990年版，第8页。
④ 朱熹：《通书后记》，《周敦颐集》，第49页。

叔父晦木《忧患学易》中《太极图辨》于此，以俟后之君子或否或是焉！①

《太极图》的"授受来由"，也即所谓传之陈抟及道家之说，朱震等曾论及，但是黄百家认为应当采取存疑的态度。其缘故当是因为黄宗羲并不认为《太极图》传自陈抟，然而黄宗炎却说《太极图》"创自河上公，乃方士修炼之术也"，二人意见不一。黄百家将其仲父黄宗炎的《太极图辨》加以节略，附录于诸家论《太极图说》之后。黄宗炎说：

> 周子《太极图》，创自河上公，乃方士修炼之术也，实与老、庄之长生久视，又属旁门。老、庄以虚无为宗，无事为用。方士以逆成丹，多所造作，去致虚静笃远矣。周子更为《太极图说》，穷其本而反于老、庄，可谓拾瓦砾而得精蕴。但缀《说》于图，而又冒为《易》之太极，则不伦矣。盖夫子之言太极，不过赞《易》有至极之理，专以明《易》也，非别有所谓太极而欲上乎羲、文也。周子之"无极而太极"，则空中之造化，而欲合老、庄于儒也。②

《太极图》原本就是道家的修炼之术，故属于旁门；周敦颐改作《太极图说》，则得其"精蕴"，其"无极而太极"等说法则是将来自老子、庄子的道家思想资源合于儒家。黄宗炎则要强调，这些思想资源终究不是来自伏羲、文王或孔子的，这一点必须辨明。黄百家还在按语中说：

> 人能去其所存先入之见，平心一一案之，实可知此无极之太极，绝无与夫子所云之"《易》有太极"，宜乎为二陆所疑，谓非周子所作。盖周子之《通书》，固粹白无瑕，不若《图说》之儒非儒、老非老、释非释也。况《通书》与二程俱未尝言及无极，此实足征矣。百家所以不敢仍依《性理大全》之例，列此《图说》于首，而止附于《通书》之后，并载仲父之辨焉。③

黄百家强调，正是因为怀疑《太极图说》也有可能如同陆九渊兄弟所说，并非周敦颐本人所作，且是否为纯正的儒学也有争议；《通书》则"固粹白无瑕"，所以方才一改《性理大全》之例顺序。至于将黄宗炎之《辨》收录其中，则也是为了更有力地说明《太极图说》有疑点。黄宗炎在其著作之中反复阐明的疑点主要有二，一为"无极"之说；一为儒与佛、老之辨。这两点其实也就是当年朱、陆《太极图说》论辨的核心问题，故而黄宗炎其实还是沿着蕺山学的脉络在作易学研究的。另外此处还有全祖望的按语，谈了他对黄宗炎此《辨》的看法：

---

① 黄宗羲、全祖望：《濂溪学案上》，《宋元学案》，第514页。
② 黄宗羲、全祖望：《濂溪学案上》，《宋元学案》，第515页。
③ 黄宗羲、全祖望：《濂溪学案下》，《宋元学案》，第518页。

晦木先生宗炎，梨洲先生之仲弟也。先生雅不喜先天、太极之说，因作《图学辩惑》一卷。自《先天》、《太极》之图出，儒林疑之者亦多，然终以其出于大贤，不敢立异。即言之嗷嗷莫能尽也。至先生而悉排之，世虽未能深信，而亦莫能夺也。①

　　《图学辩惑》当作《图书辨惑》，黄宗炎不喜谈论先天、太极之说，主要就是认为其所依据的图，并非来源于儒学。但在全祖望看来则黄宗炎的这些辨析，"虽未能深信，而亦莫能夺"，特别是经过大贤周敦颐诠释之后，即使有了黄宗炎等的排斥，也无法改变世人将《太极图》作为儒家重要著作的现状。也就是说，《太极图》之类其原始出处其实不必多加辨析，需要重视的只是周敦颐以及刘宗周等儒学大师的重新诠释，若就这点来看，黄宗炎之学术确实与刘宗周大不相同，因为由《太极图》而推演出《人极图》，而刘宗周蕺山学之易学就是周敦颐濂溪学之易学的最为重要的发展。②

三　黄宗会对刘门三大高弟的表彰

　　因为跟随黄宗羲经常参与证人社的讲会，故而黄宗会也与刘门高弟多有交游。其中交往较多的刘门高弟则有刘应期、王家勤与王毓蓍。黄宗会还为他们的精神所鼓舞，故而立传。分析黄宗会对刘门高弟的旁观所见为主，亦可以看到蕺山学派众弟子形象的另一面。③

（一）刘应期之魁梧特立

　　首先，看其如何表彰刘应期。因为黄宗会继娶之妻为之长女，故而交往较多，还曾为刘应期作有多篇文章，如《祭外舅刘瑞当文》《刘瑞当先生存稿序》《记刘瑞当所藏平津侯印》等。相对于黄宗会而言，则其岳父刘应期又有着诸多的过人之处，故不失为刘门高弟。他在祭文中说，与刘应期当属于朋友患难之交：

　　　　丙戌岁，会家方首尾荆棘，托身命于兔躧鹿场中，尽室如囚，凡谊交昵戚，未尝过而问焉。惟岳父伟衣冠，往来山间，唁慰凭吊，与会兄弟追往，悲啸震空谷，山氓有窃叹者。朋友患难，嘐嘐相寄之音，岂寻常交道哉！④

　　顺治三年丙戌，因为抗清失败，正好是黄家最为困难的时期，所谓"尽室如囚"，以往的亲戚、朋友"未尝过而问"，也属人之常情；只有刘应期前来"唁慰凭吊"，与

---

① 黄宗羲、全祖望：《濂溪学案下》，《宋元学案》，第518页。
② 更多讨论参见张天杰《〈宋元学案〉的编撰与濂溪学的新诠——从刘宗周到黄宗羲、黄百家父子》，《中国哲学史》2019年第3期。
③ 刘应期、王家勤与王毓蓍的生平与学术，参见张天杰、张瑞涛《蕺山学派研究》第九、十两章，商务印书馆2021年版。
④ 黄宗会：《祭外舅刘瑞当文》，《缩斋诗文集》，第143—144页。

黄氏兄弟追忆往昔，"悲啸震空谷"，当是为时局之变而感叹。祭文中还说：

> 会返蔽庐，欲弭志农圃，痼疾为虐，目闷然不欲视，舌卷然不欲言，嚜不能饮飧浆。适岳父趣至，会勉起酬对。岳父慨然曰："譬之鼎也，石则郁炀之不易入，然艰于骤出矣；播则衍煦之易入，有□间则释然矣。子石者徒也，余以近播，故寒暖饥饱时节，是于摄生宜。"会唯唯，征之信。其眉宇风度，脩然如平昔，盖处困而不失其亨者。

刘应期经常前去看望病重的黄宗会，还以其"处困而不失其亨"的洒落态度，为困境之中的黄宗会解忧释怀，认为应当放下心中的负担，无论"寒暖饥饱"都可助以"摄生"。

故而在黄宗会看来，刘应期并不是一般的人才，而是当时士人之领袖："魁梧特立者，足以扫颓俗，而尚友千古，力行而为之倡，以扬挖一时之人才。"① 故他在为刘应期著作所写的这篇序文中指出：

> 甬之慈溪，其地处东南僻壤也。四方之士，非宦辙所至，未尝过而问。慈溪山川无幽遐迥谲之奇，以兴好事者博搜吊诡之观。列署于朝者，虽后先相望，一时伟勋异迹，又不足以奔走辐辏天下之俊杰。于是士之生其他者，亦自安其俭陋，无侧身四望、感慨睥睨而不能自已之情，以故天下风气骤变，而慈邑之士独专门守残，益陷于俭陋而不自知。

> 当熹庙以来，先生患慈邑之风气之俭陋也，乃帅二三同志之贤者，与其里党慕义之彦，缘经术以饰时文，每群居高会，乃都人士以不与之集而为耻。于是相与择宽闲之野，濯笔以定殿最，号为新体。或从容置酒，雅谈高歌，以极一邑之选。至于有司之好尚，往往以为清议。而山巅水澨，多凭高拂席，以摅其博搜吊诡之胸。远方好事者，担簦摄笈者相踵也，亦云一时之盛矣。

当年的慈溪，因为地理位置的偏僻，又没有什么山川"幽遐迥谲之奇"，故少有外来的所谓天下之俊杰，当地士人也"自安其俭陋"，少有兴起者。于是刘应期这位"魁梧特立"之人便出来主持大局，改变风气。"缘经术以饰时文，每群居高会"，也即带头举办文章之聚会，逐渐形成"新体"。他们还"从容置酒，雅谈高歌"，还主持一地之清议，于是吸引了远方的好事者，"担簦摄笈者相踵"，可谓一时之盛。然而刘应期虽为士人领袖，却并未通过科举而进入仕途，以至于让人笑话"圆枘而方凿"：

> 已而诸从游者无不先后成进士，至为天子元老，典枢机及分符秉钺，其下者为二千石郡县长吏。慈为甬僻壤，当是时，仕而显于朝者，几与大郡埒，其风气为甬越冠。而先生独蹭蹬老诸生，布衣揖让于博士前。

---

① 黄宗会：《刘瑞当先生存稿序》，《缩斋诗文集》，第80—83页。下同。

善作者不必善成，以是而论造物，又何疑寥寥乎先生也。自古具魁梧卓特之才，一施而不得当，则结轖郁轧跀戾，而不自排荡以趋于平，而先生又何惛惛自废也！先生既羞其为，已弃去不复道，而里中儿一时怒茁之气，拾其余沰以售于时，乃笑先生之圆枘而方凿也，又恶知其自信于遇否开塞之外者耶？曾几时而社稷虚厉，神州倏沦于左衽，诸同游先后死亡略尽，而先生峃然穷饿。

其实这几段话，已经说明了刘应期之不遇，所谓"蹭蹬老诸生"，就是因为他有着与先后成为进士的那些士人所不同的独特品格，也即对于当时士人汲汲进取的一些所作所为则是羞为的，故而宁愿寥寥落落，"峃然穷饿"。特别是在"神州倏沦于左衽"，也即明亡清兴之后，当年同游者先后死亡，则更不会考虑仕途了。所以黄宗会还说："士于遇否开塞之际，固不能无情，然所以自恃而不欲随世以自就者，亦有千百世之见以自慰也。"实际上，对于其岳父之"圆枘而方凿"，他也是赞赏的，认为其一生之怀才不遇，其实大可不必太过在意。即便为"里中儿"耻笑，亦不失其"魁梧特立"之风采。所以说，刘应期作为刘门之高弟，能够成为慈溪一地之但开风气者，还是当之无愧的。

（二）王家勤之屹立不变

黄宗会交往较多的另一位刘门高弟，就是因为抗清而死的王家勤。黄宗会当时并未从事心性之学，故而他们的交往主要还是因为举业文章。在小传中说：

> 予初一见之武林，出其制艺一帙，饰之甚美而且多。归读之，不尽数篇，已忽忽弃去，盖得其思与句之艰也。读者且然，作者之勤劳，为可悯矣。后五六年，再见之慈溪，馆于冯，以诲其子弟。至则又出其新艺，顾数倍于前，而犹谓不及箧中什四也。[1]

与上文所说的王毓蓍不同，王家勤对于自己的举业文章颇为看重，将其自编文集"饰之甚美而且多"。然而黄宗会带回去读不了几篇，就放下了，因为其文章思想与文辞都颇有深度，于是感叹王家勤之勤劳可悯。等到过了五六年，再次见到，则有新的文集，且是"数倍于前"，还说编订成集者"不及箧中什四"。于是黄宗会又有所感叹：

> 夫今之所谓时文者，不过求进身、干利禄之具耳，岂得比于古之辞赋？然且识者羞称之，以伦于俳优，况乎剽剥泛窃，一妄男子安坐而为之乎？而悃悃焉勤且劳，尽心力而为之，求其不工以为奇，而使举一世之不我好，岂亦庶几万一以出是途哉。
>
> 夫亦知其北辕适粤，以为不如是，不足以自见也。推君之心，宁终其身堙厄轧塞，而必不忍滑稽炙輠，以无所短长于时。虽以时文之微且末者，犹自信若此之果，则其足以伸乎千百世者，宜乎杀身而不悔也。君之道，其使我悲也。

---

[1] 黄宗会：《王卣一传》，《缩斋诗文集》，第126—129页。

当时的多数士人，对于时文并不真正看重。只是将之作为"求进身、干利禄之具"，比不得古来之辞赋，甚至将之比作俳优。还有一些士人写作举业文章，多半都是"剽剥泛窃"。故而黄宗会对于王家勤的勤劳，尽心尽力孜孜以求，表示怜悯；还认为王家勤这一做法其实是"北辕适粤"，这样讲求文章做法，并不会被世人看重，当是无法高中的。然而王家勤依旧我行我素，坚持自己将文章做好的信念如初，这当然让黄宗会佩服，同时又有些悲凉。

当然，还有更为悲凉的事情发生了，也即王家勤卷入了"五君子翻城之役"，其抗清的具体事迹此处不表，需要重点说明的是黄宗会的感叹：

> 呜呼，事之不成，天也。君以区区布衣，瘁精竭力于时文，而卒不得一遇于有司，乃与一二同塾之友，不知兵革为何事者，攘臂而为之。……予以为勇怯禀也，犹猝风暴雨之中，人感之而有病不病者，其脏腑有厚薄坚脆之殊也。夫不以私怯废公义，陈不占之勇，过孟贲远矣。

> 吾侪平居谈王道，说诗书，高以古人自许，至于髡钳为异类，往往自多摧刚为柔，己不能为，而复恶人之为，摘其一二短长以非议之，不乐成人之美如是乎？君为人呴呴柔声色，未尝疾言，无愚知皆亲之，至于有所可否，则屹立不变云。盖君之足以自见者，至是而始服其自信之果矣。

抗清之事的成与不成，自有天意，然而令人敬佩的是，王家勤"以区区布衣"之身，放下毕生致力的时文，与"不知兵革为何事"的同门之友，为了国家危难而"攘臂而为之"。故黄宗会表彰其"不以私怯废公义"，作时文之手，面临兵革之事，必当有所怯，然而王家勤也表现为勇，正是因为"公义"，才能有所勇。黄宗会想到同样的读书人，"谈王道，说诗书，高以古人自许"，然而一旦身有危难，则往往不能有所作为了。甚至还有"己不能为，而复恶人之为"，他人有所作为，则"摘其一二短长而非议之"，极少有愿意去成人之美，愿意舍身助人成事者。

所以说，王家勤为了大义，跟从友人华夏去临危犯险，最终因此而死，则是非常了不起的。在黄宗会看来，这正是其"有所可否，则屹立不变"，"自信之果"的精神之体现，文章之道上的坚持如此，人生之道上的坚持亦如此。

（三）王毓蓍之从容死生

最后重点讲讲蕺山后学之中最为奇特的王毓蓍，作为刘门的高弟，最大的特点有二，一是作为著名的"殉难义士"，另一是极有个性的"畸士"，全祖望在《配享碑》中也有讲到，然而尚不够具体，黄宗会则对此进行了细致的记述。他说：

> 王玄趾者，虽为刘门高弟，初无以表异。及其从容死生之际，而后信其为入室跻蕺者也。[①]

[①] 黄宗会：《王玄趾先生传》，《缩斋诗文集》，第137—140页。

这就是说，王毓蓍后来被认为是"刘门高弟"，关键就在于"从容死生之际"，也就是殉节一事，"节义"二字，生死之勘验，确实就是评价刘门弟子最高的"标帜"，这一点也可以从黄宗羲或全祖望的那些评价之中看出来，黄宗羲的《先师蕺山先生文集序》与全祖望的《子刘子祠堂配享碑》，都因此而将王毓蓍放在重要的位置之上。

不过，黄宗会的这篇传记，却又特别指出了王毓蓍在殉节之前"初无以表异"，也就是说，起先看来，则没有太过突出之处。为了凸显其"从容死生之际"的与众不同，黄宗会将王毓蓍与他人作了详细的对比：

> 念台刘先生讲道东南，四方有志之士，造其堂而闻诗书仁义之说，一时学者相与立为标帜。而纷纷慕名高者儳其中，以踊跃作气势，瞒瞒然拱手危坐，能诵王氏《传习录》者，大都自谓刘门高第弟子云。求其入室而唶載者，我未之闻也。
>
> 乙酉夏，□陷杭州。檄至，诸守臣惴惴崩角，惟张目以视念台刘先生，而居民日沸然，翘首以瞻胡马。昔之瞒瞒然拱手危坐诵王氏书者，已风雨散去，而玄趾独日夜涕泗，以为化中国而为夷狄，则此身必无有可生之理，揭"成仁取义"四字于座右。
>
> 遂致书刘先生，谓："平昔所为，若与师门异，而于大义所关，则断乎有同焉者矣。盖师之所处与文信国同，而某亦不敢自后于王炎午。"书绝命辞于后，正衣冠，自投柳桥下。端坐拱手而逝，寅六月二十一日癸酉也。后十五日戊子，而刘先生以不食卒。

在黄宗会看来，当年进入刘门的"四方有志之士"，纷纷"慕名高"而来，又以"诗书仁义之说"最为相与标榜的"标帜"，特别是以"瞒瞒然拱手危坐"，然后背诵王阳明的《传习录》为高明，这类"无事袖手谈心性"的士人，确实为晚明所常见。但是等到在甲乙之变的时候，这些人早可见已经"风雨散去"了。当时绍兴士大夫，也即明朝的那些"守臣"，都等着看刘宗周的表现，若祁彪佳则效仿刘宗周绝食、自沉，终究成为刘门节义之另一楷模；而普通居民则"翘首以瞻胡马"，等着清军了。诵读王阳明之书者散去，多半也会流入普通居民群体之中。

于是，王毓蓍就算是刘门之中真正有节义的一位高弟了，他想到即将"化中国为夷狄"而"日夜涕泗"，认为自身"必无有可生之理"，于是写下"成仁取义"四字作为座右铭。不仅自己有此节义之"标帜"，王毓蓍还特别写信给老师刘宗周，他希望老师能在此关键时刻，成为明朝的"文天祥"，而自己则是明朝的"王炎午"，故而效仿王炎午而作此"生祭文"。当然，王毓蓍也知道自己在刘门之中"平昔所为"，与其他弟子有所不同，或许也并未被老师看重，然而该说还是要说，此亦可见其勇气可嘉。当然，更难能可贵的是王毓蓍的"尸谏"，比老师早十五日就殉节，也就实践了为刘门之"王炎午"的誓言。

那么王毓蓍"平昔所为"，又有些什么独特呢？黄宗会接着说：

> 崇祯己卯春，予至越应有司试，始识王玄趾于古小学中。古小学者，先生讲席

也。玄趾顾豪迈落落，以气质自负，雅不乐为龌龊小儒，矜然诺以赴人急，若古任侠者流。时时放达，博塞击鞠，与优人促席，操秦筝，呜呜而讴。诸及门咸侧目，谓非其徒，玄趾夷然不屑也。

玄趾为人，面黑多瘢痕，高頯结喉，口吃而喜剧谈。皂衣布履，风度翛然，行步折颊，若有所思，多陵前人，己则兀立待之。初会愕然，不知应对。

崇祯己卯（1639）之春，黄宗会因为应试而至绍兴城，在古小学中听刘宗周的讲会，此时见到了王毓蓍。在他看来，则王毓蓍"豪迈落落，以气质自负"，不愿成为"龌龊小儒"；还有慨然应诺、赴人之急的古之任侠之风。这一气质则与黄氏兄弟极为相契：

自己卯后，余兄弟于玄趾无岁不数合，合必移时，久然后去。议论举动，终始若一，不见其迁者。惟甲申闻在湖州某氏家，音阕没没。

让黄氏兄弟欣赏的，除了王毓蓍的任侠，还有"议论举动，终始若一"，也即其风度是一贯的。当然与黄氏兄弟也不尽相同，比如王毓蓍太过放达，"博塞击鞠，与优人促席，操秦筝，呜呜而讴"，令其他刘门弟子"夷然不屑"；再如行走之际，因为有所思而突然"兀立待之"；还有"口吃而喜剧谈"，都会让人初次会面之时，不知道应当如何应对。所以说，黄氏兄弟之所以欣赏王毓蓍，也是因为任侠之气质相投，渐渐对他的其他方面也欣赏起来了。

还有，全祖望说："蕺山弟子，元趾与章侯最为畸士，不肯帖帖就绳墨。"[①] 也就是说，王毓蓍作为"畸士"，对于科举八股文章，不肯认同一般的规矩，而有自己独到的见解。黄宗会也注意到了这一点：

当时南北风气，皆锓私所作制举业，以诩诩自矜，而扬越吴楚籍甚。……而玄趾越之搦管以操选者，其自许甚勇。

一日抵其居，夹道桐椅郁然，寂若秋涧，不见埃壒气。插架所陈，皆皇明历代科举场屋之文，与一时南荒北鞬、中州巴徼闽粤邮致所作制举业者，皆手为精批、核抹、雠校而是正之。呜呼，勤矣。

闲则置古今慢曲新声，靡靡哀曼之辞，为之扼击高谈，屈所愉绎，诚有味乎其言之也。

与通读《传习录》者不同，也与刊刻自己的举业文章"诩诩自矜"者不同，王毓蓍并不自以为是，反而是认真研究历代的科举考场之文，搜集了南北各地的许多举业文章，且"精批、核抹、雠校"，可见他还是一个优秀的八股选家，对于文章有自己的看法。

---

① 全祖望：《子刘子祠堂配享碑》，《鲒埼亭集》卷二十四，《全祖望集汇校集注》，第448页。

王毓蓍的艺术修养，黄宗会也多有关注，不只是常与优伶"促席"，他自己空闲也"置古今慢曲新声，靡靡哀曼之辞，为之扼击高谈"。这种风度，后来在南明弘光朝之初，黄道周（石斋）前来绍兴祭祀宋六陵时，王毓蓍又表现了一通：

> 帝使闽人黄石斋之祀宋六陵也，越人奔走辐辏于门者，踵相压也。顾以不见玄趾恨甚，而玄趾故在家托疾不欲见。毕祀，诸同游设祖张会稽山，献酬旅语，极一时之选。
>
> 酒半，有小舟泊浅渚，弦声铿铮，出乱苇间。使人求之，见玄趾方与小优度曲扪柱。歌阕，竟刺舟去。诸同游诋为狂惑失志，而黄公独怅然识其意矣。

作为与刘宗周齐名的大儒，黄道周一到绍兴就吸引了士人们的目光，他们都"奔走辐辏于门"，黄宗会当也在其中，然却没有在人群之中见到王毓蓍，深以为恨。等到祭祀完毕，黄道周与诸士人同游于会稽山，此时有小船停泊在乱苇之间，"弦声铿铮"，其实则是王毓蓍与优伶"度曲扪柱"，故意在黄道周面前献歌一阕，然后悄然而去。同游的士人诋毁王毓蓍，认为他"狂惑失志"，然而黄道周则已经明白王毓蓍曲中之讽喻，故而"怅然"了。

有必要指出的是，王毓蓍的这番举动，恰好与刘宗周极为相似。当时黄道周到了绍兴之后，自然要拜访刘宗周，"请见再三，不遇"，其实刘宗周认为黄道周"借使职以优游，非大臣事君之道"，故意出城躲避；黄道周在绍兴一月有余，于是刘宗周"走诗筵讽之行"，也即写诗于纸扇进行讽喻。① 当然，黄道周是否属于在朝廷危难之际故意"优游"则是另一问题，他想见刘宗周也不只是为了叙旧，还应是商讨朝廷大事，故刘宗周有所后悔说："未免当日拒绝太深耳。"如此说来，则王毓蓍这样讽喻一番，也略有可商榷之处，当然黄宗会所要表彰的，还是其特立独行背后的大义。

黄宗会表彰的刘应期、王家勤、王毓蓍三人，共同之处在于他们所作所为的独特，而这种独特性的背后则是蕺山学派所共有的一种节义之道。黄氏兄弟与他们能够有所共鸣，并经常有所交游，也正是因为这种节义之道，共同铸造了蕺山学派共同的人格气象。

（作者：张天杰，杭州师范大学公共管理学院、国学院教授）

---

① 刘汋：《蕺山刘子年谱》附卷《刘子年谱录遗》，载《刘宗周全集》第6册，浙江古籍出版社2007年版，第190—191页。

陶望龄与李贽的人际交往和思想交集

李会富

【摘要】 陶望龄是阳明后学中泰州王门和浙中王门的重要代表,也是明代重要文学流派公安派的重要成员。作为名声卓著的思想家、文学家,他与当时许多硕学大儒、文坛名宿深有交往,其中与李贽的交往对其思想发展影响巨大,值得深入研究。陶望龄非常尊崇李贽,其人生轨迹及思想发展受到李贽的深刻影响。他们二人"朋友圈"的交集,使陶望龄得以通过他们共同的朋友接触到李贽的思想。书信往来抑或直接晤面,使陶望龄得以与李贽进行直接交往。陶望龄与李贽人际交往、思想交集的衍化历程,是明代后期社会思潮转向的一个缩影,反映了明代知识界禅悦之风、狂禅思潮在万历年间的从兴起到收敛的历史进程。

【关键词】 陶望龄 李贽 人际交往 禅悦

陶望龄(1562—1609),是阳明后学中泰州王门和浙中王门的重要代表,也是明代重要文学流派公安派的重要成员。他的思想体现了良知之学与禅悦之趣的融合,反映了明代后期学术思想和社会思潮的衍化特点。作为名声卓著的思想家、文学家,他与当时许多硕学大儒、文坛名宿深有交往,其中与李贽的交往对其思想发展影响巨大,值得深入研究。李贽是中国历史上极具个性的思想家、"最具有代表性的狂狷之士"[1],也是儒学史上少有的敢于明目张胆非议圣人的"异端",在明代万历时期思想界影响巨大,被时人称作"说法教主"[2]。陶望龄非常尊崇李贽,其人生轨迹及思想发展受到李贽的深刻影响。他与李贽人际交往、思想交集的衍化历程,是明代后期社会思潮转向的一个缩影,反映了明代知识界禅悦之风、狂禅思潮在万历年间从兴起到收敛的历史进程。

---

[1] 张建业:《一代狂狷》,《李贽评传》卷首,首都师范大学2018年版,第3页。
[2] 李贽:《与焦弱侯》,《续焚书》卷一,中华书局2009年版,第5页。

一 "朋友圈"的交集：陶望龄是如何接触李贽思想的？

一个具有广泛社会影响的思想，其人际传播方式往往不是单一化、直线化的传播，而是复合化、网状化的传播。社会人际关系的交互接触，"朋友圈"的粘连重叠，是思想传播的重要途径。陶望龄对李贽思想的接触，便是首先从他进士及第后的"朋友圈"开始的。换言之，陶望龄、李贽各自"朋友圈"的交集，使陶望龄得以通过他们共同的朋友接触到李贽的思想。

1. 焦竑对陶望龄接触李贽思想的引导

在陶望龄和李贽的"朋友圈"中，最重要的一个共同朋友便是与陶望龄同年进士及第的状元焦竑，正是他最先将李贽的思想介绍给陶望龄。焦竑（1540—1620）祖上原籍山东日照县，于明初寄籍南京。嘉靖四十一年，陶望龄出生，焦竑二十三岁，泰州学派学者耿定向督学南京，焦竑成为耿定向门人，深受耿定向器重，"由耿定向（字在伦，号天台）、史惺堂（名桂芳，字景实，以号行）导入明代理学，尤其是阳明心学系统"[1]。隆庆四年，李贽自北京礼部司务调任南京刑部员外郎，焦竑自此成为李贽密友。李贽在万历十年曾回忆结识焦竑的经历说："余至京师，即闻白下有焦弱侯其人矣；又三年，始识侯。既而徙官留都，始与侯朝夕促膝穷诣彼此实际。夫不诣则已，诣则必尔，乃为冥契也。故宏甫之学虽无所授，其得之弱侯者亦甚有力。……世之为不朽故以交于侯者，非一宏甫也，然惟宏甫为深知侯，故弱侯亦自以宏甫为知己。"[2] 他们二人引为知己，相互推崇。"他们相处时朝夕促膝论道，分别后书信往还不绝，李贽给焦竑的信，仅《焚书》中就保存了八封，《续焚书》中保存了十六封。《焚书》《藏书》的手稿，最早也都是焦竑过目的。"[3] 特别是焦竑对李贽更是推崇有加，焦竑、陶望龄的同年进士朱国祯曾在《涌幢小品》中说："焦弱侯推尊卓吾，无所不至。"[4] 在这个过程中，焦竑对李贽及其思想了解十分深入，也深受李贽思想的影响。《四库全书总目提要》卷一二五子部三十五《焦弱侯问答一卷》云："竑友李贽，于贽之习气沾染尤深。二人相率而为狂禅，贽至于诋孔子，而竑亦至崇杨墨，与孟子为难。"黄宗羲《明儒学案·泰州学案·文端焦澹园先生竑》称焦竑"师事耿天台、罗近溪，而又笃信卓吾之学，以为未必是圣人，可肩一狂字，坐圣门第二席"。现代学者容肇祖先生也说："焦竑是耿定向的门人，师事罗汝芳，而又笃信李贽，他可以说是王守仁王艮一派的后劲。"[5] 日本学者岛田虔次也曾指出，耿定向之弟耿定理和焦竑是李贽"一生中的知己"[6]，焦

---

[1] 陈寒鸣：《泰州王学后劲焦竑的儒学思想》，《国学学刊》2017 年第 1 期。
[2] 李贽：《寿焦太史尊翁后渠公八秩华诞序》，《续焚书》卷二，中华书局 2009 年版，第 55 页。
[3] 张建业：《李贽评传》，首都师范大学出版社 2018 年版，第 42 页。
[4] 朱国祯：《涌幢小品》卷十六，明代天启二年（1622）刻本。
[5] 容肇祖：《明代思想史》，齐鲁书社 1992 年版，第 257 页。
[6] 岛田虔次：《中国近代思维的挫折》，甘万萍译，江苏人民出版社 2005 年版，第 80 页。

竑是"卓吾的最大知己"①。正是这样一位深知李贽、推尊李贽的学者在万历十七年与陶望龄一起进士及第，并成为殿试第一名。是时，焦竑已到五十岁的知命之年，而陶望龄还不到三十岁。相比陶望龄等同科进士，焦竑所具有的年长一代人的年龄差距、渊博的学识、称许学界的声望、头名状元的名号以及作为年长者和博学者所具有的深邃的思想，使他在同科进士中很自然地成为公认的学术领袖，具有引导同侪思想动态的天然感染力。进士及第后，他们一同进入翰林院，分别授修撰、编修之职。这使陶望龄得以长期与焦竑相处，成为其思想的接受者、追随者。另一方面，进士及第之后，陶望龄已经无需为科举功名而辛劳努力，可以树立自己的学术旨趣和人生追求。正是在这样的情况下，在焦竑的影响下，陶望龄正式接受了阳明心学，成为泰州一脉的传人。对此，陶奭龄《先兄周望先生行略》曾有明确记载："岁己丑，以第一人举于南宫。廷对，擢第三人。授翰林院编修，与焦修撰弱侯读书秘馆，朝夕相激发。于是专致力于圣贤之学。"②陶望龄在登第后写给陶奭龄的信中表达了科举登第之后的索然无味之感及对以前执着于科举功名的反思，他说："既得之后，正无大味，读书做人之事全未起手，因笑向时迷陋，视一科名为究竟地，正如海师妄认鱼背谓是洲岸，真可痛也。"③也是在这个时期，陶望龄从焦竑那里得知了李贽之学。

据张建业先生《李贽年谱简编》考证，也正是在焦竑、陶望龄进士及第的万历十七年夏，李贽在麻城感到孤单，曾想赴北京依好友焦竑以居，于是便派遣无念禅师到北京探问焦竑、顾养谦、杨起元等友人，后因在无念返回后得知焦竑公务繁忙，而打消了赴京之念。④如此一来，无念赴京正在陶望龄与焦竑一起读书秘馆、朝夕相处之时，陶望龄很可能从焦竑处见到了无念，或听到了无念来京的信息。这也为陶望龄了解李贽提供了契机。另外，《歇庵集》中收录了陶望龄写给时任刘东星（号晋川）的书信四通，其中第一通书信便记述了陶望龄最初从焦竑处接触到李贽思想的情况，该信云："望龄在京师时从焦弱侯游，得闻卓吾先生之风。继得其书，毕习之，未尝不心开目明，常恨不能操巾拂其侧。继闻其住武昌，有显明其道而尊事之者，问之，则老师也。此事非铁心石肝不足担荷，老师非其人耶？仰惟日夕咨承，道机圆熟，深切翘企。龄根器奭劣，偷心未忘，虽信慕颇坚，而参寻之力觉屡为世乐所移。近以病归田间，益无朋友之助，恐遂沦落。伏惟老师曲垂慈悯，少惠药言。李先生或有新著，并希录示一二，开我迷闷，生成之恩也。"⑤这通书信是陶望龄离京之后所作，信中提到李贽居住武昌；而据《歇庵集·请告疏》，陶望龄于万历十九年七月告病回籍，该年夏李贽与袁宏道同游武昌，在武昌任湖广布政使的刘东星迎养李贽，万历二十年四月刘东星以右佥都御史巡抚保定。据此推断，该信当作于万历十九年陶望龄回籍后不久。陶望龄在这封书信中明确表达了以下信息：一是陶望龄在进士及第后便在北京追随焦竑，并从焦竑那里接触到了李贽的思想；二是焦竑所传递的李贽思想恰好契合了陶望龄在进士及第后追问终极关

---

① 岛田虔次：《中国近代思维的挫折》，甘万萍译，江苏人民出版社2005年版，第209页。
② 《陶望龄全集》，上海古籍出版社2019年版，第1343页。
③ 《陶望龄全集》，上海古籍出版社2019年版，第954页。
④ 张建业：《李贽评传》，首都师范大学2018年版，第337页。
⑤ 《陶望龄全集》，上海古籍出版社2019年版，第891—892页。

切、追求人生价值的精神需要，所以他寻得李贽之书，如饥似渴地阅读学习，而李贽的思想又启发了他们的心性追求，点化了他的心智，令其"心开目明"；三是陶望龄十分推崇李贽，"恨不能操巾拂其侧"；四是陶望龄回籍后，继续关注和学习李贽的思想，所以他才写信给刘东星，询问李贽是否又有新著，并希望刘东星能抄录一些李贽的著述寄给他，以开其迷闷。

焦竑不仅把陶望龄带入了李贽学术思想的世界，而且陶望龄在后来的人生历程中，也多通过焦竑了解李贽的思想和动向。万历十九年七月，陶望龄离京回籍，万历二十二年冬再次赴京任职，至二十三年十月再次回乡。在陶望龄在京任职的两个时期，焦竑都在北京任职，二人皆在翰林院，后皆与修国史，可以经常见面商讨学问。在他们二人分处两地后，陶望龄多番给焦竑写信询问近况、商讨学问。《歇庵集》所收录的陶望龄写给焦竑的书信多达二十八通，在陶望龄写给他人的书信中数量最多（其次为写给其弟陶奭龄的书信，收录二十五通）。由此可见陶望龄与焦竑的关系之密切，也反映了焦竑对陶望龄影响之大。在这二十八通书信中，内容关涉李贽的有八通。现将八通书信中关涉李贽的表述摘录如下：

一云："弟初意欲留无念至深秋同走白下，而来僧将卓老命甚严，且云时下有小不安，旦夕便等相见。弟更无词挽留，只得且听其去。比方以小事过杭，本偕来为湖山游耳，不意反送之行也。家君年来已衰甚。……今眠食将如常时，但神气未清耳。……卓老尊恙，想亦小小。西湖之游，固不敢望，但以丈力攀挽，得从容少时，不至遽还龙湖，则弟抠趋有日矣。若目下，则老亲尚在床席，势万万不可耳。世上眼珠小不能容人。况南京尤声利之场，中间大儒老学崇正辟异以世教自任者尤多，恐安放卓老不下。丈须善为之计。弟意牛头、摄山诸处去城稍远，每处住几时，意厌倦时，辄易一处，无令山神野鬼得知踪迹，则卓老自然得安，或不遂兴归思也。弟僻处如井底，绝无好人说话。无念或可来，幸为从臾。"①

一云："无念行时，先君病势已大减。……弟自杭奔回，势已甚亟，遂不可疗，延八日而逝，时六月三日也。……卓老安否？未即动足，能好住否？便中示之。"②

一云："先人今日入地，明日屡及白门之下矣；而不能者，一坐贫，一坐葬地未定耳。……数日前，有为言《孙子参同》者。方想慕间，忽捧来惠，喜甚！喜甚！"③

一云："老兄归田以后，知素业萧然，乃荷垂恤蒻诸，远烦赐赠，感甚！感甚！弟遭此荼蓼，无以为情。大事在即，而宅兆未定……。卓吾先生行止若何？灵柩在堂，欲出不可，何缘法之悭至此耶？"④

一云："兹有二张生者，一名汝懋，即阳和宫谕子，一名德钁，舍弟外兄也，俱新发心向道，欲瞻风范。兼求介之于李先生，闻先生与丈门风高峻，谢绝一切宾客，稀得见者，故属弟先于主谒者。"⑤

---

① 《陶望龄全集》，上海古籍出版社2019年版，第977页。
② 《陶望龄全集》，上海古籍出版社2019年版，第973页。
③ 《陶望龄全集》，上海古籍出版社2019年版，第884页。
④ 《陶望龄全集》，上海古籍出版社2019年版，第974页。
⑤ 《陶望龄全集》，上海古籍出版社2019年版，第974—975页。

一云:"秋杪,舍亲有适留京者,已附一纸。是时方喜得葬地,自谓断在不疑,数日后往芟草验土,竟得砂石,遂尔中罢……闻兄与卓师闭门不见一人,此乐何如?《藏书》刻完否? 当具纸价求印数册也。"①

一云:"久不得来信,思渴可知。弟比日惟卜地一事为苦,已既薨然,而人之真了了者复鲜。停柩两期,尚无归着,且得遣于幽明矣。……卓师闻往济上,何日可反?"②

一云:"初拟至金坛,即取道茅山,会兄于天界、雨花之间……至九月二日始能发舟,迨今又复半月,而始得偿金坛之逋。……闻卓吾先生在潞河。"③

据考,万历二十六年春夏之交,焦竑因谪与当时在京的李贽返回南京,至二十八年春,李贽被时任河漕总督刘东星接到济宁漕署,后随马经纶至直沽,再回麻城。二十九年四月,马经纶将李贽迎至通州。以上八通书信,前六通作于万历二十六年至二十七年之间,当时李贽得焦竑庇护而居于南京,而陶望龄早已告假归家。由于越宁两地相近,终于给陶望龄提供了可以亲自拜访李贽的可能。所以,他屡次致书询问李贽状况,关心李贽安危,并试图去南京拜访李贽。据书信内容可知,在李贽到达南京后,陶望龄便立即与当时随从李贽的无念禅师相约,请其一起同游浙中山水。他原计划等到深秋随无念一起到南京拜访李贽,但因李贽生病而急忙派人来命无念返回。当时恰逢陶望龄之父陶承学病重,所以陶望龄便在杭州与无念分别后返回家中。是年六月三日,陶承学病卒,陶望龄在家料理父亲丧事、寻找理想墓地,最终没能亲赴南京拜访李贽。在此期间,陶望龄一方面给焦竑写信,为保护李贽而出谋划策,另一方面在阅读李贽的著作,研学李贽之学。先是焦竑给他寄来李贽的《孙子参同》,让他十分高兴,后来在万历二十七年焦竑刻印《藏书》期间,陶望龄又去信询问刻书进展并索要《藏书》。第七通书信作于万历二十八年李贽离开南京到达济宁之后,陶望龄致书焦竑询问李贽状况。第八通书信作于万历二十九年九月,李贽当时已在通州,陶望龄正在赴京任职途中给焦竑写信,提及李贽。这八通书信一方面表明了陶望龄对李贽的推崇和挂念,另一方面也表明了焦竑作为李贽和陶望龄共同的朋友,对陶望龄接触李贽、了解李贽发挥了关键作用。

2. 公安袁氏兄弟对陶望龄与李贽思想交集的影响

在焦竑之外,公安三袁(袁宗道、袁宏道、袁中道)特别是袁宗道、袁宏道也是李贽和陶望龄共同拥有的重要朋友。袁宗道是万历十四年进士,后在翰林院任职。万历十七年焦竑、陶望龄进入翰林院后,袁宗道与陶望龄一样从焦竑那里接触到李贽的思想。据袁中道《石浦先生传》所记,袁宗道原本好养生之学,"己丑,焦公竑首制科,瞿公汝稷官京师,先生就之问学,共引以顿悟之旨。而僧深有为龙潭高足,数以见性之说启先生,乃遍阅大慧、中峰诸录,得参求之诀。久之,稍有所豁。先生于是研精性命,不复谈长生事矣。是年先生以册封归里。仲兄与予皆知向学,先生语以心性之说,

---

① 《陶望龄全集》,上海古籍出版社2019年版,第975页。
② 《陶望龄全集》,上海古籍出版社2019年版,第976页。
③ 《陶望龄全集》,上海古籍出版社2019年版,第978页。

亦各有省，互相商证"。① 这也就是说，袁宗道正是在焦竑的引领下，才从养生之学转向了顿悟之旨、性命之学。当时恰逢无念深有投奔焦竑，袁宗道又得到了无念禅师的启发指点。由此可见，袁宗道是与陶望龄在同一时期、因同一因缘而转向性命之学的。所不同者在于，袁宗道从养生之学转向性命之学，而陶望龄从科举之学转向性命之学。袁宏道、袁中道则是在其兄袁宗道归里后由袁宗道引入心性之学的。这里所谓"顿悟之旨""性命之学""心性之说"实际上主要是"以禅诠儒"，是禅学与心学的融合，而李贽的思想则是他们当时心目中的性命之学的典范，这可以从在袁宗道归里之后袁氏兄弟多次拜访李贽、向李贽问学得到证明。据张建业考证，从万历十八年到万历二十一年，袁氏兄弟先后五次去武昌、麻城等地拜会李贽②，向其问学，由此可见他们对李贽的认同和推崇，李贽对公安三袁产生了深刻影响。

万历二十二年冬，袁宏道赴北京谒选，袁宗道在再次休假之后回京复职，袁中道也随兄进京。恰在此时，陶望龄结束告假回京任职。很多研究公安派的学者都强调陶望龄是公安学派的重要成员，其思想自然受到公安袁氏兄弟的影响；但鲜有人注意到，虽然早在万历十七年时陶望龄便与袁宗道同馆就职，同从学于焦竑，但他们二人真正成为密友则是在万历二十二年他们返京任职之后。《歇庵集》中关于袁氏兄弟的记述，也都是从这一时期开始。《歇庵集》收录的陶望龄在万历二十三年写给陶奭龄的信中说："吾近与袁伯修先辈及同好三四人游从甚密，虽未能了当大事，而受益不浅。且消释拘累，共逃于形骸礼数之外，可谓极乐。此事大段近，时时于脚跟下体究，必有曝然啐然之日。若向外驰求，与自生退屈，岂有长进？袁公亦言：'尚有不疑之疑，须于虚空中大踏一步，方才净尽。'此岂世俗儱侗禅耶？此事不属知，不属不知；知是情解，不知是无记；故谓之'向上一路，不通凡圣'，岂是难是易、进得退得的？"③ 陶望龄在这里明确表示，自己返京后与袁宗道等人相交甚密，"受益不浅"。而这时的袁宗道是问学于李贽之后的袁宗道，所以在陶望龄从袁宗道等那里所受益的内容中，实际上最主要的是李贽的思想影响。董其昌曾说："及袁伯修见李卓吾后，自谓大彻。甲午入都，与余复为禅悦之会。时惟袁氏兄弟、萧玄圃、王衷白、陶周望数相过从。"④ 陶望龄在万历二十三年结识袁氏兄弟后，与他们一道研修心性、谈禅论道，一道结社集会、游览寺观，结下深厚友谊。二十三年春，袁宏道赴任吴县令，是年秋陶望龄再次告假回乡，途中在吴县会见袁宏道，相约共游江浙湖山。袁宗道通过与陶望龄的交往，也对陶望龄十分赞赏，并向李贽赞誉陶望龄。在陶望龄离京后，袁宗道写给李贽的信中说："陶石篑为人绝不俗，且趋向此事，极是真切，惜此时归里，我辈失一益友耳。"⑤ 由此可见，在陶望龄与李贽的交往中，袁氏兄弟作为他们共同的朋友，也发挥了重要作用。

---

① 袁中道：《珂雪斋集》，上海古籍出版社1989年版，第709页。
② 参见张建业《李贽评传》，首都师范大学出版社2018年版，第340—347页。
③ 《陶望龄全集》，上海古籍出版社2019年版，第958页。
④ 董其昌：《禅悦》，《容台别集》卷一，《四库全书存目丛书》集部第171册，第653页。
⑤ 袁宗道：《白苏斋类集》卷十五，上海古籍出版社1989年版，第209页。

3. 其他共同朋友的作用

除了焦竑、公安袁氏兄弟，陶望龄与李贽还有一些共同的朋友，成为陶望龄与李贽交往的媒介。（1）无念深有。无念禅师曾在麻城追随李贽，于万历十七年受李贽之命赴京会见焦竑，万历二十六年曾赴浙会见陶望龄。《黄檗无念禅师复问》中收录了无念写给陶望龄的书信二通，其一有云："自领教来，会卓老言：渠邀游四方，至南北二都，寻求师友，不见有一人实为生死；惟公志气真切，只是路径不同，但向聪慧气魄上着力，不肯退步。知非近时士大夫只要会得事事分晓，说得道理如佛祖相似，不知反成壅塞。"① 这也说明，无念禅师在与陶望龄一起交游、商讨学问的过程中，不仅将李贽的思想传递给陶望龄，也将陶望龄的为学情况介绍给李贽，陶望龄也得到李贽的称赞。（2）马经纶。马经纶与陶望龄同年中进士，十分推崇李贽、笃信李贽之学，万历二十八年到济宁拜会李贽，二十九年将李贽迎养至通州自家别业，对其百般庇护。万历三十年李贽被捕入狱后，马经纶多方联络京中人士，为李贽辩护，极力营救。他写给朋友的信中说："吾友为谁？李卓吾先生者是也。虽吾友，实吾师也。乐圣人之道，注圣人之经，若世所梓行《易因》及《道古录》诸书，真上足以阐羲、文、孔子之心传，下足以绍周邵陈王之嫡统者也。"② 又说："弟生平于学问执鞭李卓吾先生，友焦漪园、陶石篑、冯少墟。"③ 其他如刘东星、何继高等人，也都与李贽、陶望龄有较为密切的交往。这些共同的朋友是他们二人接触交往的社会场域，也是他们思想交流的重要途径。特别是对陶望龄而言，他通过这个共有"朋友圈"了解李贽之人，学习李贽之学，从而促进自己的学术思想建构。

二 书信往来抑或晤面：陶望龄与李贽的直接交往

陶望龄与李贽之间除了通过共同朋友的间接交往，还有他们二人之间的直接交往。左东岭认为，"公安派成员中除个别人如陶望龄有机缘与卓吾直接接触，多数乃由三袁处获知卓吾学说"④。虽然目前存世文献对于他们二人直接交往的记载不多，但通过仔细梳理，我们仍可以发现他们直接交往的相关信息。

1. 书信往来

书信往来是古人直接交往的重要形式。陶望龄的现存文献中并没有他与李贽直接交往的明确记载，也没有写给李贽的书信。这很可能是因为李贽当时被视为"异端"而

---

① 黄檗无念：《黄檗无念禅师复问》卷一，台湾新文丰版《明嘉兴大藏经》第20册，第507页。
② 马经纶：《与友人》，《前明河南道监察御史诚所公文集》卷三，中国国家图书馆藏清康熙四十三年马骐刻本。
③ 马经纶：《与友人》，《前明河南道监察御史诚所公文集》卷三，中国国家图书馆藏清康熙四十三年马骐刻本。
④ 左东岭：《李贽与晚明文学思想》，人民文学出版社2010年版，第249页。

受到打击，其著作长期被列为禁书，与李贽的交往容易惹来非议或迫害，而陶望龄与李贽直接交往的相关资料内容必然十分敏感，故而在《歇庵集》等文献的整理编辑过程中被有意剔除了。然而，李贽本人的著作却保留了他与陶望龄之间直接交流的记录。

在《续焚书》中现存有三通李贽写给陶望龄的书信。其中二通题为《复陶石篑》。其一为李贽在北京所写，李贽在信中对在北京的朋友马经纶、王尔康、陈所学一一进行了点评，并将梅国桢与他们作了对比。该书信最后云："接手教即同见面，接见令兄即同见公。外《净土诀》一本附奉。"① 考马经纶于万历二十八年慕名到济宁拜会李贽，后于二十九年将李贽接至通州，则该信当为万历二十九年李贽到达通州以后所作。另据张建业《李贽年谱》，袁宏道曾于万历二十九年夏给李贽写信，请李贽为《净土诀》作注解，自己愿刊刻该书；李贽写给陶望龄的这通书信末尾提到赠送陶望龄一本《净土诀》，或与此有关。又，陶望龄自万历二十九年九月出发赴京任职，是年冬到达北京。李贽这通书信当作于陶望龄抵京之后。在该信中明确提到"接手教"云云，可见陶望龄抵京后曾给李贽写信，或在信中向李贽议论了马经纶、王尔康、陈所学等京师友人，故李贽才有如此回信。其二则是李贽与陶望龄的论学书，信中云："心境不碍，非是意解所到。心即是境，境即是心，原是破不得的，惟见了源头，自然不待分疏而了了在前矣。翁之清气自是见性人物，翁之定力自是入道先锋，然而翁之资质禀赋原不甚厚，则此生死一念决当行住坐卧不舍。读经看教，只取道眼，再不必急求理会，以自有理会得时也。时来如今日春至，雪自然消，冰自然泮，学道之人宜有此等时候。"② 他称陶望龄是"见性人物""入道先锋"，又劝他读经看教不是"意解所到"，不要急于求成，自然有理会之时。该信末云："近老刻留览，当如命批请。"考陶望龄曾编辑《近溪语要》一书，由何光道于万历二十八年初刻。该信中所谓"近老刻"当为此书，盖陶望龄在编刻《近溪语要》后寄给李贽请其批评，所以李贽有此回信。此外，《续焚书》收录一封《与陶石篑》，该信有云："善与恶对，犹阴与阳对，刚与柔对，男与女对。盖有两则有对，既有两矣，其势不得不立虚假之名以分别之，如张三、李四之类是也。若谓张三是人而李四非人，可欤？"李贽在此信中阐述了"有两则有对"的理念，认为善恶相对，皆假立名号，不必执着。

以上说明陶望龄与李贽之间确实存在通过书信往来的直接交流，他们相互寄送自己编作的书籍，相互交流学术思想。从以上三封书信基本可以推断，他们二人的直接交流主要发生在李贽晚年，特别是李贽到通州以后。

2. 直接晤面

在陶望龄接触李贽的十余年历程中，他们二人居住地在大多数时候都相隔遥远。从万历十七年到万历二十三年，陶望龄或在京任职，或告假归乡，而李贽则居于湖北。在万历二十五年秋李贽抵达北京后，陶望龄又早已再次告假返越。他们二人相隔数千里的空间距离使得直接晤面无法实现。

---

① 李贽：《续焚书》卷一，中华书局 2009 年版，第 7 页。
② 李贽：《续焚书》卷一，中华书局 2009 年版，第 8 页。

直至万历二十六年李贽随焦竑去南京后,告假在家的陶望龄才与李贽住地有了相对较近的距离,这为陶望龄当面拜会李贽提供了可能。从前文提到的陶望龄写给焦竑的书信可以看出,陶望龄在得知李贽居于南京后,内心是比较激动的,他反复给焦竑去信询问李贽情况、关心李贽安危,并明确表示计划去南京拜会李贽。但在现有文献中尚未发现这一时期陶望龄赴南京拜会李贽的记载,反而在陶望龄的信中反复提到因父亲病危、去世而无法去南京见面。他还曾劝焦竑设法挽留李贽,延长李贽在南京的居住时间。在李贽离开南京赴济宁后,他又给焦竑去信询问李贽何时再返回南京。这些信息都体现出,陶望龄去南京拜会李贽的愿望并没有实现。

万历二十九年四月李贽被马经纶迎养至北通州,后曾去北京极乐寺等地短暂居住。是年冬陶望龄奉母抵达北京任职。这为他们二人直接见面提供了便利。但此时京师打击"狂禅"的政治氛围已十分浓厚,李贽这个"狂禅"代表、"异端"典型已经面临严峻政治迫害,与李贽的公开密切接触很容易引起政治上的解读。当时太子初立,陶望龄担任太子中允,撰述制诰。在这个敏感的时间节点,再加上他所在的重要位置和敏感身份,使得陶望龄难以像被贬在家的同年马经纶那样明目张胆地支持李贽。现存陶望龄本人的著述文献中没有他在此期间直接接触李贽的明确记载。但在他写给自己的弟弟陶奭龄的两封家书中却提到李贽,明确表示了对李贽的称赞,称他为"世间奇特男子",表达了对李贽被害的愤懑、不满和对政局的失望。之所以能有这种表达,很可能因为家书具有私密性。这两封信也隐晦地反映了陶望龄对李贽的关注和推崇。尽管陶望龄本人的著述中对自己此时接触李贽记载不明确,但李贽和马经纶的著述中却没有陶望龄所具有的政治顾虑。如前所述,李贽《续焚书》中明确收录了写给陶望龄的书信三通,至少两通《复陶石篑》都是在这期间写的,这清楚地表明他们二人在当时保持着密切接触。在李贽被捕后,马经纶曾四处托人营救。在马经纶后人所刻印的马氏著作《前明河南道监察御史诚所公文集》中,收录马经纶《与蔡虚台》书信,该书信有云:"卓老事竟至于此已矣,复何言哉?临变有绝命诗,语虽和平,而读之者堪流涕。弟昨恳大金吾上闻,伊执旧例,坚不肯。明日相视,为吾榜孔绍虞兄,倘覆本入此一段,得彻天聪,亦足以稍白此老自裁之心,惟兄图之。……附陶年兄转达当事书稿,尘览已矣,亦付之水火已耳。"① 这里所称"陶年兄"当即是陶望龄。这封书信表明,马经纶在营救李贽的过程中曾请陶望龄出面协助。所谓"付之水火",表明他们的接触是非公开的。另外,该书还收录了马经纶写给陶望龄的书信二通,其中一通有云:"世人大不可李先生,而丈之于先生也,生则慕道而访之,殁则为文而哭之,解嘲阐幽,足为斯道吐气。弟前在都日有答先生书,虽不足窥先生藩篱万分之一,而左右侍从历岁有半,抒其所见,似非浪语,谨录呈教。"② 这里明确表示陶望龄对李贽"生则慕道而访之,殁则为文而哭之"。所谓"为文而哭之"是指李贽死后,陶望龄曾为其

---

① 马经纶:《与蔡虚台》,《前明河南道监察御史诚所公文集》卷三,中国国家图书馆藏清康熙四十三年马骐刻本。
② 马经纶:《与陶石篑》,《前明河南道监察御史诚所公文集》卷三,中国国家图书馆藏清康熙四十三年马骐刻本。

撰写祭文，并请他的同乡好友王赞化代为祭拜，该文收录于《歇庵集》。而所谓"慕道而访之"则指明了陶望龄曾在李贽生前当面拜访过李贽。这很可能就是在万历二十九年抵京之后。

三　质疑与隐退：陶望龄对李贽思想的检讨与反思

学界一般认为，公安派对李贽思想的认识有一个由崇信到反思的过程。早期公安三袁屡次拜访请教于李贽，对李贽之学十分推崇。但是随着政局变化，李贽的思想受到社会批评和打击越来越重，公安派对李贽思想的认识也开始出现反思。从总体来看，京师学术氛围的转折可以以李贽于万历二十五年秋到达北京为节点。李贽是一个追求自由、敢于反叛的人，实际上也是一个关心时政、敢于抨击时政的人。而京师是一个政治斗争激烈的地方，朝中各派力量往往对思想界的动向十分敏感。李贽抵达北京后并没有收敛自己的个性，而是继续发表一些反主流的思想，继续表现出对时政的反叛。这引起了李贽的在京好友袁宗道等的警惕。万历二十六年，袁宗道在写给陶望龄的信中说："老卓住城外数月，喜与一二朦胧人谈兵谈经济，不知是格外机用耶，是老来眼昏耶？兄如相见，当能识之。"① 这便表达了对李贽在京言行的质疑，也意味着公安派对李贽之学开始反思。这个反思既是公安派对自己以往学术思想的检讨，也是他们对日益严峻的政治形势的反应。

陶望龄作为这个学术群体的一员，也在对李贽思想接触学习的过程中，逐渐开始自我反思。在万历二十九年他们到达北京后，陶望龄近距离接触到了李贽及其思想，也感受到了对以李贽为代表的"狂禅"思想的政治压力，便对李贽之学产生了质疑。特别是李贽被迫害致死，极大地触动了陶望龄的内心世界，也引起了他对李贽之学的深刻反思。他在写给陶奭龄的信中说："卓老之学似佛似魔，吾辈所不能定。"又说："卓吾先生虽非真悟正见，而气雄行洁。生平学道之志甚坚，但多口好奇，遂构此祸。当事者处之太重，似非专为一人。卓老之不宜居通州，犹吾辈之不宜居官也。有逐我者，旦夕即行，无之，亦当图抽身之策，大约不出此岁。"李贽之死已经使他意识到，朝中主政者所要打击的不仅是李贽一人，而是以李贽为代表的思想派系及其背后的政治势力，他们已经被卷入了朝中的政治派系斗争，陶望龄自己已经成为被排斥的对象了。沈德符《万历野获编》曾记载陶望龄、黄辉当时被排斥的情况："黄慎轩（晖）以宫僚在京时，素心好道，与陶石篑辈结净社佛。一时高明士人多趋之，而侧目者亦渐众，尤为当途所深嫉。壬寅之春，礼科都给事张诚宇（问达）嵩疏劾李卓吾，其末段云：'近来缙绅士大夫亦有捧咒念佛，奉僧膜拜，手持数珠，以为律戒，室悬妙像，以为皈依，不遵孔子家法，而溺意禅教者。'盖暗攻黄慎轩及陶石篑诸君也。"② 由此，陶望龄便产生了引退之念，随后发生的"妖书案"又进一步坚定了他引退的意志，最终于万历三十二年八

---

① 袁宗道：《白苏斋类集》卷十六，上海古籍出版社1989年版，第235页。
② 沈德符：《万历野获编》卷十，中华书局1959年版，第270页。

月请告回籍，从此引退不出。

陶望龄与李贽的交往过程体现了万历年间社会思潮的变迁历程，是当时禅悦之风从兴盛到收敛的一个缩影。正如许多学者所指出的，在学术抱负的施展方面，相对于朱子学"得君行道"的上行路线，阳明学走的是"觉民行道"的下行路线，民间讲学对阳明学的传播发挥了至关重要的作用。而在阳明学的"觉民行道"中，泰州一脉的民间传道意识最为强烈，是最为彻底的"平民儒学"①。万历初年，张居正大毁天下书院，打击讲学，使得阳明学传播受到很大限制和打击，泰州一脉所受打击尤其之大。张居正于万历十年去世后，朝中风向骤转，讲学之风复苏。伴随阳明学讲学之风的再起，泰州一脉昌盛，禅悦之风兴起。嵇文甫先生曾指出："当万历以后，有一种似儒非儒似禅非禅的'狂禅'运动风靡一时。这个运动以李卓吾为中心，上溯至泰州派下的颜何一系，而其流波及于明末的一班文人。"② 从万历十七年到万历三十年，禅悦之风笼罩京师文坛，作为人文渊薮的翰林院更是禅风盛行，焦竑、董其昌、袁宗道、陶望龄、黄辉等一批参禅学者、佛门居士成为翰林院的主力。在这个学术群体中，焦竑是一个实际上的学术领袖，而李贽则是他们的精神领袖。随着这股禅悦之风的兴盛，引起了各派力量的反击，政治上进行打击排斥，焦竑、黄辉、陶望龄相继离职引退，学术上则出现了东林学派的兴起，明代后期的学术风气逐渐出现了转向。

（作者：李会富，天津社会科学院哲学研究所副所长、副研究员）

---

① 关于"平民儒学"，参见陈寒鸣《论泰州王学后劲焦竑的平民儒学思想》，《贵阳学院学报》（社会科学版）2017年第3期。
② 嵇文甫：《晚明思想史论》，东方出版社1996年版，第50页。

明清绍兴城市水环境问题及其治理

张 权

【摘要】 明清时期绍兴平原地区农业不断发展,人口增长迅速,人类聚落不断积聚,加之平原地区原有孤丘聚落以及沿海、沿湖聚落因农业开发和环境变迁而转变为平原聚落,其密度不断提高。绍兴府城作为平原地区人口集中地,其原有生态环境遭到破坏。继而明清两代绍兴地方官员对府城水环境大力整治。由此而造成城市景观重新被塑造,并进一步带来新的水利问题。

【关键词】 明清 绍兴 城市 水环境

明清时期江南地区社会稳定,人口不断增长,且随着市场的发展,大量人口脱离农业生产涌入城市,从事手工业、商业等服务行业。大量人口的聚集意味着城市人口密度不断提高,城市空间也相对不足,更为重要的是,城市人口的居住和生活等民生问题也不断凸显,成为当时江南地区众多城镇面临的普遍问题。罗晓翔曾以南京内河水环境治理为例,从长时段考察南京城市水环境的变化以及治水模式的变迁,着重分析明清时期南京内河水系的构成,内河水患及水污染的形成原因;并在此基础上探析南京城市治水机构的运行模式以及治水经费的来源等问题,以此来窥探明清时期南京城政治地位的变迁以及行政格局的变化和财政制度的演变;最后罗晓翔指出南京内河水环境缺乏长效管理以及专职机构,其官办性质决定了南京城河事务会随着其政治地位和管理机构的不同而发生变化。因此南京城内河水环境治理也就无法形成长效机制。[1] 余新忠以清代城市水环境问题为切入点,讨论分析各种涉及清代城市水环境的史料,指出需将文献记载置于具体的时空和语境当中,才能较为全面、真实地反映当时水环境状况。[2] 余新忠论述的重点在于以城市水环境为线索,探析相关史料的解读和运用,以此来探求当时城市水

---

[1] 罗晓翔:《明清南京内河水环境及其治理》,《历史研究》2014年第4期。
[2] 余新忠:《清代城市水环境问题探析:兼论相关史料的解读与运用》,《历史研究》2013年第6期。

环境及其问题的真实历史面貌。

此外余新忠以江南为研究对象,以当时备受关注的环境与用水卫生等民生问题为切入点,考察清代江南地区卫生观念以及行为的近代化变迁;其中也涉及诸多江南城镇的水环境变迁以及水质污染的处理办法等问题。[①] 冯贤亮以清代中后期外国人的游记与日记为史料依据,以太湖流域为考察对象,分析了当时太湖流域城镇的环境变迁与用水卫生等问题,反映了当时中国人不重视保护环境以及用水卫生观念的淡薄。[②] 余新忠和冯贤亮都以环境与卫生问题为主要讨论内容并且都以清代为主要考察时段。所不同的是,两位学者考察区域有别,虽然江南地区与太湖流域有所重叠,但前者强调区域范围内的环境与卫生,后者则重视水域周边的环境与用水问题;另外两篇文章考察的重点也不同,余新忠重在讨论卫生观念及行为的近代转型,而冯贤亮则重在分析清中后期太湖流域的用水卫生问题。因此两位学者的研究路径以及史料依据皆有差别。那么明清时期江南地区的中小城市水环境情形如何?这些城市的水环境治理又面临哪些问题?

本文以明清时期绍兴府城为中心的山会平原地区为主要研究对象,其范围涉及当时绍兴府下辖山阴、会稽两县。明清时期,山会平原地区人口密度不断提高,平原聚落数量也随之上升。区域内部聚落与景观在此时段为之改变,并且由此带来诸多水环境问题,而绍兴府城作为山会平原上的人口集中地,其城市水环境的治理受到更多的关注。那么明清时期绍兴地区的聚落变迁具体情况如何,作为平原地区城镇及人口的中心地——绍兴府城——又采取哪些措施治理其水环境。本文在陈桥驿研究的基础上,[③] 根据地方志相关史料的记载,对上述问题进行论述。

一　明以前绍兴城市的发展

城市的形成主要通过两种方式:其一,定址新建;其二,在原有聚落的基础上逐渐扩展。绍兴城则是由众多聚落发展而来。公元前6世纪前后,越族先民逐渐走出山林,向山麓平原地带迁徙定居,其农业生产方式也由迁徙农业逐渐转换为定居农业。在此迁徙过程中,形成各种各样的聚落类型。根据陈桥驿的研究,历史时期绍兴地区形成的聚落,按照其地域类型可划分为山地聚落、山麓冲积扇聚落、孤丘聚落、沿湖聚落、沿海聚落和平原聚落。[④] 而绍兴城则是在今卧龙山一带的孤丘聚落基础上逐渐发展而来。绍兴城市始建于公元前490年,即越王句践七年。句践修建国都有两个目的:(1) 彼时

[①] 余新忠:《清代江南的卫生观念与行为及其近代变迁初探——以环境和用水卫生为中心》,《清史研究》2006年第2期。

[②] 冯贤亮:《清代太湖流域的环境与卫生——以外国人的游程与感觉为中心》,《中国历史地理论丛》2009年第2辑。

[③] 目前学界对绍兴聚落及城市发展的研究以陈桥驿先生的著述最为突出,其相关成果主要集中在《吴越文化论丛》一书中,由于涉及多篇论文,且相关研究笔者会在文中具体说明,在此不再赘述。参见陈桥驿《吴越文化论丛》,中华书局1999年版。

[④] 陈桥驿:《历史时期绍兴地区聚落的形成与发展》,《地理学报》1980年第1期。

句践被吴国释放回越国，通过建城定都，有利于提高民族凝聚力，进一步团结越国军民，一致对外；（2）通过修建坚固的城市来提高越国的对外防御能力，保护越国民众。在此背景下，越国相继建成了句践小城和山阴大城。

《越绝书》中记载："句践小城，山阴城也。周二里百二十三步，陆门四，水门一。"① 而山阴大城规模更大，"周二十里七十二步，不筑北面。……陆门三，水门三，决西北，亦有事"②。而两座城市的修筑，主要是从地理位置和自然环境两方面考量。首先，范蠡曾向句践提出建议，"今大王欲国树都，并敌国之境，不处平易之都，据四达之地，将焉立霸王之业。"③ 从南北方向上看，大小城正好处于居中稍偏南的位置，东西方向上，由于有东小江（曹娥江）与西小江（浦阳江）天然屏障，因此两座城市正好修筑在中间位置，攻守两便，进退咸宜。其次，从自然环境角度讲，句践小城和山阴大城建在种山南麓，背靠种山既有利于减弱潮汐的冲击，又可利用种山附近的淡水资源和山上的林木资源以备生活所需。句践小城是越国的政治和军事中心，山阴大城是其经济中心和生产基地。④ 两座城市互为犄角，相互照应，构成历史时期绍兴城市发展的雏形，为之后绍兴城市的发展奠定了基础。

句践灭吴之后，将国都迁至琅琊，并带走大量军队和人口，大城和小城随即由越国的国都转变为越部族的后方基地，其地位之下降显而易见。公元前334年，于越为楚国所灭。在此之后，秦、西汉至东汉中期这一时段中，以句践小城和山阴大城为主体的山阴县城并未有很大发展。究其原因，在上述时段中，政治地位下降和人口数量的减少是导致山阴县城没有进一步发展的重要原因。⑤ 东汉永建四年（129），原有会稽郡大致以钱塘江为界实现吴会分治。江北为吴郡，江南为会稽郡，郡治设在山阴县城。之后，东汉永和五年（140），会稽郡太守马臻组织修建鉴湖水利工程，与此同时山阴县城作为会稽郡的交通枢纽，也得到相应的维修和加固。⑥ 鉴湖水利工程的修筑，使当地水环境更适宜农业生产，为绍兴地区的社会经济发展带来新的契机。而作为会稽郡治的山阴县城也即将迎来一个发展的时期。

魏晋南北朝时期，由于北方战乱，大量人口迁入社会秩序较为稳定的南方地区。会稽郡作为江南重镇，自然受到北方移民的青睐。丰富的劳动力和北方先进的农耕技术为当时会稽郡的经济发展注入新的活力，"今之会稽，昔之关中"⑦，当时会稽郡的繁荣可

---

① 李步嘉校释：《越绝书校释》，中华书局2013年版，第222页。
② 李步嘉校释：《越绝书校释》，第223页。
③ （东汉）赵晔著，张觉校注：《吴越春秋校注》卷八《句践归国外传第八》，岳麓书社2006年版，第206—207页。
④ 陈桥驿：《历史时期绍兴城市的形成和发展》，见陈桥驿《吴越文化论丛》，中华书局1999年版，第360页。
⑤ 陈桥驿：《历史时期绍兴城市的形成和发展》，第361—362页。
⑥ 自大小城修筑以来，有关山阴县城的修筑一直到隋代才有正式记录。但有鉴于山阴县城在鉴湖水利工程中的重要作用，其城墙及城内堤坝应该有所整修。参见陈桥驿《历史时期绍兴城市的形成和发展》，《吴越文化论丛》，第363页。
⑦ （唐）房玄龄：《晋书·诸葛恢传》，中华书局1974年版，第2042页。

见一斑。南北朝之初，山阴城已经成为"海内剧邑"①。南朝陈时期（约557—589年）山阴县被分为山阴、会稽两县，以县城中南北向的河渠为界，西边为山阴县，东边为会稽县。

进入隋唐时期，国家政治中心重归北方，但绍兴（当时称为越州）仍获得不断发展，原有大小城在隋代被扩建，农业、手工业和交通运输业有了长足发展。② 特别是唐代绍兴北部海塘工程的完善，削弱了潮汐给这一地区带来的影响，为这一地区的农业生产和居民生活提供了非常有力的保障。唐末藩镇割据，乾宁四年（897），越州被吴越王钱镠提升为吴越国行都，城市得到进一步发展。

绍兴城市在南宋时期迎来发展高峰，其主要体现在两个方面：（1）人口数量增加；（2）城市规模大幅扩张。北宋末年，金兵南下，迫使宋室南渡，并再次带来大量北方移民，显然这次移民的影响远胜于南北朝时期。南宋高宗赵构曾在越州短暂驻跸，并改元绍兴元年（1131），将越州升为府，赐名绍兴，南宋朝廷之后迁往杭州。但绍兴作为南宋陪都，其地位显然高于其他府州。此外南宋一代，政府对绍兴城市内部的道路、河渠、桥梁等进行大规模修缮和新建，这样一来，基本奠定了元代及明清时期绍兴城市的水陆城建格局。③

纵观明以前绍兴城市的发展，其兴衰起伏呈现出这样一些特点：（1）聚落型城市，城市本身起源于聚落，聚落由山地向平原移动，平原地区聚落由松散分布逐渐演变为密集分布，其核心区域逐渐具备城市的雏形，其发展过程属循序渐进式；（2）政治型城市，绍兴城市的兴衰与其所处政治地位有着紧密联系，从句践小城的兴建到句践迁都，从秦汉时期的低迷到南宋时期的高峰，政治地位的高低直接影响其城市发展的走向；（3）移民型城市，绍兴城市的发展历程中，移民为其农业社会经济的发展提供了充足的劳动力和较为先进的农业生产技术，其每次兴衰起伏的过程中都伴随着人口的流失和迁入；（4）环境指向型城市，绍兴城市的发展过程，也是人类与水环境互动的过程，聚落的安置，城市的兴建，都与当地以水为主的自然环境为主要参考因素，同时也是其发展变迁的基础。

陈桥驿在《历史时期绍兴城市的形成和发展》一文中，从历史时段上，论述了绍兴城市长时段的发展历程，并未讨论中时段甚至短时段中，绍兴城市的发展和治理，特别是明清时期；从论述的角度来看，陈桥驿着重从政治、社会发展、人口和农业经济等方面来探讨绍兴城市发展的各种驱动因素，但较少提及明清时期绍兴水环境与城市发展之间的关系；从宏观上论述了绍兴城市的发展变迁，为我们描绘了绍兴城市发展的历史图景。但并未从微观的角度，具体论述绍兴城市内部河道、楼阁、山脉等的情况。那么与之对应，明清时期的绍兴城市发展过程中的环境、聚落等驱动因素有哪些变化？其发展过程中有哪些问题呢？因此，在陈桥驿先生研究的基础上，进一步探析明清绍兴城市的发展状况，则十分必要。

---

① （南朝梁）沈约：《宋书》卷八十一《顾觊之传》，第8册，中华书局1997年版，第2079页。
② 陈桥驿：《历史时期绍兴城市的形成和发展》，见陈桥驿《吴越文化论丛》，第365—367页。
③ 陈桥驿：《历史时期绍兴城市的形成和发展》，见陈桥驿《吴越文化论丛》，第368—374页。

二 明清绍兴区域水环境与聚落变迁

(一) 江流改道

1. 浦阳江改道

浦阳江改道工程中有两个核心问题需要解决,首先是开凿碛堰山口,它是浦阳江下游北上汇入钱塘江的必经之路,打通碛堰山口便可使浦阳江下游实现分流,进而减少浦阳江流入西小江河道的水流量。关于浦阳江改道碛堰山口的过程,光绪《诸暨县志》中有明确的记载:"开碛堰始于元至元间萧山县尹崔嘉讷,继于明天顺间知府彭谊,然麻溪东行之道仍如故也。至成化间知府戴琥始筑麻溪而塞之,并开碛堰而广且深之,时主其谋者萧山致仕尚书魏骥也。"[①] 即前至元年间(1336—1340)萧山县尹崔嘉讷首开碛堰山口,彼时碛堰山口河道甚为狭窄,只能分担一部分浦阳江水流,主道仍在西小江。至明成化年间(1465—1487)绍兴太守戴琥在萧山籍致仕官员魏骥(1374—1471)的影响下,将碛堰山口拓宽加深,以便其容纳更大的水流量。然而打通碛堰山口,并不意味完成浦阳江改道,此时浦阳江下游分为两条支流,一条过碛堰山口,经渔浦北上汇入钱塘江;另一条则经西小江过钱清镇向东在三江口入杭州湾。那么堵住浦阳江转入西小江的河口,迫使浦阳江完全转入碛堰山口才可算作改道工程的完成。

封堵浦阳江流入西小江的河口成为浦阳江改道的第二个核心问题。明天顺年间(1457—1464)绍兴知府彭谊"建议开通碛堰,于西江则筑临浦、麻溪二坝以截之"[②]。彭谊提出建议修筑临浦、麻溪二坝,使浦阳江之水不再流入西小江,此建议是否被实施,史料中并未说明。可以明确的是这一问题的最终解决是由成化年间(1465—1487)上任的绍兴太守戴琥完成的。明成化年间绍兴太守戴琥见山、会、萧三县深受西小江水患之害,沿江两岸皆斥卤之地、荏苇之场,其田可耕,其地可用。于是"相度临浦之北,渔浦之南,各有小港,小舟可通,其中惟有碛堰小山为限,因凿通碛堰之山,引櫸浦江(即浦阳江)而北,使自渔浦而入大江,由是櫸浦江与大江合而为一,乃大筑临浦之麻溪坝,使櫸浦江之水不得由小江而下,以为山会西北、萧山东南之害"[③]。至此,浦阳江改道工程结束,其开始于元至元年间,结束于明成化年间,时断时续,前后历经两百余年。经过此次改道,浦阳江下游的河道一直稳定在新开挖的碛堰山口。

2. 钱塘江改道

钱塘江属潮汐性河流,其入海口在历史时期曾出现摆动,文献中记载钱塘江入海口

[①] 光绪《诸暨县志》卷十三《水利》,清宣统二年(1910)刻本,第1页。
[②] 嘉靖《萧山县志》卷二《建置志·水利》,《明清萧山县志》,上海远东出版社2012年版,第77页。
[③] 康熙《绍兴府志》卷十七《堤塘》,《绍兴丛书》(第一辑),第2册,第432页。

主道有北大亹（亹同门）、中小亹、南大亹（亦称鳖子亹）三处。① 根据陈桥驿等的考证②：长期以来钱塘江主道基本固定在南大亹，至南宋嘉定十二年（1219）首次出现江道北移的现象，但主道仍在南大亹，一直持续至元朝末年；明代开始有所变化，自洪武开始，至万历为止，"海凡五变"③，钱塘江主道屡次北移，而后南归；清康熙十九年（1680）至三十六年江道一直固定在中小亹，"杭绍两郡相安无事"④。康熙四十二年，钱塘江主道水势北趋，海宁城南桑田渐成沧海，康熙五十四年海潮已直逼北岸海塘。与之对应的南岸绍兴沿海淤积渐多，康熙五十六年山阴县海塘外已"卤地数十里"⑤ 南大亹淤积情况可见一斑。康熙五十九年，时任浙江巡抚的朱轼在奏疏中说："赭山以北，河庄山以南，乃江海故道，近因淤塞，以致江水海潮，尽归北岸。"⑥ 南大亹出现淤塞并且逐渐稳定的情况大致出现在雍正元年（1723），此后不断淤涨逐渐成一定规模。乾隆十二年（1747），在中央政府的组织下曾开挖中小亹，使钱塘江主流进入中小亹，但江道北趋的形势无法根本逆转，十二年之后，钱塘江主道复归北大亹，并且稳定下来。从南宋嘉定十二年出现北移的迹象开始，至乾隆二十四年最终稳定在北大亹，历经五百多年的河道变迁图景最终落下帷幕。

江流改道为绍兴城市的发展带来诸多积极影响。浦阳江改道为山会平原的农业生产带来可靠稳定的生产环境，使其免受因浦阳江泛滥而造成的水患灾害；因浦阳江改道而兴建的相关水利工程，可以有效地调节雨季水流，保证农业灌溉以及居民用水。

钱塘江改道则为绍兴滨海平原带来大量泥沙淤积，客观上钱塘江河道的北趋为绍兴地区的发展提供了一个较为安全的自然环境，由于南岸泥沙的不断淤积，为绍兴北部海塘与江海之间制造了一个天然的缓冲带。虽然塘外泥沙时有坍涨，但总体上讲明清时期绍兴北部特别是萧山县所属地区的沿海滩涂面积是逐渐扩大的。南沙地区便是一例证。

由于钱塘江河道北趋造成的大片沿海滩涂，客观上为绍兴地区增添了一丝生存空间，为缓解当时紧张的人地矛盾做出了贡献。面对这样一块有待开发的处女地，绍兴沿海附近的居民不失时机地发展制盐业，种植各种耐盐碱性的经济作物，逐渐将这片地区改造成为绍兴新的农业生产基地，为明清时期绍兴农业经济的发展提供了新的动力。时至今日，这一地区特别是萧山地区（现已划归杭州）经济发展依然很好，从历史的角度讲，钱塘江的改道所造成的新的水文环境为绍兴带来了更多的机遇。

---

① "盖古时钱塘江入海之道有三：一曰南大亹（即鳖子门），在龛山、赭山之间；一曰中小亹，在赭山与河庄山之间；一曰北大亹，在河庄山与海宁县城之间。"见民国《绍兴县志资料》第二辑第二类《地理·闸》，冯建荣主编《绍兴水利文献丛集》，广陵书社2014年版，第440—441页。
② 车越乔、陈桥驿：《绍兴历史地理》，第37—40页。
③ 五变指永乐九年（1411）、成化七年（1471）、弘治五年（1492）、嘉靖七年（1528）、万历三年（1575），引自陈善《捍海塘考》，闫彦、李大庆、李续德主编《浙江海潮·海塘艺文》，浙江大学出版社2013年版，第294页。
④ 朱定元：《海塘节略总序》，闫彦、李大庆、李续德主编《浙江海潮·海塘艺文》，第127页。
⑤ 俞卿：《山阴海塘碑记》，乾隆《绍兴府志》卷十六《水利志三·海塘》，《绍兴丛书》（第一辑），第5册，第426页。
⑥ 雍正《浙江通志》卷六十四《海塘三》，《清雍正朝浙江通志》，中华书局2001年版，第4册，第1620页。

（二）聚落变迁

明清时期绍兴地区的城市与市镇经济发展迅速，城镇化程度也不断提高，其发展规模已远超前代。伴随着湖泊的开垦，山会平原上相当一部分土地被用来建造房屋桥梁，致使湖泊水面更加破碎，湖田及高地的圩田呈现出旱田化的趋势。在绍兴地区获得全面垦殖之后，平原上河网密布，交通便利，聚落数量不断增加，其规模也在不断扩大，很多较大规模的聚落慢慢发展成为集镇，例如柯桥、安昌等镇佃成为山会平原的大型集镇。[1]

根据陈桥驿的研究[2]，将绍兴地区的聚落分为山地聚落、山麓冲积扇聚落、孤丘聚落、沿湖聚落、沿海聚落、平原聚落，这几种聚落的类型及其地理分布并非一成不变。绍兴地区的聚落类型之多，大部分由于其所处地区的地理环境差异而形成，而这种差异也造成了聚落功能上的不同。人类生产力水平的不断提高，会逐渐弥补这种自然环境的差异，无论是哪种类型的聚落其功能及类型都有可能趋于统一，然而这种趋同性并非杂乱无章，而是向最利于人类生存和发展的那个类型去变化。[3] 这种转变显然是伴随着其周边环境的变迁而发生的，当孤丘聚落附近的沼泽被逐渐开发为农田后，孤丘聚落显然也就不再孤单，人们也会从高处走下来，选择在农田附近建造房屋并最终形成聚落。这种选择不仅是由于自然环境的改变和生产力水平的提高，也是由于生产规模的扩大对人类居住产生的新要求。

早期形成的聚落不仅在规模上有所变化，而且在地理位置上也会发生变化。这与当时的生产力水平有很大关系，绍兴历史发展的早期，越民族的山地聚落就经常迁徙。这种"随陵陆而耕种，或逐鹿而给食"的迁徙农业形态决定了越族先民聚落经常迁徙的习惯。而随后的山麓冲积扇聚落则与人类的半定居农业有直接的联系。人类开始舍弃山地聚落，下山靠近山麓地区正是农业生产力发展的标志。不仅如此，人们在河流附近建起聚落发展内河航运业，这类聚落的名称大都以埠命名。在经历长时间的开垦之后，山区来水含沙量不断加大，造成河流淤浅，附近居民则利用其淤积的泥沙围田种植农作物。原先的通航地点、河流码头等也因河流淤浅而继续向下游搬迁。

而在山会平原上，自鉴湖水系瓦解之后，绍兴地区进入了运河河网水系，对此洪惠良、祁万荣已有论述。[4] 该水系以运河及天然河流为轴，各种塘闸堰坝节制水流，并以平原纵横交错的河流港汊以及星罗棋布的大小湖泊为辅助。而在明清时期，湖泊逐渐遭到围垦，该地区的水环境更加破碎复杂，并且其抵御自然灾害的能力也在不断下降，新开垦的农田必须有相应的水利设施与之配套，绍兴地区的农业生产更加依赖于河流灌溉和塘闸堰坝的配合；而实际上，明中期三江闸的修筑是进一步发挥塘闸堰坝的作用，三江水系也是运河河网水系的加强版。从本质上看，三江闸的修筑是在弥补失去湖泊以及其灌溉蓄水的损失，在三江闸修建之前，现有的水利体系无法承担更多的压力，因而修

---

[1] 陈桥驿、颜越虎：《绍兴简史》，中华书局2004年版，第98页。
[2] 陈桥驿、颜越虎：《绍兴简史》，第94页。
[3] 陈桥驿：《历史时期绍兴地区聚落的形成与发展》，《地理学报》1980年第1期。
[4] 洪惠良、祁万荣：《绍兴农业发展史略》，杭州大学出版社1991年版，第140—141页。

筑规模更大的水闸是势在必行。自三江闸修建到钱塘江改道的完成，山会平原上湖田的大量开垦与河道水渠的形成，进一步促使了市镇兴起。而绍兴市镇的发展与其经营的产业和水路交通有密切关系，这两方面都与水利有一定的关联。他们以运河为基础，依靠稠密的河网来实现连接，在此河网内部又有许多各式的桥梁连接各处居民点。

沿海聚落更是随着沿海滩涂的开发和滨海平原的扩张而不断变迁。明清时期钱塘江江道北迁，尽管带来严重的泥沙淤积问题，但是也正因泥沙的淤积给绍兴北部海涂开垦提供了更坚实的基础，海涂屯垦、沙田的治理以及沿海水利工程的建设，为绍兴北部创造了更为广阔的生产生活空间。可以肯定地讲，没有钱塘江改道这一水环境的变迁就没有绍兴北部滨海平原的繁荣。因此，绍兴北部聚落的发展首先得益于钱塘江的水道变迁，其次才是人类自身的努力和生产技术的进步。从这个角度讲，没有钱塘江水环境的变迁就没有以南沙地区为代表的海垦地区。就其意义而言，绍兴北部的开发为明清时期该地区的发展注入了新的活力，同时也扩大了其生存的空间，一定程度上缓解了该地区的人地矛盾。

综上所述，浦阳江改道，使得山会平原获得较为安全的定居条件，随着人口不断增长，人们对于定居点和粮食的需求不断上升；进而使湖泊成为人们觊觎的目标，围垦湖泊成为当时解决农业生产空间不足以及建造房舍用地的主要途径。因此，湖泊的消失使原有依靠湖泊灌溉农田的方式难以为继，地方政府通过修筑闸坝、出台用水规则等措施来调整和规范水资源的利用。水利设施的兴修逐渐满足人们不断增长的灌溉需求，山会水则的出台则规范了人们的用水秩序。钱塘江改道不仅为绍兴带来新的农业发展空间，也为其提供了新的生存空间。区域水环境的变迁，不断影响着山会平原聚落的变迁与发展，透过聚落变迁的图景，我们也可以逐渐洞悉人类对自然环境改变时做出的各种改造和应对机制。

三　城市生态问题与水环境治理

明清时期，伴随着人口的增长，聚落的变迁，工商业的发展使更多的劳动力涌向城镇，促进了绍兴地区城镇经济的发展。朝鲜学者崔溥（1454—1504）曾在明弘治元年（1488）自宁波经浙东运河过绍兴府，进而北上渡过钱塘江前往杭州，再沿京杭运河北上归国。其著作《漂海录》中描述当时绍兴城内"阛阓之繁，人物之盛，三倍于宁波府矣。"[①] 清代日本著名汉学家冈千仞（1833—1914）于1884年来华游历，"至绍兴，就城壁右折，山水愈幽，人家临流，鸡犬怡然。水极澄彻，纤鳞鰷鳄，一一可数"。[②] 田园风光历历在目，然当冈千仞游览兰亭时，这样记述道："三面皆山，竹树荟蔚，所谓'崇山峻岭，茂林修竹'者。而山水无足赏，园半废为桑田。"[③] 言语间略带无趣之

---

① ［朝鲜］崔溥著，［韩］朴元熇校注：《崔溥漂海录校注》，上海书店出版社2013年版，第45页。
② ［日］冈千仞著，张明杰整理：《观光纪游》，中华书局2009年版，第42页。
③ ［日］冈千仞著，张明杰整理：《观光纪游》，第42页。

意。而清代第一位留美毕业学者容闳的描述则更为直接，他曾于1859年10月前往绍兴购买生丝，"予自内地归后，十月间复有英友某君，倩予至绍兴收买生丝。绍兴去杭州西南约两月，忽患疟，不得已中途辍业。绍兴城内污秽，不适于卫生，与中国他处相仿佛。城中河道，水黑如墨。以城处于山坳低湿之地，雨水咸潴蓄河内，能流入而不能泄出。故历年堆积，竟无法使之清除。总绍兴之情形，殆不能名之为城，实含垢纳污之大沟渠，为一切微生物繁殖之地耳，故疟疾极多。予幸不久即愈，甫能离榻，即急急去之。"[①] 水环境恶化，是明清时期绍兴地区城镇面临的普遍性问题。城市人口增长，经济不断发展，不仅需要大量的淡水资源，而且城内河道淤积、淡水污染、交通阻塞等问题也越发严重。水环境恶化与城市发展之间的关系，在明清时期就已呈现较为紧张的态势。如何有效地管理城市公共空间在传统社会同样备受关注。对绍兴城市水环境的考察有助于我们理解绍兴地区中小城镇在传统社会当中城市发展与水环境治理之间的辩证关系。这一部分，笔者着重考察明清时期绍兴城市水环境的各种问题，及地方政府治理水环境的措施及过程。

（一）绍兴城河体系与水环境问题

绍兴府城内，以东西向的运河与南北向的府河为府城水系骨干，府河由植利门入府城，北至昌安门；运河自都泗门至迎恩门，横穿绍兴府城；城内支流港汊众多且相互交织，皆通舟楫，构成相对独立的城河体系。府城内"以南北向府河为主干，从南门引流鉴湖水，经小江桥、香桥向北，出昌安门流入山会平原，又配以城东稽山河、城西环山河两条南北向主河道，使鉴湖水与北部平原水网相连接"[②]。府河东面，南北向河流有罗门河、南街河、咸欢河等十二条河流，府河以西，南北向的河流也有和畅堂、狮子街河、前观巷河等八条河流。府城外四周环绕护城河。

府河以防洪排涝和引水为其主要功能，城内其他南北向河流主要承担府城内交通运输、集市贸易和生活用水等任务，城外环城河则兼具防洪排涝运输等功能。明代修建三江闸后，北部完善的海塘闸坝防潮体系为府城赢得了安全的生活和生产空间，同时，包括府城水系在内的萧绍平原各水系之间水位差别彻底消除，水面平稳和缓。之后，绍兴府城裁撤了原先用于防潮的阻水堰坝，都泗门、东郭门、植利门、偏门、迎恩门、三江门随即畅通，最终城内人工河流与城外自然水系实现无差别对接，最终城河水系纳入三江水系当中，成为其中一部分。

绍兴府城水系可谓四通八达，水资源丰富，但府城水环境及城市建设也存在一定问题。第一，河道淤塞狭窄，旱潦频仍，水路交通不便，商旅争讼不断。第二，城中山石遭到偷采，破坏府城风水，且影响府城防洪工程，造成隐患。第三，陆路交通不畅，城中道路狭窄泥泞，府城街道阴暗晦涩，行人来往不便。府城水环境恶化，严重影响城市居民的生产和生活，那么是哪些原因造成上述问题的呢？

笔者从原始文献出发，在参阅相关既有研究的基础上，认为原因主要有以下几个方面。

---

① （清）容闳：《西学东渐记》，湖南人民出版社1981年版，第50页。
② 邱志荣、陈鹏儿：《浙东运河史》（上卷），中国文史出版社2014年版，第323页。

第一，沿河居民不遵守古道，私自扩大庐舍，越河建造楼阁，"一人作俑，比户效尤，致令通津暗塞"①。正如明代绍兴理学家王守仁（1472—1529）所言："越人以舟楫为舆马，滨河而庐者，皆巨室也。日规月筑，水道淤隘；畜泄既亡，旱潦频仍。商旅日争于途，至有斗而死者矣。"②并且绍兴府城内河道狭窄，给城内居民生活以及城外商贩进城贸易造成诸多不便，"越郡为泽国，城中河流纵横，界面若棋局，其阔处可并三艇，狭仅容舠。自昌安门入，由斜桥至小江桥数十武，为城河孔道。两岸列市肆，货船填集，载者、卸者鳞鳞然，而行舟来往如激箭，每壅阻竟不能通。究其弊，则白篷空船，叠泊不散，以致阗塞"③。这些入城的白篷船何以不散呢？装货与卸货的船只都是白篷船，而操控船只之人大多以乡下普通百姓为主，待其进入城中，常常并列摆放船只，以待装载。而之前就已经卸下货物的船只，仍在等待新的货物装船。两者不免发生口角，甚至相互攻击，致使河道阻绝，其他船只无法正常通行。加之管理河道的牙侩和总甲为获得更多的泊船例钱，贿赂府县官员，致使管理混乱，白篷船主更加肆无忌惮。这样一来，"五丈河身，仅余四五尺，使行舟往来，苟相触焉，如逢隘巷，各不肯退，终日遂坐困，失时废事，民间病之"④。居民越制修建楼阁既妨碍河道中船只来往，又影响府城风水，"水涨则上碍船篷，水浅则下壅污泥，损坏风脉，阻滞商民，积弊相沿，莫此为甚"⑤。

第二，偷采府城内山石。以府城南部诸山为例，明末"居民无厉者开凿陈迦岭山，燔其石而烬，收之以灰以垩，民多灾伤"⑥。随后地方官员禁止开采，并将其收归官方，以防再次被偷采。明清之际，周边乡民及大户人家借社会动荡时机，再次采伐山石用以制作石灰，"如此，乃奸民乘机发凿于前、而土豪之射利者遂大开于后"⑦。进入清代以后，海塘工程方兴未艾，这就需要大量的石材以供其用。乾隆《绍兴府志》中记载："驼峰为郡治后障，郡城之捍门水口，此与下马禹山并为沿海要区，如一开凿则全郡地脉俱伤。而海潮亦无所抵矣。雍正十二年，海宁塘工方兴，有奸民觊觎伐石，诡称山为蜒蚰，山石坚可用以给。有司制府稽公悉其奸状，下令永禁。今府城皇庙正殿东楹有碑记存。乾隆丙子夏，宋家溇筑塘，奸民改山名为鸟猪山，倡石多运，易之说以给官时，十号官悉为所给，连名申请开凿。岌岌乎宪令将下宕匠，皆操椎以待矣。沿海舆情

---

① （清）俞卿：《禁造城河水阁碑》，见李亨特修，平恕等纂：乾隆《绍兴府志》卷十四《水利志一·府河》，《绍兴丛书》（第一辑），第5册，中华书局2006年版，第359页。
② （明）王守仁：《王阳明全集》卷二十三《外集五》，上海古籍出版社2015年版，第746页。
③ （清）蒋士铨著，邵海清校，李梦生笺：《忠雅堂文集》卷八《移绍兴太守张椿山书》，见《忠雅堂集校笺》（四），上海古籍出版社1993年版，第2314—2315页。
④ （清）蒋士铨著、邵海清校，李梦生笺：《忠雅堂文集》卷八《移绍兴太守张椿山书》，见《忠雅堂集校笺》（四），第2315页。
⑤ （清）俞卿：《禁造城河水阁碑》，见（清）李亨特修，平恕等纂：乾隆《绍兴府志》卷十四《水利志一·府河》，《绍兴丛书》（第一辑），第5册，第359页。
⑥ （清）毛奇龄：《严禁开燔郡南诸山碑记》，见李卫、嵇曾筠等修，沈翼机等纂《清雍正朝浙江通志》第13册，卷二百六十二《艺文四》，中华书局2001年版，第7306页。
⑦ （清）毛奇龄：《严禁开燔郡南诸山碑记》，见李卫、嵇曾筠等修，沈翼机等纂《清雍正朝浙江通志》第13册，卷二百六十二《艺文四》，第7306页。

甚恐,幸监司罗立齐公力持不可,星夜扣战门,白事而制。府哈公亦素重罗公言立命禁止。今层风叠嶂,得出云降雨如故者,实皆二公保全之德也。"①

无论采石烧灰,还是为海塘修筑提供石材,都对当地山林造成不可复原的伤害,并且在传统社会中,对于特别重视城市风水的官员及地方百姓而言,开山伐石无异于自家坟茔被盗掘。"粤考志乘山祖昆仑,其分支于岷山者为南条之宗,掖江汉之流,奔驰数千里,历衡逾郴包络瓯闽,而东赴于海,又折而北以尽与会稽为南镇,镇止也。南条诸山所止也,越郡正当会稽诸山之中,郡城之外,万峰回合而中涵八山。……诸山蜿蜒以入于郡城曰龙山。郡治于是乎在八山之所尊也。卧龙既众山所尊,郡治乃听政之处,其来宗气脉自当共相保护。故鹅鼻峰朱华山并过……亭山一带,历次饬禁,永垂遵守。"② 因此无论从防潮还是府城地脉的角度考虑,私自开山采石已严重影响到府城居民及官方的利益。

第三,居民违制扩建店铺屋舍,道路被沿街住户侵占。宋嘉定十七年(1224)时任太守汪纲曾下令修整道路,"除关陌之秽污,复河渠之便利,道途堤岸以至桥梁,靡不加葺,经画有条役且无扰"。③时至清代初年,府城内道路经修整后,焕然一新,"故海内有天下绍兴街之谣"④。然而随着人口的增长,"居民日夕侵占以广市庐,初联结飞簷,后竟至丈余,为居货交易之所。一人作俑,左右效尤,街之存者仅容车马,往时郡街旷朗,居民偶不戒于火,无延燎。自市楼窄,一火辄焚及数十家,每遇雨霁雪消,一线之径,阳焰不能射入,积至五六日,犹泥泞。行者苦之,至冬残岁晏,乡民杂沓,到城贸易百物,眉摩趾蹑,一失足则腹背为人蹂躏"。⑤从史料中可见当时城内房屋的密集程度,以及道路的拥挤。人们行走在道路之上,可谓不见天日。绍兴府城内不仅水路交通因人口增长而造成的私搭乱建深受影响,与之对应的道路交通也面临同样的问题。

概言之,明清时期随着人口的不断增长,给城市生态带来诸多隐患,府城内以运河、府河为主的水环境问题日益严重,明清两代的地方官员采取各种措施进行治理,下文将着重论述明清时期绍兴地方官员对于府城内水环境的各种措施。

(二) 治理运河及禁伐山石

明嘉靖三年(1524),南大吉上任绍兴知府,面对运河两岸居民违制建造楼阁及河道淤塞、舟楫难行等问题,首先开始针对运河的整治,进而将治理内容扩大到绍兴城河

---

① (清)李亨特修,平恕等纂:乾隆《绍兴府志》卷三《地理志三·山》,《绍兴丛书》(第一辑),第5册,第86—87页。
② (清)李亨特修,平恕等纂:乾隆《绍兴府志》卷三《地理志三·山》,《绍兴丛书》(第一辑),第5册,第88页。
③ (清)李亨特修,平恕等纂:乾隆《绍兴府志》卷七《建置志一·衢路》,《绍兴丛书》(第一辑),第5册,第207页。
④ (清)李亨特修,平恕等纂:乾隆《绍兴府志》卷七《建置志一·衢路》,《绍兴丛书》(第一辑),第5册,第207页。
⑤ (清)李亨特修,平恕等纂:乾隆《绍兴府志》卷七《建置志一·衢路》,《绍兴丛书》(第一辑),第5册,第207页。

及上灶溪（若耶溪上游）。治理的对象从清理运河及城内河流两旁的违制楼阁开始，"南子乃决沮障，复旧防，去豪商之壅，削势家之侵"。[1] 虽然被拆毁房屋的人家多有怨言，[2] 但因南大吉之举深得众望，坚持不懈，"既而舟楫通利，行旅欢呼络绎。是秋大旱，江河龟坼，越之人收获输载如常。明年大水，民居免于垫溺"。[3] 众人皆赞赏绍兴知府南大吉的治河功绩。[4] 之后，南大吉对河道进行清淤，"乃浚城河，浚运渠，浚堰，浚浦。遂瀹我川首尾二百余里，勤劳甚矣"。[5] 加大府城运河、府河等河流的排水量，进一步便利了府城的水路交通。在疏浚了运河与城内府河之后，南大吉又主持治理上灶溪。因上灶溪地处若耶溪上游，是绍兴府河的重要水源，因此治理上灶溪则势在必行。当时"盖万峰之瀑交注于上灶之川，既泻而为石堰，又泻而环禹穴，其滨则皆稼穑之地，又其滨则皆荒阻崖壑、薪刍老树，丛篁交荫之境，故欧冶以之而淬剑，郑弘以之而泛艇，不有秀川，何以来此佳客哉。然而龙蛇变穴，水怪肆妖，沙塞岸圮，已不可殚记岁月矣。故舟楫莫通而行人悉劳桔槔无功，而农人载病。正德间，耆民赵橙闻于上许其浍也。独有司者不能为民隐忧。每辍不为"[6]。史料中并未详细记述南大吉治理上灶溪的过程，但从之后民众的反映来看，此次治理效果应较为理想。[7]

南大吉之后，会稽知县张鉴疏浚学河，季本予以记录。崇祯六年（1633）邑人御史金兰曾号召士绅捐资，分段疏通府河。上述两则皆小规模治理，其余时间段内，明代基本没有专门针对府城水系的治理活动，[8] 但明代关于治理运河的议论始终不绝于书，正德十二年（1517）进士、会稽人季本（1485—1563）曾在《浚学河记》中言："惟越水国也，故其俗以舟楫为车马，行李之往来，货财之引致，皆有赖焉，然犹利之细者也。自鉴湖既废，高下皆田，下流虽有诸闸之防，可因水势以时蓄泄耳，其上苟无沟渠

---

[1] （明）王守仁：《王阳明全集》卷二十三《外集五》，上海古籍出版社2015年版，第746页。
[2] （明）王守仁：《浚河记》："失利之徒，胥怨交谤，从而谣之曰：'南守瞿瞿，实破我庐；瞿瞿南守，使我奔走。'"见（明）王守仁《王阳明全集》卷二十三《外集五》，第746页。
[3] （明）王守仁：《王阳明全集》卷二十三《外集五》，第746页。
[4] （明）王守仁《浚河记》："远近称忭，又从而歌之曰：'相彼舟人矣，昔揭以曳矣，今歌以楫矣。旱之煸也，微南侯兮，吾其燃矣。霪其弥月矣，微南侯兮，吾其鱼鳖矣。我输我获矣，我游我息矣，长渠之活矣，维南侯之流泽矣。'"见（明）王守仁《王阳明全集》卷二十三《外集五》，第746页。
[5] （明）沈宏道：《浚上灶溪本末》，俞卿修，周徐彩纂：康熙《绍兴府志》卷十六《水利志一》，《绍兴丛书》（第一辑），第4册，中华书局2006年版，第401页。
[6] （明）沈宏道：《浚上灶溪本末》，俞卿修，周徐彩纂：康熙《绍兴府志》卷十六《水利志一》，《绍兴丛书》（第一辑），第4册，中华书局2006年版，第401页。
[7] 当地民众为其谱写的歌谣："川溶溶兮灶之间起，孔湖兮带石帆阳明坼兮，洞旁启若耶通兮，白莲寒仙风回兮，樵舟急酒瓮峙兮，玉浆乾逝水滔滔兮，喟者希地虚秀兮，人不来岸有芷兮，晼有苔怀佳人兮，在高台彼欧冶兮，进剑术事吴主兮，杂霸材眇生予兮，寄一宅俯宇宙兮，多感慨劫灰飞兮，变海桑禹凿穷兮，津河荒津无梁兮，河无航驾言行兮，思之无方矧无登兮，粒食缺不有拯兮，苍生曷将南侯南兮，……"参见（明）沈宏道《浚上灶溪本末》，俞卿修，周徐彩纂：康熙《绍兴府志》卷十六《水利志一》，《绍兴丛书》（第一辑），第4册，第401页。
[8] 在明代南大吉之后上任的绍兴知府例如戴琥、汤绍恩等将更多的注意力放在府城外围水系的治理，他们采取的措施主要针对山会平原整体的农田水利，例如浦阳江改道、山会水则、三江闸的修筑等，这些工程或涉及府城水系，但重点并非城河水系的治理。

河荡以潴之，则岁旱无所取水，防亦何益乎？故善治越者，当以浚河为急。"① 又如，曾师从季本的明代文学家徐渭（1521—1593）在其《水利考》一文中，提到："为今之计，莫若浚诸河渠而使之深，则可储蓄而不患于旱，近守南大吉之法可遵也；又增修堰闸而使之多，则可散泄水势而不患于潦，旧令曾公亮之迹可复也；又修筑海塘而使之完且高，则可捍御风潮而不患于泛溢，近岁知县王教土塘榆柳之议不可易也。"② 明末文学家张岱（1597—1689）于崇祯七年（1634）十二月曾上疏整治绍兴府河，"窃见府城南利植门至北昌安门，市河一带，中分两县，直达三江。口吸万壑千溪，由肠胃腹心而脉归尾闾；足履九宫八卦，合丙丁壬癸而位济坎离。是以舟楫一通，则城野交利；生克既合，则火患永除。奈河当市庐之冲，户列编民之杂，乌芥积若投鞭，尘垢多如囊土。通城隧道，忽作泥封；分壤界河，几同茅塞。以致乡村不便趋市，颇多负载之劳；遂使阛市常罹火灾，竟无灌溉之利。某等居皆近市，利害切肤，急则呼天，哀号同口"。③ 从上述史料中我们可以发现，明代绍兴水利的重点主要在浚河与海塘两方面，然而随着时间的推移，特别是钱塘江河道不断北迁的背景下，海塘建设在明末乃至清代基本退居二线，而对于萧绍平原内部水网的梳理则成为明代以后若干时间内绍兴水环境治理的重点内容。

入清以后，由于三江闸及海塘的作用，绍兴府城不再受海潮的侵袭，以及由此产生的饮用水变咸和潮泥淤积等问题，但府城河流的上游水土流失以及居民的生活排污等问题依然困扰着府城水环境。乾隆《绍兴府志》记载，绍兴知府俞卿上任之前，"郡城中河道错若绘画，自通衢至委巷，无不有水环之。民居稠杂，日投秽恶以淤障水道，一月不雨则骤涸，船载货物行水中，用力百倍，入夏尤艰苦"。④ 康熙五十一年（1712）俞卿上任时，曾组织人力疏浚府城中河道，但是第二年河道依然如故，淤积严重。俞卿询问后得知："盖前郡邑长吏遇旱亦令民掘河，民仅取土数篑峙之两厓间，及水涨惮于舟运，复挤之河中。"⑤ 于是，俞卿下令不得效仿前事，疏浚河道，"深必三尺，其广必极两岸"。⑥ 从各城门开始疏浚，以一里为单位，起止处各设土坝阻挡，并设专人负责监督，工程验收合格之后方可开坝放水。之后俞卿又征集民船将清理出的淤泥运往城外。"故城与乡各均其役，不一月工竣。"⑦

---

① （明）季本：《浚学河记》，（清）吕化龙修，董钦德纂：康熙《会稽县志》卷四《山川志下·河》，民国刻本，第18a—18b页。

② （明）徐渭：《水利考》，（清）吕化龙修，董钦德纂：康熙《会稽县志》卷十二《水利志·池》，第10a—10b页。

③ （明）张岱：《疏通市河呈子》，见张岱《琅嬛文集》，岳麓出版社1985年版，第291—292页。

④ （清）李亨特修，平恕等纂：乾隆《绍兴府志》卷十四《水利志一·府河》，《绍兴丛书》（第一辑），第5册，第358—359页。

⑤ （清）李亨特修，平恕等纂：乾隆《绍兴府志》卷十四《水利志一·府河》，《绍兴丛书》（第一辑），第5册，第359页。

⑥ （清）李亨特修，平恕等纂：乾隆《绍兴府志》卷十四《水利志一·府河》，《绍兴丛书》（第一辑），第5册，第359页。

⑦ （清）李亨特修，平恕等纂：乾隆《绍兴府志》卷十四《水利志一·府河》，《绍兴丛书》（第一辑），第5册，第359页。

康熙五十四年（1715），俞卿经过考察，认识到城中沿河两岸私自建造水阁的危害，认为："城心有河，犹人身有血脉也。血脉凝滞，众疾作，厥为投剂通其滞。"① 而城中有识之士也认为水阁不拆，久必生害。于是俞卿下令拆除沿河两岸违规楼阁，并立碑警示后人。《禁造城河水阁碑》全文如下："为永禁官河造阁，复水利以培地脉事，照得越郡城河从鉴湖南入，直进江桥，分流别浍，号为七弦。固四达交通，发祥毓秀，为阖郡利益也。自居民不遵古道，始于跨河布跳，继而因跳构阁，一人作俑，比户效尤，致令通津暗塞。水涨则上碍船篷，水浅则下壅污泥，损坏风脉，阻滞商民，积弊相沿，莫此为甚。本府莅任，即捐俸疏河，及确访水阁情弊，更逐处亲勘，随经出示晓谕，限期拆卸。不数日而障开天见，复还古制，远近同声称快，即造阁人户亦无不输诚悦服。兹据通郡绅衿、耆老、船户人等各具呈词，公呼立碑垂久，事关地方利弊，合行永禁，为此仰郡属居民知悉：当念河道犹人身血脉，淤滞成病，疏通则健，水利既复，从此文运光昌，财源丰裕，实一邦之福，非特官斯土者之厚幸也。倘日后仍有自私图便，占河架阁等弊，许邻右总甲指名报官，以凭按律究治，若扶同容隐，察出并罪。各宜永遵，毋得玩视。"②

俞卿之后，乾隆年间绍兴知府李亨特，于乾隆五十五年（1790）再一次整治府城内河面上的障碍物及违规建筑物。李亨特先出示《禁造城河水阁示》历数府城内影响水环境的诸多因素，"因迄今越年已久，市民复蹈前辙，仍架水阁，致使通衢黑暗，污秽淋漓，水皆臭恶，泥污壅积，甚有妇女踞坐阁上或当阁曝光蓑衣秽物，舟行其下恬不知耻，且两岸相接设遇，祝融不公必致延灾，尤为大害。更查设有平矮石条木桥以图行走自便。不顾下碍舟楫。亦干河道不便，均应拆禁"。③ 并限期拆毁，若有阻碍者必遭严惩。李亨特疏浚城河之后，府城内水环境为之一清。

在明清两代三位知府的治理后，绍兴府城水环境在一段时间内效果良好，水体清洁，河面宽广，舟楫便利，但体制缺陷及管理制度不完善，不免陷入一治一乱，治了再乱的怪圈。总之，没有完善的管理制度，仅靠一两任地方官员的励精图治显然无法达到人们想要的效果。

除上述绍兴府城河流以外，地方政府对市区街道和山石采伐进行整治。原有街坊大多修建于明代万历或者崇祯年间，旧有街坊有四柱，"中二柱在街心，外又有二柱跨街南北，今外柱砌入屋中，并中柱亦据而有之"④，公共空间被商贩占据，为复原街道旧貌，康熙六十年（1721）绍兴知府俞卿下令拓宽街道，直到行人可以自由往来。后又拆除水阁，使街道彻底通畅。

---

① （清）韩矩：《毁水阁记》，（清）李亨特修，平恕等纂：乾隆《绍兴府志》卷十四《水利志一·府河》，《绍兴丛书》（第一辑），第5册，第359页。
② （清）俞卿：《禁造城河水阁碑》，（清）李亨特修，平恕等纂：乾隆《绍兴府志》卷十四《水利志一·府河》，《绍兴丛书》（第一辑），第5册，第359页。
③ （清）李亨特：《禁造城河水阁示》，（清）李亨特修，平恕等纂：乾隆《绍兴府志》卷十四《水利志一·府河》，《绍兴丛书》（第一辑），第5册，第359页。
④ （清）李亨特修，平恕等纂：乾隆《绍兴府志》卷七《建置志一·衢路》，《绍兴丛书》（第一辑），第5册，第207页。

最后，明末绍兴地方政府曾禁止百姓采伐山石，根据毛奇龄的记载，清顺治十一年（1654）、康熙十年（1671）曾两次出台政策，禁止挖掘府城中山石。[①] 之后，绍兴知府李亨特再次申禁："俾军民人等知悉，嗣后鹅鼻峰、朱华山、大庆陈家岭茅阳方前应家山狮子山琵琶山亭山一带，其栽培竹木，垦种植物，樵采柴薪，建造房屋，营造坟茔等项，仍听各业主自便外，但不得开山采石，开窑俏，再违犯严拿重究，将山入官，断不宽贷。"[②]

四　总　结

明清时期，江南城镇水环境恶化较为普遍。但造成水环境恶化的原因，除气候等自然因素外，虽有相通之处，但各个城市的侧重点不同，因而需要具体分析。

首先，明清时期无论就人口规模考察，还是人口密度计算，绍兴地区在浙江省都名列前茅，清中期整个绍兴府的人口规模已位居浙江省内第一。[③] 因此在诸多影响要素当中，就绍兴而言，人口无疑是影响绍兴城水环境的首要因素。随着社会经济的发展，众多人口逐渐脱离土地进入城市从事商业手工业，这样一来就会造成城市交通住房及卫生等诸多民生问题，城市水环境也承受着巨大压力。

其次，绍兴城作为江南中小城镇，政治地位相对较低，其城市水环境的治理，不仅缺乏长效管理机制及专门机构，而且治理水环境只能依靠地方官员和士绅。其中，地方官员起着主导作用，也使此类活动向修建水利的方向发展，并带有较强官僚特色，其治理的原因、过程及相关活动并没有呈现出近代市政化的特点，即仍然在传统社会管理的框架下周而复始的运作。

再次，治理的内容也有所区别。绍兴府城水环境的治理主要集中在河道清淤和拆除违规建筑上面，虽有居民向河道中投掷垃圾，但由于其府城河流与城外河流相通，能够及时更新净化水资源，因而绍兴府城中水质相对较好。另外明清时期绍兴手工业发展受到农业的阻滞，没有达到江南核心区域（例如南京城中手工业）的发展水平，因而在手工业污染方面，绍兴的情况相对较好。

最后，明清时期绍兴地区的平原聚落进一步拓展，沿海区域由于海涂屯垦和交通的便利，逐渐形成规模较大的工商业城镇。而在萧绍平原内部，聚落规模相对较小，但数量急剧上升，逐渐形成了以绍兴府城为中心的平原城镇网络。而区域城镇化的发展，商品经济水平不断提高，这些对城镇环境产生了重要影响，自然环境呈现出小型化和半人工化的趋势。更为严重的是随着人口的增长，城镇水环境严重恶化，此时水环境问题的

---

① （清）毛奇龄：《严禁开燔郡南诸山碑记》，见李卫、嵇曾筠等修，沈翼机等纂《清雍正朝浙江通志》第13册，卷262《艺文四》，第7307页。

② （清）李亨特修，平恕等纂：乾隆《绍兴府志》卷三《地理志三·山》，《绍兴丛书》（第一辑），第5册，第88页。

③ 有关明清两代绍兴府人口的论述，参见潘承玉《明清绍兴的人口规模与"士多"现象——韩国崔溥〈漂海录〉有关绍兴记载解读》，《浙江社会科学》2011年第2期。

关键已不再是自然环境是否被改造或者被侵占，而是水环境的恶化已经危及人类的生产和生活。受此影响，人们的心态和思想观念也在发生微妙的变化。环境恶化，可利用的资源逐渐减少，使人们将更多注意力转移到对有限资源的争夺上，传统的优雅风格早已被抛到九霄云外了。

（作者：张权，绍兴文理学院马克思主义学院副教授）

明清时代绍兴地区文人社团类型概述

佘德余

【摘要】 明清时期绍兴地区一批名门望族的崛起和八股科举制度的完善,有力推动了境内文人结社的兴盛,出现了类型众多的文人社团,如耆老会社、诗社和词社,又有文社、讲学会社,还有其他地区未曾提到的在职官员研习进修的会社,消闲娱乐的会社,秘密的政治会社,等等。

【关键词】 耆老会社　诗文社　讲学会社　研习进修会社　消闲娱乐会社　秘密政治会社

明清时期绍兴的文人结社十分频繁,类型多样。这些文人社团的涌现肇始于当时境内名门望族的兴起和八股科举制度的完善。不仅有怡老性质的耆老会社,比较纯粹的诗社或词社,又有文社、讲学会社,还有其他地区未曾提到的在职官员研习进修的会社,以消闲娱乐性质的会社,秘密的政治会社,等等。大致可以分为下列七种类型。

(一) 耆老会社:耆老会社是致仕退休的官员,他们居家结社,诗酒优游,怡情适性,犹如现在的退休老干部中心的文化生活。其中也有缙绅参与,他们以逸老怡乐,犹如现在的老人乐园。

(1) 会稽漏瑜于明宣德 (1426—1435) 年间于湖州乌青镇结"九老会"

据《笔精》卷七载:"宣德间,湖州乌青镇有九老:赵巘,官序班,年九十;吴焕,年九十;赵岐,年八十九;孙孟吉,建文中太常博士,年八十五;水宗达,运司,年八十二;漏瑜,建文中御史;唐其谅,建文中县丞;胡敏、钱郁皆八十。漏瑜会稽人,……革除后流寓乌镇,俱能诗,结社倡和,亦一时之盛。"[1]《枣林杂俎·智集·逸典》载:"乌镇九老会:漏瑜字叔瑜,一字大美,号越南,会稽人。革除时以河南道监

---

* 本文为 2020 年度浙江省哲学社会科学重点研究基地课题"绍兴文人雅集与结社研究"(20JDZD050) 阶段性成果。

[1] 徐𤊹:《笔精》卷七,福建人民出版社 1997 年版,第 282 页。

察御史。"①

（2）明成化年间的"鉴湖吟社"

钱谦益《列朝诗集小传》乙集"朱教授纯"："纯，字克粹，山阴人。淳雅有儒行，教授于乡，与罗顾、张皓辈，结镜湖诗社。好游佳山水，旬月忘返，所至多有题咏惟南明为尤数。"② 郭绍虞先生在《照隅室古典文学论集》考定结社活动时间当在永乐二十二年（1424）期间，何宗美《文人结社与明代文学的演进》认为：罗顾《从军行》诗作于正统十四年（1449），遂认定该社活动于正统十四年期间。然而戴琥于成化九年（1473）至十八年（1482）出任绍兴知府，在绍十年，为绍兴的水利建设立下了功劳。朱纯（1417—1493），字克粹，号肖斋，山阴县白洋人。以明经教授乡里，赡养母亲与二弟。时知府戴琥聘修郡志，后召京师修英宗、宪宗实录，录成后不就官而归。朱纯名震东南，一时显宦宾客盈门，自厌烦剧，遂遍历名山大川，与结诗社。著有《陶铅集》《农余杂言》《驴背集》等。据上可知，所结"鉴湖诗社"当在成化年间。

（3）"山阴耆英会""山阴四皓社"

"山阴耆英会""山阴四皓社"系嘉靖末与隆庆年间山阴白洋朱箎、朱䈗、朱篪兄弟等组成。他们中有的是年老致仕在家的官宦，有的是乡绅，因大半生在仕途或在乡里辛苦操劳，遂以"怡然自适，绝口不言往事"，"悠游山水，非公事足迹不入城"安度晚年。他们结社连舟于稽山鉴水间，朝夕赋诗，饮酒乡村，携杖放歌，人拟之为"商山四皓"，遂以"山阴四皓"或"山阴耆英"自称。

（4）崇祯初年曹山八老社

据康熙《会稽志》卷二十四《人物》"陈治安"条："与陶奭龄、董懋中、徐如翰辈为'曹山八老社'，每遇登临，则吟啸忘倦。"光绪《上虞县志》卷十《人物》"徐如翰"条："引疾归卜居山阴戬山之麓，与陶石梁、陈元晏诸君赋诗饮酒，称'稽山八老'。"

（二）诗社或词社：这是以提高诗或词写作水平为宗旨而结的诗社或词社。

（1）嘉靖年间的"越中十子社""越中七贤社"

嘉庆《山阴县志》卷十四《人民志·乡贤二·徐渭传》："当嘉靖时，王、李倡七子社，谢榛以布衣被摈，渭愤其以轩冕压韦布，誓不入二人党。尝与萧柱山勉、陈海樵鹤、杨秘图珂、朱东武公节、沈青霞炼、钱八山楩、柳少明文及诸龙泉、吕对明，称越中十子。"越中十子社中有退休的乡绅，丁忧在籍的官员，有山林隐逸，也有少年英俊，徐渭、诸龙泉最为年少。沈炼《答陈鹤社友》："十年赤县频为吏，一疏中朝便落官。劳寄音书如梦寐，细筹四路转艰难。马蹄最识边沙苦，雁影犹惊塞月寒。词客幸能怜旅况，玉门应为赋生还。"③

"越中七贤"社，据《上虞县志（光绪）》记载："车任远尝与杨秘图、徐文长、葛易斋等七人仿竹林轶事，结为社友"，杨秘图有赠车任远诗云："七贤结社今何在？尚古风流赖有君"，然结社具体时间不明。

---

① 谈迁：《枣林杂俎》，中华书局2006年版，第31页。
② 钱谦益：《列朝诗集小传》，上海古籍出版社1983年版，第232页。
③ 朱彝尊：《明诗综》卷四十二，中华书局2007年版，第2088页。

(2) 吕胤昌与"白榆社""上林诗社"

吕胤昌(1560—1612),一作允昌,字玉绳,号麟趾,又号姜山,明绍兴府余姚人。祖父吕本,父吕兑,母孙镶,孙鑛是他的舅父,又是老师,生长于贵族兼文学的吕孙两家,自小受到良好的传统文化教育,嗜读古书,涉猎驳杂。万历十年(1582)中第四十三名顺天乡试,明年中进士,十一年秋出任宁国府推官。当时的宁国府府治在宣城,与汪道昆晚年里居的徽州为近邻,尽管他与这位文坛前辈年龄相差三十多岁,但汪道昆对吕胤昌青眼有加,以"为千古,任斯文"相推许,"折简谩劳招石隐",加入了声名藉甚的由汪道昆主持的"白榆诗社"。先后入社的有余翔、龙膺、屠隆、胡应麟、汪道昆、汪道会、梅鼎祚、潘之恒等,多为当时东南地区的社会名流。据龙膺所作《汪伯玉先生传》云:"汪伯玉先生者徽之千秋里人也,讳道昆,馆司马。予小子释褐徽里,为万历庚辰下车,首式先生之庐,先生五十六矣!……久之,屠纬真仪部、李本宁太史、吕玉绳司法、沈嘉则、郭次甫、俞羡长诸名流先后至,乃结白榆社于斗城南集。"① "万历庚辰"即为万历八年,吕胤昌加入白榆社当在担任宁国府推官的万历十一年前后。其后又在家乡余姚创建上林诗社。

(3) 王思任于万历十六年(1588)京城结社

据王思任《谑庵文饭小品》卷五《知希子诗集序》载:"神庙戊子秋,京闱榜放,太仓王辰玉领解,华亭董玄宰占魁,而必大先生以戴记夺锦。都人士甚喧得士之盛,而更喧先生为青麟火玉,以婴见中大科,则尔时先生总角,未近迫也。……与予盟社称两岁之长,拈弄帖括后,即庚互韵语,都人士窃笑之,以为少年辈何为是藁藁者。而尉氏阮太冲、中牟张林宗见而悦之,独谓两生旗鼓正锐,中原士子未知鹿谁得也。既而予幸第去,先生终各公车,犹忆庚戌九月,分手春明门,惨惋不怿,杯酒哽咽,遂成车过腹痛之兆。"② 同书卷二《阿育王寺夜坐》注:"时忆中牟张林宗、阮氏阮太冲二社友。"

所谓"神庙戊子秋"即为万历十六年,王思任时年仅十五岁,参与顺天乡试,中榜者有太仓王衡,华亭董其昌等,都中称得士之盛。王思任深受鼓舞,立即与中牟张林宗,尉氏阮太冲缔结社盟。万历二十三年王思任成进士,时年刚满二十岁。"庚戌九月"即为万历三十八年九月,他在文中回忆结社之事,对社友深表怀念,同时感到那次结社在其人生道路上起过重要作用。

(4) 陶望龄与袁宏道等于万历二十六年(1598)京城崇国寺结蒲桃社

据袁中道《珂雪斋集》卷十七《石浦先生传》载:"戊戌,再入燕。先生官京师,仲兄亦改官,至予入太学,乃于城西蒲桃林结社论学。往来者为潘尚宝士藻、刘尚宝日升、黄太史辉、陶太史望龄、顾太史天峻、李太史腾芳、吴仪部用先、苏中舍惟霖诸公。"③ 同书卷二三《答陶石篑》载:"念愚兄弟数年以来,彼此慈爱,异常深重,如左右手不能相离。自入都门,两日不见,则忽忽若有所失;一时相聚,载欢载笑。中郎

---

① 《汪伯玉先生传》,见明龙膺《龙膺集》卷三,湖南人民出版社2008年版,第108页。
② 《续修四库全书》第1368册,上海古籍出版社2002年版,第241页。
③ 袁中道:《珂雪斋集》,钱伯城点校,上海古籍出版社1989年版,第709页。

仕进之念渐已灰冷，弟亦惟以去年了场屋事还山。"① 同书卷十八《中郎先生行状》载："戊戌，伯修以字趣先生入都，始复就选，得京兆校官。时伯修官春坊，中道入太学，复相聚论学，结社城西之崇国寺，名曰蒲桃社。"②《万历野获编》卷十"黄慎轩被逐"条载："黄慎轩（晖）以宫僚在京时，素心好道，与陶石篑辈结净社佛，一时高明士人多趋之，而侧目者亦渐众，尤为当涂所深嫉。壬寅之春，礼科给事张诚宇（问达）嵩疏劾李卓吾，……并暗攻黄慎轩及陶石篑诸君也。"③

（5）山阴张联芳于天启四年（1624）与谭元春等京城结长安古意社

据《谭元春集》卷二三《长安古意社序》载："予来京师，僦居城外寺。柏二株，鸾一只，送声递影，常若空虚。暇则如退院僧，不常接城中人，书亦罕至。自以为虽非学问所得，然躁心名根退去四五，往往有不负师友处。一日至城东，值同乡钱仲远、山阴张葆生、平湖马远之、武进恽道生、公安袁田祖、兴化李小友、阆中徐公穆，饮正畅。予久不见奇士，怦怦心动，徙倚难去。……庚申岁，予在西湖看西山红叶，葆生远之先后挈舟相寻，予适去，然犹蹑予叶上履迹，皆可径称古人。……于是乐甚。酒半酣，问年齿少长，忽下拜，兄己而弟人。是日觉有古意，令谭子授笔记其事。记成无所附，附以他文字，人若干首，刻焉，题为《长安古意社》。"④

（6）明季的"枫社""文昌社""云门十子社""萍社""雁社"

"枫社"创立时间未见记载。陈锦《越中观感录》云："明季王季重、李毅斋两先生创于萝纹坂。"参加者，据《祁忠敏公日记·山居拙录》载："（四月）初四日，汪照邻自云间过访，谐至山。少顷，王伯含、季采两舅及赵孟迁、僧可一，俱来赴予酌。午后方至，出枫社诗共阅，入暮始别。""四月十三日，同王照邻至山，候枫社诸友。午间，谢痦云、詹无咎、赵孟迁、孟子塞、张毅儒、张亦寓、张子威、李受之、王尔瞻、王伯含、季采二舅至，举酌于四负堂。散憩山上，复酌舟中，与游柯园、密园。酣饮至月上始去。""四月二十日，余与倪元璐于张岱家举枫社，演《红丝记》剧。"《山居拙录》系记于丁丑岁，即崇祯十年（1637）。由此可见，枫社活动是在崇祯中期，活动方式以集体游览山水名园，饮酒赋诗，自由抒发感情为主。

"文昌社"系由祁骏佳、祁凤佳、祁彪佳兄弟开创。祁彪佳自崇祯八年罢官家居至乙酉（1645）以身殉国（崇祯十六年复官赴任除外），前后共十年从未间断结社唱和活动。他们以每年阴历正月十二日为文昌社日，社友必集于文昌庙进行社祭，然后或游名山胜园，或举酌赋诗。如乙亥岁（1635）"正月十二日，德公兄举文昌社，予预焉"⑤，丙子岁（1636）"正月十二日举文昌社，作寓山卜筑七律，与社中友小酌"⑥。参加者除祁氏兄弟外，还有董天孙、蒋安然、王云岫、陈长耀、陈振孟、陈绳之、赵应侯等。

"云门十子社"：朱彝尊《静志居诗话》载曰："豸佳、董玚、王雨谦、陈洪绶、赵

---

① 《珂雪斋集》，第972页。
② 《珂雪斋集》，第758页。
③ 沈德符：《万历野获编》，中华书局1959年版，第270页。
④ 谭元春：《谭元春集》，上海古籍出版社1998年版，第877页。
⑤ 《祁忠敏公日记·弃录》，《祁彪佳日记》，浙江古籍出版社2017年版。
⑥ 《祁忠敏公日记·居林适笔》，《祁彪佳日记》。

甸、王作霖、鲁集、王霣、罗坤、张逊庵为云门十子。"云门十子社成立于明清易代之际，他们痛感明王朝覆灭，不愿与清政府合作，在清兵压境的严峻形势下，躲进山阴县平水乡云门寺。

崇祯四年（1631）祁彪佳、陈情表等结"萍社"。

崇祯四年初夏，祁彪佳、陈情表、郑季公等结"萍社"，时而在杭州西湖，时而在绍兴结社唱和，王思任《谑庵文饭小品》曾为此写了《萍社诗选引》曰："萍社者，鸟鸣之变者。……社中诸君子，皆东西南北之人，亦玄释墨兵之士。……"[1] 祁彪佳《远山堂诗集》五言古诗有《初夏社中诸子》《喜陈圣鉴入社各赋五言限社字》；七律有《薄寒切换，微雨新霁，偕社中诸子放舟鉴湖，探兰荡之胜，是为萍社之四集。时舟中酒瓮倾倒，亟呼酪奴解渴。于其归也，各赋近体一章。翁艾诗不成，罚依金谷例，无酒以水沃之，满腹而止》。另据《祁彪佳日记·栖北冗言》记载："正月初一日，与郑茂晔、陈谛、蒋倪、李模谒关公庙，分韵赋除夕、元旦二诗。又至李模寓所快饮，刻烛鸣磬联诗。"《远山堂诗始》题云：《元旦同李子木、郑季公、陈自营、蒋安然集吕祠，即席联句，命童子击磬为节，磬三击，句不成，浮大白，刻寸烛得三十韵》。

崇祯五年日记《栖北冗言》载曰："正月初二日，至李模寓，燃香击钵，与众以'临雪飞觞'为题联诗。诗见《远山堂诗始》，题为《泡影亭同李子木、郑季公、蒋安然、陈自营飞觞晤雪，各拈四韵，刻香成句》。初四日，祁彪佳接着与李模等人以'紫气访真人'为题联诗，诗见《远山堂诗始》，题曰：《元旦后三日同李子木、颜壮其、陈自营、蒋安然小集联句，赋得紫气访真人，是日有彩云之瑞》。"

崇祯九年《林居适笔》日记载："正月廿七日，与赵善征、陈谛、祁凤佳等拈牌作七律《喜晴》诗一首。三月初四日、携董玄陈谛及二子出游，登稽山书院，出绍兴城至六和庄净业山房及水印庵，薄晚至小隐山下，秉烛游观钱象坤家怡园。八月十一日，午后与陈谛坐远阁，各赋五古，祁彪佳作《秋日同陈自营坐月寓园远阁》诗。"

崇祯十一年《自鉴录》日记载："正月十七日得陈谛寓山诗。"陈谛为祁彪佳《寓山注》作寓山十六景诗。

从以上日记所载，"萍社"活动从崇祯四年至崇祯十一年前后延续七年，活动地点从杭州西湖至绍兴城区一带。

崇祯八年祁彪佳与王元寿等人结"雁社"。此年祁彪佳从苏淞巡按任上辞职归里后，先在杭州西湖上祁氏别墅偶居里养病期间，常邀请王元寿、张遂辰、顾圤等宴饮看戏，同结"雁社"，泛舟游乐，拈韵赋诗。《归南快录》日记记载云：五月十七日，祁彪佳晚赴席，与沈德符、汪汝谦、王元寿等观《双串记》。二十八日同王元寿观《黄孝子记》，优伶扮演生动，令人出涕。六月初九，邀王元寿、张遂辰观吴中携归之书籍。十九日，与堂兄豸佳邀王元寿、张遂辰、顾圤等聚湖舫，泊南屏山下，拈韵赋诗，作《湖中小集泊南屏山下》五古诗，张遂辰作《同王伯朋、顾山臣、祁幼文夜泛》五古诗。

崇祯十年（1637）七月二十五日，祁彪佳至杭州参加"雁社"活动，同社有王元

---

[1] 《续修四库全书》第1368册，第34页。

寿、顾圤、吴弘文、张遂辰、柳人会、蒋倪等。众人从芙蓉园登舟。泊舟什锦塘，移至陆宣公祠，登孤山之南快雪堂，共游湖心，拈题作七律《丁丑秋月社集湖舫得三字》。二十六日，祁彪佳又与雁社诸友王元寿、顾圤、汤淡友、张遂辰泊舟南屏山下，登白苏阁，众人共评昨日所作社集诗。祁彪佳拈题作五古《秋晚堤畔移舟得九字》未成，集会毕，归祁氏偶居里小酌，祁彪佳约请众友往游山阴寓山。同年，祁彪佳寓园新建将成，广泛搜求士绅吟咏寓山诗词，裒集为《寓山注》及《寓山十六景诗余》。九月二十九日，致函王元寿，索其所作《寓山题咏》。国图收藏的《寓山注》收入了王元寿的《抱瓮小憩》五绝一首。

（7）清初孙如洵、徐咸清、徐承清的"蓬莱社""越三子社"

陈锦《越中观感录》云"吾越自明季王季重、李毅斋先生开枫社于萝纹坂，国初'蓬莱社续之'"。蓬莱社之名原出于元稹《以州宅夸于白乐天》"我是玉皇香案吏，谪居犹得小蓬莱"的诗句，五代时吴越王钱镠在府山兴建了"蓬莱阁"，明末清初"蓬莱阁"早已变成丘墟。蓬莱社主要由孙如洵、徐咸清创建。

"越三子"系指徐伯调、毛大可、何之杰，他们年轻时互相唱和，并将唱和诗作合刻成集，名为《三子集》。

（8）清顺治十二年（1655）的名媛社

据清王端淑《名媛诗纬初编》卷九，王端淑《乙未上元，吴夫人紫霞招同王玉隐、玉映、赵东玮、陶固生诸社姊集浮翠轩，迟祁修嫣、张婉仙不至，拈得元字》诗题[1]所载："乙未"为清顺治十二年（1655），"上元"为正月十五日，"社"即"名媛社"，"浮翠轩"为山阴州山吴国辅园林所在地。召集人胡紫霞，号浮翠主人，山阴人。丈夫为山阴州山吴国辅（1615—1668），字治城，号期生，邑庠生，为明万历间兵部尚书吴兑之曾孙。天启七年（1627）广东武解元，崇祯三年（1630）覃恩授锦衣卫镇抚，升正千户掌印，指挥佥事加三级，崇祯七年为定南抚民监军都督同知，荐加太子太保左都督。清初隐居州山。胡紫霞为其继配，有子理桢，女祥桢，曾拜王端淑为师，长大后嫁于翰林沈振嗣为妻。胡紫霞善诗，博雅爱才，著有《浮翠轩集》，篇什甚多，轻不示人，惜未传世。

"名媛社"成立早于清顺治十二年，至十六年（1659）仍有活动。从王端淑于顺治十七年迁居武林吴山看，该社活动至此也就停止了。

（9）从康熙五年（1666）的"五云初社"到康熙二十年间的"端州词社"

据金烺《念奴娇·送姜克由之江右省觐，兼呈尊公绮季先生》词云："骊歌初唱，问征人、何事片帆高挂。为尊椿庭虚岁月，翘首白云亲舍。满目湖山，凄人云树，一任樯乌下。欣看瀑布，匡卢天半如泻。君当遍地干戈，烽烟未歇，海上楼船驾。破浪乘风须乘早，莫小英雄声价。拂袖功成，放怀诗酒，剪烛西窗话。休教辜负，草堂诸友词社。自注'昔方举五云初社'。"[2]

金烺此词写于康熙二十四年（1685）加入吴兴祚幕府之后。姜克由，名克猷，生

---

[1] 清康熙清音堂刻本，哈佛燕京图书馆藏。
[2] 《全清词》第14册，中华书局2002年版，第8060页。

平未详，其父姜廷干（1644—1722），一名廷翰，字绮季，山阴人。明崇祯礼部尚书姜逢元之子，行九，称姜九，入清不仕，以文章书画受知于一时，风流倜傥，善画山水，尤精写生花鸟，也能诗文。周亮工借龚半千题其所临《崔白花卉》云："绮季名家子，所藏佳迹甚富，如崔白、艾富、丁觊之流，皆极力摹写，非今人随意所到，不事章程也。"其侄姜垚（1638—1698），字汝皋，号苍崖，其时也在吴兴祚幕府，吴兴祚《留村诗钞》有《送姜苍崖归越》诗。

"五云初社"词社活动时间与"龙山观文堂社"活动时间相同，大约都在康熙五年至八年的四年中，参加人员大多相同。"端州词社"是吴兴祚在两广总督期间，其幕府人员组织的词社，其活动时间在康熙二十三年至二十八年前后。吴兴祚是位儒将，公余或节日常设宴聚集幕下文士赋诗、吟词、演剧唱和，万树擅长诗词和戏曲创作，幕中文士有的是吴兴祚的亲属，有的是乡友，得吴兴祚支持，遂与幕中其他幕僚结词社相与唱和。

（10）还有人们比较熟悉的康熙雍正年间的"龙山诗巢二十子"，乾隆年间的"西园吟社""越中七子"，嘉庆、道光年间的"泊鸥吟社"。

（三）文社：这是以谋求科举功名为主要目的，他们以揣摩时文、精研八股文为主，学习内容以探讨程朱理学的四书、五经为研习对象，参与人员主要是未有功名的读书人。如：

（1）会稽徐介眉崇祯元年（1628）于京师结"因社"，又于崇祯三年结"广因社"

据艾南英《天佣子集》卷十三《国门广因社序》载："戊辰春，会稽徐介眉、蕲州顾重光、宜兴吴圣邻，纠合四方之士聚辇下者，订定因社。是年社中得曹允大为礼部第一人，……'因'字说，始于《论语》，而释者诂之为'依'，谓如吾夫子与司城贞子蘧伯玉、颜雠由之类是也。"又据同序"庚午、辛未之试，旧社皆集，乃复寻盟而增之为广因，于是中礼部试者六人，而予罢归，过济上，则圣邻行馆寓焉。圣邻方褒集社稿，以纪盛事，而属序于予"①。

（2）明天启至崇祯初年、清顺治年间的"旧雨堂文会"

明末文社盛行，崇祯二年复社成立，其后分别在尹山、金陵、虎丘举行了三次集会，聚会者达数千人。越中文人如刘宗周、倪元璐、祁彪佳、孟称舜、黄宗羲等，与复社、几社皆有密切的关系。刘宗周本人就是魏珰颁示的东林党人榜中的成员，倪元璐、祁彪佳也被视为东林党人，黄宗羲则更是以东林后裔勉励自己。崇祯三年，黄宗羲由金坛周镳引荐，参与张溥倡导的复社大会，后又参与复社声讨阉党余孽阮大铖的政治斗争。崇祯十一年，复社在陈贞慧、周镳主持下，由吴应箕起草，顾杲、黄宗羲等列名于首，发布著名的《留都防乱揭》，声讨阮大铖，表现了复社文士为国除奸、不惜以身贾祸的浩然正气。

据乾隆《绍兴府志》卷五十四《人物志·文苑》"周懋谷"条载："周懋谷常集越中名流为旧雨堂文会，互相砥砺。其后松陵创复社，亦推懋谷为越士冠。"

又据乾隆《绍兴府志》同卷"骆复旦"条记载："当顺治初年好为文社，每会集八

---

① 艾南英：《天佣子集》卷十三，《四库禁毁丛书》第72册，北京出版社1997年版，第370页。

邑豪士百余人，钟鼓丝竹，觞咏盘桓。复旦必为领袖，尝率越人赴十郡大社，连舟数百艘，集嘉兴之南湖。太仓吴伟业、长洲宋德宜等数十人争于稠人中觅复旦，既得环而观之，皆叹息。"顾师轼《吴梅村年谱》卷二引毛奇龄《骆明府倪孺人合葬墓志铭》云："骆姓讳复旦（1622—1685），字叔夜，山阴人。……尝同会稽姜承烈、徐允定、萧山毛甡赴十郡大社，连舟数百艘，集于嘉兴南湖。太仓吴伟业，长洲宋德宜实颖，吴县沈世奕、彭珑、尤侗，华亭徐孚远，吴江计东，宜兴黄永、邹祗谟，无锡顾宸，昆山徐乾学，嘉兴朱茂曙、彝尊，嘉善曹尔堪，德清章金牧、金范，杭州陆圻，争于稠人中觅叔夜，既得叔夜，则环而拜之，越三日乃歃血定交去。"①此次十郡大会集会时间，据杜登春《社事始末》记载，是在顺治六年（1649）之冬。当时几社名士宋德宜、彭珑、尤侗等联合吴郡松江两郡人士推而广之，共举十郡大社，或又名作七郡大社或九郡大社。

（3）崇祯中后期的"因社"

据《绍兴县志资料》第一辑第24册《周懋宗小传》所载："周懋宗，字因仲，监生，与兄载庵懋谷、弟默庵懋宜并擅才名，人称'周氏三凤'，结因社，与祁熊佳、来集之、王自超、陶履卓、王观瀛、余增远、鲁桌皆先后成进士，而懋宗不得志，以酒人自放，兼游戏词曲"云云。可见"因社"成员不仅有"周氏三凤"，还有祁熊佳、来集之等"先后成进士者"。

（4）康熙五年（1666）龙山观文堂社

据金烺《龙山会·寄观文同里诸子》词前小序记载："忆丙午岁（即康熙五年），予与诸子有龙山观文堂之订，同学数十人，皆英英，时彦也。论文讲义，饮酒赋诗，风雨晦明不彻，迄今二十年来，同人联翩获隽者，不可枚举，独予与二三知己，犹然偃蹇篷窗。今者（指康熙二十四年）同子贞作岭南之游，入开府署中，晤雪舫。偶于蛮烟瘴雨之乡，谈及越水稽山之胜，不觉倍增浩叹，为赋此阕，以抒鄙怀，以寄韦若、式甫、载问、季来、梦九、珥公、长威、介昱、克由诸子"云云。金烺《念奴娇·送姜克由之江右省觐，兼呈尊公绮季先生》词中云："休教孤负草堂诸友词社。自注：昔方举五云初社。"②可见，在结"观文堂文社"之同时，又结"五云初社"的词社。参与人员皆与"观文堂文社"同。

观文堂，据金烺《飞雪满群山》词前小序："同友人龙山观文堂看雪，旧为张阳和书院。"可见观文堂即在龙山山麓张阳和（即张元忭）书院旧址，同结文社者有"数十人"之多，"五云初社"之词社也在此同时，参加人员大致相同。

龙山观文堂社和五云初社词社活动时间同为康熙五年至八年的几年里，由于相继有人出仕或作幕，文社和词社相继停滞。也由于文社、词社相互切磋，论文讲义，使他们都得到了提高和磨砺。

（四）讲学会社：这是一种以研习儒家经典，修身齐家为宗旨，学习内容、举会时间及纪律都有明确的规定，他们也参与科举考试，与文社有相通之处，区别在于更加重视修身齐家，在行为上有较严格的要求。

---

① 《四库全书》第1321册《西河集》，上海古籍出版社1986年版，第110页。
② 《全清词》第14册，第8060页。

(1) 王阳明等结龙泉、浮峰诗社

据《王阳明全集·年谱》:"(弘治)五年壬子,先生二十一岁,在越。……及丙辰会试,果为忌者所抑。……归余姚,结诗社龙泉山寺。致仕方伯魏瀚平时以雄才自放,与先生登龙山对弈联诗,有佳句辄为先生得之,乃谢曰:'老夫当退数舍。'"①

明正德七年(1512)十二月,王阳明升任南京太仆寺少卿,随后便道归省,次年十二月至越,九年十月以督马政至安徽滁州赴任,在家乡生活约有八月之久,与多人于山阴县牛头山结社,后王阳明将其改名为浮峰山,称为"浮峰诗社"。

(2) 周汝登、陶望龄于万历二十七年(1599)秋与同郡数十人缔结"证修社"讲学

据周汝登《东越证学录》卷四《越中会语》载:"己亥季秋,先生同石篑陶公及郡友数十人,共祭告阳明之祠,定为月会之期。"② 同书卷六《证修会录序》载:"余与石篑陶子,以个事相质,扁舟往来娥江、剡水间。而因诸公造请入为镜波洗心之会,盘桓良久,更书此以弁会录之首。益将与诸君共证共修,而且以质诸陶子,其当有以进我云。"③ 又据《陶文简公集》卷十《证修社会跋语》载:"耳所中目览之谓证,手持足运之谓修;耳目不以不证而不明,手足不以不修而不利。然非修而证,则未亏听览而有聋瞽之虞,非证而修,则未废持行而抱痿痹之病。然则证者,证无证;修者,修无修。未尝克证而言无证,未契真修而言无修者狂与惑也。越,二子之乡也。自龙溪殁,而讲会废。钱君、刘君与同志若干人始缔为社,名曰证修,而谒海门子主之,以仆之辱交于海门也,令书一语于册后。"④ 据上可知,"证修社"是一个传播阳明心学的讲学性组织,社长是周汝登,参与人员有陶望龄及钱刘等同郡中的年轻读书人数十之多,每月一聚,由陶望龄写的《证修社会跋语》其实就是他们的社约。

(3) 崇祯初年刘宗周的"证人社"

全祖望《鲒埼亭集》卷十一《黎洲先生神道碑文》中说:"越中承海门周氏(周汝登)之绪余,援儒入释,石梁陶氏奭龄为魁斗,传其学者沈国模、管宗圣等翕然从之……"为此,崇祯四年刘宗周自上年从京兆守位上奉旨回籍赋闲家居,为讲学明道,整肃人心,遂邀请陶奭龄会同讲学,希望通过辨证,清理以禅诠儒的学风,使学者明"天理",以致良知,陶奭龄欣然应从。遂于三月三日集缙绅二百余人,于绍城陶文简公祠(即石篑书院)及阳明祠讲学,刘宗周首创社名"证人社",并作《证人社约》。

(五) 在职官员研习进修的会社:明清时期,受结社风气影响,有的官员凭借自己的兴趣,或者工作中的需要而研习进修所组织的会社,这种会社并不多见,但也不是杜撰,"读史社"便是其中一例。

张汝霖于万历四十二年(1614)至四十五年(1617)在南京结"读史社"。据张岱《琅嬛文集》卷四《家传》载:"祖讳汝霖,号雨若。……甲寅,当事者以南刑部起大父,与贞父先生复同官白下。拉同志十余人为读史社,文章意起,名动一时。"又据陈

---

① 《王阳明全集》卷三,上海古籍出版社2011年版,第1223—1224页。
② 周汝登:《周汝登集》,张梦新、张卫中点校,浙江古籍出版社2015年版,第38页。
③ 《周汝登集》,第165页。
④ 《陶望龄全集》中册,李会富编校,上海古籍出版社2014年版,第822页。

继儒于崇祯五年为张岱《古今义烈传》作序："昔张肃之与黄寓庵、罗玄夫、张梦泽、王弱生诸公读史于白门，余及见其评诸史，议果而确，识敏而老，余手钞其副本归，奉为定论。"① 黄寓庵即黄汝亨，字贞父，号寓庵，仁和人（今杭州）；王弱生即王淑士，昆山人；罗玄夫，钱塘人；张梦泽，晋陵人（今江苏常州）。读史社通过评论古人而指摘时政，用世之意非常明显，他们都有史论性质的著述。

（六）消闲性质的文艺娱乐、饮食会社：参加此类会社的人员大多为失意的官员或阔少，他们经受官场挫折，或者是科举的失意，从消闲享乐出发，寻求安慰，却又有艺术追求的志趣。

（1）张汝霖于天启三年（1623）"与武林包涵所、贞父黄先生为饮食社，讲求正味，著《饔史》四卷"。②

（2）张岱于万历四十四年（1616）至四十六年（1618）绍兴结"丝社"

据《陶庵梦忆》卷三《丝社》载："越中琴客不满五六人，经年不事操缦，琴安得佳？余结丝社，月必三会之。"并订有《丝社小启》："中郎音癖，《清溪弄》三载乃成；贺令神交，《广陵散》千年不绝。器由神以合道，人易学而难精。幸生岩壑之乡，共志丝桐之雅。清泉磐石，援琴歌《水仙》之操，便足移情；涧响松风，三者皆自然之声，政须类聚。偕我同志，爰立琴盟，约有常期，宁虚芳日。杂丝和竹，因以鼓吹清音；动操鸣弦，自令众山皆响。非关匣里，不在指头，东坡老方是解人；但识琴中，无劳弦上，元亮辈正堪佳侣。既调商角，翻信肉不如丝；谐畅风神，雅羡心生于手。从容秘玩，莫令解秽于花奴；抑按盘桓，敢谓倦生于古乐。共联同调之友声，用振丝坛之盛举。"③ 又据《陶庵梦忆》卷二《绍兴琴派》载："丙辰学琴于王侣鹅，绍兴存王明泉派者推侣鹅，学则《渔樵问答》《列子御风》《水龙吟》《捣衣环佩声》等曲。戊午学琴于王本吾，半年得二十余曲：《雁落平沙》《山居吟》《静观吟》《清夜坐钟》《乌夜啼》《汉宫秋》《高山流水》《梅花弄》《淳化引》《沧江夜雨》《庄周梦》，又《胡笳十八拍》《普庵咒》等小曲十余种。……同学者范与兰、尹尔韬、何紫翔、王士美、燕客、平子。与兰、士美、燕客、平子俱不成，紫翔得本吾之八九而微嫩，尔韬得本吾之八九而微迁。余曾与本吾、紫翔、尔韬取琴四张弹之，如出一手，听者骇服。"④ 据上可知，张岱与有关琴友于"丙辰"即万历四十四年至"戊午"即万历四十六年结盟成立"丝社"，每月聚集三次，一起学习琴曲。

（3）天启元年（1621）张岱与其叔张葆生、秦一生结"斗鸡社"

《陶庵梦忆》卷三《斗鸡社》载："天启壬戌间好斗鸡，设斗鸡社于龙山下，仿王勃《斗鸡檄》檄同社。仲叔、秦一生，日携古董、书画、文锦、川扇等物与余博，余鸡屡胜之。……"《琅嬛文集》卷三有《斗鸡檄》文。

（4）张岱与友人兄弟辈结"蟹会"

据《陶庵梦忆》卷八《蟹会》载："食品不加盐醋而五味全者，为蚶、为河蟹。河

---

① 《张岱诗文集》，夏咸淳校点，上海古籍出版社1991年版，第440页。
② 《琅嬛文集》卷一《老饕集序》，《张岱诗文集》，第106页。
③ 《琅嬛文集》卷二《丝社小启》《张岱诗文集》，第187页。
④ 《陶庵梦忆》，西湖书社1982年版，第18页。

蟹至十月与稻粱俱肥，壳如盘大，而紫螯巨如拳，小脚肉出，油油如蝤蛑，掀起壳，膏腻堆积，如玉脂珀屑，团结不散，甘腴虽八珍不及。一到十月，余与友人兄弟辈立蟹会，期于午后至，煮蟹食之，人六只，恐冷腥，迭番煮之。从以肥腊鸭，牛乳酪。醉蚶如琥珀，以鸭汁煮白菜如玉版。果蓏以谢橘，以风栗，以风菱。饮以玉壶冰，蔬以兵坑笋，饭以新余杭白，漱以兰雪茶。由今思之，真如天厨仙供，酒醉饭饱，惭愧惭愧。"据此段文字记载推测，结"蟹会"当在天启与崇祯初年，张家家境富裕之时，参与者为友人兄弟辈，因其未列出，故不揣测。

（5）张岱于崇祯七年（1634）创"蕺山亭"歌咏大会

据《陶庵梦忆》卷七《闰中秋》载："崇祯七年闰中秋，仿虎丘故事，会各友于蕺山亭。每友携斗酒、五簋、十蔬果，红毡一床，席地鳞次坐。缘山七十余床，衰童塌妓，无席无之。在席七百余人，能歌者百余人，同声唱'澄湖万顷'：声如潮涌，山为雷动。……命小傒岕竹、楚烟，于山，亭演剧十余出，妙入情理，拥观者千余人。无蚊虻声，四鼓方散。"这是一场规模盛大的以同声合唱《澄湖万顷》歌曲的歌咏大会。能唱者达百余人，助兴者约六百人，观众千余人。形式是坐在蕺山的山坡上，以红毡为席，自带果蔬酒肴，唱累了可以喝酒吃点心充饥解渴，还有大米饭饱肚子。除了合唱外，还有演剧活动。凭借着中秋的皎洁明亮的月光作为照明，以整座蕺山为背景的大型合唱会。

（七）秘密的政治会社：这是一种以结社为幌子，实际上是联络反清志士，暗中传递信息，支持反清武装活动。如：

魏耕在绍兴的秘密结社。魏耕（1614—1662），初名时珩，继名璧，字楚白，号雪窦。明亡后改名耕，又名甦，字白衣，号雪窦山人，浙江慈溪人。从魏耕《雪翁诗集》中的诗题来看，《甲午冬客山阴二十余日，不得到云门，醉中呈诸公》《丙申夏以事至山阴，客祁生班孙宅，其伯季超昆耶居士后身也他日邀余游密园宴饮，因为醉歌》。甲午，当指顺治十一年（1654），丙申，即指顺治十三年。与此对应的还有秀水朱彝尊写于顺治十七年的《梅市逢魏璧》诗。可见，魏耕从顺治十一年至顺治十八年被捕，前后八年时间，以山阴祁氏寓园为据点，以结社为幌子，暗中扩展力量，传递信息，联络抗清志士，从事反清复明活动。参与当时祁氏寓园复明反清活动的绍兴籍人士有40余人之多，主要分布在山阴、萧山、会稽、上虞四县，参加人员极大多数是故明官宦之弟，巨家大族，其中重要人士如山阴祁理孙、祁班孙兄弟，朱士稚、张宗观，白洋朱兆宪，州山吴邦玮等。顺治十八年，由于友人告密，为清廷逮捕，魏耕、钱缵曾抗词不屈，于杭州菜市口英勇就义，祁班孙遣戍宁古塔，后人称为"通海案"。

上述文人社团参与的对象及活动地点以绍兴为主，也包含湖州、杭州和江苏的其他地区。他们结社的类型既有与一般文人社团相同的耆老会社、诗社、文社和讲学会社，体现了传统文人对文学和科举功名的追求，也有与一般文人社团相异的在职进修的会社、消闲娱乐会社和秘密的政治会社，表现了吴越地区文人对社会人生的思考、政治的批判和历史的担当精神。

（作者：佘德余，绍兴文理学院人文学院教授）

雍正《宁波府志》研究

沈松平　李晶晶

【摘要】　雍正《宁波府志》是封建时代宁波地区最后一部完整的府志，历来被视为千古名志。又因为是浙东学派的著名学者万经主纂，志书体现了浙东学派的学术风格，是我们今天研究浙东学派修志思想的重要窗口，具有典型的学术史意义。本文旨在全面研究雍正《宁波府志》的体例内容、编纂特点、史料价值，并由此凸显浙东学派的修志风格。

【关键词】　雍正《宁波府志》　编纂特点　史料价值

宁波地方志的编纂源远流长，素为学术界和方志界推崇，有"方志之乡"的美誉。据洪焕椿的《浙江方志考》称，宁波旧有府志类志书18种，分别为唐《四明图志》、北宋大中祥符《明州图经》、北宋大观《明州图经》、南宋乾道《四明图经》、南宋宝庆《四明志》、南宋开庆《四明续志》、元延祐《四明志》、元至正《四明续志》、明洪武《明州府志》、明永乐《宁波府志》、明成化《宁波府简要志》、明成化《四明郡志》、明嘉靖《四明志征》、明嘉靖《宁波府志》、清康熙《宁波府志》（两部）、清雍正《宁波府志》、清乾隆《四明志补》。但其中8部已无传本，包括康熙十二年（1673）由宁波知府邱业修，浙东学派杰出代表万斯选、万斯同、赵时赟同纂的康熙《宁波府志》。仅留下张津的乾道《四明图经》，方万里、罗濬的宝庆《四明志》，梅应发、刘锡的开庆《四明续志》，袁桷、王厚孙的延祐《四明志》，王厚孙的至正《四明续志》，黄润玉、黄溥的明成化《宁波府简要志》，杨寔的明成化《四明郡志》，张时彻等的明嘉靖《宁波府志》，以及李廷机修，左臣黄、姚宗京纂的清康熙《宁波府志》（修于清康熙二十二年，即1683年），曹秉仁修、万经等纂的雍正《宁波府志》10部府志存世。而目前对存世宁波府志的研究，主要又集中于对宋元四明六志（乾道《四明图经》、宝庆《四明志》、开庆《四明续志》、延祐《四明志》、至正《四明续志》、大德《昌国州图志》）的研究[①]，对明清宁波府志少有研究。目前对雍正《宁波府志》的研究仅有张

---

① 对宋元四明六志的研究，主要成果有王悦的《徐时栋与〈宋元四明六志〉研究》（转下页）

沁的《浅析雍正〈宁波府志〉的文献学价值》一文，且该文也仅仅是梳理了雍正《宁波府志》对宁波本地文人创作及各方来客在宁波期间从事文学活动的记录，并未对该志进行全面而整体的研究①。本文拟从雍正《宁波府志》的体例内容、编纂特点、史料价值等方面对该志作全面研究，以弥补浙江方志史、宁波方志史研究中的这一空白。

一 雍正《宁波府志》的修纂过程和体例内容

　　雍正《宁波府志》始修于清雍正八年（1730）。雍正六年冬，因康熙十一年（1672）始修的一统志经久未成，雍正皇帝严令各省督抚"将本省通志重加修辑，务期考据详明，采摭精当，既无阙略，亦无冒滥，以成完善之书。如一年未能竣事，或宽至二三年内，纂成具奏。如所纂之书，果能精详公当，而又速成，著将督抚等官，俱交部议叙。倘时日既延，而所纂之书又草率滥略，亦即从重处分。至于书中各项分类条目，仍照例排纂，其本朝人物一项，著明所请，将各省所有名宦、乡贤、孝子、节妇一应事实，即详查确核，先行汇送一统志馆，以便增辑成书"②。雍正七年，又定各州县志书每六十年一修之例。时陕西富平人曹秉仁于雍正七年六月由北直隶顺德府知府调任宁波府知府，其时距离张时彻等纂的明嘉靖《宁波府志》刊行已有170余年历史，其间虽有邱业修，万斯选、万斯同、赵时赟纂的康熙《宁波府志》，以及李廷机修，左臣黄、姚宗京纂的康熙《宁波府志》，但因各种原因，均未能刊刻。在曹秉仁调任宁波知府的第二年即开局修志，聘请浙东学派巨擘、家学深厚的著名经史学家万经主纂该志，另有仁和县柴世堂、钱塘县汪坤等文人学士辅佐，据传以万斯选、万斯同、赵时赟康熙年间所纂《宁波府志》为底本采择编辑，于雍正九年完成，雍正十一年刊行。该志的现有版本，有清雍正十一年（1733）刊本、清乾隆六年（1741）补刻本、清道光二十六年（1846）慈溪沈氏介祉堂重刊本和清同治六年（1867）补刻本。台北《中国方志丛书》据清乾隆补刻本影印，而《中国地方志集成·浙江府县志辑》中的雍正《宁波府志》则是由道光二十六年刻本影印。

　　万经（1659—1741），字授一，号九沙，被称为九沙先生，自号小跛翁，鄞县人，是浙东学派第二代传人万斯大之子。其父万斯大、大伯万斯年、五伯万斯选、八叔万斯同皆为浙东学派巨子。万经早年随父亲及伯叔师承黄宗羲学习，传承了其父万斯大和其

（接上页）（2017年浙江大学中国古代史专业硕士学位论文），张唯的《宋元"四明六志"述略》（《沧桑》2011年第6期），沈松平的《方志发展史》（浙江大学出版社2013年版），宋羽的《〈延祐四明志〉的编纂、版本与学术价值刍议》（《图书馆工作与研究》2018年第6期），倪凌焉、韩伟表的《宋元时期舟山社会发展的繁荣及原因探析——以"宋元四明六志"相关记载为基础》[《浙江海洋大学学报》（人文科学版）2021年第5期]，李小红的《从〈四明六志〉看宋代明州海交及其管理》（《浙江方志》2001年第5期），许序雅、庄圆的《从宋元四明六志看宋代明州的佛教》（《佛学研究》2005年总第14期）等。

① 张沁：《浅析雍正〈宁波府志〉的文献学价值》，《青年文学家》2017年第20期。
② 《世宗宪皇帝实录》卷七十五"雍正六年十一月二十八日"，《清实录》第7册，中华书局1985年版，第1122页。

叔万斯同的经史学术，经史造诣很高。又曾向应抚谦、阎若璩等学者请教学术，尤其擅长前朝经史。康熙三十六年（1697），万经公车入京，时其八叔万斯同应诏在京续修《明史》，万经住在万斯同私邸，日夜承万斯同的教诲，深受其八叔的学术影响。康熙四十二年考中进士，被选为翰林院庶吉士，散馆后授编修。康熙五十年，著名桐城派古文家方苞因戴名世《南山集》案被牵连下狱，万经毅然为其申冤辩述，最终令方苞得以开释。之后历官山西乡试副主考、贵州学政，参与《康熙字典》等大型官修著作的编写，又奉命修筑通州城，罄产以应，家无剩遗，遂以卖字维持生计，后罢归定居杭州。雍正八年（1730）纂修《宁波府志》，次年修成，十一年刊刻。万经博通经史和金石书法，曾续补其父万斯大所撰的《礼记集解》《春秋三传明义》，又重修其叔万斯同的《历代史表》，续纂其堂兄万言（万斯年子）的《尚书说》《明史举要》，以成万氏史学、经学。乾隆五年（1740），因杭州家宅遭大火，先世遗书尽焚，所藏秘本俱烬，自愧负罪先人。逾年卒，年83岁。

雍正《宁波府志》为平列体志书，这是旧志最常见的体例之一，即志书内容划为若干类平行排列，各类目之间互相独立，无所统属。全志共分为36卷，卷首为御制和宸翰，卷一舆图，卷二建置，卷三星野，卷四疆域，卷五形胜，卷六风俗（附岁时节物），卷七山川，卷八城隍（附乡里村市），卷九学校（附书院），卷十坛庙，卷十一公署（附邮舍），卷十二户赋，卷十三盐政（附物产），卷十四河渠，卷十五兵制（附海防），卷十六秩官，卷十七选举，卷十八名宦，卷十九名臣，卷二十鄞县人物，卷二十一慈溪人物，卷二十二奉镇象定人物，卷二十三忠节，卷二十四孝义，卷二十五儒林，卷二十六文苑，卷二十七特行，卷二十八隐逸，卷二十九列女，卷三十流寓，卷三十一艺术，卷三十二仙释，卷三十三寺观，卷三十四古迹（附坊表冢墓），卷三十五艺文，卷三十六逸事（附祥异）。

二 雍正《宁波府志》的编纂特点

厚今薄古，重视当代文献和实地采访，是雍正《宁波府志》的首要编纂特色。雍正《宁波府志》是一部通志，下限至雍正九年（1731），有大概十分之二的内容是新增补入的，材料来自当时流传的文献、谱牒及实地采访，"余遂与观察、太守二公酌定纲目，发凡起例，以授诸生，采诸张志者约十之五，采诸邱、李二志者约十之三，其续增者皆符下诸邑，周询其地之父老而后登载"[1]，相较于乾嘉学者的博古而不通今，脱离当代社会实际，由浙东学派学者主纂的雍正志在内容记述上秉承了厚今薄古、详近略远的编修特点。以人物为例，雍正《宁波府志》中"鄞县人物"共218人，其中清朝25人，占了11.5%；"慈溪人物"共127人，清朝9人，占了7.1%；"奉镇象定人物"共86人，清朝10人，占了11.6%；"名臣"共51人，清朝4人，占了7.8%；"忠节"

---

[1] （清）曹秉仁修，万经等纂：雍正《宁波府志》，万经序，宁波市地方志编纂委员会整理：《清代宁波府志》（五），宁波出版社2014年版，第3484页。

共68人，清朝4人，占了5.9%；"孝义"共142人，清朝30人，占了21.1%；"儒林"共34人，清朝4人，占了11.8%；"文苑"共119人，清朝19人，占了16%；"特行"共56人，清朝7人，占了12.5%；"隐逸"共70人，清朝6人，占了8.6%；"艺术"共55人，清朝7人，占了12.7%；"仙释"共60人，清朝5人，占了8.3%。其中，"鄞县人物""奉镇象定人物""孝义""儒林""文苑""特行""艺术"，清代人物占比都超过了十分之一，是志书厚今薄古的具体表征。不仅如此，为了编好列女传，万经等还不辞辛苦进行实地采访，访问现存的节妇烈女，搜寻妇女"贞节"的材料，补入了许多未及表彰的在世节妇，"孝子、节妇应载已旌，但匹夫匹妇身任纲常，以无力阐扬遂致湮没，殊可矜悯，今自已旌外兼录未旌，其百年人瑞亦得附见"[1]。

其次，雍正《宁波府志》鲜明地体现了浙东学派的治学风格，即贵专门之学（史学），取撰著体风格，兼取诸家之长，无门户之见的特点。清代的学术文化，最突出的有两个中心：一为脱离现实的朴学系统，另一为结合现实的史学系统。这个结合现实的史学系统就是以黄宗羲、万氏兄弟、全祖望、章学诚为首的浙东学派。相对于当时风靡全国的乾嘉学派（即朴学）的治学风格，即论必有据，据必可信，无一事无出处，无一字无来历，长于考据，浙东学派贵专门之学，贵于创造发明，而不是单纯地只是为前人的著述注释考订，尤重在史学的创发，诚如章学诚所说"吾于史学，贵其著述成家，不取方圆求备，有同类纂"[2]，所以浙东学派的学者治学时虽都掌握了大量的历史文献资料，但却不是为掌握史料而掌握史料，而是既有史实又有议论的。章学诚曾把考证学风比喻为"桑蚕食叶而不能抽丝"，称"近日学者风气，征实太多，发挥太少，有如桑蚕食叶而不能抽丝。故近日颇劝同志诸君多作古文辞，而古文辞必由纪传史学进步，方能有得"。[3] 雍正《宁波府志》因是由浙东学派的著名学者万经领衔主纂，所以明显地呈现出撰著体的风格特征。以人物传中的"史浩"为例，雍正《宁波府志》卷二十《鄞县人物》中"史浩"的传记（见图1），全篇无考订纠错，也无一处出处，也不是摘自《宋史》等正史或前志，而是由雍正志的编修者撰写而得，是为典型的撰著体风格。而由考据学派（朴学）学者纂修的乾隆《鄞县志》、同治《鄞县志》中"史浩"的传记（见图2、图3），则不仅考订严密，且注有出处，甚至通篇都是双行小字的考订或注释，呈现出鲜明的纂辑体风格。雍正志与乾隆《鄞县志》、同治《鄞县志》相比，其纂修风格上撰著体与纂辑体的区别显而易见，充分体现了浙东学派学者鲜明的治学风格。浙东学派兼取诸家之长，无门户之见的特点也在雍正《宁波府志》中得到体现。浙东学派的特征之一是在学术上明确主张坚守所学，但又兼取朱陆之所长，兼蓄汉宋之精华，反对门户之见，故雍正《宁波府志》相较于李廷机所修的康熙《宁波府志》，在人物类传上以"儒林"代替了康熙志中的"理学"，"《理学》之名，起于后代，今从《史》《汉》，改称《儒林》，其人或源流不一，总以发明圣学为主，无取分门别户"[4]。

---

[1] （清）曹秉仁修，万经等纂：雍正《宁波府志》，凡例，第3542页。
[2] （清）章学诚：《家书三》，《章学诚遗书》，文物出版社1985年版，第92页。
[3] （清）章学诚：《与汪龙庄书》，《章学诚遗书》，文物出版社1985年版，第82页。
[4] （清）曹秉仁修，万经等纂：雍正《宁波府志》，凡例，第3541页。

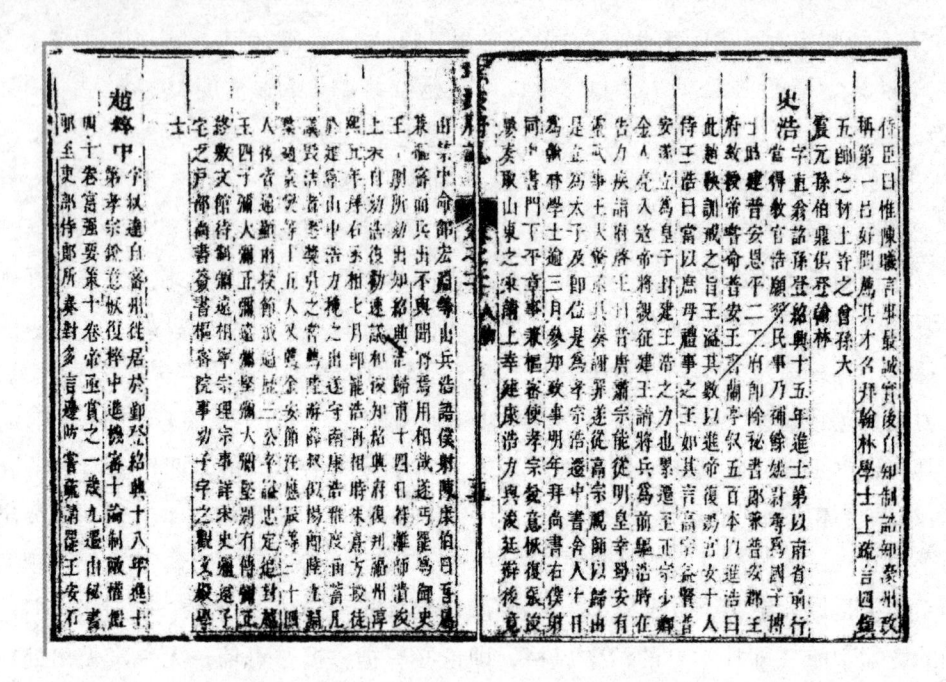

图1 雍正《宁波府志》卷二十《鄞县人物》中的"史浩"

图2 乾隆《鄞县志》卷十二《人物一》中的"史浩"

人物分类标准不统一，人物记载采取暗贬手法，也是雍正《宁波府志》的编纂特点之一。雍正《宁波府志》中的人物类传有名宦、名臣、鄞县人物、慈溪人物、奉镇象定人物、忠节、孝义、儒林、文苑、特行、隐逸、列女、流寓、艺术、仙释。在人物传中同时设置"列传"（即各县人物）和"名臣"，这在旧志中十分罕见。一般旧志或是有"列传"而无"名臣"，如李廷机修康熙《宁波府志》；或是有"名臣"而无"列传"，如明嘉靖《宁波府志》。雍正《宁波府志》同时设置"名臣"和"列传"（即各县人物），在人物分类上不够清晰周密。"列传"按理应该收录其他类传无类可归的人

· 132 ·

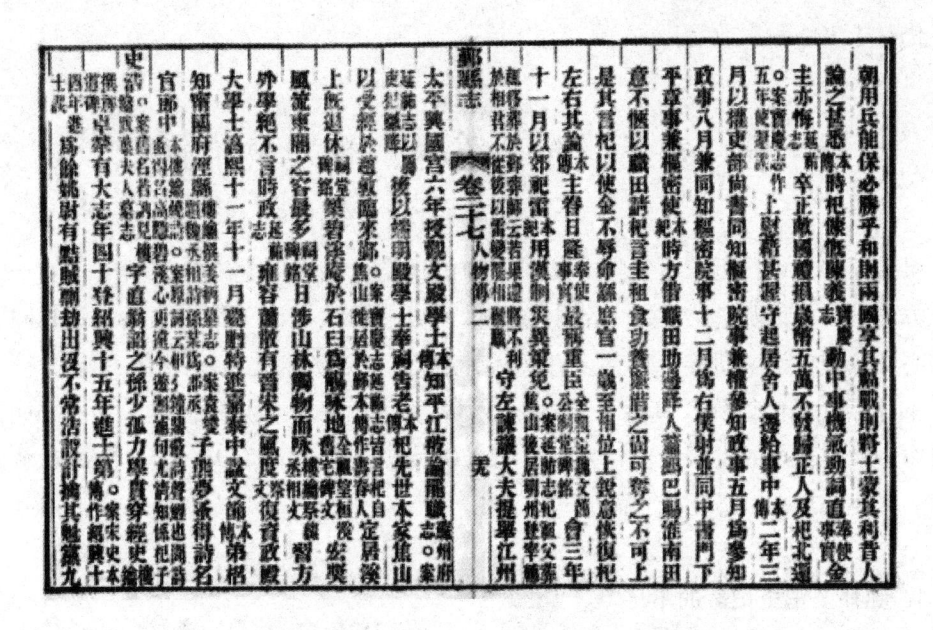

图3 同治《鄞县志》卷二十七《人物传二》中的"史浩"

物,但"名臣"单列后,归入"列传"的人物就不多了,而雍正《宁波府志》又把一些在政治、军事上比较突出,且影响力和地位并不弱的人物,比如宋代的史浩,官至宰相,却将其纳入"列传"("鄞县人物"),分类上存在一定的不合理性。雍正志的人物入志标准不统一,使得人物分类显得过于冗杂,很不可取。此外,雍正《宁波府志》在人物记载上采取了暗贬的手法,负面人物不入志,以此美化地方,"窃以志为史中之一体,而不足以尽史之法,犹之颂为诗中之一义,不足以尽诗之情也。有征信无传疑则志即为史,有扬善无书恶则志自为志"[①]。宋朝时鄞县史家为名门望族,史浩官至南宋宰相、尚书右仆射,史浩之子史弥坚官至兵部尚书,史浩堂弟史渐的两个儿子也都功绩卓著,史弥忠在卷二十"鄞县人物"中有所记载,史弥巩在卷十九"名臣"中有记载。但是史浩第三子史弥远虽官至右丞相,史弥忠之子史嵩之官至右丞相兼枢密使,但因两人在历史上均是不光彩的人物,故虽然在《宋史》卷四百一十四列传第一百七十三中对两人生平都有着较为详细的记载,但在雍正《宁波府志》中却未以人物列传的形式记载其生平,仅在卷十七"选举"中提到了两人的名字(两人皆为进士)。另外在"史浩"的人物传记中虽提到了其第三子史弥远,但也仅仅是说明了其官职以及宋史有传的情况,"四子弥大、弥正、弥远、弥坚,弥大、弥坚别有傅,弥正终敷文馆侍制,弥远相宁宗、理宗,事详《宋史》。弥远子宅之户部尚书、签书枢密院事,幼子宇之观文殿学士"[②]。尽管采取暗贬是我国古代志书对人物褒贬最常规的一种做法,但以今天的修志观念而论,如此有影响力的两个大人物未入志书人物传,不仅会使志书内容上有重大缺漏,也让志书缺少了全面性、公正性、客观性,在一定程度上降低了志书的存史价

---

① (清)邱业:《康熙癸丑修宁波府志叙》,(清)李廷机修,左臣黄、姚宗京纂:《康熙宁波府志》,宁波市地方志编纂委员会整理:《清代宁波府志》(一),宁波出版社2014年版,第27页。
② (清)曹秉仁修,万经等纂:雍正《宁波府志》卷二十"鄞县人物",宁波市地方志编纂委员会整理:《清代宁波府志》(七),宁波出版社2014年版,第5100页。

值，仍是志书的一大败笔。

三 雍正《宁波府志》的史料价值

梁启超在《中国近三百年学术史》中《清代学者整理旧学之总成绩（三）——史学、方志学、传记及谱牒学》一节中称清代"方志虽大半成于俗吏之手，然其间经名儒精心结撰或参订、商榷者亦甚多"①，他将雍正《宁波府志》也归入"名儒精心结撰"的作品（书中误称"乾隆《宁波府志》"，实为雍正《宁波府志》）。该志在明清宁波府志中具有极高的史料价值，尤其是明嘉靖《宁波府志》后170余年的文献赖是志以存。主要表现在以下几个方面。

1. 弥补了正史记载的不足

雍正《宁波府志》记载了正史上没有的内容，弥补了正史记载的不足，有利于后世学者的历史研究。在学术研究中经常会出现一些历史人物的生平资料在正史中找不到或者很简略的情况，因为史书是一国之史，在一定程度上只记载了部分重要人物的生平，这时候人物原籍所在地的地方志就可以发挥补缺的作用，提供相应资料。

《清史稿》中记载了万斯大、万斯同、姜宸英、陈紫芝等重要人物，但也有些人物如仇兆鳌、裘琏等在《清史稿》中没有记录，全靠志书传其生平事迹。雍正《宁波府志》卷十九"名臣"记载了仇兆鳌的情况："仇兆鳌，字沧柱。父遵道邃心理学，兆鳌得其傅。家素贫，授徒选文为业，名噪士林。康熙十四年获隽，同榜者解首陈锡嘏、戊辰会元范光阳，皆籍籍著声一时，翕然称得士。二十四年进士入馆选，旋授编修，分校礼闱，得士皆名宿，奉命校阅《资治通鉴》《朱子纲目》，与修《孝经衍义》，暇则辑注《杜少陵诗》以迁葬乞归。四十三年圣驾南巡，兆鳌诏吴江迎驾，面呈所辑《杜诗详注》，蒙赐餐霞、引年匾额，寻转春坊历讲读学士。四十七年，转侍读学士，升内阁学士兼礼部侍郎，遣祭前代诸陵。至昌平州，见地方有累民事，奏免羊皮解费二千余两，并直隶下苛派陋规，民颂其德。四十九年，特升吏部右侍郎，时会议江督参陈鹏年一案，兆鳌昌言白其诬，众论韪之。明年，告病乞休，以原官致仕。五十五年，入都进祝万寿，赏赉甚渥。子延桂、延模先后登乡荐。"②从志书的记载中，可以知晓仇兆鳌重要的一生，尤其是在政治上的建树和高尚的道德操守。雍正《宁波府志》卷二十六"文苑"则记载了清代戏剧家裘琏的情况，"裘琏，字殷玉，慈溪人。祖兆锦以布衣仗策入都，授榆次县丞，累迁兖州通判，改武阶，同邑冯元飙掌本兵时，兆锦擢官至镇守舟山参将。父永明，邑诸生，早卒。琏生而孤露，天才过人，能为诗、古文及乐府词，时冯太仆家正喜容纳后进，见琏所作，赏之。胡主政亦堂亦奇其文，以女妻焉。弱冠，

---

① 梁启超：《清代学者整理旧学之总成绩（三）——史学、方志学、地理学、传记及谱牒学》，《中国近三百年学术史》，《饮冰室合集》第10册，中华书局1996年版，第300页。
② （清）曹秉仁修，万经等纂：雍正《宁波府志》卷十九"名臣"，第5085—5086页。

补弟子员，旋援例入太学，蹭蹬场屋者五十余年，至康熙甲午始举顺天乡试，次年成进士，改庶常时，珽已七十余矣，未几致仕归。珽才思敏捷，所作诗歌、古文，对客据几立尽数纸，或中夜有得，燃烛书之。家贫，常为人佣文，受其润笔，至登第后犹然"①，将裘珽怀才不遇的一生展现得淋漓尽致，也为后来学者研究裘珽的生平提供了重要资料。卷十七"选举"记载了宁波地区唐至清中进士、宋至清中武进士，以及明清辟荐、贡生、任子的情况，部分备注官职、家族关系，为宁波地区历史人物的研究，尤其是他们中功名的情况，提供了准确的第一手资料。

2. 提供了经济民生方面的新史料

雍正《宁波府志》也是研究清朝前期的宁波经济和民生情况的重要资料。清雍正帝上台后，推行了新的赋税制度，以"滋生人丁，永不加赋"为指导，将人丁税平摊入田赋中，只征收统一的地丁银，废除过去的人头税，称为"摊丁入亩"。"摊丁入亩"赋税制度在宁波的推行，一定程度上减少了农民的赋税压力和人口压力，让民间隐蔽人口的现象逐渐减少，大量隐瞒的黑市人口得以登记，人口有显著增长。雍正《宁波府志》卷十二"户赋"对宁波府各县的户口进行了统计，从户口变化中可以明显看出自新赋税制度施行以来，宁波府的人口呈现显著的增长态势。以鄞县为例，康熙十年时，有"户一十万三千二百五十六户，口二十一万四千七百一十口"②。之后每隔十年的户口统计中，户数不变，人口数则皆为"二十一万四千七百一十口七分"。但是到康熙后期新的赋税制度在宁波地区的普及，人口数开始有了明显增长。康熙五十五年时，"增益市民二百五十一口，乡民一千二百五十一口，民丁一千九百五十八丁"③。康熙六十年时，又"增益市民三百六十六口，乡民二千六百八十六口，民丁二千一百五十丁"④。到雍正四年时，则"增益土著市民三百八十一口，土著乡民二千九百二十三口，土著民丁二千三百六十七丁"⑤。"摊丁入亩"赋税制度的实行，减轻了农民的赋税负担，也促进了宁波的人口增长。人口是影响城市经济发展好坏的要素之一，当宁波的人口实现不断地增长时，也在一定程度上推动了宁波经济的发展。

雍正《宁波府志》特设"盐政"卷，为研究清代宁波盐政提供了重要的史料。盐政作为封建社会政府重要的财政收入之一，对于社会的经济发展起着重要的作用。相较于李廷机修康熙《宁波府志》"赋役"卷附设盐课情况，仅对盐税有详细记载，对宁波制盐厂的相关情况则没有记录。雍正《宁波府志》卷十三"盐政"则对宁波的大型制盐场有详细的记录，如"清泉场（镇海、鄞县二县地方）。旧团额：王家南团、王家北团、翁浦东团、翁浦西团、后沙团、戴家团……新聚额团，共十五团，煎灶二百五十七座。王北团（五十一灶）、葫芦团（二十二灶）、后沙团（二十五灶）、戴家团（四灶）……锅盘二百五十七副（俱篾盘）。场地：本场旧给滩场二万二千二百四

---

① （清）曹秉仁修，万经等纂：雍正《宁波府志》卷二十六"文苑"，第5589—5590页。
② （清）曹秉仁修，万经等纂：雍正《宁波府志》卷十二"户赋"，第4167页。
③ （清）曹秉仁修，万经等纂：雍正《宁波府志》卷十二"户赋"，第4167页。
④ （清）曹秉仁修，万经等纂：雍正《宁波府志》卷十二"户赋"，第4167页。
⑤ （清）曹秉仁修，万经等纂：雍正《宁波府志》卷十二"户赋"，第4168页。

十六号，皆坚硬荒砂，久为废壤，不行摊课，其丁银摊于刮土淋煎之海滩并灶田、地荡、仓基及节年展复地亩之上，按则均办。第灶田等地亩向经按则完税，复加摊丁，俟有新涨升课，即与抵除。本场办课海滩三千四百八十七亩七分。本场上、中、下各则办税灶田、地荡四万一千九百八十亩五分六厘九毫九丝三忽六微六纤六沙六尘内"①，展现了清泉场制盐厂的地理位置，团及灶、锅盘的数量，滩场多为荒砂的现状，用淋煎的方式制盐的方法以及盐税情况等。如此详尽的关于清代宁波盐政史料的存世，为我们今天研究清代宁波盐政乃至浙江盐政情况提供了珍贵的第一手资料。

3. 提供了清代宁波海关设立与发展的原始资料

雍正《宁波府志》是探寻清代时宁波海关设立与发展的原始资料。康熙二十四年（1685），康熙皇帝下令设立了中国最早的四大海关，分别是江南海关、浙海关、闽海关和粤海关，专门负责管理外国商贸在华的海舶货税。康熙三十四年时，由于宁波地区的商贸活动日益扩大，康熙皇帝又颁旨在宁波府及定海县两地分别设立浙海关的分支管理机构，以便于监督宁波府的海外贸易和巡视往来的外国商船。雍正《宁波府志》卷一"舆图"中的宁波府治图（见图4）与定海县治图（见图5），皆画有海关。雍正《宁波府志》卷十一"公署"中记载了宁波最早的海关机构和办公地点的史料。对海关公署的记载是这样的，"海关行署，在府治南（旧理刑馆地），中为正厅五间、檐厅三

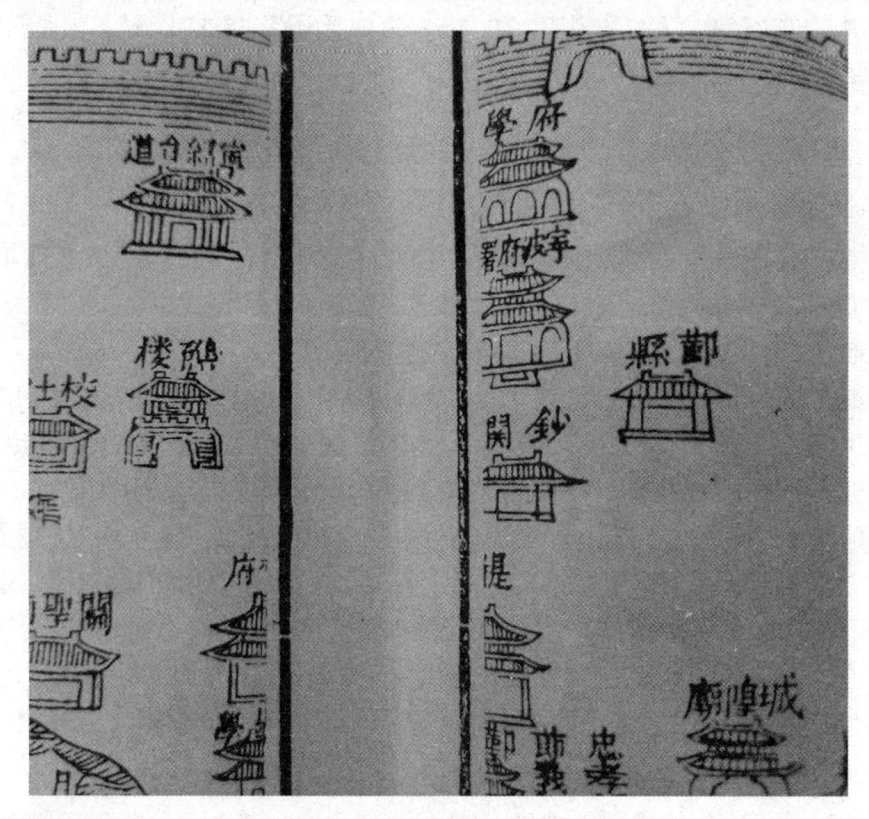

图4 雍正《宁波府志》宁波府治图局部

---

① （清）曹秉仁修，万经等纂：雍正《宁波府志》卷十三"盐政"，第4313—4316页。

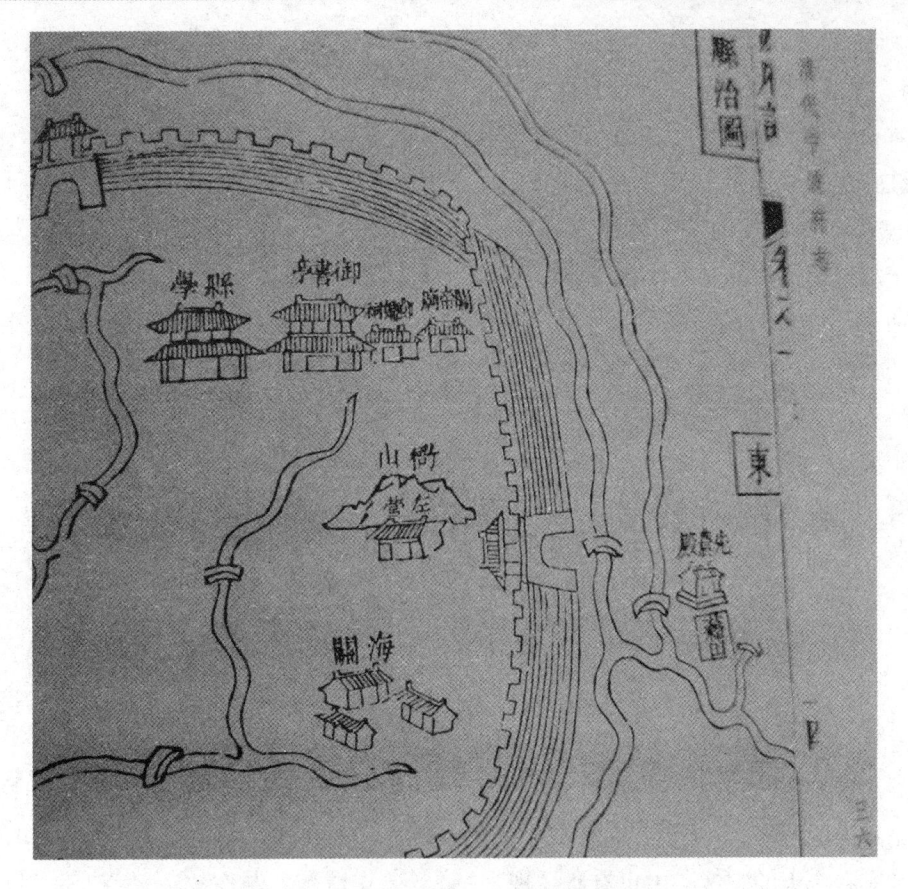

图5　雍正《宁波府志》定海县治图局部

间，两旁廊屋各五间，前为仪门，又前为大门，门左为土地祠，东、西两辕门，面南为照墙，后为川堂，又后为内衙，计六间，书室三间。雍正五年护关事，知府江承玠捐造庖屋三间，东、北内署前后共八间（系旧清军署地）"①，对海关的具体地理位置，相应的建筑格局以及建造情况都有具体的说明，记载较为详细。对定海县海关机构的记载则提到，"榷关公署，在城东，康熙三十年海关张圣诏建"、"总台，在南道头，渔商出入营汛于此稽查，总兵黄大来建"、"红毛馆，在南道头，海关张圣诏建"，② 记载了在定海县设立的相关海关机构的大致位置、建造人、职能等信息。此外，卷十二"户赋"记载了定海县海关机构征税的情况，"浙海钞关，额征税课银三万二千三十两六钱二分九厘。康熙六十年奉旨加增一万两。又于雍正二年奉文将加增盈余银两尽行裁去。如有赢余，另行据实奉解"，"添设红毛馆税银一万三十两四钱二分，无征取地方官印结，督抚保题免解"。③ 虽然记载篇幅不大，但是作为康熙后期到雍正前期宁波海关发展的第一手资料，对今天研究宁波海关的发展历史提供了重要的史料。

---

① （清）曹秉仁修，万经等纂：雍正《宁波府志》卷十一"公署"，第4131—4132页。
② （清）曹秉仁修，万经等纂：雍正《宁波府志》卷十一"公署"，第4160—4161页。
③ （清）曹秉仁修，万经等纂：雍正《宁波府志》卷十二"户赋"，第4297—4298页。

4. 提供了研究清代宁波饮食文化的重要资料

雍正《宁波府志》中记录了宁波富饶的物产资源，为研究清代宁波饮食文化，推动宁波特色餐饮服务提供了重要的资料。宁波沿海，背靠四明山，有东钱湖，有着"靠山吃山，靠海吃海"的特色，"山海"饮食文化悠久，"无论哪个历史时期，或是今天，宁波普通民众的基本饮食特点可以概括为'饭稻羹鱼'四个字"①。在卷十三"盐政"所附"物产"的记载中，一共记载了稻、糯、黍、稷、麦5种粮食作物。其中稻类记载数量最多，总共记载了51种，如"金城""早黄""矮白""湖州白""大白""早稻""杭州白""湖州晚""松江稻"等，反映了清代宁波丰富多样的粮食作物。同时因宁波地处沿海，又多河流小溪，渔业发达，海鲜文化特色十分鲜明。宁波擅长烹制海鲜，宁波菜十大名菜中，六个名菜均为海鲜类，分别是冰糖甲鱼、锅烧河鳗、腐皮包黄鱼、彩熘全黄鱼、黄鱼鱼肚、苔菜拖黄鱼。雍正《宁波府志》"物产"中对鱼类的记载，或名字由来，或外观，或口感，或时间，或处理方式等都有所记录，且记载翔实，为宁波菜的发展提供了重要的文献资料。如最有名的"黄鱼"（又称石首鱼）的记载，"石首鱼。鱼首有鮇坚如石，故名。冬月得之，又紧皮者良三月八月出者，次之至四月五月，海郡民发巨艘入洋山竞取，有潮汛往来，谓之洋山鱼。用盐腌之曝干，曰白鲞。通商贩于外，旧志尔雅翼释曰一名鰵"②，介绍了黄鱼的外观特色、最佳捕捞时节和腌制鱼类的习惯。"咸鲜"是传统宁波菜中最显著的味道之一，志书中提到的腌制手法，其实在今天的宁波菜中也有所体现。"腌"是宁波菜的制作技法之一，过去因为渔民捕鱼来回时间较长以及缺乏冷冻等保鲜技术，只能靠腌制或晒干，深受宁波居民喜爱，如鱼鲞、红膏炝蟹等腌制产品。雍正《宁波府志》中还有关于其他鱼类的一些记载，如"鲈鱼。海中四腮鲈，皮紧脆而肉厚，呼曰脆鲈。有江鲈差小而两腮味淡，有塘鲈形虽巨而不脆"③，"青鲫鱼。冬月肥美，海错之佳者，产奉化"④，"杜鱼。出江海涂，形如鲑鱼，而稍长，有鳞纹，黑色，味甘"⑤。不仅仅是鱼类，对于其他物产，雍正志中也有所介绍，河姆渡茭白就是宁波著名的蔬菜品种之一，在余姚一直有种植茭白的习惯。雍正《宁波府志》中提到"茭白，即菰也。八九月间生水中，味美可啖"⑥。通过参考方志中记载的一些物产的生长时间、口感以及做法，可以给当地人民制造美味佳肴提供意见，从而推动宁波特色餐饮业的发展，使宁波"山海"饮食文化或海鲜饮食文化的特点可以长久保留。

5. 天一阁文化记载缺失

天一阁为明范钦所建私人藏书楼，是国内历史最悠久的私人藏书楼之一，保存了大量有

---

① 胡一旻：《宁波饮食文化研究》，硕士学位论文，宁波大学，2011年，第4页。
② （清）曹秉仁修，万经等纂：雍正《宁波府志》卷十三"盐政附物产"，第4343页。
③ （清）曹秉仁修，万经等纂：雍正《宁波府志》卷十三"盐政附物产"，第4343页。
④ （清）曹秉仁修，万经等纂：雍正《宁波府志》卷十三"盐政附物产"，第4345页。
⑤ （清）曹秉仁修，万经等纂：雍正《宁波府志》卷十三"盐政附物产"，第4347页。
⑥ （清）曹秉仁修，万经等纂：雍正《宁波府志》卷十三"盐政附物产"，第4339页。

价值的书籍，成为宁波重要的文化地标之一。虽然雍正《宁波府志》对天一阁也有所记述，如在卷三十四"古迹"中写道："天一阁。明兵部侍郎范钦宅之东偏左，瞰月湖，为浙东藏书家第一。旧有张时彻、丰坊二记，康熙己未元孙廷辅请于姚江黄宗羲，复为之记。"① 虽然寥寥数语，但是将天一阁的建立朝代、建造人、具体方位、藏书楼地位、名人所撰之记、重要事件（黄宗羲入阁）都有所说明。卷三十五"艺文"也记载了"范钦：天一阁集。"② 在人物传中也记录了与天一阁相关的重要人物。但雍正《宁波府志》在天一阁方面，内容上还是有所缺失，没有突出天一阁的重要地位。

雍正《宁波府志》在府治图中绘制了月湖书院、庆云楼、天封塔等建筑，但却没有天一阁的位置，也未予以标记。黄宗羲的《天一阁藏书记》作于康熙十八年（1679），全文阐述了天一阁的重要性和珍贵，是一篇关于天一阁的重要文献，但是雍正《宁波府志》"艺文"卷中并没有收录，同时也没有收录在"古迹"卷中所提到的张时彻、丰坊等所撰的题记，甚至没有收录范钦撰写的有关天一阁的诗歌，可以看出雍正志对天一阁相关资料的收录情况并不完整，它仅仅是将天一阁作为普通的建筑来看待，在志书中也只是简要的说明，而没有突出天一阁的文化价值。

在天一阁相关人物的生平中，关于天一阁藏书贡献的记载也是缺乏的。雍正《宁波府志》卷二十"鄞县人物"记录了天一阁建造者范钦的生平，"范钦，字尧卿，祖诉以贡，授江西德兴训导，父璧，钦登嘉靖十一年进士，知随州，有惠政，升工部员外郎。时大工频兴，武定侯郭勋总督工务，势张甚，钦以事忤之，潜于上，受杖，阙下出知袁州府。大学士严嵩乃其郡人，其子世蕃欲取宣化公宇，钦不可，世蕃怒，嵩曰：'踣之，祇高其名。'乃得迁副使备兵九江。九江多盗，钦令衙所各率本伍，分驻水陆，以资策应，盗尽骇散。升广西参政，分守桂平，转福建按察使，进云南右布政，陟陕西左使，丁丙外艰起，补河南，升副都御史，巡抚南赣汀漳诸郡，擒剧寇李文彪，平其寨，赐金绮。疏请筑城程乡之濠居村，添设通判一员以消豫章闽粤三省之奸；立二参将于漳潮惠韶间，以备倭从之，又擒大盗冯天爵，升兵部右侍郎，遂归家居，建祖祠，置祀产，恤亲族，训宗学，聚书天一阁，至数万卷"③。从范钦的生平中我们可以看出，雍正志在撰写时，主要是将范钦作为一个政治人物来写，对于他的一些政治成就和升迁过程作了详细的介绍，但是其藏书家的身份只是简单一句带过，"聚书天一阁，至数万卷"，没有将其收藏书的事迹及建造天一阁的情况进行说明，也未说明分遗产的情况（由谁来继承天一阁及其藏书）和范钦"代不分书，书不出阁"的祖训，在体现天一阁文化底蕴方面缺失明显。而在同时期的康熙《鄞县志》及其后由乾嘉著名学者钱大昕纂的乾隆《鄞县志》中，描述上较雍正《宁波府志》更为详细，也突出了范钦和天一阁在藏书方面的地位。如康熙《鄞县志》云：范钦"聚书天一阁，至数万卷，尤多秘本，为四明藏书家第一"④；乾隆《鄞县志》则更进一步，记载范钦"筑居在月湖深

---

① （清）曹秉仁修，万经等纂：雍正《宁波府志》卷三十四"古迹"，第5935页。
② （清）曹秉仁修，万经等纂：雍正《宁波府志》卷三十五"艺文上"，第6000页。
③ （清）曹秉仁修，万经等纂：雍正《宁波府志》卷二十"鄞县人物"，第5184页。
④ （清）汪源泽修，闻性道纂：《康熙鄞县志》卷十六《品行考》五《明贤传》三，宁波市鄞州区人民政府地方志办公室整理：《康熙鄞县志（附鄞志稿）》，宁波出版社2018年版，第413页。

处，林木翳然，性喜藏书，起天一阁，购海内异本，列为四部，尤善收说经诸书及先辈诗文集未传世者。浙东藏书家，以天一阁为第一"①。

范钦去世后天一阁的发展情况，在雍正《宁波府志》中则几乎没有提及。范钦的儿子范大冲继承父志，续增藏书，校刊范钦遗著《天一阁集》及《范氏奇书》中范钦未完成的《新语》二卷等，规定藏书归子孙共同所有，共同管理，为天一阁后续的发展做出了巨大的贡献。虽然雍正志在范钦的生平中也对范大冲作了简单的说明，"子大冲，字少明，良恩例授光禄署正，居家抚侄幼子，增置先代祀田"②，但除了增置先代祀田的收入作为天一阁的管理基金外，完全没有提到范大冲作为天一阁后人的身份。到了后来，天一阁由范大冲的两个儿子范汝楠和范汝桦交由汝楠长子范光文和次子范光燮掌管。范光文在天一阁前"增构池亭"，又"复购所未备，增储之"。③而在雍正《宁波府志》中仅记载"范光文，字潞公，顺治六年进士，授礼部主事，迁吏部文选司。八年，典试陕西，居官守直不阿，尝值诸曹乏人，身综四司事，案无滞牍，冢宰啧啧称能，为仪部时见同里董文和母、妻、幼子四人没入旗下，行乞途中贷资赎归，里人咸义之"④，只描述其履历政绩，对其在天一阁的修缮以及书籍的增加上的贡献只字未提。而范光燮作为沟通天一阁与学术界联系的第一人，在任嘉兴府学训导时，从天一阁抄录藏书百余部，供士子们阅读，使天一阁秘藏的典籍可以走出闭塞的藏书楼得以传播开来，促进了浙东学术的发展，但雍正志的人物传却未收录范光燮。同时范光文和范光燮首次破例带外姓人（即黄宗羲）登天一阁这样的重要事件也未能记入雍正《宁波府志》，从而缺失了与天一阁相关的重要史料。

雍正《宁波府志》这样做，跟当时天一阁地位不高有一定关系。清康熙十二年（1673），黄宗羲登阁，打破了天一阁对外封闭的状态，有选择地向一些大学者开放，但那时并没有广为人知，直到清乾隆三十八年（1773），天一阁为编修《四库全书》献出珍本，做出了巨大贡献，使天一阁成为民间藏书楼的典范和样板，提升了知名度，成为全国私家藏书楼之最，宁波重要的建筑和文化地标。像李廷机修的康熙《宁波府志》卷二十九"第宅、冢墓、古迹"中甚至没有提到天一阁，只提到"范侍郎第"⑤。但不管怎么说，相较于同时期康熙《鄞县志》对天一阁的记载，雍正《宁波府志》毕竟缺失了大量关于天一阁的史料，在体现天一阁文化底蕴方面存在明显欠缺是不争的事实，实为遗憾。

雍正《宁波府志》是封建时代宁波地区最后一部完整的府志，历来被视为中国千

---

① （清）钱维乔修，钱大昕等纂，宁波市鄞州区地方志办公室整理：《乾隆鄞县志》卷十六《人物》五，浙江古籍出版社 2015 年版。
② （清）曹秉仁修，万经等纂：雍正《宁波府志》卷二十"鄞县人物"，第 5184 页。
③ 骆兆平：《月湖西岸现存藏书二名楼》，宁波市海曙区政协文史委编：《璀璨明珠——月湖》（《宁波市海曙区文史资料》第二辑），中央文献出版社 2002 年版，第 55 页。
④ （清）曹秉仁修，万经等纂：雍正《宁波府志》卷二十"鄞县人物"，第 5227—5228 页。
⑤ （清）李廷机修，左臣黄、姚宗京纂：《康熙宁波府志》卷二十九"第宅、冢墓、古迹"，第 3085 页。

古名志，梁启超将其归入"出学者之手，斐然可列著作之林者"[1]。同时又因为该志系由浙东学派著名学者万经主纂，其内容又采自于其伯、叔，同为浙东学派代表人物的万斯选、万斯同等所修康熙《宁波府志》底本，"独念康熙中郡守邱公续修时，世父公择先生尝膺斯任，父兄未竟之业，其何以辞。……采诸张志者约十之五，采诸邱、李二志者约十之三，其续增者皆符下诸邑，周询其地之父老而后登载"[2]，其修志风格体现着浙东学派的学术精神，在方志史上别具一格，是我们今天研究浙东学派修志思想的重要窗口，而具有典型的学术史意义。我们注意到，清代地方志修纂之所以空前繁盛，成果斐然，除了官方大力支持外，应当说与地方文人，尤其是文化素质很高的著名学者、地方学人积极参与到修志活动关系很大。正因如此，雍正《宁波府志》在明清的宁波志书中具有极高的史料价值，除了在内容上接续康熙二十二年（1683）以后的史实外，还弥补了正史的不足，提供了经济民生方面的新史料，提供了清代宁波海关设立与发展的原始资料，提供了研究清代宁波饮食文化的重要资料，虽然在记载天一阁文化方面存在资料缺失，但瑕不掩瑜，仍是我们了解清代宁波地区地理沿革、社会变迁和人文荟萃的重要资料书。

（作者：沈松平，宁波大学人文与传媒学院副教授；李晶晶，浙江省永嘉县岩坦镇人民政府干部）

---

[1] 梁启超：《清代学者整理旧学之总成绩（三）——史学、方志学、地理学传记及谱牒学》，《中国近三百年学术史》，第304页。

[2] （清）曹秉仁修，万经等纂：雍正《宁波府志》，万经序，第3483—3484页。

李慈铭的游赏及游记*

张桂丽

【摘要】 李慈铭的《越缦堂日记》居"晚清四大日记"之首，其中散见的游记文字颇为可观，在晚清游记文学衰落之际，自有一种贡献。他嗜山水，好花木，心中烟霞四溢、丘壑起伏，对山水的领略、共情能力很高。他的日记体游记散文虽然是即兴速写，但具备游记文必备特征，首尾完整、画面重现、情感体验。这些游记文精神内核是"雅"，呈现出文字性灵、韵味隽永、内容博雅的文学特征，是才人游记、学人游记的典范。

【关键词】 李慈铭 日记 游赏 游记

晚清游记文学的衰落之势，是与时代相起伏的。外侵势力持坚船利炮气势汹汹，名山丽水蒙上一层阴影；士人躲避战乱，在谋生的路上奔波，无暇亦无心游赏。较之明以来游记文学的兴盛，此时很少有雅致的游赏篇章：

> 丁巳二月既望后二日，偕社友数辈游南镇。……观放翁《禹庙》诗："十里烟波明月夜，万人歌吹早莺天。花如上苑常成市，酒似新烹不值钱。"盖自唐宋已然矣。二十年来渐即寥落，然珠帘雀舫，翠管银罂，自东郭南门直际覆斝山下，夺路据津，无间烟水。而红亭松竹间，茶櫺酿户、饼师脸娘，列坐待客，下至陈百戏，谈九流，卖寓花、寓草、寓人物者，百货岔涌，地不容趾。有众中喟然摇首谓今昔顿殊者，则一二白发人也。自烽烟满江上，聚军百万，仰食浙人，吾越遂承其敝，加赋横征，殆无虚月。又因之以旱蝗贼盗，民力竭矣。遂令胜地萧寥，曩观阗寂，农桑未起，士女闭门，而喟然今昔者，俯仰之间已属之我曹矣。白塔朱楼之地，其有沧桑相吊者乎？①

---

* 本文系 2021 年度高校古委会直接资助项目"李慈铭全集"（批准编号：2153）阶段性成果。
① 李慈铭：《萝庵游赏小志》，1984 年江苏广陵古籍刻社《笔记小说大观》影印稿本。

世局难卜，士人更倾向于内在的省思、倾诉，日记在晚清的兴盛，正是"穷则独善其身"的入世理念在末世的另一种书写。李慈铭是庞大日记作者队伍中最令人瞩目的作者之一，他的表达欲望非常强烈，在日记中认真记录游踪，由绍兴到京师，以及旅途所经，山水林园，无不入文。某些景点反复去，每次有不同的体验，都要书写，这样无须谋篇布局、即兴记录的日记体游记，得益于他超乎群辈的文学才华，以及脱俗的审美能力，平常景，平常心，却写的韵味隽永，烟霞满纸，令人展卷之际仿佛身临其境。

李慈铭对乡贤陆游、张岱的游记非常推赏，喜读晚明小品文，将谭元春、钟惺的游记文欣喜地抄录日记中，青年时期即以充满性灵的笔调描绘越中山水，称他对游记文学有一种自觉地继承、发展精神，是符合他的文学活动事实的。

游赏并撰写游记，是文人文化生活的一部分，也是提高文艺鉴赏、审美意识的重要途径。李慈铭每次游览都会有记录，虽然有些篇幅简略，散见于日记中，也无题目，但每篇文字都是行程、景点、游感皆具，堪称一篇完整的游记文。将这些多场景、高频率、成规模的游记文辑录成卷，即为一部名副其实的游记文集①，是晚清文坛不可多得的游记佳作。

一　游赏的日常性

李慈铭，道光九年生于绍兴府城，早年乡居与诸子游越中，即景谈玄论道，每每性灵逼人，娴熟的文学技巧，寓游记文字一缕雅致风。如咸丰五年四月十九日与周星誉游怪山：

> 傍晚，偕诸君登怪山，夕阳中望会稽、天柱、香炉、秦望、鹅鼻、富盛诸山，脉络曲折具见。余最不喜炉峰，奇而无理，其奇处正是极痛劣处，玲珑深秀，差若秦望，因踞石磴久观之。叔子谓看是远近高下一片绿意，其实浅深浓淡，无一雷同。余谓万物皆有一定之理，即有一定之法，以淡衬浓，以浅间深，即是绿之法，其不雷同正是极雷同也。此乃天地自然之法，所谓道也。②

与寄意山水之知音同游，得山水激发，在自然中感悟哲理，正是游览之高雅处，自带一种理性之美。游览者对自然的独特感知能力，赋予景物特殊的情感，正所谓"以我观物，故物皆著我之色彩"，日常所闻所见村居之物，在文学家眼中是无限诗情的田园画卷，任何的描绘都是多余之笔，无法状貌浑然天成、各自有序的朴拙自然。

> 比日往来山阴道上，晓夜风景，几无奇不出。虽时有触暑之苦，然所得较多。

---

① 笔者辑录成《越缦堂游记》，收入上海古籍出版社《明清小品丛刊》，即将出版。
② 李慈铭：《越缦堂日记》咸丰五年四月十九日，江苏广陵书社2004年影印本。以下简称"日记"。

今晚出湖双村至画桥一路，尤领会不尽，无论山也，水也，树也，桥也，寺也，村舍也，亭也，天之云也，霞也，晚烟也，风也，色色凑泊，成一幅绝好画图。即一人，一船，一渔竿，一桔槔、一树边乌臼、一浅滩立凫、一网叉、一笠帽、一鸡一犬，颠颠倒倒，随意位置，而正衬反衬，近衬远衬，皆似造化，匠心烘染，无不到恰好处。人到此地，乃觉伎俩无所施耳。惜自来文人无参透个中消息者。①

李慈铭的游览，以精致型景点为主，很少去未曾开发的山林，如徐霞客那般的探险型游览，是他所不能承受的。游览景点的选择，与社会经济、思想发展紧密相关，世乱、拮据，是不能远游的决定因素。为生计奔波，不可能作田野考察式的游览，如徐霞客、张岱的游览，都有雄厚的经济基础，可以携带仆人舟车，衣食无忧，心无旁骛，专门游览。李慈铭在不稳定的社会环境下，囊中羞涩，又限制于腰脚不健，便难以支撑娱乐性的远游。便近游家乡山水，名人旧园。绍兴、京师这种人文历史丰厚的文献渊薮之地所承载的历史沉淀足以为文人游览提供绝佳的历史场地及文献信息，于是游山赏水，结合史书文献做一番考索，不仅满足了游览的娱乐性，还赋予游览活动一种浓厚的知识氛围，便超出了凡人游赏，而具有优越性。李慈铭生活在绍兴、京师，两处皆是交通便利、名胜古迹、名人题咏不胜枚举，足迹所至皆是。

绍兴时多乘舟，江南水乡常见的交通方式，"两岸青山相对出"，荡漾自在，尤其是春秋佳日，水村花树相映成林，观感极佳，日日流连忘返于拜亲访友、扫墓进城的途中而不知自反。他对观光有一股天然的热爱。

他居住绍兴城中，数十里之内的佳景，如兰亭、越王峥、禹穴、曹山、鉴湖、湖塘、柯岩等，无一处不是诗词里令人向往的名胜，于他而言，不过是二百文钱雇一叶扁舟即可观赏：

> 计吾生三十一年，无一日不在家，无一刻不思山，而即此画中证吾游迹，越王峥仅一至，兰亭仅两至，禹穴最数，凡十余至，曹山惟十二岁时一至，绕门山六至。绕门山最近，去吾家不二十里，曹山三十里，越王峥最远，七十里，兰亭四十里，皆二百文钱雇一脚桨船可了之事，而难若上蜀道、下孟门者，以此两陌杖头赀，亦非山水应有物也。
>
> 予生尤爱湖塘山水，屡欲卜居，然过之亦仅两度。忆去岁四月初旬，梅雨连日，苦室中默腻，偶至门前，见湖水暴长，艳如蓝叶，忽念西偏村落。比日新绿正浓，岚嶂间当益泼黛，作深色画，游兴乍动，忻忻入户，遂觉室宇几席无一不绿，即拟理茶具书帙，载小舟就之，以杖头缺如而罢，至今恨之。然则游赏之乐，固惟千金家儿有此福耳。②

他梦寐以求卜居于湖塘，幻想精庐佳卉，偕友归隐，为故乡山水更添佳话。但二百

---

① 《日记》咸丰五年六月二十七日。
② 《日记》咸丰九年十一月十八日。

文钱的旅费于他而言并非能随心所欲，这种半隐半出的生活，对于靠几十亩佃租生活的李慈铭，真是痴人说梦，禁不住发出"游赏之乐，固惟千金家儿有此福耳"之感叹。

那些"千金家儿"娱乐性的游赏，是与天下承平、富足宴然的时代气氛相呼应，如明代那些游览胜地的商业化，以及游览活动的商业性操作，都不是晚清之际社会动乱、精神积郁的士大夫所能体验到的。他们一般局限在居所周围或郊区，未必有著名的景点，但江南春秋佳日美景天然，无须人为修饰，亦不必游客如织，在乎游览者领略自然风光的境界。水运通达便利，景点有茶水饮食，适合半日或一日游，这样的日常休闲游览，对于城居的李慈铭而言是容易操办的。

他很少游山，"一苦足软，二苦口馋，三苦怕冷"，旅途中看到名山大川，也擦肩而过，《九江城外望匡庐山》"我生好游乏腰脚，家居岩壑多遗情。时因乞食走万里，名山所过无留程。……惜哉距山仅一舍，篮舆无人舁我行"。但他天性喜爱山水花木，就近的景点反复去，甚至熟悉那几棵新培植的花木，能在常去常见之景中领略无限风情，得益于游赏者超乎常人的审美能力，以及与自然共通的感受能力，寓目皆妙，片赏在心，随时可记：

> 上午，偕梅卿诣极乐寺看海棠，车出西直门，山光野色，已豁羁目。寺中花事正襛，遍憩僧廊，流连花下，红香四照，艳绝人天，此非南中所有者也。予至此看花六度，惟壬申陈、蔡两同年之招及今日为际其盛耳。佛殿前有梨一树，荫盈及晦，作数万花，雪迷烟霏，清绮尤绝，惜不得于月夜观之。殿西有勺亭，眺望亦美。①

> 下午进城，偶过光相寺，古西寺也，城中此寺为最古，间一日复过。寺离郭门仅一里，连楹接厦，皆吾宗之第宅，故缁流依附，视同香火庵。其北连合真坛，坛祀斗宿，先大夫素奉道，常斋醮于此。寺外为光相桥，过桥则阛阓矣。寺门落照，古松翛然，钟声徐来，尘念顿息。常谓善游不在择地，善悟不在深求，但得色观，稍清静根，具足随缘止愿，触处安心。此寺境接嚣尘，景皆夙习，今兹两过，未尝入门，而衰草盈阶，暮禽相值，便觉禅机不远，灵赏无穷，支、竺参禅，王、许接席矣。②

李慈铭寓居京师，赁故闽浙总督季芝昌旧邸，每月六金。一亩庭院，约六百六十平，有二十余间房舍，有园有圃，精心布置，四季花开，堪称微型的山林景观，晨夕之际，独坐闲赏，是一种独享的满足。由此激发文思，写下百余首自家庭院的赏花诗。

> 傍晚倚东阑赏荆桃花，腻粉轻脂，新艳殆绝。此树栽时极小本，都人所谓榆叶梅也，细瓣重英，作潆红色。昔年秋为厩马所啮，益瘦荼，去春不过作十余花耳。

---

① 《日记》光绪元年三月二十日。
② 《日记》咸丰七年九月二十八日。

今年红萼满树,而形纤锐如山桃,及放花,乃成荆桃,浅绯烟晕,薄绮霞烘,可拟之姑射靓妆、飞琼玉笑。所惜东风太暖,未能得几日赏耳。①

是日鸾枝三株斗艳益妍,烂漫正甚;紫丁香梨花尚盛,荆桃亦未落尽,李花半开,天气轻衾,千金一刻,而为人事所牵扰,不得安坐。晡后,汛扫花影廊,啜茗赏之,东风劲甚,侧侧寒生,不能久与周旋。年年此际诵东坡"人生看得几清明"一绝及稼轩《摸鱼儿》词弥叹老来流光急,致增怊怅也。②

"为人事所牵扰",寄托于庭院花树,得片刻佳赏,暂时解脱于俗世,抒发回归自然的洒脱,但又滋生流光易逝的迟暮之伤,可见文人心境的复杂辗转。

在京师,李慈铭偶尔偕家庭女眷一起出游,这种轻松地娱乐性游赏,是京师士大夫的日常生活风尚,女性参与士大夫的社交活动,共同出游,如:

晨起,褆盦来速十刹海之游,上午携两姬同往,入宣武门、西安门,过金鳌玉蝀桥,南北海荷花方盛,裴回久之。出地安门,至十刹海,褆盦及其姬人已早至矣。借兴侍郎【兴恩】第宅,临街水榭三间,高槐老柳,夹峙门外,荷花百顷,亭茑满前,眩色交香,风日尤美。褆盦更致酒馔、冰果,食饮纷罗,所费过多,辞之不得。是日以雨后泥泞,游人甚稀,而轻黔嫩凉,花事弥胜。晡后回车,复入地安门,经南、北海,倚桥柱延眺苑中晚景,薄暮始归,可谓极清游之乐矣。③

这次雨后赏荷消暑,李慈铭和知友羊复礼,约好各自携带家眷,他和两妾坐人力车前去。他们包场一处临水、便于观景的私人宅邸,荷花百顷,皆在眼前。羊复礼自带酒馔,仿若今日之野餐,又因游人稀少,得清游之乐。对于女眷来说是难得的出游机会,体现出男主人的贴心。

李慈铭与乡人吴讲、殷鸿畴约定携带家眷游南花泡子观荷,李慈铭夫人和两妾并邀请刘仙洲夫人、傅夫人同往。李慈铭则邀请眷顾的歌郎朱霞芬助兴,男客饮北屋,女宾另饮一室,是典型的闲雅的士大夫之游。

介唐偕其夫人已先至,萼庭姬人亦来,皆占西屋列坐。余同介唐泛舟看花,舟仅受四五人,新设青幔,由南步溯洄,转至北步。云门、书玉、光甫、资泉皆已至,遂上岸,谢惺斋亦来,各踞湖滨选石而坐。日影将午,余招霞芬亦至,遂设饮于北屋,后开北窗,临水俯流,清风时来,树绿入坐。内子、姬人等约刘夫人、傅家三妇亦俱至,觞之于西屋。三面倚水,两窗当花,较北屋尤胜矣。④

---

① 《日记》光绪十七年二月三十日。
② 《日记》光绪十七年三月初三日。
③ 《日记》光绪四年六月二十九日。
④ 《日记》光绪十年六月初七日。

李慈铭与绍兴同乡鲍临、吴讲及陈梦麟在天宁寺为乡后生举行饯别宴，也许乡情亲切，邀请吴、陈夫人同行，他带两妾。中午在寺中塔社山房宴饮，夕阳时方罢酒，流连南花畔子，时已初秋，荷香已尽，但他却说"香艳尤胜"，可见同游女伴之风姿，亦助兴不浅。

> 午入天宁寺，以是日与敦夫、书玉、介唐饯同乡陈云衢、沈伯翔、朱笏卿及心云于塔射山房，并邀定夫及敦夫令嗣士偲共集。林翠蔚深，蝉声不绝，夕阳时罢酒，阑槛之外金碧射人。傍晚复偕诸君游南花畔，久坐湖滨，香艳尤胜。是日两姬亦邀介唐夫人、书玉夫人饮寺之簪碧斋，酒毕，亦泛舟湖上而归。①

这样与三两知友携带家眷的游览，多在晚年，也不再著笔描绘景物，渲染情思，书写的是一种休闲松弛的生活状态。

二 游赏的怡情功能

游赏源于人对自然的审美意识，游赏活动对游记写作起到催化功能，惬意的游赏往往催生优美的游记作品，它启发了作者对个人天性的审视，而写作的过程，重现图景，加深了审美体验。所以，游记不仅仅是记录游程、景观，更重要的是在描绘游历时对自然的感悟，倾诉触景生情的美好体验，发现山水，发现自我，这是游记文学最深层的内涵。游览的目的在于放松、忘我，并寻找自我，即移情的功能，游记中自我感情的发现：

> 予坐卧俱适，暖风扑水，夕阳在树，青帘画舫，点缀野鸥沙鸟间，杂以箫鼓声。虽不节不韵，而悠扬水上，自觉人物舟楫，亦飘荡有嬉春态。眺瞩移时，惓不能返。惜寻春较晚，花事就阑，惟看菜黄散金，麦翠铺罽耳。抚念节序，修名不立，曷胜怦然。②
> 朱笏卿邀饮法源寺，以余不赴宴会，故假席名蓝，设厨香积，意甚可感。力疾赴之，上午入寺，坐西院，甚爽垲，笏卿及敦夫、光甫、朱仲立已至，介唐、心云后来，蝉声远闻，花树相映，午后饭于客坐，清谈良久。晡后遍行诸院，至方丈看竹，晤主僧静涵。傍晚裴回藏经阁下，摩挲唐代断幢，晚归。一日之间，三生可证，未能出世，聊与消愁。③

李慈铭文思敏捷，情感细腻，对周围事物的变化非常敏感。出了书斋，卸去公务，

---

① 《日记》光绪十二年七月初五日。
② 《日记》咸丰六年二月二十六日。
③ 《日记》光绪十二年五月二十七日。

一花一木，皆能捕捉到惊喜及美妙体验。即使是家门口观荷花，也能触动心弦：

> 傍晚，诣村口观荷，素葩就零，清韵弥远，时晚风甚力，万叶掀舞，有波涛汹涌。观隔岸夕阳孤晴，村落竹树间，皆苍艳有云色。盖数日来山意已漠漠作雨，而旱晴既久，力不能胜，故烟霭缥缈，在有无间，非寻常晚景所有也。裹裹俯眺，渐逼曛暮，同游者怯风欲归，乃强舍之去。①

他能因心造境，源于心中烟霞四溢、丘壑起伏，对山水的领略、共情能力很高，即便是卧游、梦游，也能获得美妙的体验。

> 傍晚答拜六七客，过迓子桥嵩云草堂，前年河南士夫所筑为觞咏地者，累逢招饮，迄未一往，今日见其窈宇峥深，似有佳观。又过教场二巷，万青藜尚书所辟小园，阑楹幽折，花树掩冉，皆拟亭车一入，匆匆已过。至皮库营四川新馆访一蜀客，门庭爽垲，颇亦神往。盖由比日久病，又苦酬应，神情昏浊，困不自任。今乘余映，天气清酥，遂觉触处营情，句留佳兴，此昔人所谓因心造境者也。②

游览目的是审美、娱乐、消遣，"我见青山多妩媚"，李慈铭常在游记中，将引人入胜的山水比作美人、名士，这也是此承袭了晚明游记小品的独特审美。咸丰五年二月十三日游湖南山"尝谓会稽诸山如名士，山阴诸山如美人"，妙语连珠，尽显才人游记的本色。如：

> 湿阴如罨，凉波乍肥，望苏堤柳烟，蔚然深绿，里湖山色，亦倦沐作态。盖吾乡如嵇阮，风神翛然尘坌之外，而面目或有古拙处，若武林山水，则如王谢子弟拂犊车，服物修整，自觉流丽可喜。周素人言西子湖是绝好一篇六朝骈文，真知言也。③
> 时值春夏之交，四山苍翠万状，然尚作娇媚可怜色。④
> 傍晚至七星岩，樨树作花，有中闺娇女掠鬓弄光之态。⑤

才人游记充满性灵色彩，尚真、尚俗、尚趣，对美的领悟超过凡人，心胸有情，寓目皆景，即村居家畜、花竹、炊烟之常态，偶与老农交谈，令他思绪纷飞，叹为濠濮之观，而此一番景象与意境，比士大夫间的交流更为真诚而适意。彼时他由京返乡，旧居焚毁，无力复建，只能赁屋，而困于治生，与乡绅不偕，距寓所半里之遥的王公池，稍一沉思，便忘俗世纷扰：

---

① 《日记》咸丰六年七月初五日。
② 《日记》光绪六年四月初九日。
③ 《日记》咸丰五年八月初二日。
④ 《日记》咸丰六年三月十八日。
⑤ 《日记》咸丰七年二月二十九日。

夕阳时偕屠姑夫、季弟闲步，由王公池，出常禧门，回至池旁人家，修竹数丛，炊烟半起，禾稼甫纳，鸡凫自游，水色碧寒，环岸若镜，城阴黁闇，映山而冥，盖有濠濮之观，已极田园之趣。立稻篷纺车间，与老农相答问，远胜与士夫周旋矣。池水极深，旱潦不改，俗讹庞公池。平生至此仅三度，与寓庐相去才半里耳。①

为了回避尘嚣，可隐身美景之中，但游赏并非恶劣情绪的宣泄，而是涤荡胸怀，在理想化的自然世界中审视自我，得到慰藉：

饭毕开舟，出白鱼潭，溯东浦。是夕月始望，霜气未深，夜色如昼，大湖弥漫，一白千顷，俛仰廖霩，清不胜寒。倚舷少顷入仓【俗作舱】。拥灯阅《说文》。野旷人寂，村犬不吠，惟闻橹声水声翻书声，时启篷窗，一揽空明景色而已。②

彼时李慈铭孤立无援，无田无禄，不知这卷《说文解字》或《水经注》于其生计有何改善之处。月夜荡漾湖中，野旷人寂，灯下看书，君子有所为有所不为的坚持，便隐幽在空明景色中。

他经常独游。一次独游西湖，时值十月秋晴，人影稀少，湖景可以着笔处很多，但独写了风，风吹山林，松槲把风声带入湖水，归帆荡漾，沙鸟惊飞，游客的帽子也被吹落数回，令人生趣：

午刻步出钱塘门，独游湖边，晴景满堤，人影寥落。至苏公祠，坐堂之右室，垂帘吃茶两椀，洒然而返。时风起山际，松槲万株，卷声入水，归帆沙鸟，侧拍竞飞。过段家桥，帽落数回矣。有诗二绝纪游。③

他还独游过花之寺，时值阳春三月，寺中无一客人，坐海棠树下，喝茶赏花。接着到崇效寺，在寺藏《青松红杏图卷》后题诗三首而归。此行可谓极适意、潇洒：

晡后驱车出右安门，独游花之寺。时正夕阳，山色翠鲜，村落田园，竹树秀润，寺中寂无一客，佛殿前海棠两树，一花甚少，一以衰谢。坐树下啜茗而出。入城，再过崇效寺，以荐老六金付寺僧。复索图卷，题三绝句于尾，出寺苍然，日久落矣。黄昏归。④

敏感的文人，易生兴衰沧桑之感，尤其是国运日衰的末世。李慈铭少年时家族繁盛，天下承平日久，越中以富庶之区，逢佳节庆典，便极尽铺张，日则罗列珍奇异宝，

---

① 《日记》同治六年十月二十六日。
② 《日记》同治七年十月十七日。
③ 《日记》咸丰八年十月初十日
④ 《日记》光绪八年三月初四日。

夜则张灯结彩，笙歌迭起，香车宝马，流连忘返：

> 辛丑八月，宣宗六旬万寿，越中张灯特盛。时太平日久，海内富乐，越人渐习华侈，与苏杭埒。极力绘日月之光，报功德之盛。城中江桥笔飞坊至东昌坊，大街十里，廛肆鳞栉，各出灯样，以工巧相尚。鸾回鹤耸，云实日华。又尽出奇器宝物，青鼎绿彝，玉屏珠帘，以及古书名画、珍禽异兽、瑰草奇花之属，无不护以栏楯，夹道列观。入夜则星火渐繁，笙歌迭起，而各寺庙中复结彩台舞榭，标云矗霞，敷金散馤，绛天百仞，繁曜缀空。游人多饰香车宝马，一片光明锦绣中，钗钿咽衢，袿襦熏巷，真谢康乐所谓"路曜便娟，肆列窈窕"者。予时与诸弟各以健仆一人肩之而游，每过一肆，主肆者辄抱入栏内，争进茶果。至三更而归。盖吾越繁盛之观，极于此矣。至九月，英夷陷宁波，犯余姚，越人仓皇四遁，久而始定。自后乙巳十月，孝和睿皇后七旬万寿，庆节灯事已减曩时。再至庚申六月，文宗三旬万寿，则越中已为贼所扰，烽火危急，不能复举此议。而予亦已客京师矣。回首红绔跳地之乐，曷胜泫然。①

道光帝六十万寿盛典，越中举行庆贺活动，太平盛世，民富物盛，极尽铺张，不曾想一月之后，英人持坚船利炮由海道长驱直入，突破浙江海面，宁波、余姚皆为攻陷，李慈铭也随家人外出郊区避难，沧海巨变于转瞬之间。四年后的道光帝之皇后七旬万寿盛典，场面已不复往时恢宏气派，而九年后的咸丰帝三旬万寿，则越中已为太平军占据，且气势磅礴，直指京师。他正在京师候补，而越中家人生死未卜，惊惧之中，追忆昔日穿着红色衣裤跳跃着为祖母庆寿的欢庆富庶场景，潸然泪下。

越来越多的季世之悲，笼罩在李慈铭的青年时期。咸丰七年二月十七日：

> 叔云、季况以舟来迓余游南镇，同舟者赵征辈三四人。时春事初盛，正平生著屐时矣。午刻抵禹庙，略一瞻眺，即上会稽山，憩镇祠。香火寥黯，游人甚稀。与诸子徘徊忾叹，颇有身世之感。……廿年以来，渐不如昔，然珠帘雀舫，翠管银罂，自东郭门直际覆釜山下。而红亭松竹间，茶檐酿户，以及陈百戏、谈九流、卖寓花寓草寓人物者，尚无错趾隙地。有众中喟然摇首，谓今昔改观者，则苍然白发人也。自烽烟满江上，聚军百万，仰食浙人，吾越遂承其敝，加赋横征，殆无虚月。又因之以旱蝗贼盗，民力竭矣。千余年花天酒国，遂成一片清净土。而喟然今昔者，俯仰之间，已属之我曹矣。噫！其可忧也。

香火繁盛的南镇人迹稀少，"廿年以来"，指自道光中期以来，英人不断尝试打开中国沿海各门户，时咸丰七年（1857），太平军已经形成较大规模，朝廷大力镇压，内忧外患，造成国库亏空，而浙富庶之区承担的赋税不断增加，百姓既恐慌且贫穷，昔日花天酒国黯然失色，且忧生计。李慈铭在游览禹庙时，发此感慨，不是"为赋新词强

---

① 《萝庵游赏小志》，1984年江苏广陵古籍刻印社《笔记小说大观》影印稿本。

说愁"。彼时他二十八岁，科考不顺，国家烽烟四起，个人前途未卜，家国之忧，一寓于昨是今非的山水胜地，伤怀之情，无法排遣。直至光绪十四年，李慈铭任问津书院讲席，赴津途中所见所闻，令人耳目一新：

  上午肩舆出东门，至三汊口下船。三汊口即三岔河，卫、白两河至此合流入海也。夷人之居，错峙阓市，番轮之舶，杂出估楅。傍午开船，行过新营城军器局，白石十雉，亦设旌门，红墙四阿，题曰武库。是日使相方将阅兵，绿树青畴，朱旗立表，营垒之士，十百为俦，军实既饶，边声亦壮。而丑类鼾于卧榻，魋椎恣其跳梁，和好仅成，岁币幸免，国威之振，河清几时？可太息也。①

李鸿章在天津办洋务，练水师，阅兵之阵势壮观。李慈铭同时也看到洋人之租界以及恣意出入大沽口的军舰。他是一个主战派，朝中君臣主和，不知何日可以一振国威，令人气短。这也是末世文人的一般感慨，时代精神与作家气质，赋予了游记超时代的感染力。

三　学人的田野考察

  人与山水自然的感应、默契，正是文人"读万卷书，行万里路"的追求，旅行拓宽视野，见多识广，启发思考，会激发对新知的探索。李慈铭游记，不仅善于描绘山水及村居之乐，在日常游赏中发现自然之美，寓兴衰之感，寄意深远，他的善于考辨的学者身份，寓游记以知识性，学术价值也很高。

  学人游记在清初王夫之、黄宗羲和顾炎武等学者那里得到发展，他们在游记写作中，表现出严谨的理性精神。乾嘉崇尚考据学风的影响下，桐城派的学人游记讲究"义理，考据，辞章"融为一体，较多佳篇，令人瞩目。但李慈铭对桐城文派却多持贬词。

  相较于徐霞客、王士性等的壮游，顾炎武融合学术考证、经世致用于山水观照，李慈铭的游历范围及地理考察，要逊色很多，只是在游记中偶尔涉及考辨，这固然与他所处的社会现实不可分割，也由个人经济、旨趣所决定。

  西湖有岳飞祠，周之琦，河南祥符人，嘉庆十三年进士，著有《金梁梦月词》。曾任浙江按察使，他撰记称岳飞祠即岳飞故宅，且按察司司狱桌属也是岳飞故宅。李慈铭称其考据舛误，此祠是岳飞故宅，没官后设为太学，故祀之；祠西之司狱司，或是岳飞遇害之风波亭所在处，非其故宅。

  忠武王祠，壁间有祥符周之琦中丞及刘公两记。周记乃道光七年按浙时所作，其记言臬署与庙皆忠武故宅，今按察司司狱署，乃宋之大理寺，风波亭在其狱中。

---

① 《日记》光绪十年四月二十六日。

而刘记以臬署为宋之大理司,考据殊舛。按,宋时忠武宅没官后,以其处为太学,故理宗时封王为太学土地,其佐神张宪等六人封侯,皆加"文"字。此庙祀之所由来也。①

南宋时审判机构是大理寺,而不是大理司,刘记混淆了官制。此忠武王祠即岳飞故宅,非大理寺原址。祠旁之经历司、照磨司、候审所等按察司臬属,与祠庙没有关系,亦非岳飞私宅。

李慈铭与家人游深云寺,按《府县志》,深云庵在山阴县西七十二里新安乡,元元统三年建。欧兜祖师为至正间人,本卖菜佣,悟道不娶,入山一年即化去。但越人谐音讹为懊恼,且称因其妻不守妇道而出家,俗语不实,遂流为丹青。

今寺僧于龛前供一牌,题曰:宋重建深云善住师。考祖师不名善住,亦非宋人,而寺始于元统,在元顺帝时,何得谓宋时重建?盖善住为此寺开山之祖,去欧兜证道时不过一二十年间。【顺帝元统之号止于三年十月,是年即改号至元元年,称后至元,至六年十二月止,次年正月改号至正,又历二十八年,而元遂亡。欧兜为至正间人,未必定在末造,以十年为计,相去亦仅十五年耳。】欧兜或即为善住弟子,寺僧不知世代,原流瞢昧,遂至以牛头配马脯,可发一笑。胡云持先生有《尊者道场铭》,亦未叙述本末。今山中并无此碑,后日当再加博考,为补片石耳。②

他还翻阅了乡贤毛奇龄、胡天游的文集,发现都有关于此寺的记载,毛氏《越王峥创置寺田碑记》、胡氏《越王峥欧兜尊者道场铭》,并未考察欧兜与善住的关系,难以释疑为何欧兜龛前牌位要写善住名字。可见他求实求真的考索精神,根据二人生活年代,对历史史实的考辨,做出善住与欧兜是师徒关系的推测,令人信服。

傍晚入长椿寺,坐佛殿前,暝色在花,秾艳尤绝。寺僧出所藏明孝纯刘太后像,绢绘甚旧,戴毗卢帽,衣红锦袈裟,左幅粘一纸,云"乾隆二十八年癸未编修蒋士铨、刑部员外郎王显曾稽首重装"。右幅粘一纸,云"嘉庆六年实录馆校对官宫史收掌官刑部郎中查有圻重装",有圻即世所称查三儝子,以长芦盐商致富数百万,大庚相国戴文端之戚也。朱竹垞《日下旧闻》、吴谷人《还京日记》俱云上题宏慈极圣智上菩萨,下注崇祯庚辰年恭绘。【案,崇祯中尝尊孝纯为智上菩萨,与九莲菩萨皆构殿于泰山碧霞元君宫,后改曰圣慈天庆宫。】《钦定旧闻考》已云此像并无题字,今更无从问矣。

考刘太后为光宗在储位时宫人,以小过忤意致死,本无像,庄烈帝时以同太后为淑女者傅懿妃言,取宫人貌相类者,令太后母瀛国太夫人指示为之,当时已或言

---

① 《日记》咸丰八年十月初二日。
② 《日记》同治五年四月十九日。

似或言否，是后像本已非真。此本亦不①其所从来。至竹垞言寺又有一轴，绘九朵青莲花，捧一牌，题曰"九连菩萨之位"，以为神宗母李太后，谷人及《旧闻考》已云无之，而此轴于道光甲辰有人题签，竟曰明孝定李太后像，寺僧遂谓即九莲菩萨，士大夫群然和之，俗语不实，流为丹青，此之谓矣。②

明光宗刘太后的画像，虽非真容，但确有其画，朱彝尊、吴谷人皆称有题识，而《钦定旧闻考》则称并无题字，寺僧所藏此像左右幅皆有重裱题识，且有称其为"明孝定李太后像"，更是张冠李戴，李慈铭颇为怀疑其来历不明。

长椿寺旧有之九朵青莲花捧一神牌书"九莲菩萨"者，竹垞以为即李太后，亦相沿之误。九莲菩萨本李太后梦中所见授经者也，或以为即太后前身，故慈寿寺【在阜成门外八里庄，亦李太后所建】奉有九莲菩萨塑像，为一菩萨跨九首凤之形，非即李太后也。惟纪载诸书不言慈寿寺有后画像，今所绘者为一菩萨，袒胸具天人姿，下踏九朵红莲花，不知何时为之，疑出缁流坿会耳。③

长椿寺的九莲菩萨，朱彝尊以为即明孝定李太后像，李慈铭认为亦俗语不实，九莲菩萨是李太后梦中所见法师，李太后所建之慈寿寺也有九莲菩萨塑像，即此。但没有文献记载慈寿寺、长椿寺有李太后画像。所以这卷明孝纯刘太后像，后人附会之作；而九莲菩萨之塑像，也非李太后之像。游记笔记，写作时不必将论据出处罗列，但他是翻阅很多相关历史文献而做出判断。考据学家讲究无一字无来历，结论要站得住脚。

是日常禧门外赛会汉会稽太守马公臻庙，偕诸弟同舟往观。……然《后汉书》不为太守立传，吾越图志所述又颇荒忽，如《府志·名宦传》云是时汉祚日衰，宦竖专政，豪右恶臻，乃使人飞章告臻创湖淹没人冢宅，征臻下廷尉，及使者按验，诡称不见人籍，皆是先死亡者所下状，臻遂被刑于市。夫太守筑湖在顺帝永和五年，是时宦竖之祸犹未甚烈，何至以怪妄无稽之言遽诛郡守？自来蔽狱亦无荒诞若此者。张文恭公【元忭】虽尝辨之，然《嘉泰万历志》皆仍其说。

又云创筑镜湖，考镜湖之名起于唐代，《水经注》谓之长湖，亦谓之大湖，《舆地志》谓之南湖，当太守时则但有湖名而已，故杜氏《通典》亦仅云太守马臻始筑塘立湖，或谓因王逸少云"山阴路上行，如在镜中游"以此得名镜湖，说盖近是。【任昉《述异记》谓轩辕氏铸镜湖边，因得名。《述异记》本出伪撰，其说怪妄，不足致辨。】

又传仅言其字叔荐，而不言其为何地人，《职官表》则云茂陵人，宋傅零农歌亦云"幸逢太守茂陵来"，然王忠文《会稽三赋》引图经云山阳人。考东汉时茂陵

---

① "不"字下似有脱字，意思或为"知"。
② 《日记》光绪八年二月二十九日。
③ 《日记》光绪八年二月二十九日。

属右扶风,山阳属河内郡【又别有山阳郡】,疑诸称为茂陵人者,以马氏郡望扶风而附会之,当从图经为是。(同治七年四月初九日)

绍兴城中马臻庙赛会,他观赏过很多次。马臻是东汉会稽太守,府城南三里有湖,马臻筑塘蓄水,溉田九千余顷,民获其利,故建祠祭之,每年举行赛会。但《后汉书》无马臻传,其被诛之事无从考据。《绍兴府志·名宦传》所记马臻事迹,多有不确,如其籍贯,《后汉书·职官表》称为茂陵人,李慈铭认为此乃以马氏郡望扶风而附会之言,应从王十朋《会稽三赋》据图经称河内郡山阳人之说。他对历史文献的谙熟,可见一斑。马臻所围之湖,旧多称长湖、大湖、南湖,镜湖、鉴湖之名乃后起之称,李慈铭驳斥《述异记》谓轩辕氏铸镜湖边而得名,并称《述异记》本是伪撰,不足致辨,随笔一驳,皆发人深思。

李慈铭的学人身份,赋予游记以理性色彩。学人游览,从某种意义上看,是学术活动的拓展,现场踏勘,与历史文献进行比较、辨析,引经据典,更正流俗讹误,譬如地名的谐音转变,历史事实的歪曲,等等。当游览时碰到断碑残字或人名地名之讹,他的学术考索活动便开始了,是学者书斋文本考证在田野考察的延续。

四 游记的文学特征

李慈铭的游赏活动,与其文人身份密切相关,他的游记文字真切自然,是速写的文学佳篇。晚清日记的文学性、可读性,《越缦堂日记》首屈一指,很大意义上得益于其引人入胜的文学性书写。

李慈铭游记散见于日记中,自然具有日记体之实时性、编年体、跨时长的特征。记录的游赏过程,可以为日后诗词文创作提供素材,他有很多纪游诗词文,就是在当日游记的基础上追忆、润色而成。他才思敏捷,遣词造句独具匠心,使得速写具备游记文必备特征,即首尾完整、画面重现、情感体验,是一篇标准的游记文,虽然篇幅有时短略,但结构完整,包括日期、天气、同伴,对山水的描述,情感体验,以及返程时间。

前面我们说李慈铭的游记是才人游记,主要依据他的文学才华以及细腻敏锐的感知、审美能力,这些才华、能力表现出来,就是优美的语言、性灵的笔调、丰富的历史知识。李慈铭的文学功底深厚,十几岁即以辞章扬名,他擅长骈文写作,对六朝以来的辞赋骈文多有模仿,如七体、书、序等长于描述游览的文体,他都很精通。他二十几岁时的日记语言,已是辞藻华美,简洁凝练,如下:

> 仲春之末,居柯山,为花事也。裙屐之出,盖无定时。二十七日,韶昼未满,迟日媚晴,偕瘦生至湖南山。微雨夜过,碧泥软鲜,穿桃坞数重,上竹坡,得李花数十株,玉映绮房,星敷绛海。傅明比艳,韵绝当风。亭午返步至第五桥看水,屏山万迭,尽作波光;茅树百重,助其色画。傍晚至七星岩,檰树作花,有中闺娇女掠鬓弄光之态。晚色上竹,下连石阴,翠暝筠浮,爱不能释。次日下午,薄阴多

风。适瘦生往萝庵，取路至庙桥，吹帽落水，匆匆而返。①

娴熟的语言技巧，清丽而隽永。他的注意力全都放在了描写景物，几乎所有的描绘都使用了四字语，语言张力很强。如游崇效寺：

> 傍午抵钓鱼台。雨将至，亟登舟中，流雨作，荷花已少，万叶飞舞，朱衣间出，红艳益明。雨点渐喧，溯洄数四，榜人张青幔御雨，湖风袭人，葛衣沁凉，玉色霞光，与花妩媚。瀹茗叶，剥莲子，香满襟袖，鲜溢齿牙。午饮于便宜坊。颇醉，下午归。②

李慈铭的游记语言多用整句，以散句连缀，张弛有度，文辞干净，且一气呵成，畅快淋漓，才气逼人。如：

> 午诣陶然亭，华陇吹凉，西山晴爽，书玉、敦夫、介唐、秋田、光甫俱已至，同坐江亭西槛看山。蔡松甫后来，招霞芬、玉仙、月秋及秋菱弟子杏云、霞芬弟子荔秋，下午命酒，藏钩赌饮。酒半，偕登文昌楼，望琼华岛，霞芬始至，复分曹送钩，娄负大醉。傍晚登城看夕阳，霞芬挈酒榼，寺僧送茶具。倚女墙，掳橹楼，四眺苍然，山天一碧，云物错采，绚以晚烟，林斋濯青，绘兹遥郭，俛数诸寺，如浮翠浪之中。横带遗宫，隐见紫霞之表。暝色渐逼，还饭亭下。树偕余映，画纳一窗，山衬夕霏，遽见重岭，蔚蓝胜画，丽瞩莫名。已闻寺钟，始理归骑，循声出寺，逮暝还家。③

京师陶然亭向来是士大夫的风流聚会场所，李慈铭及友人此行还请五位貌美善逢迎的歌郎佐酒，风雅可想。描绘景色，清辞丽句，俯首皆是。

李慈铭也擅丹青，长于山水花树，属于文人画范畴。这种才能在描摹图景时，短短十数字便能捕捉全景，且细节清晰，画面感很强。如自天津归京，有一段水边野趣：

> 夕阳时过二闸方塘，数十区，引水种荷，小叶浮青，间以芦苇，沿堤放鸭，时避行舟，撒罟兜鱼，乱牵落日，蘷绿上袂，莎平藉轮，凤城晚霞，相映增丽，弥会骚人饫目、羁客醉心矣。④

此段依然是多用四字短语，描写夕阳之下舟行中的荷叶、芦苇、鱼鸭、晚霞，以及不着一字的水边人家，种荷、养鸭、捕鱼的恬静生活。将日记当成文学创作的倾向，行

---

① 《萝庵游赏小志》，1984年江苏广陵古籍刻印社《笔记小说大观》影印稿本。
② 《日记》光绪七年七月二十二日。
③ 《日记》光绪八年六月二十一日。
④ 《日记》光绪十年四月三十日。

文看似漫不经心，实则遣词造句大有讲究，这也是他的日记文学性较高的重要原因。

描绘景物，擅长动静结合，非常细腻，且出语惊人：

> 七月二十六日，偕族伯镜人中书、秋舫舅椽游柯山。宿雨初歇，山光树色，绿逾初夏，一路惟闻放田水声而已。予常谓天地间声之至清也，泉声太幽，溪声太急，松涛声太散，蕉雨声太脆，檐溜声太滞，茶铛声太嫩，钟磬声太迥，秋虫声太寒，落花声太萧飒，雪竹声太碎细，惟田水最得中和之音，此陶渊明所以有过师丈人之叹也。出青田湖后，港溆甚狭，秋菱太盛，择棹而行，水实已饶，口腹可办。傍午至七星岩，泥滑石涩，不便展齿，仍返舟小饮，复移就隔岸，诣萝庵。霁景乍呈，山沐始理。日下舂回舟，顾望诸峰，苍翠洴洴，夕阳俱湿。①

李慈铭对暖色调如红色、黄色非常敏感，对冷色调若青若白，尤为着意。随意一段文字，皆是极好一幅浓淡相宜的山水图卷，这也得益于他的绘画才艺：

> 棉雪堕白，桑烟带青，缀以野花，艳称其洁，殊觉黄尘席帽，耳目顿怡。②
>
> 傍晚回至段家桥，夕景忽明，秋烟自媚，湖光万顷中觉汀云洲树，沙鸟行舟，历历变灭，其苍艳不可绘。③
>
> 午诣陶然亭，偕孺初、右臣、云舫、铁香、叔平、爽秋饯仙坪赴河北任。主客皆早至，畅饮纵谈。右临南窗，野色万顷，毕揽秋色，荻黄四围，间露红刹，酒罢雨作，驱车而归。④

又擅长运用比喻、拟人等修辞手法，将山水与人之间可意会难言传的情感，通过拟人化，描绘得非常贴切。

他还善于品评，游览之中的品评，决定于游者的游览经验与审美意识：

> 武林花草，虽未远胜山阴，然吾乡勤于纺织，龟手灰面，多不以膏沐为事。即有世家富人，盛自熏饰，终为村夫子卖古董，虽夸列青彝绿鼎，而俗气可掬。若杭人，则如波斯小贾，尺球片玉，楚楚有致，此吴越风气之分也。往时初渡江，览其山水人物，与越郡仅隔一带，而判若千里，尝有诗记之，忆其一联云"山酒能醉人，吴盐白渐匀"，盖实语也。⑤

他对杭州、山阴以及吴越山水风情比较熟稔，山阴素朴，如村夫之古董，杭州精致，如波斯商人之珍宝，比喻非常贴切。

---

① 《萝庵游赏小志》，1984年江苏广陵古籍刻印社《笔记小说大观》影印稿本。
② 《日记》咸丰五年七月二十九日。
③ 《日记》咸丰五年八月初四日。
④ 《日记》光绪八年九月十九日。
⑤ 《日记》咸丰五年八月初五日。

李慈铭游记前后期风格略有差异。绍兴山水自然天成的风光，描绘笔墨浓淡相宜，天然一幅山水画卷。而京师园林，布局独具匠心，花木名贵，热客流连，描绘多在花卉、游客，规模略小而精致，对美景的体悟更深，多蕴含迟暮之伤。

五　游记之点评

我们通常看到经史、诗文词、戏曲及小说的评点及研究，而关于日记的评点和研究却很少，因为日记是比较私密的文献，将日记借给他人阅览，他人将评点的意见写在日记稿上，并不多见。

《越缦堂日记》风靡学林百余年，然而关于这部日记的评点，却鲜有学人涉及。王星诚、周星誉、周星誉、吕耀斗、陈寿祺、孙廷璋在李慈铭日记稿上作评语，以知己之交深谙其性情，简短中有卓见。

李慈铭友人王星诚，原名于迈，又名章，字平子，更字孟调。浙江山阴人。咸丰九年顺天乡试副榜。著有《西凫残草》。李慈铭十八岁时与王星诚相识，二十三岁后始往来频繁，诗词唱酬无间，互相标榜，同入言社，是文字知己之交。王星诚关注《越缦堂日记》中比较隐秘的恋情主题诗词、自然山水游记、时文，服膺其道家乡山水、眼前事眼前景，妙笔生花，才气过人。他在李慈铭日记稿上写评语廿二则，关于山阴山水游记有两则。

其一，《日记》咸丰五年六月初七日："偕闲谷及诸弟登舟，至柯山石佛寺，复至七星岩，晤瘦生，遂饭于龛侧精舍。下午，偕瘦生下舟，忽遇急雨，蹲匿篷底，少顷至瘦生家省姑母，饮瓜茗后，复吃玫瑰粥半碗，遂辞姑母，拉瘦生同归。至鲁墟大湖，忽云合，风雨骤至，泊舟浪网桥，四望诸山驱走烟霾间，变灭万状，砰訇所至，惟见万绿飞舞，一白混茫而已。顷许解维，夕阳见西，群沐齐出，湿云所经，时有断雨。出青电湖，则云脚所属，石火隐隐，莫名其处矣。曛暮至家。"

"笔墨下有烟云变幻、雷电起灭，乃能状此奇景。诚。"按，即王星诚。

其二，《日记》咸丰五年六月二十七日："比日往来山阴道上，晓夜风景，几无奇不出。虽时有触暑之苦，然所得较多。今晚出湖双村至画桥一路，尤领会不尽，无论山也，水也，树也，桥也，寺也，村舍也，亭也，天之云也，霞也，晚烟也，风也，色色凑泊，成一幅绝好画图。即一人、一船、一渔竿、一桔槔、一树边乌鸟、一浅滩立凫、一网叉、一笠帽、一鸡一犬，颠颠倒倒，随意位置，而正衬反衬，近衬远衬，皆似造化，匠心烘染，无不到恰好处。人到此地，乃觉伎俩无所施耳。惜自来文人无参透个中消息者。"

"出力写的景出，然嫌似李卓吾、唐子畏及吾乡张陶庵、王遂东一辈人语，此明季小品文习气也。诚。"

另一位评点李慈铭游记的是周星誉，原名灏孙，字涑人，又字素人，号神素，又号霞曼。河南祥符人，寄籍浙江山阴。道光二十三年举人，官安徽无为州知州，曾于常州带兵剿太平军。周氏兄弟八人，周星誉排第五，周星誉第七，周星诒第八，三人为同胞，著有《传忠堂古文》。

周星誉在言社中居长，其弟周星誉、周星诒，于李慈铭皆称知己，后周星诒私自挪用李慈铭捐官补银三百两且未归还，迁怒于人，李慈铭与周氏兄弟决裂。光绪十年五月初六日《日记》："周星誉来，言以安徽直隶州开复入都验看者。本名灏孙，字素人，三十年旧交也；然其诸弟皆无行形，得罪于余，余久绝之，自不便与之见，固谢之去。追念平生，为之耿然。"与周氏凶终隙末，但也莫奈之何。周星誉早年借阅李慈铭日记，以长辈自居，评语甚多，涉及面亦广。李慈铭在日记中涂抹去周星誉、周星诒的名字，但周星誉评语皆保存完整，共卅二则，集中在咸丰五年，多未署名，偶尔署"霞曼"，根据前后笔迹可判定为同一人，即周星誉。他评点李慈铭日记共三十二则，其中游记七则。

（一）《日记》咸丰五年八月初二日："午偕徐芸台诣浙一馆吃茶，风景大似银瓶井前，而稍宽敞，饶木石之胜。晤孟湛秀才。下午稍霁，偕蓉生、芸台、竹舫出钱塘门，湖水方溢，买舟至湖南净慈寺。湿阴如罨，凉波乍肥，望苏堤柳烟，蔚然深绿，里湖山色，亦倦沐作态。余酷嗜越中岩壑，尝唐突西子湖，然气质深秀，固不及吾乡。而游屐所至，骇心荡目，真此间乐不思蜀矣。盖吾乡如嵇阮，风神翛然尘垢之外，而面目或有古拙处，若武林山水，则如王谢子弟，麈拂犊车，服物修整，自觉流丽可喜。周素人言西子湖是绝好一篇六朝骈文，真知言也。晡刻抵寺，丹漆剥落，庭宇半圮，佛殿中一二老衲煮茶待客而已。忆岁己酉秋至此，犹巍然大刹也。顷许返棹，雨声在篷，烟景毕见，全湖境界如海上神山，出没云雾间，若近若远，正未许热游人领略耳。曛暮登岸，雨已止，遂促步回寓。"

眉批："妙笔能写画家所不到。"

眉批："评骘新颖，而实允当。"按，指"盖吾乡如嵇阮，风神翛然尘垢之外，而面目或有古拙处，若武林山水，则如王谢子弟，麈拂犊车，服物修整，自觉流丽可喜。"

（二）《日记》咸丰五年八月初三日："下午，偕蓉生、小池、芸台、竹舫复至西子湖，闸桥怒瀑，如撞百石钟，心目为眩。少停，缘里湖山径至段家桥，饮于平湖秋月轩，晤任理君秀才【起元】。俄至苏公祠，进谒白公祠，茗于瀛舟，故相阮文达所构也。栏外荷池数百亩，清芬掬人。遂登望湖楼，出诣孤山放鹤亭，山径幽峭，古绿盎然，红芙就零，遗艳独绝。傍晚回至段家桥，夕景忽明，秋烟自媚，湖光万顷中觉汀云洲树，沙鸟行舟，历历变灭，其苍艳不可绘。远山深处，白气如洹，林宇隐然，绝似越中州山诸胜地，而清迥过之。年来过此十余度，未得亲切见真处如今日，无恨矣。曛黑回寓。"

眉批："词之所至，意亦随之，意之所至，笔亦随之，似此方当得云工矣。"

（三）《日记》咸丰五年八月初三日："下午，偕蓉生、小池、芸台、竹舫复至西子湖，闸桥怒瀑，如撞百石钟，心目为眩。少停，缘里湖山径至段家桥，饮于平湖秋月轩，晤任理君秀才【起元】。俄至苏公祠，进谒白公祠，茗于瀛舟，故相阮文达所构也。栏外荷池数百亩，清芬掬人。遂登望湖楼，出诣孤山放鹤亭，山径幽峭，古绿盎然，红芙就零，遗艳独绝。傍晚回至段家桥，夕景忽明，秋烟自媚，湖光万顷中觉汀云洲树，沙鸟行舟，历历变灭，其苍艳不可绘。远山深处，白气如洹，林宇隐然，绝似越中州山诸胜地,而清迥过之。年来过此十余度,未得亲切见真处如今日,无恨矣。曛黑回寓。"

眉批:"词之所至,意亦随之,意之所至,笔亦随之,似此方当得云工矣。"

(四)《日记》咸丰六年正月十二日:"步至荷花塘,看越中诸山积雪,村人皆指顾窃笑。时初日炫射,不能辨山态浅深,惟见峰岚晶采奇发而已,半晌回家。"

书根批云:"此三日也,仆在鸠江贼垒下壁,见相杀江干上,而人血染处,红白间之,亦自晶采奇发著雪也,而闲忙判矣。尝思天地间人,苦不得见者曰山以间阻,仆又嫌室宇太多,向使坦荡天地,则东西南北相距万里,可望见此人面也。彼时又恨我无此好目力耳。霞曼。"

(五)《日记》咸丰六年二月二十六日:"偕群从诣钓湖拜扫本生曾王父墓,舟行烟浦,村桥杳深,近顾西皂、鹦哥诸山,气如龙发,正春暄极丽时也。日午泊舟凤凰山侧一村庵前,饮微醉。遂登岸,度石桥,至隔湖,缘堤行百余步。踞一小桥旁,修竹数丛,隐茅庵一椽,路狭而折,往往逢人。溪童牧子,时侧身过桥以让。予坐卧俱适,暖风扑水,夕阳在树,青帘画舫,点缀野鸥沙鸟间,杂以箫鼓声。虽不节不韵,而悠扬水上,自觉人物舟楫,亦飘荡有嬉春态。眺瞩移时,倦不能返。惜寻春较晚,花事就阑,惟看菜黄散金,麦翠铺罽耳。抚念节序,修名不立,曷胜怦然。"

眉批:"叙次语句亦寻常,妙在都从肚子里出来真话,眼前有景道不得,此君真能道得出耳。"

"前面叙以恁般潇洒出尘,似入于隐约一路矣。终之曰修名不(下涂抹三行)。"

(六)《日记》咸丰六年二月二十八日:"诣漓渚拜扫曾大父墓,见山中尚有李花也,薄暮归。终日虽不废应酬,然清畅得言外意。余自谓近来得山水之趣稍深矣,虽不免如会稽王有远体而无远神,然同人中则当推予有偏嗜也。素人差足语此,余子虽满口烟霞,其实皆胸无邱壑者耳。"

眉批:"然而仆实不能游山也,一苦足软,二苦口馋,三苦怕冷。"

眉批:"此三者,素生殆为我言之也。"此为李慈铭回应之语。

(七)《日记》咸丰六年七月初五日:"傍晚,诣村口观荷,素葩就零,清韵弥远,时晚风甚力,万叶掀舞,有波涛汹涌。观隔岸夕阳孤晴,村落竹树间,皆苍艳有云色。盖数日来山意已漠漠作雨,而旱晴既久,力不能胜,故烟霭缥缈,在有无间,非寻常晚景所有也。襄襄俯眺,渐逼曛暮,同游者怯风欲归,乃强舍之去。"

眉批:"令人有江湖思,遍观日注,叙山水云物,极得人意,何不作游记耶?倘作之,必有可观。"

王星诚、周星誉与李慈铭是同乡兼好友,于家乡山水风景有独到之欣赏,对李慈铭的书写有共情之领会,且赞其胸有丘壑,工于描写,游记文字有图画所不及处。李慈铭时与之回应、互动,可谓真正的文字知交。由这些点评亦可反观出——李慈铭将日记作为文学体裁来写作,借给朋友观看,蕴含传播、传世的写作意图,凸显出日记的非私密性。

要之,李慈铭撰写正式的游记文,多采用骈俪体,如《庚午九日曹山宴集夜饮秦氏娱园记》《暮冬夜与族兄弟宴梅山寺记》《三山世隐图记》《极乐寺看海棠记》《重五日游龙树寺记》《夏日雨中集天宁寺记》等。而本文所观察的日记中俯拾即是的散文体游记，更具有日常性。其山水游记文字性灵，韵味隽永，极尽雅致，是清代游记文学之佳作；尤其是居京师三十年，遍览古刹名园，所写游赏文字，可与晚明刘侗、于奕正之《帝京景物略》媲美。

(作者：张桂丽，复旦大学古籍所研究馆员)

傅以礼《华延年室题跋》漏收题跋辑释

廖章荣

【摘要】 《华延年室题跋》系浙东学者傅以礼的代表作，此书的学术价值历来受到学界重视。不过该书所收题跋并不齐全，存在漏收的情况。文中辑录的傅以礼题跋，均不见于《华延年室题跋》，这些题跋信息丰富，对研究傅以礼的交游、学术等方面均具有重要价值。

【关键词】 傅以礼 《华延年室题跋》 题跋 辑释

傅以礼（1827—1898），原名以豫，字茂臣，又字节子，号小石，别署节庵学人、长恩阁主人等，浙江绍兴府会稽县（今属浙江绍兴市）人，寄籍顺天府大兴县（今属北京市）。咸丰年间，傅以礼由监生报捐同知，同治年间分往福建任职，先后在福州府、台湾府、兴化府、建宁府等地任职，光绪二十四年（1898）卒于福州。[①]

傅以礼博极群书，在校勘学、辑佚学、版本学、南明史等领域皆造诣颇深，俞人蔚曾对傅氏的学术进行过综合评价："公为学一以乾嘉诸老为宗，多识博闻，长于考订，自历代典章制度，以及故书雅记、金石谱录、逸史稗乘，靡不博综，参稽钩析其同异得失，而于明季掌故，搜讨尤勤。"[②]《华延年室题跋》一书就集中反映了傅以礼的学术成就，诚如俞人蔚所言："是编（即《华延年室题跋》——引者注）所录经史子集传记各题跋，凡一百七十余篇，虽不足以尽公之学，生平精诣所萃，略具是矣。"[③] 近人谢国桢先生说："傅氏刊书甚繁，其题识均详于所撰《华延年室题跋》中。"[④] 实际上，《华延年室题跋》是在傅以礼去世多年后，由外孙俞人蔚整理、刊印，但彼时傅以礼的

[①] 关于傅以礼生平事迹，民国《绍兴县志资料》记载较为简略，可详见廖章荣《傅以礼的家世及生平》，《长江文明》第32辑，吉林文史出版社2018年版，第50—54页；廖章荣《傅以礼年谱稿略》，《中国越学》第13辑，中国社会科学出版社2021年版，第230—239页。

[②] （清）傅以礼：《华延年室题跋》卷中《俞人蔚跋》，上海古籍出版社2009年版，第230页。

[③] （清）傅以礼：《华延年室题跋》卷中《俞人蔚跋》，第230页。

[④] 吴格、眭骏整理：《续修四库全书总目提要·丛书部》，国家图书馆出版社2010年版，第44页。

手稿已有散佚，因此该书所收的题跋并不齐全，[1] 例如宫云维先生曾在浙江省图书馆发现12篇傅以礼未刊题跋，其中5篇为《华延年室题跋》所漏收。[2] 近年，笔者先后从其他文献获见多篇傅以礼题跋，皆为《华延年室题跋》所遗漏。这些题跋创作于不同时期，内容涉及傅以礼交游、学术等多方面的信息，具有重要价值，兹将题跋进行整理，并加以考释。

一 汉三老碑拓本跋

跋云：右汉三老讳字忌日记，通计二百十七字，碑额断阙。三老姓氏无可考，惟据所载父母忌日，一在建武十七年辛丑，一在建武二十八年壬子，知为东汉初旧刻。考古来以建武纪元者，汉光武而外，尚有晋元帝、齐明帝、赵石虎，独光武有十七暨二十八年，岁次正值辛丑、壬子。记中虽未署建碑年月，其时当不出建武年间。浙中金石，向以建初六年《大吉买山地记》为最古，此则更在建初以前矣。咸丰壬子，余姚农人得于客星山中，以出土稍晚，故历来金石家均未著录，吾友赵益甫孝廉《续寰宇访碑录》始载之。今碑藏余邑周氏。丙寅秋日，大兴傅以礼识。

按：此跋作于同治五年（1866），见于《汉三老碑》拓本，此拓现藏于杭州西泠印社。汉三老碑，全称"汉三老讳字忌日记碑"，咸丰二年（1852）由浙江余姚县一个农民发现于客星山，出土时碑额已断失，四周俱损，不过碑的主体和碑文保存尚好，全文共217字。此碑出土后不久，为严陵坞乡绅周世熊所得，跋文说"今碑藏余邑周氏"，其中的"周氏"即指周世熊或其后人。此后，汉三老碑在民间几经辗转，现藏于杭州市西泠印社汉三老石室。傅以礼说"浙中金石，向以建初六年《大吉买山地记》为最古"，此处"建初六年"实际是"建初元年"之误，《大吉买山地记》刻于东汉建初元年（公元76年），刻石凡22字，因刻于会稽跳山，因此又有"跳山摩崖"之称。"赵益甫"即赵之谦，赵氏字㧑叔，一字益甫，别字冷君，浙江会稽县人。赵氏精于书画、篆刻，于金石之学亦造诣颇深，傅以礼云："同人讲金石之学者，以㧑叔为最博，以稼孙为最专。"[3]

二 庄氏史案本末跋

跋一云：右《恭庵笔记》《榴龛随笔》各条，为归安陆存斋观察录赠。《秋思草堂集》中一篇，则从仁和魏稼孙㙟尹传抄，盖皆得之同里故家者。所载人名年

---

[1] 廖章荣：《傅以礼〈华延年室题跋〉的学术价值及其缺陷》，《图书馆研究与工作》2017年第11期。
[2] 宫云维：《傅以礼未刊题跋辑释》，《文献》2013年第6期。
[3] （清）傅以礼：《华延年室题跋》卷中《汉龙虎二瓦》，第216页。

月，互有异同。因杂刺诸书，以附益之，汇为《庄氏史案丛抄》上下卷。吾友季贶太守留意明季、国初遗闻佚事，与余雅有同嗜，爰属范镜溪少府缮写副本贻之。同治癸酉醉司命月，节庵学人识。

跋二云：佐郡台阳，嗣又从新修《湖州府志》采出翁广平纪事一则，杨凤苞遗文二首，当补入是编。丙子重九节后二日，节叟又记。

按：以上两则题跋分别作于同治十二年（1873）、光绪二年（1876），《华延年室题跋》均未收入，见于缪荃孙《艺风藏书续记》卷四。《庄氏史案本末》二卷，记清初湖州庄氏明史案甚详，过去有学者题"傅以礼撰"，实际上是傅以礼"杂刺诸书"汇编而成，只是此书的辑录者。[1] "陆存斋观察"即陆心源，陆氏字刚甫，号存斋，浙江归安县（今属浙江湖州市）人，清末著名藏书家，系皕宋楼、十万卷楼、守先阁主人，与傅以礼相交甚厚，因陆氏官至福建盐运使，故称"观察"。《秋思草堂集》即陆莘行《秋思草堂遗集》，陆莘行字缵任，浙江钱塘人（今属浙江杭州市），陆圻之女。《秋思草堂遗集》分为《老父云游始末》《尊前话旧》两篇，其中《老父云游始末》详记清初庄氏史案及陆氏阖家被难始末。"魏稼孙"即魏锡曾，魏氏字稼孙，浙江仁和县（今属浙江杭州市）人。魏氏精于篆刻，嗜好金石之学，官至福建浦南场大使，故有"鹾尹"之称。"季贶太守"即周星诒，周氏字季贶，河南祥符县（今属河南开封市）人，官至福宁知府，据《闽侯县志》载，周星诒"精目录之学，富有藏书，诗专工五言律。"[2] "台阳"系台湾之别称，此处云"佐郡台阳"是指傅以礼同治十二年（1873）署台湾海防同知之事，李慈铭日记云："（同治十二年六月十三日）得节子书，奉檄署台湾海防同知，已渡海矣。"[3] 翁广平，字海琛，苏州府吴江县（今属江苏苏州市）人，道光元年（1821）举孝廉方正，事迹详见同治《苏州府志》。杨凤苞，字傅九，号秋室，亦称西园老人，浙江归安县（今属浙江湖州市）人，廪生，同治《湖州府志》云："（杨凤苞）早以《西湖秋柳词》有名于时，于经学、小学皆有根柢，尤熟谙明末事，尝为《南疆逸史跋》十三篇，补温睿临之未备，而订其误。"[4] 跋文中所提的"翁广平纪事一则"及"杨凤苞遗文二首"，内容均见于同治《湖州府志》卷九十五，兹不赘录。

三　怀陵流寇始终录跋

跋云：《怀陵流寇始终录》，一名《寇事编年》，吴江潘耒为之序，此本失载，今据《遂初堂文集》补录。戴氏所著尚有《永陵传信录》《圣安书法》《思文纪略》《鲁春秋》《行在春秋》《殉国汇编》《发潜录》《骨香集》《耆旧集》各种，

---

[1] 廖章荣：《傅以礼辑书汇考》，《中国越学》第9辑，中国社会科学出版社2018年版，第159页。
[2] 民国《闽侯县志》卷一百五《流寓》，民国二十二年刻本。
[3] 金梁辑录：《近世人物志》，北京图书馆出版社2007年版，第105页。
[4] 同治《湖州府志》卷七十六《人物传》，清同治十三年刻本。

俱见《苏州府志》。其《殉国汇编》一书,亦(潘)耒撰序,文载《遂初堂文集》。丁丑十一月既望,长恩阁记。

按:此跋作于光绪三年(1877),见于清述古堂抄本《怀陵流寇始终录》。《怀陵流寇始终录》,又名《寇事编年》《流寇长编》,戴笠、吴殳合撰,此书为编年体,全书十八卷,另有附录二卷,详记明末农民起义始末,记事起于明崇祯元年(1628),终于清康熙三年(1664)。戴笠,字耘野,初名鼎立,字则之,苏州府吴江县人(今属江苏苏州市),时人潘柽章云:"戴笠孤贫力学,为诸生,文行炳著,浑厚笃诚。与人居温温终日,而志节凛然,非其义一介不苟。乙酉后,入秀峰山为僧,得禅学宗旨,久乃返初服,教授自资,勤于著述。"① 吴殳,字修龄,苏州府昆山县人(今江苏昆山市),"崇祯中,补诸生,寻被斥,喜博览,下至医药卜筮、壬奇禽乙,靡不精心……晚年事佛,兼好神仙,闻江淮有异人,往从之,聚金试炉火,术不成,犹不悔也。年八十五卒"②。跋中提到的《遂初堂文集》为潘耒诗文集,潘耒字次耕,号稼堂、南村,苏州府吴江县人,曾受业于戴笠门下,遂初堂为潘氏藏书室名。题跋落款为长恩阁,系傅以礼书藏书室名,此处代指傅氏。

四 明史纪事本末补遗跋

跋云:海昌吴寿旸《拜经楼藏书题跋记》云,旧钞本纪事本末备遗二册,不分卷,亦无序目,撰人名截去,首册为辽左兵端、熊王功罪、插汉寇边,二册为毛帅东江、锦宁战守、东兵入口,凡六篇。按:是书体例,全仿谷应泰《明史纪事本末》,祇篇末无论,为小异耳。观卷中附注,有详流寇之乱、崇祯治乱等语,此两篇乃谷书中子目。疑此书亦出其手,初为一书,后以事关昭代龙兴,恐有嫌讳,授梓时,始别而出之,如邹漪刻《绥寇纪略》,特关虞渊沈中、下两篇,未可知也。故二百年来写本廑存,流传甚鲜,吴氏而外,储藏家罕见著录,惟近人东江遗事尝引及之。拜经楼旧钞,今归陆存斋观察,此本即从吴本传录,以所载皆补谷书之遗,依谷书一篇一卷之例,改题《明史纪事本末补遗》,定为六卷。光绪三年岁次丁丑孟冬下浣,大兴傅以礼节子氏识。

按:此跋作于光绪三年(1877),见于长恩阁抄本《明史纪事本末补遗》。《明史纪事本末补遗》不题撰人姓氏,据傅以礼考证,作者或为谷应泰,此说现已成学界共识。谷应泰,字赓虞,别号临苍,直隶丰润县(今属河北唐山市)人,史载谷氏"状貌奇伟,博闻强记,为诸生时,案设制举之文,动以万计,皆能成诵"③,清顺治四年

---

① (清)潘柽章:《松陵文献》卷二十一《戴笠传》,清康熙三十二年刻本。
② 嘉庆《直隶太仓州志》卷三十五《人物传·吴殳》,清嘉庆七年刻本。
③ 光绪《丰润县志》卷六《文学》,清光绪十七年刻本。

(1647)进士,著有《筑益堂集》《明史纪事本末》。吴寿旸,字虞臣,号苏阁,岁贡生,浙江海宁人,著名藏书家吴骞次子,著有《公羊经传异文集解》《后汉书校勘记》《东坡集校勘记》《富春轩杂著》《词苑珠丛》《苏阁诗稿》《苏阁词稿》等①。《绥寇纪略》为吴伟业所著,是书为纪事本末体,专记明末农民起义史事,清康熙十三年(1674)由吴氏门人邹漪付梓。邹漪,字流绮,常州府无锡县(今属江苏无锡市)人,"博学多闻,好著述,游娄东吴伟业之门,伟业《绥寇纪略》半出漪手,平生交游多名士"②。邹氏留心明季史事,除刊刻《绥寇纪略》外,另著有《明季遗闻》《启祯野乘》。

五 张忠烈公文集跋

跋一云:是编从丁松生明府借读,暇日手校数过,是正颇多。惜所载只《奇零草》(《采薇吟》即散附《奇零草》中)、《北征录》《乡荐经义》,暨全氏所载年谱,而《冰槎集》全阙。爰据湖郡李氏旧抄潘文慎《乾坤正气集》,补所未备,汇抄一帙以赠,较之昔人还书一瓻之事,意似少厚,附识以博松老一笑。光绪甲申仲冬下浣,大兴傅以礼识于临漳行馆。

跋二云:集内诸文,皆有时事可考,而李氏旧抄《乾坤正气集》两本,均先后失次,殊不可解。爰和《奇零草》《采薇吟》《北征录》参证明季稗野,重加排比,勒定《张忠烈公文集》十二卷,而以《经义》《年谱》附之。视谢山《张尚书集序》所载,只阙《诗话》一种耳,他日当将嫌讳字句删润,绣梓以永其传,识此聊当息壤。甲申嘉平朔日灯下,以礼又记。

按:以上两则题跋均作于光绪十年(1884),见于民国《江苏省立国学图书馆年刊》第四年刊,江苏省立国学图书馆原题《傅氏写本张忠烈全集题识》。《张忠烈公文集》为张煌言诗文集,此书向无足本流传,傅以礼以潘锡恩《乾坤正气集》所收张氏著述为底本,补其所阙,辑为《张忠烈公文集》七卷③。张煌言,字玄箸,号苍水,浙江鄞县(今属浙江宁波市)人,明崇祯十五年(1642)举人,弘光元年(1645)南京失陷后,张氏与钱肃乐等人起兵于浙东,此后长期在沿海地区抗清,康熙三年(1664)为清兵所执,遇害于杭州,乾隆年间追谥"忠烈"。"丁松生"、"松老"均指丁丙,丁丙字松生,号松存,浙江钱塘县人,清末著名藏书家,为八千卷楼主人。傅以礼与丁丙颇有交往,傅氏辑《张忠烈公文集》时曾得丁氏之助,傅氏辑本除两则自作跋文外,另有丁丙题跋。"湖郡李氏"即李宗莲,李氏字少青,号广文,浙江乌程县(今属浙江湖州市)人,同治十三年(1874)进士④。傅以礼重编张煌言文集,除向丁丙借阅抄本

---

① 民国《海宁州志稿》卷十五《艺文志》,民国十一年铅印本。
② 光绪《无锡金匮县志》卷二十二《文苑》,清光绪七年刻本。
③ 按:据《中国古籍善本书目》,张煌言《张忠烈公文集》传本为七卷,而傅以礼题跋说"勒定《张忠烈公文集》十二卷",卷数与传本不同,俟考。
④ 同治《湖州府志》卷十一《选举表》,清同治十三年刻本。

外，李宗莲亦以所藏抄本相借，傅以礼云："辛巳春，奉差赴浙，复借钱塘丁松生大令丙、归安李少青广文宗莲两家写本。"① 傅氏又云："旧藏忠烈砚铭拓本，乃李少青广文所贻，因汇装一册。砚藏定海王氏，少青曾为文以记之。"② 据此可知，李宗莲又曾以张煌言砚铭拓本相赠。"潘文慎"即潘锡恩，潘氏字纯夫，安徽泾县人，嘉庆十六年进士（1811），官至江南河道总督，谥"文慎"，世称"潘文慎"。道光年间，潘锡恩辑《乾坤正气集》，收入张煌言遗文三卷，改名《张阁学文集》，"惟不载诗词，且编纂丛杂无绪"③，傅以礼重编张煌言文集时即以潘氏辑本为底本。"谢山"即全祖望，全氏字绍衣，号谢山，浙江鄞县人，乾隆元年（1736）进士，全氏中进士之次年即辞官回乡，此后以著述、讲学为事，系清代中期浙东学派代表人物。雍正年间，全祖望将搜辑的张煌言遗著辑为《张尚书集》十二卷。据傅以礼所载，全氏辑本并未绣梓，故传本甚少，傅氏重编张煌言文集时，亦参考了全祖望辑本。

六 东魏高湛墓志铭拓本跋

跋云：先大夫官山左最久，齐鲁固石刻渊薮，秦汉以来石墨收致略备。余凤嗜金石，况皆嘉道间旧搨手泽存焉，珍弆有年，期于世守。不图中丁辛酉之乱，并累代书籍、图画，播散都尽，每一忆及，辄嗟惋不能已已。此高湛墓志亦旧藏之一，因有两本，遂分赠觊公太守。觊公于庚申冬赴闽，絜以自随，曾转贻稼孙明府，旋仍索还。栻儿重其为先世故物，前岁复从觊公乞得，稼孙跋所云："楚弓楚得者。"讵知为余家识耶？末帧存旧印二，一为先公字，乱后从旧第瓦砾中搜获，至今宝藏；一鉴藏印"稷芝"，乃余少时别号，篆刻出桐乡沈胎簪大令手，已为昆明池下物矣。重装既藏事，爰述是拓之幸免浩劫、辗转复归颠末，用示后人，愿我子孙永宝勿失。己丑四月既望。

按：此跋作于光绪十五年（1889），见于《石刻史料新编》第 3 辑第 38 册《有万熹斋石刻跋》。高湛（476—538），字子澄，渤海蓨县（今河北景县）人，官至南荆州刺史、大都督，为北魏司徒高肇之子。《东魏高湛墓志铭》全称《魏故假节督齐州诸军辅国将军齐州刺史高公墓志铭》，刻于元和二年（539）十月，清乾隆十四年（1749）出土于山东德州运河岸边，因此碑颇具史料、书法价值，出土后为士大夫争相拓印。"先大夫"即傅以礼之父傅士奎，傅士奎字瘦石，嘉庆五年（1800）举人，嘉庆二十三年以后历任山东历城、章丘、滕县等地知县，道光十七年（1837）升任德州知州，有傅青天之誉。④ "辛酉之乱"指咸丰十一年（1861）太平军进攻绍兴之

---

① （清）傅以礼：《华延年室题跋》卷中《重编张尚书集》，第 193 页。
② （清）傅以礼：《华延年室题跋》卷中《明张忠烈诗文手稿墨刻》，第 228 页。
③ （清）傅以礼：《华延年室题跋》卷中《重编张尚书集》，第 193 页。
④ 廖章荣：《傅以礼的家世及生平》，《长江文明》第 32 辑，第 51 页。

事，此年傅以礼由会稽县迁往上虞县啸唫村避难，其间"先世图籍及半生珍弄播散殆尽"[1]。"栻儿"即傅以礼之子傅栻，傅栻字子式，号戍牧，平生嗜好金石，卒于光绪二十九年（1903），"平生于著述不甚留意，身后遗稿仅得金石题跋数篇"[2]，后经俞人蔚整理为《蒻庐题跋》，附于傅以礼《华延年室题跋》。

七　傅忠肃公文集跋

跋云：此本乃同治癸酉杨雪沧观察所赠，藏之垂二十年矣。嗣从陆存斋观察、丁松存明府假得吴兔床、吴州来两家旧抄暨一蓝格写本，遂合家藏本命子眉侄详列异同，标著脱衍，又经魏稼孙大令反复互勘，是正良多。光绪庚辰冬夏躬自雠对，另缮清本，并以历代著录书目及墓志像图增列卷首。今春重加审定，成校勘记一卷附后。是本旧阙数翻，且有楮墨渝散者，已为补缀完好，并通体校正。雪翁雅有同嗜，爱书如头目，因先以此本归赵，俟剞劂讫工，再以椠本分赠，即以此为息壤可也。庚寅闰月既望，大兴傅以礼节子氏识于三山寓邸之七林书屋。

按：此跋作于光绪十六年（1890），见于近人傅增湘《藏园群书经眼录》卷十三。除此跋外，《华延年室题跋》亦收录了两篇《傅忠肃公文集》跋文，不过内容与此篇题跋不同。傅察《傅忠肃公文集》，初刊于南宋庆元年间，清末时宋本已不传，傅以礼综合各种版本，辑校为三卷。傅察，字公晦，孟州济源（今河南济源市）人，宋徽宗年间进士。宣和七年（1125），傅察接伴金国使臣时，道逢金国太子，太子令其下拜，傅氏不屈抗辩而死，宋孝宗乾道年间追谥"忠肃"，《宋史》有传。此跋提到的"杨雪沧观察""雪翁"均指杨浚，杨氏字雪沧，一字健公，福建闽县（今福建闽侯县）人，原籍福建晋江县，咸丰二年（1852）举人。杨浚援例为内阁中书，充国史、方略两馆校对官，"寻告归，以甘黔筹饷功，保道员选用"[3]。左宗棠西征时，杨氏随征，后"以就礼部试去"，著述有《冠悔堂文钞》《冠悔堂赋钞》等。同治七年（1868），傅以礼赴闽补官，同年冬抵达福州，初识杨浚[4]，后来傅氏辑《傅忠肃公文集》时，杨浚曾以此书残编相赠。"吴兔床"即吴骞，吴氏字槎客，号兔床，浙江海宁人，"生负异禀，过目成诵，以幼多疾病，遂弃举业，笃嗜典籍，遇善本倾囊购之弗惜，或借读手抄，校勘精审，所得不下五万卷，筑拜经楼储焉"[5]，吴氏一生著述颇丰，著有《愚谷文存》《拜经楼诗集》《拜经楼诗话》等。

（作者：廖章荣，湖北大学历史文化学院博士研究生）

---

[1]（清）傅以礼：《华延年室题跋》卷中《傅忠肃公文集》，第190页。
[2]（清）傅以礼：《华延年室题跋》卷中《俞人蔚跋》，第230页。
[3] 民国《闽侯县志》卷七十二《文苑下》，民国二十二年刻本。
[4] 廖章荣：《傅以礼年谱稿略》，《中国越学》第十三辑，第235页。
[5] 民国《海宁志稿》卷二十九《人物志》，民国十一年铅印本。

晚清章回小说《绘芳录》考究

朱 刚

【摘要】 晚清章回小说《绘芳录》，又名《红闺春梦》。清末民初文人赵苕狂先生曾撰写《〈红闺春梦〉考》一文，对这部《红楼梦》"仿作"有过点评，并对作者"始宁竹秋氏"的身世进行查考和推测，但无明确结果。笔者通过检索排查家谱、地方志数据库的方法，考证得出《绘芳录》作者系浙江上虞人陈昱的结论。在此基础上，结合小说本身，进一步探究《绘芳录》的创作动机。认为作者以"自述生平抑郁之志"为目的，借作品隐喻自身，寄托眷念故土之情，表达追求"真、善、美"的美好愿望。《绘芳录》文辞清丽，格调高雅，兼有社会批判色彩，具有较高的艺术水准和深刻的思想内涵，是同时代小说中的经典之作。

【关键词】 晚清小说 《绘芳录》 西泠野樵 始宁竹秋氏 上虞人 陈昱

一 《绘芳录》简介及版本概要

晚清章回白话体小说《绘芳录》（光绪四年上海申报馆仿聚珍本），又名《绘芳园》《红闺春梦》，全书共八十回，题"西泠野樵著"。书首又有"始宁竹秋氏"自序："余于童年即爱读诸家说部，若《水浒传》、《红楼梦》等书，偶一展阅，每不忍释。以是遭父师之责者不知凡几，终不能改。年十七，逢粤寇之乱，即废读，就食四方，犹东涂西抹，好作小诗词，勾人唱合。近岁贫居无聊，思欲作小说，以自述生平抑郁之志。得八十回，颜曰《绘芳园》，越十稔而始成。其中实事关情，毫无假借；惟佐以词采，敷以闲文，庶可贯通一气，不致阅者之徒多滋蔓耳。时在光绪戊寅嘉平月中旬，始宁竹秋氏自志于邗上梅妍寓楼之南轩。"按序可知，此小说作者"西泠野樵"，别称"始宁竹秋氏"。

书成于光绪戊寅，即光绪四年（1878）。按其言"越十稔而始成"，可知小说开笔于清同治七年（1868）前后。

《绘芳录》写祝伯青、陈小儒、王兰、江汉槎等金陵名士与名妓聂慧珠、聂洛珠姐妹等的情感故事，文笔流畅，艳而不秽。其中祝伯青虽中探花，但因父亲反对，无法娶慧珠为妾，以致慧珠最后郁郁而死。其他三人应试得官，身居显位，各娶昔日所眷名妓为妾，志得圆满。最后，他们辞官归隐，众皆富贵盈门，簪缨累世。《绘芳录》虽属狭邪小说范畴，但它有别于一般以狎妓为主要内容的同类小说，书中名士多为达官重臣，他们不以娶妓为辱，更盛赞娶妓后的退隐生活，因此颇具特色。

陈小儒等人组成的这个仕宦群体，他们为官清正廉明，富有强烈的正义感，坚持与奸佞进行斗争，并取得最终胜利；他们尊重女性，诚挚平等对待自己所爱的人，从而获得了较为纯洁的爱情；他们珍视友情，建起绘芳园游乐其中，享受诗意人生。小说在人物、情节上模仿《红楼梦》的痕迹较为明显，虽然叙事方式上表现的是"情"，但在创作过程中亦铺陈了当时的时代背景，兼有批判社会黑暗的色彩。

小说今见早期版本主要有：光绪四年上海申报馆仿聚珍本，书首题名《绘芳录》；光绪二十年（1894）上海书局石印本，书首题名《绘图绘芳录》；民国上海进步书局石印本，封面题名《绣像绘图绘芳园全录》；光绪三十四年（1908）上海书局石印袖珍本等。此外，现今版本多达十余种，在此不作罗列。

二　作者"始宁竹秋氏"名讳考

清末民初文人赵苕狂先生1925年时曾撰有《〈红闺春梦〉考》一文，他对《绘芳录》作者身世作了一番推测。认为"作者是浙江上虞人，著书之时正侨寓扬州，并没有回到故乡去。书中的甘誓，大概就是作者自况"。赵先生的寻找方向，大致不误。其后的研究者，在《绘芳录》作者身世考证上亦多为推测，未见实质性的突破。

始宁县，晋时属会稽郡。汉顺帝永建四年（129）分上虞南乡立始宁县，废于隋开皇九年（589），存在461年之久。县域范围大致在今上虞上浦、章镇至嵊州三界、仙岩一带，故治在今嵊州三界。始宁虽废，但后世之人仍以地望相称后缀名号。笔者籍贯上虞，迁居嵊州，对于这位"始宁竹秋氏"亦有所关注。曾从虞、嵊二地家谱入手寻找蛛丝马迹，然多年无果。

近年来，随着各类家谱、古籍数据库的建构与开放，为文史学者提供了极大便利，不少家族人物生平资料得以呈现。余在探究过程中，在"中华寻根网"收录的宣统辛亥（1911）续修上虞仁趾堂《横山陈氏宗谱》卷五《高墙门支》中检索到一条关于"竹秋"的信息："钟祥，行杆，名昱。字小东，一字籛衫，号竹秋。配魏氏。子二：桂芬、桂菁；女一。"谱名钟祥之人亦号称"竹秋"，是否就是《绘芳录》的作者竹秋氏存疑。按宗谱世系记载："荣礼，行江，字友三，配刘氏。继荣裕长子钟祥为嗣。迁居扬州。荣礽，行江，字仁三。配赵氏，继配罗氏。继荣裕次子钟庆为嗣。迁居扬州。荣裕，行江，字东三，配刘氏，继配衡氏。子四：钟祥（号竹秋）、钟庆（号竹云）、钟淇（号竹泉）、钟利（号竹垞）。长、次二子出继。迁居扬州。"《绘芳录》作者自序于"邗上"，邗上即扬州江都，与陈氏谱记载荣礼、荣裕等父辈迁居扬州的记录匹配，这为进一步考证提供了可能。附带一提的是，捐资创办上虞春晖中学校的晚清知名巨商陈春澜，即是横山陈氏族人。

鉴于宗谱提供的信息十分有限，遂排查扬州地志。以"陈竹秋"为关键词在"鼎秀古籍全文检索平台"查得民国十五年《江都县续志》卷二十八下《列女传第十下》中相关条目：1、"陈竹秋妻魏"；2、"陈竹秋妻魏，幼有至性。兄患瘵濒危，母忧之，乃刲股入药以疗兄。归于陈，事姑至孝。姑暮年多疾，昼夜侍侧无倦色，乡里称之。（采访）"显示扬州江都也有一个"陈竹秋"，妻魏氏，与《上虞横山陈氏宗谱》所载陈钟祥所配魏氏同姓。

为查证扬州江都"陈竹秋"与上虞横山"陈钟祥"是否有关，再以宗谱所载之名"陈昱"与"江都"二关键词在"翰堂典藏数据库平台"进行联合检索，在《江都县续志》人物列传中（卷二十六下《列传第六下》），获得如下信息："陈昱，字小东。工书，亦善为诗。著有《养性山房诗集》《梅研楼诗余》待梓。（采访）"可以发现列传资料与上虞横山陈钟祥之名、字完全一致，二者确为同一人。《绘芳录》作者始宁竹秋氏自序作于"邗上梅妍寓楼之南轩"，江都县志又记陈昱著有《梅研楼诗余》，可知梅研楼实际就是梅妍楼。

故可以认定，《绘芳录》作者"始宁竹秋氏"，原名陈昱，谱名钟祥。其字小东，一字篠衫，号竹秋，别署西泠野樵。原籍浙江上虞，为横山陈氏明九支高墙门族人。逢粤寇之乱随父辈迁居扬州江都，后在此地创作完成了长篇小说《绘芳录》。

宗谱未载陈昱生卒年，恐迁居失查之故。其在《绘芳录》自序中云："年十七，逢粤寇之乱"，太平天国运动爆发于清咸丰元年（1851），照此上推生年，则其生于清道光十五年（1835）前后。又作者于光绪四年为书作序，可见其生平经历了道光、咸丰、同治、光绪四朝。卒年未详。至此，《绘芳录》作者"始宁竹秋氏"水落石出，这桩百年悬案终于得到破解。

三 《绘芳录》创作动机探究

1. 借作品隐喻自身

《绘芳录》序言："近岁贫居无聊，思欲作小说，以自述生平抑郁之志。得八十回，颜曰《绘芳园》。"此话已经明确告诉我们，作者陈昱创作的初衷便是"自述生平抑郁之志"。

小说《第二回：偕友寻芳桃叶渡》写祝伯青时说道："伯青十七岁上，已入泮宫，是一名饱学秀才，合城尽知。因为祝公有此佳儿，必谋佳妇，不肯草草结姻；所以伯青年已弱冠，尚未有室。生成是一个豪迈任性的人，全不以仕进为念，一味看山玩水，啸月吟风。……平生有两个好友：一个姓陈名眉寿，字小儒，浙江人。他父亲做过江宁知府，现在寄寓金陵，是前两科的举人，比伯青长三岁，娶妻方氏。一个姓王名兰字者香，与伯青同学，小一岁，聘的是现任通政司洪鼎才的女儿，尚未过门。都是才高北斗，学富西圆，兼之放荡不羁，全没半点纨绔气习，更与伯青臭味相投。"文中祝伯青十七岁入泮宫，而作者年十七即废读；浙人陈眉寿（小儒）寄寓金陵，作者则寄寓扬州。二者均有暗指，反映作者无志于科名、迁居他乡的现实。

陈昱寓居扬州江都县的经历，实际上在《第十二回：陈大令判联碧玉环》一节中也已有所揭示："（从龙、伯青、王兰）三人挨进圈内，原来是一首告示，上面写着：'特授江南扬州府江都县正堂纪录十次，随带加十级陈，为出示晓谕事：照得本县由科第出身，忝膺是职。自莅任以来，事无巨细，无不躬亲。出入甚严，冰清玉洁。近闻扬郡地方，习尚繁华，民多刁诈，以健讼为居奇，包词为能事。甚至合蠹吏奸差，联成一手；鼠牙雀角，事机每鼓于纤微，虎视狼贪，乡愚咸受其荼毒：此皆言之殊甚痛恨者也。当知本县目见耳闻，烛奸于隐，法随言出，嫉恶如仇；遇善而赏不从轻，惩恶而罚尤加重。自示之后，尔等士农工贾，各习其生。野无争斗，民多朴厚之风；俗尚敦仁，世有雍熙之象。此则本县之所厚望，尔等之所深幸也。其各禀遵毋违，特示。'"小说中出示晓谕的县令陈小儒任职的府县恰恰就是陈昱迁居的扬州江都。第二十四回："小儒正同方夫人带着三个儿女，倚窗玩赏野景。今年小儒的大公子年方十一岁，取名宝徵；二小姐九岁，乳名赛珍；三公子八岁，名宝焜。皆生得粉妆玉琢，秀倩绝伦。二位公子又聪慧过人，现从甘誓在衙内读书。小儒看着这三个儿女，也自欢喜。"巧合的是，陈昱也有二子一女。很明显，他在陈小儒身上打上了自己的烙印。这些细节，当是有意安排。

《第二十六回：题画扇雅谑评歌》："从龙又问五官：'会唱多少戏曲？可知目下有个无名氏，谱出一套《昙花影》，词曲甚佳。据说此人乃浙江人氏，是个不第秀才，后因灰了名心，佯狂傲世，谱演出这《昙花影》，尽将胸中积的不平，假诸词曲一舒抑郁。刻下京中唱此曲者颇多，你想该知道的。'五官道：'你只知《昙花影》，尚不知如今又续出了两部《昙花续影》《昙花合影》，较之初部，词曲尤佳。今时名公巨卿，无不传述。我怎么不知道呢？况且此人出身，我比你晓得详细，并非不第秀才。此人博览书史，目空当世，争奈命途多舛，连一衿都不可得。是以忿志投笔，适逢粤寇作乱，立有微功，得了个郡丞之职。彼又恨不能从诗书出身，懒于折腰，据闻已有了省分，他坚辞归田，终日以诗酒自娱。又著述这三部词曲，以明己非无用之才，惜命不如人耳。'"文中言《昙花影》作者无名氏，词曲甚佳，乃浙江人士，亦曾逢粤寇作乱，不得志而出《昙花影》一曲。显然陈昱以《昙花影》的作者无名氏来影射自身，透露抑郁之志，感叹命不如人。故创作《绘芳录》等作品，以显才华。

《第二十八回：局外友识透钟情意》："遂点了《满床笏》一出。五官又到各席首座上请点了戏，随后从龙也点了一出《昙花合影》上的《忆偶》。因近日已有人将三部曲词，拣选了几曲出色的，谱成工尺，可以演唱。五官回转戏房，顿时台上开了锣，先演了《大赐福》《加官》等戏，然后即扮点唱的戏文。今日大半均是五官的戏。又唱到《忆偶》一出，五官扮的是虞生，身着儒服，头戴儒巾，出台即唱道：〔满庭芳〕东浙才人，西泠秀士，争夸盖世名流。青云有路，不患步瀛洲。系足红丝未定，妙年华虚度春秋。红衾冷，兰房寂寞，午夜使人愁。"陈昱浙东人，别号西泠野樵，唱词中的"东浙才人，西泠秀士"说的其实就是他自己。虽有自诩之嫌，但事实上陈昱也的确配得上才人、秀士之谓，江都县志列传称其"工书，亦善为诗"，除著小说《绘芳录》外，尚有《养性山房诗集》《梅研楼诗余》等，可见其创作之基础。

《第三十回：王学政藏娇纳金屋》："光阴迅速，转瞬王兰学差任满。京中又放了新任学政，前往浙江瓜代。王兰二次考至杭州，首取了陈仁寿，补食廪饩。"《第三十一回：众学士争咏合欢词》："一日无事，偕了祝伯青到柳五官家来。五官迎接入内。茶罢，五官询问浙江风俗，王兰将各属山川名胜，细说一番。"《第四十四回：闻凶信洛珠悲老母》："伯青忙接过信来，果是王兰亲笔。前面无非说些久别的话，后面即说到'刻下署理杭抚，案牍日多，兼之今夏浙江海塘涨裂，沿海一带居民被水淹没，到处成灾。而且彼处百姓向来强悍，多半借此作乱，入海劫杀往来商贾。业已奏请，奉旨带兵往剿。又值秋间出境阅兵之期，欲屈老弟与楚卿来杭襄助数月，悉在至好，想不却我。'信后又问及从龙南河光景。伯青看罢，沉吟不语。"书中王兰官任浙江多年，熟悉浙地山川名胜。作者出生于浙江，对此间风土人情多有了解，才能将这些素材放在小说中加以运用。

《第五十四回：激义忿老儒寄柬帖》："王兰道：甘老却不同江相，江相早年出仕，为国为民操劳，心绪无一刻之宁。前日医家云：'精血不足，荣卫两虚，即此之谓也。'若甘老一衿之后，无志求名，即淡漠自居，不过著书立说，消磨岁月而已。故年愈老而筋力愈强，那个老头儿，竟有期颐以外之寿可望。"书中甘誓"无志求名，即淡漠自居，不过著书立说，消磨岁月而已"。与作者自序中"近岁贫居无聊，思欲作小说"的境况也基本相似。

《绘芳录》小说描述的这些人物，无论是陈小儒、祝伯青、王兰、甘誓，还是《昙花影》作者无名氏等，皆有隐逸之志，其名士风流，雅人深致，足以使人志趣高尚、气度冲和，视富贵功名如敝屣。在他们身上，或多或少都能看到作者的影子。可以说，陈昱将自身思想抱负融入了这部小说诸多正面人物当中，以达到"自述生平抑郁之志"的主要目的。

2. 寄托眷念故土之情

陈昱自序落款"始宁竹秋氏"，提及始宁废县之名及"竹秋"之号，示不忘本。在太平天国运动爆发后的岁月里，其随父辈离开故土上虞而迁居扬州江都，长年流落在外，思乡之情犹切。故此部小说中，不少地方言及浙江一带的风俗民情。

《第二十三回：游西湖宣淫佛寺》："刘蕴自在扬州逃走，不敢回家，一则怕他父亲追问，二则恐祝自新扳他到案。带了随身几名家丁，连夜避至杭州，往西湖上看玩景致。……刘蕴手内有了使用，当即搬移到十五奎巷内一所客寓里住下，终日去访花觅柳，自寻快乐。……一日，吃过午饭，独自出了寓所，向城隍山来。走未数步，见山脚下僻巷内有一座小小寺院，两扇红门，半闭半启，门头上题曰'紫竹禅林'。"小说提及杭州风物较多，作者对于城隍山、十五奎巷、紫竹禅林等一些地名非常熟悉，可能是他的旧游之地，"西泠野樵"别号或因此而来。

《第四十二回：少年得志奉旨完》："原来陈仁寿进京会试，中了第三十二名贡士，殿试钦点了庶常，陈仁寿即行请假回乡，祭祖完姻。今上又知道陈仁寿系两江总督陈眉寿的堂弟，恩赏白金五百两，以为婚娶之费。陈仁寿谢了恩，即择吉出京，一路上奉旨完姻，分外光宠。先专人到南京送信，小儒正接到喜报，又接到仁寿私函，不日即至南京，又恩赐完姻。……过了数日，小儒即催促仁寿回乡祭祖，回来方可迎娶玉梅。……仁寿遂辞别哥嫂开船，一路无话。到了浙江，祭过祖，又拜见了合族，耽搁了两月，诸事已毕，即收拾动身，向苏州来赘亲。"此节所叙为陈眉寿堂弟陈仁寿回浙江祭祖事，小说中此二人皆作陈姓，又籍隶浙江，实是包含了作者回浙祭祖的意愿，带有浓郁的恋乡情结。

《第七十五回：云制军奉命再巡工》："却说云从龙自请假回了河南，早届一年期满。在从龙的意见，仍欲续假一年，携眷到南京来，与小儒等人畅聚一番。谁料浙省沿海一带塘工，当春潮之时，甚为吃紧。本地督抚，连忙飞章入奏，请旨兴修，以防秋汛，恐临时更难措手。李文俊闻知此事，即奏请起用云从龙，前赴浙省一带巡看塘工，便宜行事。况上次漕河溃涨，自云从龙督工修理之后，至今永庆安澜，毫无水患。不如仍派该督前往浙江督办沿海塘工，俟告竣后再行来京。内廷见了此折甚以为然，恰值从龙假期已满，即降恩旨，著云从龙速赴浙省办理。"《第七十七回：云在田复任两江》："说云从龙自由浙江奉命入都，在路行了一月有余，早抵京中。先人城赁定了公馆，即赴宫门请安。次早，内廷召见，细问浙省海塘工程情形，从龙一一奏对。天颜甚悦，温谕频颁，加恩内用吏部尚书，兼协办内阁事务。从龙谢过恩下来，便择吉任事。"浙江沿海历来多海潮之患，上虞地居新、嵊下游，县境滨临曹江、北负大海，依仗江堤、海塘抵御洪水。陈昱籍里之小越横山村，北面即杭州湾。据清代《上虞塘工纪略》记载，道光至咸丰年间，就发生过多次塘坝溃决，乡贤连仲愚等协力修筑海塘，治理水患以造福百姓。陈昱自幼生长于虞北，对于沿海塘工事宜，应有所见或有所闻，故书中多有提及。其身虽在异乡，其心却始终牵挂故土，其情也真。

3. 表达追求"真、善、美"的愿望

[纯情之真] 小说起首便已明旨："古今来多少英雄，总不能于情脱略。即人生五伦之乐，皆可言情。出身事君，鱼水之情；居家事亲，色笑之情；昆弟联棣萼之情；夫妇笃燕好之情；朋友有投赠之情。推之于日月、四时、虫鱼、花鸟，目见之而成色，耳遇之而成声，皆足怡我性、悦我情。吁！此得乎情之正者也。或不然，秦楼楚馆，随时狭邪；白首争盟，黄金买笑；间或得一知己，两两情浓，生死不易；若者虽非情之正，亦情之钟也。其余如朝暮阳台，沉酣云雨，则谓之淫。所谓情者，非人人共喻之情，惟尔我独得之情；宣诸口而不能，蕴于心而不泯，刻骨相思，切身痛痒者，斯谓之情。"小说围绕名士与佳人的情爱故事而展开，他们互相赏识，惺惺相惜，以礼相待，显示纯情之真。其中祝伯青为聂慧珠打抱不平而甘愿革去功名，后来二人感情遭到伯青父亲反对，慧珠斩断情丝并郁郁而终。在这风流潇洒的言情世界，多了一份深沉的悲剧美。他们敢于冲破封建礼教的束缚，大胆追求本真的感情，使得小说清新脱俗。

[人性之善] 第四十一回，"梅仙道：'此人真乃英雄，此去定然发迹，将来总可报答贤弟。'五官道：'君子施德不望报。我见他穷困，一时慨然济助，是我的意思。日后他有了好处，是他福分，与我何干？若望他图报，自然该报答大哥，非你助他盘费，到他岳家任上，他焉得出头？南京若有生机，昨夜也不致窘迫到那般地步。人总要思木

本水源的。'梅仙道：'你我不须谦逊，彼此都有功德。但愿郑林从此否去泰来，再整家门，报答我们倒是小事。'"

柳五官主动给予郑林这位陌路人资助并不求回报，展现了他的善。这也为第四十二回中郑林"酬恩奋身却盗"救五官埋下了伏笔。第二十四回，恶人刘蕴投河，陈小儒施以援手。第三十五回中，看到刘蕴落得疯癫的下场，陈小儒内心不忍，也没有对他落井下石，保存了刘氏家族的脸面。小说结尾诗云"我今寄语世间人，富贵功名漫认真。金玉传家终可尽，祖宗遗德始能循。风前桃李虽多致，雪后梅花别有神。莫道彼苍疏鉴察，善荣恶堕岂无因"。作品劝告世人"行善积德"的意图溢于言表。

[佳人之美] 第三回"伯青见慧珠穿了件三镶藕色珍珠皮外褂，内着葱绿小毛衬衫，系条淡红百褶银鼠裙，微露绿绫窄窄弓鞋；头上梳个家乡新式髻子，穿插着几枝碧桃，戴着月白素嵌棉女帽，愈显得淡雅如凌波仙子，迥出尘凡。再见洛珠穿件桃红嵌云小毛外褂，内着素绫衬衫，下系松绿百褶灰鼠裙，白绢高底鞋儿，头上戴着元色杂嵌女帽，当门插了一排红桃花，衬着几片鲜柳叶儿，觉得肤里玉映，润若朝霞。……（刘蕴）虽然是一个富豪公子，比穷人的算盘还打得精，外边送他个美名，叫作属狗阴的刘御史"。小说对塑造的名妓慧珠等，不吝溢美之词，她们不仅富于文化修养，而且兼具生活的情趣。在拔高女性地位、赞颂女性美的同时，反衬出刘蕴、田文海等一干反面人物的丑陋。

四　《绘芳录》的价值所在

1. 符合大众消费的审美价值

《绘芳录》的刊布，晚清光绪朝《申报》在其中起到了积极的推动作用。1880年的《申报》发布了一则消息："新印《绘芳录》出售〔本馆主启〕章回小说，总不脱才子佳人窠臼，其能翻陈出新者，世共推《红楼梦》及《品花宝鉴》二书。然《红楼梦》结局太苦，《品花宝鉴》则多淫亵语，读者惜之。近闻有名流某新撰《绘芳录》一书，能合《红楼梦》《品花》为一手，而兼去其两病，惟尚无刊本，绝少流传。爰悬重金以购，果不旬日而得。审阅一过，知人言不谬。……"[1] 申报馆主人获知《绘芳录》一书，觉得深有市场价值，遂出重金购买，印行以售。1881年3月18日《申报》新闻："长春无事，就寓杭垣，云航、绿焦母女偕侄味梅馆主、甥醉花仙史阅《绘芳录》'送春词'，不禁技痒，爰各拈一题，并次元韵，工拙非所计也，尚祈诸大吟坛指政。……"[2] 可见发行之次年已有众多拥趸。《绘芳录》大体模仿《红楼梦》，仅有一小部分是悲剧，余皆结果圆满，故深合群众的心理。受益于申报馆在全国构筑的报刊发行网络，这部"乐而不淫"的狎邪小说得以迅速流传，而它的风格刚好也满足了以读者为本位的大众市场，一出现便颇受欢迎。

---

[1] 《申报》1880年3月3日第2454号。
[2] 《申报》1881年3月18日第2827号。

随着小说的风行，后期又出现了插图版本的《绘芳录》，以取悦大众审美需求。1894年9月《申报》刊有申昌书室的广告："新印《绘图绘芳录》告成◇三马路申昌书室启：《绘芳录》一书，历叙才子佳人之事，描情写景，细腻风光，虽体例不脱章回，而妙笔奇思，有非他人屡齿所能到者。更延名手，绘成图像，冠诸卷端，类上添毫，栩栩欲活，诚小说中生面别开者也。兹已告成，分装八本，价洋一元二角。诸君子请移玉三马路申昌书室购取一观，或亦所供酒后茶余之谈助手。"① 此后，上海进步书局又印行有《绣像绘图绘芳园全录》，书前提要写道："此叙姊妹二人，出身良家，因贫弱而为妓女，知书识字，志趣高尚。结果妹则嫁得其人，姊则未遂所愿，抑郁而卒，就中写情写景，与《红楼梦》不相上下。"在插图版新书的推介上，书商不遗余力，小说的市场反响也着实不错。直到1908年，上海申昌书局仍还在《申报》登广告："《绘芳录》计八十回，系西泠野樵所著。借南朝粉黛发抒情，较《西厢》《石头记》等言情之书，尤为淋漓尽致。著者自谓'情以文生，文以情副'，洵非虚言。现用白纸铅印，订成十本，洋一元二角。"② 19世纪20年代初，王均卿先生向赵苕狂推荐该小说时称："据我的眼光，直可媲美《红楼》。"可见《绘芳录》之畅销，经久不衰。如今仍见出版社不断排字重印。

2. 诗词文赋表现的艺术价值

小说所写诗词、曲调甚多，足供讽诵。另有祝寿文、八股文、行酒令、鼓儿词、楹联、俗语等，文体形式繁多，别有特色。本书自序言"佐以词采，敷以闲文"，当是作者亲笔，读者可细细品鉴。各取几例以飨：

[诗]：第四回，为慧珠、柔云钱行的宴席上，小儒、伯青、洛珠、王兰、慧珠等以《送春词》为题有联句诗，暗合临歧赠别之意；第五回，在平山堂，伯青、小凤、王兰、从龙等以"广陵杂咏"为题作即景组诗。五十七回，留春馆内，众人咏芍药花之联句诗。

[词]：第五回，伯青填词《采桑子》一阕："珠莲十里春如海，人艳花娇声啭，莺娇一曲当筵谱六么。阿侬家住荷香里，水绕红楼，路隔蓝桥，不许东风背地瞧。"王兰赞道："伯青这词调，情致缠绵，并为芳君、爱卿写照，一意两合，定推此作为巨擘，我当贺一大杯。"第三十一回，王兰娶洛珠大喜日，众人有《拜星月慢》《五彩结同心》《人月圆》《采桑子》数首以示庆贺。

[曲]：第十一回，林小黛所唱《佳期》一套，书中称"真乃音韵铿锵，依宫合吕。闻其声者，莫不荡心悦耳，齐声叫绝"。第二十六回："五官道：'即如《续影》上的《痴絮》一阕，我最爱他那词富丽而工，艳不伤雅，又复音悲韵远，情致绵长。'遂念到……从龙听毕，点首嗟赏不已道：'此曲可称绝调，不愧脍炙人口。'汉槎道：'我于词曲，虽不了了，然其字句工丽处，我却能领略，真不负五官赞赏。'柳五官笑道：'他仍有《合影》上的《暑戏》一套，说出来你们更要赞好呢。'……"此《续影》

---

① 《申报》1894年9月16日第7689号。
② 《申报》1906年8月16日第11972号。

《合影》二曲片段，书中从龙曰"此曲可称绝调，不愧脍炙人口"。第七十八回，元宵夜两翻轩内五官、龄官所唱《歌宴》之曲，亦谓"曲词既佳，又出自妙口，分外可听"。

[寿文]：第十三回有"恭祝钦差大臣兵部尚书两江总督部堂程公大人五十大庆"长篇寿文一通，乔皇典丽，书称"言言珠玉，咳唾九天"，可为操觚者参考之资。

[八股文]：第二十七回，载有八股文二篇。当此文体大有变迁，八股文早已成历史上之陈迹，人颇不知其为何面目，读者堪资一噱。

[酒令]：第七回，有行酒令名曰《玉连环》；第十八回，从龙宅梅亭中众人所试《鸳鸯令》；第四十八回，红香院内众人的行酒令。所见花样新翻，弥饶趣味，或亦为一般酒中高士所喜。

[鼓儿词]：第十一回中，有大鼓唱词一段。书中王兰笑道："这书虽说的蠢俗，倒是实事，又引用了些故事上来随口诌成，倒还有趣。"

[楹联]：第四十七回，绘芳园览余阁楹联题曰"留客夜谈明月上，抛书人倦午晴初"；延羲亭联"无端丘壑随心造，别有天地非人间"；留春馆联"花畦低护阑干曲，鸟语催残芍药春"；两翻轩联"两面屋随流水转，一丛人似隔花行"；半村亭联"溪水当门，问此处源通何地；桑榆绕屋，爱其间人正归田"；夺艳楼联"倚石花繁真富贵，登楼人至亦神仙"；绀雪斋联"月明影比骚人瘦，风过庭空鹤梦醒"。

[俗语]：第三十三回，"宁失一人喜，不结千人怨"；第四十六回，"蛇无头不行，鸟无翼而不飞"；第六十五回，"世上三般最难事，教书、管狱与当家"；第六十七回，"宁撞金钟千响，不擂破鼓千通"；第六十九回，"灯前和月下，最好看佳人"。这些俗语通俗易懂，贴近群众，增强了语言的生动性和小说的可看性。

从《江都县续志》人物列传记载可知，陈昱善为诗，著有《养性山房诗集》《梅研楼诗余》两部。鉴于诗集因未梓而已失传，故本书中的这些诗词文赋，无意间竟成了这位浙东才子的绝响，世人透过小说得以窥见其在文学艺术上的功力与成就。

3. 反映晚清社会的历史价值

光绪《上虞县志校续》卷四十一《杂志一》《风俗》记载："国朝咸、同间，粤匪盘踞虞邑，南北两乡并起义兵。"作者幼时逢太平天国运动，后随父辈远离故土迁居扬州，一定程度上改变了他的命运，这段经历是记忆中无法抹去的。故在小说中，多次提及此事。小说第十五回："程公喜道：这就好极了，我有一事，奉烦贵县。前岁粤寇作乱，我与在田同在军中……"第十二回："甘誓又问程公出身，从龙道：'他本籍徽州府人，单名是个尚字。因屡试不第，挟资入都，援例得了个知县，分发广东。到省未久，粤匪作乱，上谕着荆州将军率领驻防旗兵，前往会剿。这将军在京时，与他相善，一到广东，即将他调入营内，专司文案。程公为人，本来能干，又得将军竭力保荐，到肃清时，他已由知县擢至道员，署理广东盐运使司。'"在叙及程尚身世时，谈及"粤寇作乱"，又写到"粤匪被肃清"，侧面印证了小说创作于太平天国运动结束（1864）之后。这也是成书的历史背景。

正如民国赵苕狂先生所说，小说描绘的是"一个粉饰太平的时代"："同治三年，太平天国亡覆，洪秀全自杀于金陵；六年，平定东捻；七年，西捻也平；十一年，贵州苗乱平；十二年，云南回乱平。至光绪四年，也是小说成书之年，左宗棠平定新疆。在外交上：同治八年，日本遣使求好；他国纷纷签订协约通商。天朝脸面保存了一点尊严，暂时未给人戳穿。"时内乱已平，当时欧美列强的势力尚未侵入，这一时期朝野上下呈现一派小康气象。其中上层贵族统治阶层的生活状态，诸如官员骄奢淫逸、贪污腐化、党争不断、科场舞弊等黑暗社情，书中叙述甚详，描摹维肖。同时小说还呈现了下层平民生活境遇，如浙江水灾、农民运动等重要事件均有记录。刘欢《〈红楼梦〉之仿作〈绘芳录〉研究》（四川师范大学文学院 2017 年硕士学位论文）有《晚清社会的真实再现》一节，对此已有考述，颇足参考，不再赘述。

小说第四十三回通过致仕老相江丙谦之口说："今日出仕的人，专门一味逢迎，求取功名，那里还记得'忠君爱民'四字？居高位者，以要结党羽为耳目；在下位者，以阿谀承顺为才能。或中有一二稍具天良者，即目为不合时宜，必多方排挤，使之自退。再不然，获罪杀身，皆由于此。故当今之世，君子日去，小人日来，朝廷之上，半属衣冠之贼；土地之守，都为贪酷之夫。"这可说是对当时官场的一个总概括，作者将其揭示出来，具有相当的勇气与胆魄。《绘芳录》虽未明言满清之所以覆亡之因，却能给予读者以诸多暗示，这是小说积极进步的地方，在作者生存的那个年代难能可贵。

结语：上虞人陈昱撰写的晚清章回小说《绘芳录》，以情事演绎为主线，塑造的陈小儒、王兰、祝伯青等名士皆品行端正。他们考取功名、求进仕途，建功立业报效国家；他们身居官场、洁身自好，与邪恶势力展开斗争；他们吟风啸月、自然率性，不拘泥于世俗陈规；他们从心所欲、进退自如，懂得享受诗意人生。作者少年废读，怀才不遇，于是化身为笔下的正直名士，编录成"绘芳园"这个理想中的乐园，阐明了"达则兼济天下，穷则独善其身"的人生观。同时，作品全方位展现了晚清时期的官场形态、社情民意，具有鲜明的时代特征。小说虽然模仿《红楼梦》的痕迹较为明显，还存在疏于剪裁、情节杂芜等一些弊病，但不得不承认，此本堪称晚清时期同类作品中的经典，有其文学价值和历史意义，值得学界关注和继续探讨。

（作者：朱刚，民航嵊州导航台主任工程师）

新发现的鲁迅佚简及其有关的绍兴元素

裘士雄

【摘要】 新加坡藏家杜南发先生收藏的周树人致胡绥之佚简最近公布，这是鲁迅研究的最新资料。这封佚简不但证实了周、胡二人的交往，也透露了当时的时代背景，特别是其中蕴含的绍兴元素值得深入抉发。

【关键词】 鲁迅 胡绥之 妙相寺 维卫尊佛 佚简 绍兴

最近，从北京传来一个好消息，参与编纂《鲁迅手稿全集》的国家图书馆吴密副研究馆员从新加坡藏家杜南发先生那里得以确认，他慨然提供鲁迅佚简照片及其相关资料。令我们绍兴人尤为高兴的是，这件鲁迅文物与鲁迅故乡直接有关。杜南发写过《鲁迅寻佛记：1915年周树人的维卫尊佛的故事》，吴密也发表《新发现鲁迅致胡绥之书简并永明六年造像拓片考述》一文，甚为翔实。笔者拟在此基础上再作些史料补充。

关于周树人致胡绥之佚简概况

据杜、吴两氏提供的数据，周树人致胡绥之佚简高23.5厘米，宽12.5厘米，直书，计五行七十二字，原无标点，现为试加。该信全文如下：

谨启：齐永明造像在山阴妙相寺，文刻像背：齐永明六年太岁戊辰于吴郡敬造维卫尊佛。昨从越中寄来。拓片已极漫漶，几不可读。兹聊奉一枚，
　　此上
绥之先生

周树人 顿首
[一九一五年] 四月十三日

许多人知道，周树人要到1918年5月在《新青年》第四卷第五号发表第一篇白话小说《狂人日记》时才首次采用"鲁迅"这一笔名，并以此闻名于世。为行文方便，

> 谨启齐永明造像在山阴妙相寺之刻
> 像拓片 齐永明六年太岁戊辰于吴郡敬造维衞尊佛 昨从越中寄来拓
> 片已极漫漶几不可读兹聊奉一枚乞
> 绥之先生
>   周树人顿首 四月十三日

周树人 1915 年 4 月 13 日致胡绥之佚简

周树人致胡绥之佚简不妨改称鲁迅致胡绥之佚简。

"昨从越中寄来",我们可从《周作人日记》《鲁迅日记》得到印证。1915 年 4 月 9 日《周作人日记》载:"九日 晴。上午住校,至大路寄北京拓片一包。"其时,鲁迅、周作人"兄弟恰恰",周作人在水澄巷(现名胜利西路)的绍兴省立第五中学任英语教员,还担任绍兴县教育会会长,主编《绍兴教育杂志》(其前身为《绍兴县教育会月刊》)。大路,即上大路,当时是水陆交通方便,店铺林立和金融、邮电、医院齐全的绍兴繁华的商业街,与水澄巷平行,省立五中更是近在咫尺。是年 4 月 13 日《鲁迅日记》亦载"十三日 晴。上午寄二弟信(二十四)。得二弟所寄《建初摩厓》《永明造像》拓片各二分,9 日付邮。……"翌日,鲁迅在《日记》里又记述:"十四日 风。晴,上午寄西泠印社信。寄胡绥之信并《永明造像》拓片一枚。"十五日《鲁迅日记》则有"夜得胡绥之信"的记载。礼尚往来,人之常情。胡绥之的这封信无疑是写给鲁迅的感谢信。周氏兄弟的《日记》记载明白无误，是铁证。

维卫尊佛及其背面的铭文

历尽劫难的维卫尊佛及妙相寺

维卫尊佛是南齐石刻造像，系古越一尊稀罕的古佛像，实属珍贵的历史文物。佛教有大乘、小乘之分，维卫尊佛是小乘教中的七佛之首。一生向佛的"老绍兴"朱仲华说过：维卫尊佛很珍贵，首先，从雕凿时间看历史相当悠久。他刻于南朝齐武帝（萧赜）永明六年，即公元488年，距今已有1530余年，早于新昌大佛（凿成于梁天监十五年，即公元516年）、柯岩大佛（竣工于初唐，即公元627年后）和下方桥石佛（凿成于隋开皇年间，即公元600年后），在江南实属罕见。其次，从造像背面刻有的铭文十八字看颇有书法艺术价值和历史价值。鲁迅说："文刻像背：'齐永明六年太岁戊辰于吴郡敬造维卫尊佛'"，人称"留南齐一朝有数文字"，弥足珍贵。近代著名的绍兴书画家、诗人袁梦白（天庚）曾吟诗赞曰："南齐石藻翰，压倒东西汉。"最后，从维卫尊佛的宝相看，慈祥，和蔼，形象栩栩如生。香火旺盛时，维卫尊佛烟熏持久；厄运降临时，水火、兵燹等种种自然和人为的摧残，让他痛苦得无语而已。庆幸的是，维卫尊佛总算得以幸存，且基本完好，故他在艺术、历史和佛教诸多领域极具欣赏、研究价值。

维卫尊佛像背文刻"于吴郡敬造"，为何来到越地？《两浙金石志》载述："汉顺帝时分浙江（今之钱塘江——笔者注）以西为吴郡，以东为会稽郡。自晋至陈又于此置东扬州，隋改吴州，又为越州。此南齐石刻而称吴郡，则当时亦有并改之事，为诸书所未载欤？"既然维卫尊佛是南齐吴郡的能工巧匠无名氏所"敬造"，那么，历经近1430个春秋，鲁迅馈赠永明造像拓片给同事、同好，更重要的是造像制造者的同乡（后人）

胡绥之，是天经地义、顺理成章的美事了。

　　历史事实呈现在我们面前：维卫尊佛命运多舛，历尽劫难。在绍兴，传说这维卫尊佛早在五代十六国时期的后晋高祖石敬瑭天福年间（936—943），是一位法名行钦的和尚从会稽县东一个废刹前的水中捞取的。南宋嘉泰《会稽志》亦载："此石佛既得之水中，又一人可负而趋者，安知非吴郡所造而迁徙在会稽耶？"吴越毗邻，仅一江之隔，"吴越敬造"，越郡佚名的佛寺大小和尚和善男信女将他"敬请"到绍兴也是完全可能的，我们也没有必要深究。中国历史上，有崇奉佛教的好运时期，也有打压佛教的倒霉时候，寺废石像沉水，可能是战乱之类的非常原因，也可能是碰上北魏太武帝、北周武帝、唐武宗和后周世宗的"三武一宗""灭佛"的某一次佛难。但是，维卫尊佛出水后，适逢崇奉佛教的辰光，人们重新认识他，礼遇他，敬请他到修缮一新的山阴妙相寺，地点在五云门外的散花亭，也就是《周作人日记》所写的"塘下金"，他多次前去拓片。据朱仲华居士相告：此寺始建于唐大（太）和九年（835），山门前临浙东古运河，后门快到瓦窑头了，可以想见寺大僧众。绍兴石矿蕴藏量极其丰富，古往今来，历代绍兴人广泛采石用以建房、筑城墙、造桥、铺路、砌坎、垒海塘和避塘、营造坟墓、竖碑坊、刻碑碣、制生产工具和武器等。寺庙里的菩萨固然以泥塑木雕居多，但在绍兴，人们在柯岩、羊山等地利用残剩的岩石凿出硕大的石佛，所在寺庙统称"石佛寺"。神像均为石质是共同点，但他们与维卫尊佛亦有不同之处，前者硕大，与山体浑然一体；后者体量小，届时可动，亦为旧时庙会菩萨出庙巡行所需。据嘉泰《会稽志》记载，北宋治平三年（1066），将沿用了230多年的"石佛妙相寺"改额简称为"石佛寺"，并一直沿用到清代。但羊山石佛寺的名声渐隆，人们常有混淆不清的尴尬事发生。考虑到它离绍兴五云门不远，绍兴人就习惯称为"五云门石佛寺"，以资与"羊山石佛寺"区别，所以，笔者在此明确地告诉大家，维卫尊佛应在五云门石佛寺。不过，这个石佛寺历经一个多世纪风雨，除维卫尊佛外，现已荡然无存。

　　现在，再简要地说说维卫尊佛的前世今生。辛亥革命后，五云门石佛寺年久失修，衰败不堪，几近倾圮，处于无人管理的状态。1917年2月，周作人两次前往该寺拓石佛铭文。10日《周作人日记》载："晴。下午同乔风及雀招乘风至塘下金石佛寺拓铭四纸。"18日，《周作人日记》又载："阴。上午同雀招乘小舟往塘下金又拓石佛铭八纸，一时返。"也就是说，第一次，周作人带了三弟周建人和佣工王鹤招前去妙相寺拓维卫尊佛铭文四枚。第二次则只带王鹤招帮忙，在妙相寺居然"拓石佛铭八纸"，大概是熟能生巧，效率大为提高，加上兴趣勃发，废寝忘食，到午后一时才踏上归程。从这两则《周作人日记》记载来看，此时这个废寺任人随便出入，周作人也钻了空子，想到自己不久要离乡到北京工作去了，抓紧时间亲自动手，拓石佛铭文也"批量"生产了。维卫尊佛已身处险境，尽管绍兴民风淳朴，一般不会在神灵身上起歹意动歪脑筋，但谁也不能保证维卫尊佛像不会被歹徒盗卖、劫夺或其他损害文物的祸祟发生。事实上，此事已引起徐逊园、袁梦白等绍兴有识之士的忧虑。就在周作人拓铭后不久，他们将石佛造像敬请到城内蕺山南麓的戒珠寺内，与王羲之为伍。可是没多久，军纪极坏的"北佬"——军阀孙传芳部队自闽入浙，屯师在戒珠寺，又引起绍兴人的极大恐慌，徐逊园辈又设法匆忙将维卫尊佛转移到水澄巷绍兴县商会（今绍兴一中初中部内）。不知怎的，一位懂行的日本商人得此信息，表示愿出十二万银元的高价购取。王子余、袁梦白等一批绍兴爱国绅商形成共识，决不能让这尊国宝流落海外，于是发起募捐，得到绍兴民众的热烈响应，很快在闹市区千年古刹开元寺兴建了藏经楼，并量体裁衣，为这尊古佛像定制了庄严美观的佛龛。袁梦白特地创作《南齐维卫尊佛开元寺藏经楼志胜》词，云："记曾迎佛来城市，戒珠寺又开元寺。香火话前缘，金身照大千。"词末还自注："十余年前，徐逖园约薛逸臣及余同诣妙相寺舁佛入城供戒珠寺，今复由王子余、朱仲华诸君移至开元古刹设龛供养，所以崇佛教，亦所以保古迹也，甚为盛举。"遗憾的是，维卫尊佛只风光了十年，1937年全面抗战爆发，国难当头，绍兴亦与1941年4月17日陷于敌手，开元寺被窃占为日伪保安司令部，寺僧星散，日本侵略军驻绍兴头目北岛也是文化侵略的罪人，他下令拆毁佛龛，将维卫尊佛装箱，暂放伪绍兴维持会内，伺机盗运日本。幸亏伟大的抗日战争取得了胜利，维卫尊佛随之化险为夷。抗战胜利后，开元寺旧址移作他用办医院，维卫尊佛又先后徙居戒珠寺、龙华寺。中华人民共和国成立后，绍兴市副市长兼市文管会主任王贶甫像其父亲王子余一样，爱国爱乡，重视和保护文物，将维卫尊佛送交市文管处妥善保护。绍兴博物馆建立后，维卫尊佛则成了该馆的镇馆之宝。

从部分周氏兄弟《日记》试析他俩如何搜集、研究碑拓等文物资料的。

旧时，大凡书香门第，家学渊源，多为嗜书成瘾，均有读书、购书、写书和藏书的风气。大概自清代中晚期以来，文人们又热衷于集古玩碑，盛行成风，周树人、周作人兄弟亦被裹挟其中。他们据此研究、解读古今社会、历史、经济、文化、军事、人物和民俗等方方面面，做这门学问很有必要，这是毫无疑问的事。当然，势必杂有附庸风雅或从中牟利等动机不纯之徒，故不能一概而论。笔者粗翻《周作人日记》，发现1915年前关于集古玩碑的记载并不多，1912年至1914年三年逛旧书店、古玩店不过十余次，并且多数是买古旧书，只有6次是买古钱币，其中1914年11月18日还是"在大路摊上为大嫂购廿字钱一副、嘉泰等泉五枚、秘戏泉一枚"的。其集古玩碑活动主要集中在1915年及其此后的一段岁月，故笔者就干脆选取1915年1月至1917年3月周作人离绍赴京工作的27个月（下面简称27个月《日记》）作些分析。周氏兄弟之所以怀着极大的热情，耗费较多的精力、时间和金钱，并取得了骄人的成果（这方面，鲁迅、周作人兄弟本人有《俟堂专文杂集》等专著和文章，姚锡佩、叶淑穗、杨燕丽等学者有《从鲁迅遗物认识鲁迅》等许多研究专著出版，更有《鲁迅的校碑及成果》《鲁迅与古砖及砖拓》《鲁迅拟编汉画像集》《鲁迅收藏的古钱币》等大量的文章发表，本文恕不重述），原因是多方面的。除了当时文人们集古玩碑成风的大气候外，还有几个问题值得我们注意，是有利于他俩开展此项工作的因素。1. 兄弟俩有共同的思想基础。1912年5月，鲁迅随教育部迁徙来到包括碑拓在内的各种古物流通中心的首都，而周作人此时仍株守在外人看来"文物古玩收不尽"的古城绍兴。此时两人意气投合、兄弟恰恰，感情上处于蜜月时期。他俩隔三岔五互通书信，互寄《金石契》《越中金石记》等有关资料、图书和其他的物品。如此频繁地交流信息和各种有关实物资料，两人的配合可谓无缝对接，这是兄弟俩高度一致的兴趣、爱好等思想基础所决定的。大而言之，出于为祖国抢救、保存大量珍贵的传统文化遗产考虑，如封疆大吏端方生前精于金石学，收藏甚富，死后其所藏金石拓本等流散，鲁迅敏感地捕捉到了这一信息，不惜工本，从1916年7月28日开始，至1919年先后设法花重金购回端方收藏金石拓片及瓦当等拓片930枚。如1916年7月28日《日记》载道："往留黎厂，买端氏臧石拓本一包，计汉、魏、六朝碑碣十四种十七枚，六朝墓志二十一种廿七枚，六朝造像四十种四十一种[枚]，总七十五种八十五枚，共直二十五元五角。又《张景略墓志》一枚，五角。"8月8日《日记》载："下午德古斋来，续收端氏所臧造像拓本三十二种卅五枚，七元。"8月12日《日记》载："下午往留黎厂，续收端氏所臧石刻小品拓片二十二种二十五枚，六元。又专拓片十一枚，一元。"10月29日《日记》载："午后往留黎厂买端氏臧石拓本二十七种三十三枚，又别一枚（戴氏画像），共直八元。"11月12日《日记》载："午前往留黎厂买《章仇禹生造象》并阴二枚，《仲思那造桥碑》一枚，杂造像五枚，共二元。又端氏臧石拓本四种四枚，一元。"11月24日《日记》载："下午往留黎厂表拓本，又买汉残碑拓本，未详其名，云出河南者一枚，又《违彻墓志》一枚，《元氏墓志》并盖二枚，端氏臧石拓片三种四枚，共泉四元，添《阳三老食堂》拓片二枚。"仅这6次购置端方藏品，鲁迅就支付55元大洋，而所有这一切，早已妥善地珍藏在北京鲁迅博物馆。这就是鲁迅为我们祖国和民族所做出的贡献！小而言之，也许是鲁迅当时个人的兴趣、爱好和研究所需，但最终结果还是因其藏品有了最好的归宿——为国家博物馆收藏、研究和利用，是奉献于国家和民族的。周氏兄弟如此痴迷，在旁人看来已到了入魔的地步。鲁迅也好，周作人也好，经过一段时间的钻研，他俩的欣赏、鉴别能力有了很大的提高，在《日记》中常常流露出对碑拓等各方面的看法。搞研究是很辛苦的工作，他俩通常利用节假日去做，有时还熬夜。1917年1月22日系"旧历除夕也，夜独坐录碑，殊无换岁之感"。鲁迅居然发出这一感叹！他和周作人常在《日记》和文章中抒发出类似的心声。他俩如此专心致志的研究，不仅为了祖国，也是为了故乡。他俩费时费钱，在这27个月里，周作人向鲁迅寄去了十二件维卫尊佛拓片和六件跳山建初买地刻石拓片，以及其他越地碑碣拓片。此时的周作人放下身段，多次到妙相寺去拓片，甚至深入四民不愿往来的里街去征集有关文物资料，是很不容易的，没有精神支撑是不会干常人不愿干的事。他俩也有将绍兴文物等推介出去的良苦用心。2. 时间较为充裕。绍兴有俗语："新来晚到，不知毛坑井灶。"是指初来乍到一个陌生的地方，对许多情况都不了解，一开始会出现无所事事的状况。1912年5月10日，鲁迅第一天到教育部上班，就在是日《日记》记下了"枯坐终日，极无聊赖"的八字感慨。据1915年9月1日《鲁迅日记》所载："自此日起，教育部全日理公事。"也就是说，教育部有段时间上班时也可干私活。1915年9月1日，教育部有了即时起"全日理公事"的要求，但能否真正实施？是要打大大的问号的。不知出于何种考虑，1916年7月1日教育部有了新规定，是日《鲁迅日记》载："部改上半日办事。"这客观上为鲁迅提供机会，利用上班时间做他高兴做的有意义的事。据这27个月的《鲁迅日记》统计，鲁迅"游小市"70次，去琉璃厂199次。尽管鲁迅在《日记》里记载"星期日休息"，其实，工作狂鲁迅是没有星期日，照常在工作，有时连节假日，晚上休息时间也是如此。同时，我们也毫不讳言，他也常常在工作时间去琉璃厂、小市的。同样，在绍兴省立五中任教的周作人一周课时十来个小时，教学任务并不重，也可利用课余时间到古玩街市去淘宝，或从事研究工作。3. 经济上十分宽裕。随着1909年前后周建人、周树人和周作人三兄弟相继从事中小学教育工作，周家15年左右的"困顿"生活已成历史。周作人在省立第五中学执教英语，月薪68元，后加至70元；1912年5月至7月，因教育部初迁北京，教育部在职人员未定级别薪金，每人每月暂发60元生活费。8月26日被委任为教育部佥事兼社会教育司第一科科长的鲁迅，月俸就是240元；1914年8月26日，他的月俸升至280元，1916年3月25日则高达300元月俸。另有他校兼职讲课费、稿费和版税等收入，而家庭负担却不重，顶多负担鲁瑞、朱安婆媳的生活费用。此时，周作人与羽太信子已成婚，周丰一（1912—1997）、周静子（1914—1984）和周若子（1915—1929）等子女亦相继出世。1912年5月，因姐姐信子分娩需人照顾，羽太芳子由其兄羽太重久陪同从东京来到绍兴。芳子与建人日久生情，于1914年2月28日喜结良缘，后来生养了周鞠子（1917—1976）、周丰二（1919—1992）和周丰三（1922—1941）等子女。东昌坊口新台门周伯宜、鲁瑞门下的周氏大家庭的凝聚力是很强的，周树人、周作人和周建人三兄弟很长时期没有分家。鲁迅做出好榜样，很有"大哥"的样子，每月将一笔不菲（100元）的款子汇到绍兴老家。作人和建人的工资收入亦可观，他俩又勤奋著作和翻译，常有一笔笔稿酬收入囊中。可见，此时周家收入既稳定又丰厚。除了维持周氏大家庭生活开支（在当时的绍兴，其生活水平属于上等）外，周氏兄弟用于收集、研究和印刷碑拓等的开销是不成问题的。其实，鲁迅用钱是精打细算的。精读《鲁迅日记》，以为他一直维护其合法权益，一发现所买的碑拓是"伪刻"，鲁迅要么退货，要么换购。1916年6月22日"晚有帖估以无行失业，持拓本求售，悲其艰窘，以一元购《皇甫驎墓志》一枚"。谁知这帖估抓住鲁迅富有同情心的善良心理，故技重演。第二天下午又来兜售，鲁迅就干脆拒绝"不买"。但是，对于看中的碑拓等货，鲁迅还是出手干脆大方的。如1915年4月21日"下午赴留黎厂神州国光社买《神州大观》第七集一册，一元六角五分。又至直隶官书局买《金石续编》一部十二本，二元五角；《越州金石记》一部八册，二十元"。是年12月19日，鲁迅"下午至琉璃厂买《华阴残碑》《报德玉象七佛颂》各一枚，银二元。又《爨龙颜碑》并阴全拓二枚，于纂、时珍、李谋墓志铭一枚，共十二元"。1916年1月22日，鲁迅"午后往留黎厂买《响堂山刻经造象》拓本一分，共六十四枚，十六元。又晋立《太公吕望表》一枚，五角；东魏立《太公吕望表》并阴二枚，一元"。是年5月31日，挚友"陈师曾示《曹真残碑》并阴初出土拓本二枚，'诸葛亮'三字未凿，云仿古斋物，以十元收之。又江宁梁碑全拓一分，内缺《天监井床铭》，计十六枚，是稍旧拓本，是梁君物，欲售去，亦收之，直十六元"。1917年2月18日，鲁迅在"往古斋买《张寿残碑》一枚，《南武阳阙题字》二枚，杂汉画像五枚，共二元；高柳村比丘惠辅一百午十人等造像一枚，一元；《曹望憘造像》四枚，十二元；稍旧拓《朱岱林墓志》一枚，五元"等，一次出手成交在10元大洋以上者达数十次之多。4. 周氏兄弟搜集碑拓、书籍等离居所和办公地点都十分近便。那时，绍兴充其量还是一个不到十万人口的农村城市，但由于历史悠久，经济相对较为发达，文化积淀深厚，文风盛，读书人、做官的和当师爷的在总人口中所占的比重大，历代著名的藏书家也不少，因此，经营古玩、古旧图书、碑帖、旧货、出土文物和印刷等各种堂、斋、楼、馆的店铺、摊位很多。古往今来，古越大地的盗掘古墓之歪风屡禁不止，出土文物和地上文物市场较大，旧时代的地方政府疏于管理，打击不力，加上此业有市场，利润高，客观上都催生、助长了这个行业的畸形发展和繁荣。据27个月《日记》统计，周作人光顾过的这类店铺、摊位有景仁堂、墨润堂、奎元堂等二十家左右，分布在仓桥直街、大街（今解放路）、大路（上大路）、水澄巷（今胜利西路）、马五桥（今人民路与新建南路的交叉口）、贯珠楼（鱼化桥河沿与今新建南路的交叉口）、小坊口（断河头与今新建北路的丁字路口）和里街（又称三埭街，即往昔堕民聚居的永福街、唐皇街、学士街）等地，但主要集中在仓桥直街，大路和大街也较多。南北向的仓桥直街简称"仓桥街"，周氏兄弟在《日记》还简称为"仓桥下"，是绍兴古玩、旧书店最多的特色街市，有景仁堂、奎照楼、奎元堂、万卷书楼等。路北旧有仓桥，桥北就是周氏兄弟任教过的绍兴府中学堂及其易名的绍兴省立第五中学。而该校北面就是东西向的大路，可谓近在咫尺，周作人常去购买、邮寄、走亲访友……大街，是周氏兄弟离家到学校上班最常走的街路，墨润堂、会文堂、聚奎堂、永思堂、许广记刻字铺等，就开设在水澄桥到清道桥的这一段大街。周氏兄弟上下班时顺便进店选购很方便。北京的绍兴县馆建在宣武门外南半截胡同路西，由山阴、会稽两邑乡人于清道光丙戌（1826）"醵资五千金置产为馆"，为同籍应试者服务，同乡官员到京候补亦可在此借住。鲁迅1912年5月5日抵京，翌日即入住绍兴县馆，直至1919年11月21日徙居八道湾11号宅为止。教育部迁北京后，在西单南大街前清学部旧址，鲁迅从1912年5月6日开始办公，到1926年8月26日离京南下为止，除了在一些学校兼课、业余从事创作外，主要在教育部工作。而闻名中外的琉璃厂在宣武区和平门外（大栅栏西），是清乾隆年间开始发展形成的文化街市，有经营古籍、字画、碑帖、文房四宝、珍宝、古董、玩具和泥人的清秘阁、松筠阁、博古斋、荣宝斋和宝古斋，还有震古斋、庆云堂、敦古谊、富华阁、师古斋、青云阁、耀文堂、德古斋、宜古斋、访古斋、直隶官书局等众多店铺、摊位。那时，还有在琉璃窑废基空地上举行的庙会集市，时值春节，招引四方客人，增添各种京味小吃和许多杂耍、戏曲表演，人气更旺。与许多北京市民一样，琉璃厂是他们购物、旅游、休闲的好去处，逛琉璃厂和厂甸庙会也是鲁迅最大的乐趣。5. 有一帮挚友通过各种方式和途径热情、真诚地为周氏兄弟提供学术帮助、支持。周氏兄弟为人诚恳，乐于助人，始终有一大帮朋友。即使兄弟俩交恶后，在上海、北京也形成分别以鲁迅和周作人为核心的朋友圈。这一大帮友人有的提供各种信息，有的互相切磋，交流学术研究心得和成果，有的为周氏兄弟代购甚至赠送金石拓片等实物。据27个月《日记》统计，有10多位友人帮过忙，如同事杨莘耜，1915年1月26日"自陕中归，见赠大秦景教流行中国碑额拓本一枚"；28日"夜杨莘士赠古泉六枚，又小铜器一枚，似是残蚀弩机"；2月5日，"杨莘士赠《陕西碑林目录》一册"；11月27日"上午杨莘耜赠《周天成造像》拓本一枚"；1915年4月4日，杨莘耜还受鲁迅嘱托，写信并寄钱五元给西安吴葆仁，托他代买帖。同乡宋芷生长期在山西任职，1916年1月6日通过宋紫佩送给鲁迅"《晋祠铭》并复刻本，又《铁弥勒像颂》各一枚"；是年8月27日，宋芷生寄《山右金石记》一部给鲁迅。季自求是周作人在南京水师学堂读书时的同学，因与周氏兄弟有同好，他赠给鲁迅《大隋开府仪同三司龙山公墓志铭》等碑拓。1915

年 1 月 17 日，鲁迅向季氏商借《墨经正文解义》等书，据以校读《墨经正文》；3 月 1 日，季自求面赠"'鼯鼠蒲桃镜'一枚，叶上有小圈，内楷书一'马'字"；7 月 25 日，季自求还赠鲁迅一部《鹤山文抄》。教育部同事王叔钧 1917 年 2 月 5 日一次就"持赠《李业阙》拓本一枚，《高颐阙》四枚，画像二十五枚，檐首字二十四小方，《贾公阙》一枚"。另一同事张春霆也赠送"定州近时出土"的《丰乐七帝二寺邑义等造像》二枚，《高归彦造像》《七帝寺主惠郁等造像》各一枚。齐寿山、张阆声、许季上、陈师曾、蒋抑卮、杨千里、祁柏冈等同事、老同学、挚友均有这类实物馈赠给鲁迅。当然，礼尚往来，鲁迅也有相应的礼物回赠他们。除上述梳理的五个优势和长处外，当时鲁迅任教育部佥事、社会教育司第一科科长等职务更是大有裨益，时间长达 14 年之久，他职掌范围涵盖了博物馆、图书馆、美术馆（展览）、演艺会、动植物园等通俗教育、感化教育等社会教育，所以对鲁迅来说，是千载难逢的机遇，教育部同事辐射到全国许多省（分派任省教育厅长），有利于为鲁迅营建一个庞大的社会人际交流网络；教育部丰厚的薪金为他和家人提供经济保障，不仅衣食无忧，而且有钱用于收集、研究他甚感兴趣的事业；教育部宽松的上班作息时间和省亲规定，使鲁迅有了充裕的时间用于考察、研究和创作，而教育部社会教育司的任职，更是鲁迅长袖善舞的重要舞台，使他对国民性有了更深刻的思考和认识。

鲁迅佚简收信人胡绥之其人其事

胡绥之（1859.8.18—1940.7.14），名玉缙，字绥之，号绥庵，别署艳荞，室名许

胡绥之晚年

顾,《鲁迅日记》又作"玉搢"(疑为误植),江苏吴县(今苏州市)人。胡自幼聪颖,又勤奋好学,清光绪丁丑(1877)入县学,又肄业于苏州正谊书院,后入江阴南菁书院。这所名校是江苏学政兼兵部左侍郎黄体芳于光绪八年在军机大臣、两江总督左宗棠支持下创办的,书院命名取大儒朱熹名言"南方之学,得其菁华"之意。聘内阁中书衔官员黄以周主持,学生学习经书辞章,兼习天文、算学等。胡绥之在读期间,其才学和为人是冒尖的,深得黄以周赏识。同籍刑部官员许玉瑑亦看中他,以女妻之。光绪戊子,江苏布政使黄彭年创办学古堂,郭聘时年29岁的胡绥之为斋长,支持堂务。光绪辛卯,胡参加江南乡试中式。此后一度赴闽习幕,也当过江苏兴化县教谕。值得一书的是,光绪癸卯,胡绥之应经济特科考试,全国仅录取28名,其中一等9人,他荣居第六名,其才学由此略见一斑。是年,胡官湖北知县,有人也说他曾入张之洞幕。翌年,胡奉命东渡日本考察学政,著有《甲辰东游日记》。光绪丙午调任学部主事,不久升员外郎。戊申年还被聘为礼学馆纂修。宣统二年(1910)初,京师大学堂成立,胡绥之即被聘为文科教授,讲授《周礼》等。不久,他管辖"内库大档",大费周章。民初胡又到教育部任职,负责筹建历史博物馆,与鲁迅共事多年。胡氏离开教育部后,转任北京大学、北京高等师范学校等院校教授,也曾供职于东方文化事业委员会。胡绥之是一位饱学之士,一生矢志不移,在学术园地辛勤耕耘劳作,成果丰硕,著有《许顾学林》《艳荾读书记》等书,藏书亦颇丰。早在1908年,胡绥之就建言续修《四库提要》,未果。辛亥革命后,其"顾忌斯解","用数十年之力,为之补正"。1925年前后,中日学者合作编撰《续修四库全书总目提要》,胡绥之数十年如一日,在《四库全书》的补充、考证和研究等方面,出力甚多,贡献甚大,好多中日学者均有高度的肯定和赞扬。1936年,华北形势趋紧,胡绥之遂离开生活和工作了近40年的北京,南归在苏州镇虎山桥埭安居,依旧拥书著述。他遂闭门谢客,致力于《四库全书总目提要补正》的撰著。胡氏深感此项文化工程甚巨,即使有"五百年之寿命,亦不能尽",但他心甘情愿,只求"得寸则寸,得尺则尺",即尽其全力而已。胡绥之的这席话语和行动,感人肺腑,正是学人所需要的。告慰他的是,《四库全书总目提要补正》(与王欣夫合著)终于在1964年由中华书局出版了。

鲁迅与胡绥之在教育部共事多年,见诸《鲁迅日记》有下面摘引的(13次)往还记载,起于1912年,讫于1917年,全在两人任职于教育部时:

1. 1912年6月14日"午后与梅君光羲、吴[胡]君玉搢[缙]赴天坛及先农坛,审其地可作公园不"。

2. 1913年3月26日(下午)"同夏司长、胡绥之赴琉[璃]厂买土偶不成,我自买小灶一枚,铜圆三十。游书肆,买《十七史》一部二十八函,三十元;《邵亭知见传本书目》一部十本,十四元"。

3. 1914年3月2日"以孔教会中人举行丁祭也,其举止颇荒陋可悼叹,遂至胡绥之处小坐而归,日已午矣"。

4. 5月22日"上午往察院胡同访胡绥之,未遇"。

5. 1915年3月28日"下午胡绥之来并赠《龙门山造像题记》二十三枚,去赠以《跳山建初摩厓》拓本一枚"。

6.4月14日"寄胡绥之信并《永明造像》拓片一枚"。

7.4月15日"夜得胡绥之信"。

8.6月21日"晚访胡绥之"。

9.7月20日"上午访胡绥之，未遇"。

10.7月25日"（上午）访胡绥之，未遇"。

11.7月26日"（午后）访胡绥之"。

12.8月22日（星期休息）"下午胡绥之来"。

13.1917年5月23日"胡绥之嫁女，送银一元"。

其间，鲁迅很有可能漏记的。这六年之外有往还，但仍有失记的可能。尽管他俩的关系不如许寿裳、陈师曾、齐寿山、钱稻孙、杨莘耜、汪书堂辈莫逆，但鲁迅对胡绥之这位饱学之士是敬重的，这可能是年龄差异较大的关系，存有代沟。当然，也不排除五四新文化期间及其以后，两人的新旧思想、文化、道德难免有冲突，话不投机所致。坦率地说，从1912年6月14日《鲁迅日记》将他的姓名写作"吴君玉缙"来看，鲁迅对6月初刚到教育部工作的胡绥之是不了解的，姓名三个字写错了两个。但是，随着交往的增多，互相了解增强，两人关系也迅速升温，他俩在工作方面的合作是愉快的。民国肇建后，农林部建议将天坛改建为林艺试验场，将先农坛改建为畜牧试验场，拱卫军则有将先农坛改设军械库的打算，而京师议事会提出将天坛、先农坛均改为公园的建议。于是，教育部派遣秘书长梅光羲、鲁迅和胡玉缙于1912年6月14日前往实地考察改建公园的可行性。从是日《鲁迅日记》记载分析，教育部有改为公园的倾向，经梅、

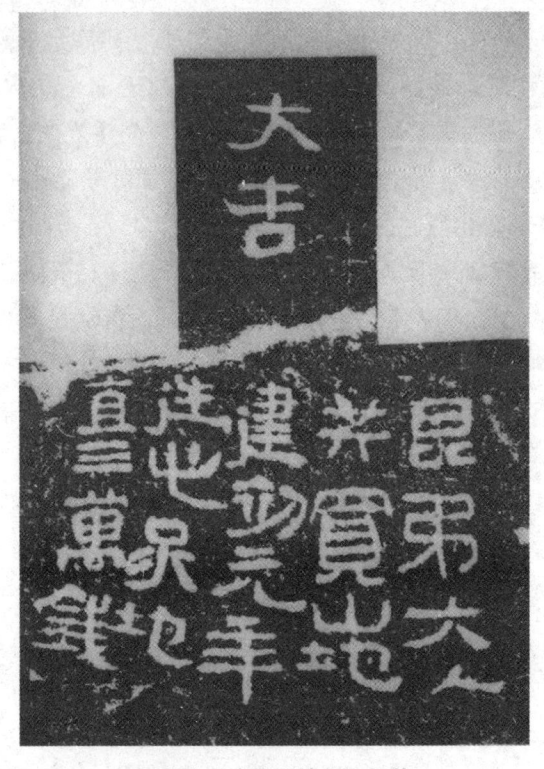

绍兴跳山建处买地刻石拓片

鲁、胡三氏考察后认为是可行的，被教育部等决策部门采纳，于1915年将明、清帝王祭天、祈谷和祀先农神的场所改为公园开放。第2次是1913年3月26日，鲁迅和胡绥之陪同顶头上司（社会教育司司长）夏曾佑到琉璃厂采购历史博物馆所需的出土明器土偶等陈列品。公事未办成，鲁迅个人用去44元多购回了一批书，不虚此行。与鲁迅公私关系较好的夏曾佑司长与严复、林纾、梁启超等被袁世凯利用，于1913年6月成立"孔教会"，鲁迅在是年9月28日《日记》里已用调侃、讽刺的口吻说："云是孔子生日也。昨汪总长令部员往国子监，且须跪拜，众已哗然。晨七时往视之，则至者仅三四十人，或跪或立，或旁立而笑，……顷刻间便草率了事，真一笑话。"1914年3月2日，也就是鲁迅日记第3次写到胡绥之。是日《日记》载："以孔教会中人举行丁祭也，其举止颇荒陋可悼叹，遂至胡绥之处小坐而归。"显然，鲁迅对孔教会所组织的尊孔活动举止荒陋和教育部对部员的出格要求是反感的，抵制的。当时，胡绥之身任历史博物馆筹备处处长，在国子监办公，鲁迅就溜到胡氏办公室谈论他们感兴趣的事情去了。5月22日，鲁迅有事曾去察院胡同拜访胡绥之，因此有了他的第4次记载。胡绥之年长鲁迅22岁，看这位晚辈如此痴迷于金石碑拓的收集和研究，也深为感动，成人之美，将他收藏的"《龙门山造像题记》二十三枚"割爱赠送给鲁迅。龙门造像二十品备受金石学家推崇，胡氏所赠如此厚重，鲁迅当即回赠绍兴"《跳山建初摩厓》拓本一枚"。跳山，位于绍兴富盛镇乌石村，覆盆桥周氏九世祖周宗翰（字佩兰）墓地也在那里，周伯宜、鲁瑞夫妇和周氏三兄弟以及他们的祖辈、曾祖辈每年都要前去祭扫几次。周氏女坟亲因其爱子被"马熊"叼走吃掉而悲痛欲绝，以致哭瞎了眼睛。鲁迅他们听到过此惨事，这惨剧成了他创作小说《祝福》的素材。乌石跳山东坡岩崖上竖刻着"大吉"，下凿刻正文"昆弟六人，共买山地。建初元年，造此冢地，直［值］三万钱"。左侧还有道光三年杜春生等人刻的"获石同观题记"。建初买地刻石是我国早期买地券文，也是浙江迄今发现最早的东汉摩崖石刻题记，它和铅、木、玉、石、砖质等买地券不同，是买地券中最原始的形式。建初买地刻石为研究当时土地买卖制度提供了实证依据。从字体结构看，对研究当时流行的隶书，也有重要价值。鲁迅他们因扫墓等情知道此刻石，也很有可能到过此地，将购买的《跳山建初买地刻石》拓片回赠胡绥之是有意义的。这已是鲁迅第5次在《日记》谈及胡绥之。胡绥之的这份情义，鲁迅铭记在心，4月14日，他一收到周作人刚寄来的《永明造像》拓片，就修书一封并附赠此拓片。15日，鲁迅也收到了胡氏的信，这在《鲁迅日记》中谈及胡绥之已是第6次和第7次了。这是迄今为止发现的两人唯一一次通信记录，并有《鲁迅日记》记录在案。据27个月《日记》统计，跳山建初买地石刻拓本，鲁迅于1915年3月17日收到4枚，4月12日收到2枚，一共6枚；于1915年3月18日、3月21日、3月28日、6月24日分别馈赠陈师曾、许寿裳、胡绥之、朱逷先和朱孝荃各一枚，一共5枚。而南齐永明造像拓本鲁迅于1915年3月11日收到1枚，3月17日收到2枚，4月10日收到2枚，4月12日收到2枚，1916年1月26日收到4枚，2月8日收到1枚，一共12枚；于1915年3月18日、3月21日、4月10日、4月14日、6月24日、1916年2月8日分别馈赠陈师曾、许寿裳、张阆声、胡绥之、钱中季和朱逷先（同日）、何邕威和朱孝荃（同日）各一枚，一共8枚。周氏兄弟买也好，亲自拓也好，亲友和学生送也好，将这些越地碑拓的大多数馈送给同事、同好和同乡，推介和宣传了绍兴，为祖国保存了珍贵的文化遗产，个人之间则增添了友情。6月21日、7月20日、7月25日、7月26日和8月22日，即鲁迅第8—12次关于胡绥之的记载均系二人互访的事，因未述及详情，只记流水账而已。从《鲁迅日记》看，鲁迅与胡绥之的频繁往还主要在1915年（8次），最后一次已是1917年5月23日，旧的交情仍在。"胡绥之嫁女"，鲁迅"送银一元"作为贺礼。除了《鲁迅日记》的这13次记载外，1928年1月28日《语丝》周刊第四卷第七期，鲁迅发表《谈所谓"大内档案"》一文，旧事重提，实际上以知情者、当事人身份揭露"八千麻袋事件"的真相，一针见血地指出：中国公共的东西实在不容易保存。如果当局者是外行，他便将东西糟蹋完；倘是内行，他便将东西偷完。可谓一语中的，入木三分。体会鲁迅此文的本意，矛头所指，是那些"有关面子的人物"。鲁迅巧妙的用罗马字代之，但明眼人一看就知道他在揭露和批评教育总长傅增湘（F）、次长袁希涛（Y）、参事蒋维乔（C）等权势者。包括标榜抢救"大内档案"有功的罗振玉曾倒手转卖过其中一些给日本人松崎，罗氏还与彦德（YT）在"大内档案"中分别得到蜀石经《榖梁传》70余字、940余字，两人后来都卖给庐江刘体乾牟利。傅、袁、蒋任教育部要职，有的后来以藏书家闻名于世，他们的藏品有利用职务之便占为己有的。鲁迅对竭尽心力尽量想当好历史博物馆筹备处处长的胡绥之是了解的，理解的。胡氏能独善其身，实在不易，他又身际忧患，心系文物档案安全，食宿和办公均在国子监，确是忠于职守的表现，对于心有余而又无力推动保护的现象，鲁迅与后人不会苛求、苛责他的。所以，对于当年"南菁书院"的高才生，不但深研旧学，并且博识前朝"掌故"，人称"清季朴学之后劲"的胡绥之，鲁迅仍怀敬意。在文中，他敬称为"胡绥之先生"。须知，在鲁迅作品能尊称为"先生"甚少，只有蔡元培、夏曾佑辈，寥寥无几。

胡绥之与蔡元培之间也发生过一件颇为有趣的事。1912年2月23日，蔡元培在北上迎袁船上就发起成立"社会改良会"，其中第17条亦主张废"大人、老爷"之称，以先生代之，与孙中山主持南京临时政府时，以政府职员系人民公仆，不应再有"大人""老爷"等旧称的主张一致。5月间，因典礼院并入教育部，蔡元培委派前学部员外郎胡绥之等前往接收。谁知起草公文的承政厅文书于通知函中，墨守成规，内有："奉总长谕派胡玉缙、王丕谟接受典礼院事务，此谕。"等语，引起胡玉缙的极大不满，5月31日，他直接写信给蔡元培，信云：

鹤颀先生台鉴：

昨晚接大部来函，内开："奉总长谕：'派胡玉缙、王丕谟接收典礼院事务，此谕。'承政厅谨传，等因。"展阅之下，无任惶悚。窃念民国下级官当服从上级官，此不易之理，维"谕"字似承亡清陋习，现虽一切程式尚未规定，而专制性质之字样，必屏而弗用，民国前途，方有冀幸。况玉缙为前学部人，与今教育部初无继续之关系，未知从何谕起！在玉缙略具知识，甚愿为民国服务。如相契以道德，固所乐从；若以为犹是希望先生之谕而不可得者，则民国之大，此辈车载斗量，亦何必以玉缙滥厕其间。先生富于共和思想，玉缙亦珍重民国前途，用敢直

陈，惟恕其狂愚，甚幸！肃此布臆，敬颂

台安！

胡绥之 敬启
［一九一二年］五月卅一号

其实，蔡元培就任教育总长以前，对胡绥之的学识、为人有所了解。任总长不久，又读了胡玉缙的新作《孔学商榷》一文，对他的才华甚为感佩，就邀请他到教育部任职，负责筹备国立历史博物馆。属下发函"谕"胡到部任职，在世俗社会，又逢社会鼎革之际，本应感激不尽，想不到胡氏并不领情，复信一口回绝，还不怕冒犯质问几句：既然封建帝制推翻，进入民主共和，人皆平等，（蔡）先生为何还居高临下，"谕"我赴任，未知从何谕起?！此胡绥之信函，其个性，其学人的风骨，力透纸骨，人们万万想不到出于前清学部官僚之口，他毫无昔日官场陈腐的风气。蔡元培接到胡绥之来信，很重视，认为批评意见很正确，百忙之中，当即复信胡绥之，虚心接受胡氏意见，仍敦邀他到部任职。复信全文如下：

绥之先生大鉴：

于报端得读大著《孔学商榷》篇，无任钦佩。深愿得一朝夕奉教之机缘。适有接收典礼院一事，似与先生所精研之孔学不无关系，故以奉烦。无论专制共和，一涉官吏，便不能免俗，旧谕，旧派，皆弟所戚然不安者。以冗故未遑议，致承政厅遂袭用之。奉惠书后，即传示厅员，彼等有所答辩，附奉一览。字句小疵，想通人必不芥蒂。民国初立，教育界除旧布新之事，所欲请教者甚多，尚祈惠然肯来，相与尽力于未来之事业，敬为全国同胞固以请。并维

起居安善为祝

蔡元培 敬启

教育部承政厅（后改总务厅）根据蔡元培总长指示给胡绥之写了呈文，"承认公函内所用'谕'字，指为承亡清陋习，宜屏而弗用，立论颇正"。向胡氏表示歉意，并请他"无庸介意"，最后，敦邀胡绥之到部赴任，用词恳切，说："本部初立，正在用人之际，若因用'谕'、'令'字样而使贤者裹足，殊违总长延揽之初心。"蔡元培虽身居总长高位，显得很宽容大度，为延揽贤才，礼贤下士，放下身段，替人代过，知错改错，不失伟人、大家风度。而胡绥之亦能接受蔡总长和教育部的歉意，为国家教育大局考虑，慨然于六月初赴部就任国立历史博物馆筹备处处长之重任，与鲁迅、夏曾佑他们愉快地合作，短期内创建了历史博物馆、京都图书馆（今国家博物馆）等。我们应铭记他们在民国初期这些国家图博单位草创时期的历史性贡献，也应继承、发扬光大蔡元培、胡绥之辈为国家文化教育事业，捐弃前嫌，友好合作的宽容大度，认真负责，踏实工作的好作风好传统。

（作者：裘士雄，绍兴鲁迅博物馆研究馆员）

梁漱溟与马一浮中西文化观比较

王一胜

【摘要】 现代新儒学是在继承传统儒学的基础上，同时也是中国文化遭受西方文化冲击的情况下产生的。梁漱溟先生与马一浮先生为现代新儒学的开创者，对中西方文化的认识有很大不同，梁先生主要从社会历史的角度论述，马先生主要从心性的角度论述。但是两人都认为礼义教化是中国文化的根本精神，即梁先生提出的理性精神和马先生的六艺之道，并且都主张现代中国的新文化必须在固守中国文化精神，融合吸收西方文化的基础上产生，而且坚信世界文化必将归属于中国文化，中国文化必将是世界文化的领导者。

【关键词】 现代新儒学　礼乐　宗教

自19世纪下半叶以来，西方挟现代化之优势，兴起了一股席卷世界的西方化潮流。中国作为东方文化的代表，虽然历史悠久，博大深厚，但也遭受巨大的冲击。鸦片战争之后，中国在西方船坚炮利的打击下，国将不国，国人发奋学习西方科学技术，倡导"中学为体、西学为用"的救国方略。甲午战争，中国又败于东洋日本，始知政治法律制度比科学技术还重要，因此图谋维新变法，戊戌变法不成继而辛亥革命，终于推翻两千年之帝制创立共和政体。但是入民国之后，政治纷争、帝制复辟、军阀混战接连不断，内忧外患有增无减。中国知识界由此认识到文化是决定社会政治经济的关键要素，要救中国，必须革新中国文化，因此推行新文化运动。当时新文化运动有三大派别：一是彻底否定中国固有文化，全面学习西方文化，即所谓全盘西化；二是西方文化并不适合中国，新文化仍然必须在革新中国固有文化之中产生，即所谓新儒学；三是主张中西方文化各有优长，中西方文化应该相互调和，在会通中西方文化之中创新中国文化，即所谓文化调和派。

马一浮先生与梁漱溟先生同为现代新儒学的开山，两人都曾出入中西学术和佛儒思想，并致力于复兴中国文化，为传统儒学开出了一条现代的道路。现代新儒学的学理基础是：儒学为世界文化的最终归宿，中国文化的复兴必定使中国文化成为世界文化的发展方向，这并不是新儒学的信仰，而是建立在对中西思想文化与历史发展的分析之上。但是马先生与梁先生关于中西文化的分析有着很大的差别，两者所取的路径和分析方式各不相同。梁漱溟先生在年轻时期因为讨论中西文化问题而在中外学术界引起许多争议，但是马一浮先生对梁漱溟先生中西文化观的评价，却很少为学者所重视。在学界介绍两人之间的关系时，对于两者的分歧，缺乏深入的研究，但实际上其中的异同，对于现代新儒学的发展有着重大的影响。

一　　中西文化的差别

新文化运动初期，年方二十出头的梁漱溟先生因为撰写《究元决疑论》一文，在社会上引起一定反响，并得到蔡元培先生赏识，而被聘到北京大学任教，讲授印度哲学概论。梁先生到北大任教，是要为孔子和佛陀抱不平，其间他撰写了《东西文化及其哲学》一书，并于1921年正式出版。《东西文化及其哲学》系统阐述了中国、印度和西方文化的异同，但是相关论述并不成熟，因此在这之后梁先生又不断充实关于中西文化的论述，撰写《乡村建设理论》《中国文化要义》等论著，同时投身乡村建设，实践他的改造中国文化的思想与主张。

按照梁先生自述，《东西文化及其哲学》一书的宗旨是归于儒家的。但是梁先生在书中却力排中西方文化调和论，主张对西方文化全盘接受。首先，从当时世界的现实出发，梁先生认为西方化是世界的潮流，中国很难抗拒。

> 我们所看见的，几乎世界上完全是西方化的世界！欧美等国完全是西方化的领域，固然不须说了。就是东方各国，凡能领受接纳西方化而又能运用的，方能使它的民族、国家站得住；凡来不及领受接纳西方化的即被西方化的强力所占领。前一种的国家，例如日本，因为领受接纳西方化，故能维持其国家之存在，并且能很强胜地立在世界上；后一种的国家，例如印度、朝鲜、安南、缅甸，都是没来得及去采用西方化，结果遂为西方化的强力所占领。而唯一东方化发源地的中国也为西方化所压迫，差不多西方化撞进门来已竟好几十年，使秉受东方化很久的中国人，也不能不改变生活，采用西方化！几乎我们现在的生活，无论精神方面、社会方面和物质方面，都充满了西方化，这是无法否认的。所以这个问题的现状，并非东方化与西方化对垒的战争，完全是西方化对于东方化绝对的胜利，绝对的压服！这个问题此刻要问：东方化究竟能否存在？①

其次，梁先生对中西方文化的表现进行了比较，认为西方文化在各个方面都比东方文化先进。在梁先生看来，所谓文化不过是一个民族生活的种种方面，概括起来包括精神生活、社会生活、物质生活三个方面。精神生活包括宗教、哲学、科学、艺术等，社

---

① 梁漱溟：《东西文化及其哲学》，商务印书馆2015年版，第12—13页。

会生活包括社会组织、伦理习惯、政治制度和经济关系等，物质生活包括饮食、起居等。从精神生活看，西方对于宗教和形而上学都已经进行了批判，并且大受打击，而东方的哲学还处于古代的形而上学。社会生活方面，东方的所有政治制度还是西方古代所有的制度，至于家庭、社会，中国也是古代文化未进的样子。物质生活方面，东方尤其不如西方，西方已经有了电灯、火车和飞艇等，而我们还在用油灯、骡车。因此，从这三个方面来考察中西方文化，东方都不及西方。"东方文化明明是未进的文化，而西方文化是既进的文化。"① 总之一句话，西方文化已经进入了现代，而东方文化还在古代徘徊，两者是一今一古的，一前一后，一先进一落后的。

最后，梁先生还认为西方文化和东方文化虽然是处于一今一古的状态，但是这并不是说中国和欧洲之间的差异，就是古代与现代的差别。西方文化所取得的成就是文明的体现，而文明只是文化的表面现象，即每个民族所体现出来生活的具体方式，但是决定文化的实质是人类生活的样法，中西方文化的差异在于不同的生活样法而产生的路向之不同。

> 文明的不同就是成绩品的不同，而成绩品之不同则由其用力之所在不同，换言之就是某一民族对于某方面成功的多少不同；至于文化的不同纯乎是抽象样法的，进一步说就是生活中解决问题方法之不同。②

梁先生认为"生活就是没尽的意欲"③，那么人的生活问题就是意欲能否满足以及如何满足，解决生活问题主要有三种态度：第一是本来的路向，就是奋力去求取所要求的东西，遇到问题时从前面去下手，结果是改造局面，使其满足我们的要求；第二是遇到问题不去求解决，去改造局面，而是在这种境地上调和自己的意欲，求取自己的满足；第三是遇到问题根本上就想取消问题或要求。这三种路径可以概括为：一是向前要求；二是对于自己的思想变换、调和、持中；三是转身向后去要求。其中"中国文化是以意欲自为调和、持中为其根本精神的。印度文化是以意欲反身向后要求为其根本精神的"。④ 因此中国人走的是第二条路向，印度人走的就是第三条路向。这三种态度其实对应的就是三种生活问题，第一种是能够满足的意欲，第二种是可能满足的意欲，第三种是根本无法满足的或者无所谓满足的意欲。西方人的生活，在古希腊罗马时期原来走的是第一条路向，但是中世纪一千多年前转入"第三条路向"，"文艺复兴"之后又明白确定回到第一条路上来，于是产生了西洋近代文明。⑤ 其实，每一个民族在文化发展的初期都是走的第一条本来的路向，在中世纪西方人从第一条路向走入第三条路向，但关键的是"文艺复兴"之后明确回到第一条路向，因此得以进入现代社会。中国人虽然也从第一条路向开始，但是走了一段之后就进入了第二条路向，而且没有如西方人

---

① 梁漱溟：《东西文化及其哲学》，第20页。
② 梁漱溟：《东西文化及其哲学》，第67页。
③ 梁漱溟：《东西文化及其哲学》，第35页。
④ 梁漱溟：《东西文化及其哲学》，第69页。
⑤ 梁漱溟：《东西文化及其哲学》，第69—70页。

一样回头，因此中西方文化完全是走在了两条不同方向的道路。

> 假使西方化不同我们接触，中国是完全闭关与外间不通风的，就是再走三百年、五百年、一千年也断不会有这些轮船、火车、飞行艇、科学方法和"德莫克拉西"精神产生出来。这句话就是说：中国人不是同西方人走一条路线。因为走的慢，比人家慢了几十里路。若是同一路线而少走了些路，那么，慢慢的走终究有一天赶的上；若是各自走到别的路线上去，别一方向上去，那么，无论走好久，也不会走到那西方人所达到的地点上去的！中国实在是如后一说，质而言之，中国人另有他的路向态度与西方人不同的，就是他所走并非第一条向前要求的路向态度。①

既然中西方是根本走在了两条不同方向的道路上，那么按照中国文化的路数，是永远不可能达到西方的发展水平，因此梁先生认为中国只能像西方人那样，重新走第一条路向，才能进入现代社会，才能立于世界民族文化之林。

马一浮先生年长梁漱溟先生十岁，早年接受传统国学教育，年轻时游学上海、美国、日本，接受西学教育，广泛阅读西学著作，通晓英、法、德、日多国文字。在游学期间，马先生热衷西学，赞赏西洋文明，但是持续时间不长，回国后即潜心于佛学和国学。马一浮先生与梁漱溟先生一样，精通佛学和儒学，但是两人的中西文化观差异甚大。马先生曾与曹赤霞先生的通信中，提到熊十力先生常与马先生讨论中西方文化的差异。他说：

> 十力好谈东西方文化之异点，弟随顺其言，谓若克实而谈，有东有西，即非文化。圣凡犹不许立，更说甚东甚西？今且就第二门头说，圣凡心行差别，只是一由性、一由习而已。东土大哲之言，皆从性分流出。若欧洲哲学，不论古近，悉因习气安排，故无一字道着。②

马先生的文化观是指一种精神，它主要与学术思想相关，它不分地域社会，也不论古今。不同文化的差异只是思想的差异，思想来源于生活中闻见的知识，通过融会贯通而成为体系，这就是思想。"国家生命所系，实系于文化，而文化根本则在思想。从闻见得来的是知识，由自己体究，能将各种知识融会贯通，成立一个体系，名为思想。"③ 因此，马先生认为东西方文化的差异，主要就是思想之差异，即东方思想是"性分"的，而西方思想是"习气"的。中国儒家的六艺之学就是体现"性分"之学，它能够统摄世界一切学术。"六艺不惟统摄中土一切学术，亦可统摄现在西来一切学术。举其大概言之，如自然科学可统于《易》，社会科学（或人文科学）可统于《春秋》。因《易》明天道，凡研究自然界一切现象者皆属之；《春秋》明人事，凡研究人类社会一切组织形

---

① 梁漱溟：《东西文化及其哲学》，第79页。
② 马一浮著，吴光主编：《马一浮全集》第二册上，浙江古籍出版社2012年版，第414页。
③ 马一浮：《马一浮全集》第一册上，第41—42页。

态者皆属之。"① 因此，六艺之道能够成为推行于全人类的特殊文化。马先生说：

> 学者当知六艺之教，固是中国至高特殊之文化：唯其可以推行于全人类，放之四海而皆准，所以至高；唯其为现在人类中尚有多数未能了解，"百姓日用而不知"，所以特殊。②

梁漱溟先生所指文化包括了器物、制度、思想精神等各个方面，但马先生定义的文化主要从思想学术精神而言。而且，马先生认为文明也不是指物质生活，它应该从礼义的角度认定。他说：

> 近世所谓文明，只务宫室车服之美、游乐之娱而已。然上下凌夷、争斗劫夺，无所不为。不知此正是草昧，岂得谓之文明。自近世以此为文明，遂使人群日陷于草昧而不自知，真可浩叹。文明一词来自西方，译自东土，国人沿用之，未加料简，遂有此弊。何谓文，文者事之显，参错交互而不乱者也；明者性之德，虚灵不昧，无时或已者也。文就人伦言，明就心理说。人伦有序谓之文，心中不昧谓之明。文明与草昧相对，草者杂乱之谓，昧者昏迷之称。近世人伦失常，昏迷颠倒，正是草昧。国人率皆以西方社会为文明，不知西方正是一部草昧史，岂得谓之文明。civilization 一字由 civie 演变而来，故言西方文明者，莫不推源于希腊。考希腊人民，两种人居多，一武士，一海贾。武士善斗，商贾尚利，故希腊风俗喜争斗、尚游乐而已。此又何足贵耶？③

当然，马先生也特别强调文明、野蛮并不以地域或种族来区分，更不以物质生产是否发达来确定。

> 分中国与夷狄，不可专从地域与种族上计较。须知有礼义即是中国，无礼义则为夷狄。夷狄尚知礼义，则夷狄可变为中国；中国人不知礼义，中国即变成夷狄。内中国而外夷狄者，乃重礼义而轻视非礼无义之谓。由此可知，区别文明与野蛮，亦当以有礼义、无礼义为准。有礼义谓之文明，无礼义谓之野蛮。非曰财富多、物质享受发展快便是文明也。④

礼义归属六艺中的礼教之道，以礼义为文明，则文明当属六艺文化的范畴，那么，文明也就像六艺一样，可以推广至全人类而成为至高之文化形态。梁漱溟先生的文明、文化概念虽然与马一浮先生不同，但是从推崇礼义教化的角度言，则是相同的，因为梁

---

① 马一浮：《马一浮全集》第一册上，第17—18页。
② 马一浮：《马一浮全集》第一册上，第19页。
③ 马一浮：《马一浮全集》第一册下，第755页。
④ 马一浮：《马一浮全集》第一册下，第683页。

先生也认为儒家的道德教化是世界文化的归宿,其观点详见下面的分析。

二 中西文化差异的原因

梁漱溟先生在《东西文化及其哲学》中说世界文化的开始阶段,人们的生活本来都是走第一条路向的,西方人在中世纪进入第三条路向,但是到了"文艺复兴"时毅然回头重走第一路向,终于开出现代文化。而中国人开始也走第一条路向,后来却进入到了第二条路向,再也没有回头。那么在中西接触之前,中国人是否也能够如西方那样重回第一条路向生活,进而开出现代的文明?

梁先生认为这是不可能的,古今文化的差异虽然表现在物质生活、社会生活和精神生活的方方面面,但最关键的是社会结构。古代社会主要由家族构成,现代社会则由集团组织发育而来,而由家族组织向集团组织演变,宗教起到了决定性的作用。人类文化都是以宗教开端,且以宗教为中心,人类秩序以及政治学术都导源于宗教。没有较高文化不能形成一大民族,而大民族的统一却需要依赖一个大宗教。[1] 中国文化也是以宗教为开端,诸如图腾崇拜、群神崇拜等都是其中的表现,但是周孔教化实施之后,中国文化的中心便移到非宗教的道德教化上,自古以来相沿的祭天祀祖只构成周孔教化之一条件而已。几千年来中国之风教文化,虽然也有种种宗教并存,但是周孔教化实为中心。不过周孔教化并非宗教,因为孔子对于鬼神生死、罪福观念等之类的宗教行为都不具备,因此中国人是几乎没有宗教的人生。[2] 与周孔教化相适应的就是,中国逐渐形成以伦理为本位的生活,因此家族非常发达。西方在古希腊罗马时期也以家族体系组成社会,与中国古代的差别还不是非常遥远,但是基督教兴起之后,以神为绝对唯一,兼爱同仁,超脱世俗,因此形成了超越家族的集团组织,进而形成重视大团体生活的传统。团体必须内外界限分明,对内团结,对外则勇于竞争,因此不管是物质生活、社会生活,还是精神生活都进步快速。[3] 由此中国和西方人的生活走上了两条不同的道路,梁先生说:

> 家族生活、集团生活同为最早人群所固有;但后来中国人家族生活偏胜,西方人集团生活偏胜,各走一路。西方之路,基督教实开之;中国之路则打从周孔教化来的,宗教问题实为中西文化的分水岭。[4]

梁先生进一步认为,中西方文化的差异其实质在于一个是向内的,一个是向外的,因为宗教是向外的,而道德教化是向内的。宗教假借外力,对社会和个人的影响快速而收效显著。而道德需要自己审察,自我约束,它是向内用力的,收效自然较慢,但是中

---

[1] 梁漱溟:《中国文化要义》,学林出版社1995年版,第95页。
[2] 梁漱溟:《中国文化要义》,第99—103页。
[3] 梁漱溟:《中国文化要义》,第48—54页。
[4] 梁漱溟:《中国文化要义》,第95页。

国却能够做到以道德代替宗教。他说：

> 宗教上原是奉行神的教诫，不出于人的制作。其标准为外在的、呆定的、绝对的。若孔子教人所行之礼，则是人行其自己应行之事，斟酌于人情之所宜，有如礼记之所说"非从天降，非从地出，人情而已矣"。其标准不在外而在内，不是呆定的而是活动的。①

梁先生在《东西文化及其哲学》中曾以本能和理智来概括中西方的文化精神，②但是他马上察觉，以本能或者直觉来概括孔子思想是错误的，因此提出了理性的概念，并以本能、理智和理性来分析和概括中西方文化精神。首先是本能和理智的区别，本能是先天的，理智是后天习得的。

趋向本能者，即是生下来依其先天安排的方法以为生活。反之，先天安排的不够，而要靠后天办法和学习，方能生活，便是理智之路。前者，蜂蚁是其代表；后者，唯人类到达此地步。③

其次，理性也如理智一样是后天习得的，理智与理性是人类心理上的两种理，一种是知识之理，一种人情之理。中国人说的"读书明理"说的是人世间的许多情理，就是人与人之间的关系的道理，就是人情之理，不妨简称"情理"。而科学之理，都是静的客观的知识，是为物观上的理，不妨简称"物理"。④理性和理智都是超越本能的，而且对于个人来说都是无所私的，其区别只是在于一是客观的无所私的知识，一是主观的无所私的感情。梁先生说：

> 盖理智必造乎"无所为"的冷静地步，而后得尽其用；就从这里不期而开出了无所私的感情——这便是理性。理性、理智为心思作用之两面：知的一面是理智，情的一面是理性。⑤

最后，梁先生认为西方人的生活偏重于理智，西方文化长于理智而短于理性。而中国人的生活偏重于理性，注重人情之理，中国文化长于理性而短于理智。理性的成熟要在理智之后，而中国文化偏重于理性，因此中国是早熟的文化。

> 中国的伟大非他，原只是人类理性的伟大。中国的欠缺，却非理性的欠缺（理性无欠缺），而是理性早启，文化早熟的欠缺。必明乎理性在人类生命中之位置，及其将如何渐次以得开发，而后乃于人类文化发展之全部历程，庶得有所见。⑥

---

① 梁漱溟：《中国文化要义》，第104页。
② 梁漱溟：《东西文化及其哲学》，第177页。
③ 梁漱溟：《中国文化要义》，第125页。
④ 梁漱溟：《中国文化要义》，第129页。
⑤ 梁漱溟：《中国文化要义》，第127页。
⑥ 梁漱溟：《中国文化要义》，第319页。

中国文化的理性早熟，孔子起到了非常重要的作用，孔子深信理性，并重视礼乐制度的作用，以此实现"生活完全理性化的社会"。因为抽象的道理不如具体的礼乐，具体的礼乐直接作用于身体，作用于血气，使人的心理情致随之变化而趋于理性。孔子以合乎理性的礼乐制度，处理人世间一切事务。古代人一般把公私生活、政治、法律、军事、外交，以至于养生送死之一切，都以宗教来安排，但是孔子却以礼乐来处理，更把宗教所未及的也以礼乐化之。儒家是把宗教转化为礼乐制度，而且它没有宗教那样的迷信，因此礼乐有宗教之用，而没有宗教的弊端。① 中国人以道德代替宗教，家族成为社会主要组织，因此古代中国是伦理本位的社会。此伦理无疑是脱胎于古代宗法社会，犹如礼乐脱胎于古代宗教为同一时期，其原因都是中国文化中理性抬头的结果。伦理的要点在于"名分"，它与封建等级制度已经不同，因为等级制是以神权和宗教为依托的，而伦理名分则由礼乐衍生而来，因此，伦理秩序是一种礼俗，它是脱离宗教与封建而自然形成于社会的礼俗。②

中国以伦理为本位的社会意味着中国人的伦理，只有此一人与彼一人的相互关系，而忽视社会与个人之间的关系，因此既不是个人本位，也不是社会本位。团体权力与个人只有在西洋为自古迄今之一大问题，而在中国的伦理社会却不存在这些问题，因为伦理社会所遵循的原则就是"尊重对方"，"两方互以对方为重"，既不以集团为重，也不以个人为重，必要时随其所需而伸缩。③

马一浮先生对梁漱溟先生的中国伦理观表示赞同，他说：

  梁先生论中国伦理之特色有精到处。如曰中国伦理乃复式的而非单行的，乃交互的而非直线的。中国人生乃为人而存，非为自己而存。西方伦理乃断代为生，这由于西方伦理根本是个人主义；中国伦理乃交互为生，是由于中国伦理根本是仁道，故不求个人之伸张，只求人我之融合。④

但是关于礼与宗教的关系，马一浮先生认为礼可以统摄宗教，这也是六艺统摄一切学术思想的主要内容之一。他说：

  至于宗教之起源，即礼之起源。近人分宗教与礼为二，不知宗教即礼也。中国本无宗教之名，皆可以礼摄之。但须知礼可以摄宗教，宗教不能摄礼，盖礼之含义广而宗教狭。此中道理，后当别论。西方如耶稣及穆罕默德之徒，各立教义，亦足以维系一时一地之人心，可谓彼邦之治礼者。⑤

马先生认为文化并没有中西方之分，中西方文化的差别主要体现在一是本性的，一

---

① 梁漱溟：《中国文化要义》，第109—113页。
② 梁漱溟：《中国文化要义》，第114—118页。
③ 梁漱溟：《中国文化要义》，第93—94页。
④ 马一浮：《马一浮全集》第一册下，浙江古籍出版社2012年版，第726页。
⑤ 马一浮：《马一浮全集》第一册下，第725页。

是习气的。他说：

> 东方文化是率性，西方文化是循习。西方不知有个天命之性，不知有个根本，所以他底文化只是顺随习气。梁漱溟先生以向前、向后、调和三种态度分别东西文化，不过安排形迹，非根本之谈。①

那么，何为"本性"？何为"习气"？马先生认为所谓本性就是"体用一源"的一体之学，体用为二就是二体，就是流于习气了。他说：

> 中土圣贤之学，道理只是一贯，故体用一源，显微无间，二之则不是。西方自希腊以来，其学无不以分析为能事，正是二体之学。然立说亦有权实，中国以权说显真教，西方则以权说为实体，是它的病痛所在。②

体用是中国古代思想中非常重要的概念，相当于西方哲学中的本体与现象，中国主流思想主张体用不分，即宋代理学提出的"体用一源，显微无间"。但是西方自古希腊以来，思想家都主张本体与现象是分离的，本体超越于现象。在现代西方思想中，知识论与本体论分离，现代科学由此产生。现代中国学者受西方学术影响最大的，也就是引进西方科学，并以科学方法研究各种思想学术，马一浮先生反对的就是以科学方法研究学术，他认为这违背了中国思想主张的"体用一源"原则。当然，马先生也认为西方的学术虽然存在缺陷，无法体认本性，但是中国的六艺可以统摄西方一切学术，只是必须认清西方思想中存在本体与现象分离的缺陷。就礼与宗教而言，宗教虽然也是一种礼，但是不能说礼就是宗教，因为宗教教义是二体之神，而礼是一体之本，因此礼能统摄宗教，宗教却不能涵盖礼。他说：

> 惟其教义树于二体之神，而不知报本返始一体之义，故与中国所谓礼有毫厘千里之隔。中国之礼，只有一体底报本返始，故教义与西方迥别。如《礼记》，礼有三本，礼上事天、下事地、中事先祖而崇君师，西方宗教则全不知此义。③

而且，马先生对梁先生主张"尊重对方"为中国伦理精神的特点也提出异议，他说：

> 梁先生以尊重对方为中国古人伦理精神，实则此事毫厘有差，天地悬隔。古人伦理精神，乃在浑然一体，无所谓人己，无所谓对方。子贡言"博施于民，而能济众"，便有人己。夫子告以"己欲立而立人，己欲达而达人"，虽亦言人己，却是浑然一体气象。老安、少怀、朋友信之意味，正复相同。父慈、子孝云云者，慈

---

① 马一浮：《马一浮全集》第一册下，第738页。
② 马一浮：《马一浮全集》第一册下，第730页。
③ 马一浮：《马一浮全集》第一册下，第725页。

与孝非是二事，特以所处地位不同，故分言之则曰慈、孝，合言之则曰父子有亲。父之于子，子之于父，视之如己，不知有对方也。君臣、夫妇以下准此。惟地位不同，故曰分殊；惟其浑然一体，故曰理一。分殊，义也。理一，仁也。到此地位，人已直是无从安立。若梁先生所谓尊重对方者，颇类于西人所谓自由者，以他人之自由为界之说，是殆西洋之伦理精神也。①

马一浮先生给学生乌以凤的信中也谈到尊重对方并非中国伦理的根本："梁先生尊重对方之伦理说，非不可以救蔽，但乖一体之意，不能直抉根原。"② 马先生之所以认为梁先生的中国伦理特征说的其实是西洋的伦理精神，就是因为梁先生的论述中有人与我之分，采用的是西方主客二分的论证方法，所以不能揭示中国伦理的根本价值。按照梁先生的论述，本能、理智和理性三者之间各有不同，他说：

> 严格说，只有理性是主人，理智、本能、习惯皆工具。但理性不论在个体生命或在社会生命，皆有待渐次开发。方其未开或开发不足之时，人的生活固依于本能习惯以行，乃至理性即启，亦还是随着本能习惯之时为多。除根本无好恶可言之理智，只会作工具，永不能作主人外，本能习惯盖常常篡居理性之主位。所谓理性、本能不冲突者，当理性为主，本能为工具之时，理性的表现皆通过本能而表现，固无冲突。但本能篡居主位时，理性不在，亦何有冲突？然理性虽其著见于好恶似与本能同，其内则清明自觉，外则从容安和，大有理智在，却与本能不同。本能不离身体，理性却远于身体，恒若超躯壳，甚至反躯壳。③

把理性当作主宰，而理智和本能作为工具，与程朱理学本性为体，气质之性为用颇为相近似。不过，程朱理学主张体用不二，本性与气质之性虽有区别，但两者都是通过具体的人与事物体现出来的，气质之性有善和恶的区分，善的气质体现的是本性，而恶的气质就是习气，即违背本性的气质。而按照梁先生所述，理性和本能是可以分开的，当理性没有开发时，就只有本能在起作用，如此理性与本能为二，这与体用不分并不相符。因此马先生认为梁先生的中国伦理之说，"不能直抉根原"，因为它没有显现本性。

三　中西方文化对社会发展的影响

梁漱溟先生认为中西文化走上不同的道路是在中世纪，但是其中的差异早在中世纪之前就已经出现。古希腊和古代中国人的生活态度就不一样，古希腊人完成圆满的人格是成为最好的市民，而古代中国人则以孝悌为做人的开端，并由此而完成社会组织秩

---

① 马一浮：《马一浮全集》第一册下，第758—759页。
② 马一浮：《马一浮全集》第二册下，第773页。
③ 梁漱溟：《中国文化要义》，第322—323页。

序。前者使法律得以显著，而后者演变为礼俗。礼俗与法律的差别在于两者与道德的关系，法律不必以道德要求人，而礼俗则以道德为期许，道德而通俗化就是礼俗，因此中国伦理，就只能演变为礼俗而不能成为法律。于是道德对于人，就是很自然的事情，除了舆论制裁，而不像法典有一个高高在上的强大权力为之督行，由此以道德代替宗教也最终得以完成。① 古代中国以伦理为本位的社会也由此而形成，并对古代中国社会与文化产生了重要的影响，主要体现在社会组织、政治制度、生产方式和科学技术各个方面。

首先，在社会组织方面注重家庭而缺乏社会团体，由此形成伦理本位、职业分途的社会结构，与西方的集团组织和阶级对立形成区别。

梁漱溟先生认为正因为西方人重视集团，因此在近代开启了重视个人自由之路，而不是因为近代产业革命使家庭生活丧失其重要性之后，个人自由才得以显著，近代英美的个人本位与苏联的社会本位其实都是中世纪以来重视集团生活造成的。中国文化重视家族，但并不是以家族为本位，而是以伦理为本位。因为家族比较狭隘，如果到社会上，教育有师生关系，经济则有师徒关系，政治则有君臣关系，社会生活有乡邻朋友关系，等等，但这些关系皆是伦理，伦理始于家庭，但又不止于家庭。因此中国人就家庭关系推广发挥，以伦理组织社会，自古相传"天下一家"，"四海之内皆兄弟"。而宗法社会排他性最强，如果只是家族本位、宗法社会，中国民族在空间上不可能开拓这样大，时间上也不能绵延这么久。②

因为集团生活是超越于家族的，因此团体与家庭二者互不相容。传统中国社会只注重家庭，必然缺乏集团生活，传统中国人民分为"士、农、工、商"四类，这四类职业团体更多地是以伦理构造而成。第一，中国农人除为看青苗而有"青苗会"一类组织外，就没有今日所谓的农会，他们不是因职业而另外集中，就是天然依邻里乡党为组织，或者就以地方团体为他们的团体，而地方团体则常常建筑在家庭关系之上。乡村以农人而兼为工人农人者，也与乡村的农人组织的情况是一样的。第二，少数城市中较为集中的工人、商人，才形成中国的职业团体，但不是今天所谓的工会商会。旧日所谓的"行""帮""公所""会馆"之类则有以下缺点：一是没有全国性的组织；二是于同业组织中仍因乡土或族姓关系而分别自成组织，因此还是乡党意识强于行业意识；三是由"同行是冤家"这一谚语可知同业者彼此嫉妒竞争，没有西洋中世纪基尔特那样紧密团结精神。第三，士人也没有比较严密的组织，士人原为一种行业，他们只是微有联络而已，谈不到有组织。至于政治组织，唐宋史上之党派，至多是一点联络而已，与今天的党派组织的性质并不相同。③

由于传统中国社会以伦理为本位，还导致了阶级对立不严重，但以"职业分途"为特征的社会结构。其原因是：第一，因为独立生产者大量存在，包括自耕农、小手工业者、家庭工业等，因此没有像资本家与雇工那样严重对立；第二，在经济上土地和资

---

① 梁漱溟：《中国文化要义》，第119—121页。
② 梁漱溟：《中国文化要义》，第79—80页。
③ 梁漱溟：《中国文化要义》，第72—73页。

本皆分散而不甚集中，尤其是常在流动转变之中，绝未固定地垄断于一部分人之手；第三，政治上之机会也是开放的，科举考试注意给各地方以较为平均的机会，因此政治地位也未固定地垄断于一部分人之手。由此可见，与西方社会的阶级对立不同，传统中国社会各阶层是分散而相当流动的，传统中国只有"职业分途"。[1] 也就是说，传统中国的社会群体只有职业上的分工，而没有形成阶级对立。

其次，社会的伦理化又进一步塑造了政治的伦理化，国家不是以法律治理，而是以道德和礼俗相维系，因此无法像西方那样走向民主政治和法治国家。

社会团体的缺乏，在政治上就表现为国家组织的涣散，社会与国家没有明显的界限。因为伦理就是一种关系，就伦理组织说，可由近而远，又引远而入近，故无边界无对抗，因此没有团体，没有团体也就没有政治。中国的政治构造把国君比为大宗子，称地方官为父母，一国就是一大家庭。这样，只知道有君臣官民彼此间的伦理义务，而不认识国民与国家之团体关系，由此法律也不分公法与私法，乃至刑法民法也不分了。[2] 政治的伦理化带来了阶级统治的缺乏，中国封建解体，是由文化和政治开端者，具体表现就在于贵族阶级的融解而士人出现。贵族是与武力和宗教相联系，但是中国古代贵族的阶级性不强，原因就在于理性早启和宗教不足，则集团不足也。[3] 阶级统治的缺乏进一步导致了政治上的无为而治。一是中国没有阶级，无以为武力实行统治。所谓"以孝治天下"，皆隐然放弃统治，历代帝王以轻赋薄敛、与民休息，只求上下相安，数千年政治上都奉行牢不可破的消极无为主义。[4] 二是由于中国文化特征不属于一般国家类型，没有国家统治而走向职业分途，无为而治进一步表现在疏于国防，重文轻武，传统中只有天下而轻视国家观念。[5] 三是由于中国人国家观念淡薄，也导致国家对地方的控制较弱，因此地方自治就比较发达，但中国只有乡村自治而没有城市自治，而且地方自治体欠明确欠紧实，与官治有时相混，其组织、权限与区划也变动无常。[6]

总之，中国政治具有特殊性。第一是以职业分途代替阶级，以理性相安代替武力统治，把政治作为伦理间之事，讲情谊而不争权利，用礼教代替法律，是曰政治伦理化。第二是无为政治，对内对外皆求相安无事。第三是权力一元化，权力一元化导致权力制衡不能出现，由于权力越来越集中，因此只能通过皇帝一人的自觉反省和监察百官。因此中国政治始终是礼而不是法，其重点放在每个人自己身上。[7] 西方国家在封建制度解体之后，阶级对立仍然存在，有阶级对立而产生保障权利，保障权利则需要制定法律，最终形成阶级之间相抗衡的民主政治。而古代中国由于阶级不存在，职业分途，国家社会以礼俗道德相维系，因此当道德礼俗完善之际，社会就平稳安定，而道德礼俗沦丧之际，政治就陷于动乱，由此形成安定与动乱的无限循环之中，不能自拔，民主政治遂无

---

[1] 梁漱溟：《中国文化要义》，第158—159页。
[2] 梁漱溟：《中国文化要义》，第83页。
[3] 梁漱溟：《中国文化要义》，第178—179页。
[4] 梁漱溟：《中国文化要义》，第172页。
[5] 梁漱溟：《中国文化要义》，第162—165页。
[6] 梁漱溟：《中国文化要义》，第69—71页。
[7] 梁漱溟：《中国文化要义》，第184—188页。

实现的可能。

再次，伦理本位还造就了经济的伦理化，财产关系以共产为主，私有财产不发达，因此无法如西方一样产生资本主义。

西洋近代社会之所以为个人本位，是因为其财产为个人所有。父子夫妻异财，如同个人有其身体自由一样，"财产自由"也是受国家法律观念所严格保障的。在社会本位的社会如苏联，便是土地和各种生产手段统归社会所有。而在传统中国以伦理本位的社会，夫妇、父子亲如一体，财产是不分的。而且在兄弟和宗族亲戚邻里之间，彼此有无相通，是为通财之义，也就是说亲戚宗族邻里之间相互救济是义务。此外，如许多祭田、义庄、义学等，为宗族间共有财产；如许多社仓、义仓、学田等，为乡党共有财产；大都作为救济孤寡贫乏，和补助教育之用。这些从伦理负责观念上，产生出来的一种措施和设备，却与集团生活颇相近似。但是从某一点上来看，这种伦理的经济生活，隐然似有一种共产，不过它不是一个团体行共产，其相与为共的，视其伦理关系之亲属厚薄为准，越亲厚，越要共，以此递减。① 古代中国财产的不确定性和伦理化也在法律上表现出来，中国法律虽然非常发达，所规定与现代各国法典相吻合，但是各国法典详细规定的物权债权问题，在中国法律中几千年来被忽视。人情为重，而财务为轻。此种社会经济伦理化之结果，便是不会趋向所谓"生产"为本位的资本主义之路。② 经济伦理化不仅使财产不集中，同时也进一步加深生产的不集中。中国社会之所以落于职业分途者，主要因为土地已经从封建中解放，而生产则停留在产业革命之前，这种生产最适合小家庭。欧洲中世纪则没有这种合一家老少以自营其业者，而是生活于集团之中，而与伦理相依之生活不同。从读书人授徒应试，到小农小工商业者所经营，全是一人一家之事，人人各奔前程，鲜见集团合作，既不必相谋，也不复相凝结，因此中国人自来散漫，一盘散沙。再加上政治伦理化与经济伦理化相结合，政治上之"限民名田""重农抑商"一类运动，使土地之不易集中、资本之不易集中，产业难以垄断更加显著，这些运动其成功有限，其破坏资本主义之路却有余。③ 总之，以伦理为本位的社会，以职业分途代替阶级对立，从而造成社会、政治、经济的全面伦理化，集团组织难以产生，伦理与职业，政治与经济，环环相扣，使中国社会两千年没有变化。

最后，传统中国的伦理本位与职业分途，导致士阶层热衷于人事而疏于物理，因此理性早熟也阻碍了技术进步和科学的产生。

中国文化的贡献在于认识人之所以为人，而欧洲虽然学术进步，但是对于物所知道虽多，而对于人自己却所知甚少。西洋自希腊以来，似乎就不见有人性善的观念，基督教后更是人生带来罪过。现在西方的心理学还是认为人是不一定调谐的。而中国古人却认为人类生命是和谐的，不仅人与人是和谐的，以人为中心的宇宙都是和谐的，这是儒家对于宇宙人生的看法。此和谐的观点就是清明安和的心，就是理性，也是中国民族精

---

① 梁漱溟：《中国文化要义》，第80—81页。
② 梁漱溟：《中国文化要义》，第82页。
③ 梁漱溟：《中国文化要义》，第198—200页。

神之所在。人是不是和谐，都是生命自身的事，它是自证自信的，一寻求便向外去。今日科学方法，便是于生命之外向外寻求，便看到人存在的许多问题，虽然人不可能没有问题，但是解决的方法还在于人自己，不能外求。① 因此中国文化长于理性，不向外求而向内求，在注重人与人之间关系的同时，而忽视了向外的物理，科学技术因此落后于西方。梁先生认为科学虽然好像不限于对物，自然科学之外，还有社会科学，但科学实在是从人对物开始的。科学是人的精确而有系统的知识。当人冷静地向外看，物体就展现在人的眼前，由此知识就产生了。因此静观就是客观，科学就是顺此趋向，力求客观，乃成其为科学。当然，感觉还只是知识，知识成为科学还需要系统化，使物成为物质。

> 对于物又不以感觉所得为满足，更究问其质料为何，是有物质观念。物质观念就是把纷杂陈列于吾人面前之物体，化为更具客观性之物质，以贯通乎一切，智识乃因之而成系统。知识精确而有系统，方为科学。②

中国人讲学问注重人事而忽略物理，这是世所公认的。但是中国学问虽然详于人事，却非今之所谓社会科学。因为社会科学还是顺着自然科学的道路，尽可能地作客观研究，而中国人的学问处处以主观出之，多从道德观点，或从实用观点与艺术观点，即便在客观叙述中也寓有主观评价，因此中国人的学问是很少有客观研究的。之所以出现这种情况，梁先生认为是由伦理本位的社会造成的。

> 盖自从化阶级为职业，变贵族为士人，一社会之中，劳心者务明人事，劳力者责在生产。这样一划分，就把对物问题划出学问圈外，学问就专在讲人事了。有所谓务明人事者，原是务于修己安人。从修己安人来讲人事，其一本道德观点或实用观点，而不走科学客观一路，这是当然了。③

综合以上各点，梁先生最后的结论是：假如中国与西方文化不接触，中国完全闭关与外界不通风，就是过了一千年，也不会产生西方式的科学、民主和资本主义，因为中国已经陷于盘旋不能前进了，中国历史只有一治一乱的循环。④ 中国文化虽然停滞不前，但是梁先生认为中国文化的理性精神并没有什么不足，因为任何一种文化都有其存在的理由，中国文化落后，乃是因为理性早熟而不合时宜罢了。

梁先生在分析中国文化发展时，把道德礼乐与国家法律分开，正如他在讨论科学问题时，把人事与物理分开来讨论一样，即重视前者就轻视后者，反之亦然。马一浮先生对梁先生的这种分析方法并不认同，他给学生云颂天的信说：

---

① 梁漱溟：《中国文化要义》，第132—133页。
② 梁漱溟：《中国文化要义》，第281页。
③ 梁漱溟：《中国文化要义》，第282页。
④ 梁漱溟：《中国文化要义》，第41页。

> 梁先生讲演，谓西洋人对物有办法而对己无办法；吾则谓西洋人既不识己，岂能识物？彼其对物之办法，乃其害己之办法耳。①

在马先生看来，人事与物理是统一的，识人与识物不可分离。当时中国社会秩序崩溃，外敌入侵，正是由于士大夫只讲功利，礼义不修造成的。他说：

> 所惧者，近世朝野上下，诸事从人，沉溺功利，不知义理，则是自己已沦为夷狄，又焉能不为夷狄所欺耶？士大夫趋利避害，苟安偷生，则是自甘奴虏，又焉能有至大至刚之气？中国可忧的在此，真病痛亦在此，固不在国之强弱也。②

不仅是中国的局势，当时全球陷入世界大战的动乱局面，也是因为人心自私，沾染习气而导致的。他说：

> 人心本无私吝，本与天地相似，其有私吝者，亦习也。吾昔尝言，今人类只在习气中生活。今之所以为教、所以为政，全是增长习气，汩没自性。一旦习气廓落，自性发露，方知全体是错。地无分于欧、亚、非、澳，人无分于黄、白、棕、黑，国无分于大、小、强、弱，其有作是计较者，私吝心也。③

而且，马先生还认为当今各家各派哲学和社会经济学说提出的很多议论，也都沾染了习气，习气是虚妄的，因此当今学术也没有把世界的根本显现出来，而是在虚妄里空转。

> 世人所以胶胶扰扰虚受一切身心大苦者，皆由随顺习气，不识自性。若不将根本抉出，只在习气上转换，终是出一窟窿，入一窟窿，头出头没，无有了期，只是在虚妄里翻筋斗。近时谈哲学、谈社会经济，各派议论皆堕此弊。以其所依者习，习即是妄，所谓"不诚无物"也。④

综上所述，梁先生在比较中西文化之中，把中国文化的理性精神与伦理本位分成了两段，既肯定理性精神的伟大，而又认为理性早熟导致了中国社会的伦理化与停滞不前，两者显然是存在一定的矛盾之处的。相比而言，马先生以坚守仁义、显现本性、刊落习气来讨论中国与世界文化，一贯到底，可谓是孔孟儒学的真传，但在时人看来，未免迂阔。

---

① 马一浮：《马一浮全集》第二册下，第778页。
② 马一浮：《马一浮全集》第一册下，第757页。
③ 马一浮：《马一浮全集》第二册下，第846页。
④ 马一浮：《马一浮全集》第二册上，第412页。

四 复兴中国文化的方法

梁漱溟先生从人生的三种态度而提出世界文化三期说。第一期是希腊文化在近代的复兴，发展出西洋的近代文化。西洋的近代文化以资本主义为主要特征之一，但是资本主义的个人本位和生产本位，导致了生产过剩和经济危机，进而引爆世界大战，严重危及人类的生存，因此西洋文明不得不进行变迁。"我们从客观的观察所得，看出为现在全世界向导的西方文化已经有表著的变迁，世界未来的文化似不难测。"[①] 而改变的方向就是走第二路向，即由西洋态度向中国态度转变。

> 我们虽不能说现在经济将由如何步骤而得改正，但其必得改正则无疑，且非甚远之事。改正成功什么样子，我们也不便随意设想。但其要必归于合理，以社会为本位，分配为本位是一定的，这样一来就致人类文化要有一根本变革，由第一路向改变为第二路向，亦即由西洋态度改变为中国态度。这是为什么要这个样子呢？不为别的，这只为他由第一种问题转入第二种问题了。[②]

由此，世界文化就由第一期过渡到第二期，就是中国文化的复兴。"盖第一路走到今日，病痛百出，今世人都想抛弃他，而走这第二路，大有往者中世纪人要抛弃他所走的路而走第一路的精神。尤其第一路走完，第二问题移近，不合时宜的中国态度遂达其真必要之会，于是照样也拣择批评的重新把中国人态度拿出来。"[③] 而第二期之后，可以预测的是第三期的到来，即印度文化的复兴。"而最近未来文化之兴，实足以引进了第三问题，所以中国化复兴之后将继之以印度化复兴。"[④] 基于世界未来文化的推测，梁先生针对当时中国所处的境遇，提出以下三点策略：

第一，要排斥印度的态度，丝毫不能容留；
第二，对于西方文化是全盘承受，而根本改过，就是对其态度要改一改；
第三，批评的把中国原来态度重新拿出来。[⑤]

印度人的生活态度是取消一切问题，不思进取，这对于遭受西方文化冲击而要亡国的中国来说，当然要坚决排斥。但是在采取向前的第一种态度时，基于西方文化的变迁，又要用中国的态度去改正它。

> 我们此刻无论为眼前急需的护持生命财产个人权利的安全而定乱入治，或促进未来世界文化之开辟而得合理生活，都非参取第一态度，大家奋往向前不可，但又

---

① 梁漱溟：《东西文化及其哲学》，第180页。
② 梁漱溟：《东西文化及其哲学》，第186页。
③ 梁漱溟：《东西文化及其哲学》，第221页。
④ 梁漱溟：《东西文化及其哲学》，第221页。
⑤ 梁漱溟：《东西文化及其哲学》，第223页。

如果不根本的把他含融到第二态度的人生里面，将不能防止他的危险，将不能避免他的错误，将不能适合于今世第一和第二路的过渡时代。①

梁漱溟先生认为全盘承受西方文化，主要是学习他们的制度和科学技术，尤其是中国缺乏的社会组织制度，其中的关键就是从改变乡村，推动乡村建设开始。他说：

中国人以一副老的神气学西洋制度，当然不成功。然则我们是舍掉老的神气去学新制度？还是就不要新制度呢？从前我主张改变了自己去学新制度，以后才自知错误。直至今日乃寻出二者相通之点，所以才能谈乡村建设；乡村建设就是从此相通之点去建设一个社会新制度。②

传统中国社会结构是由礼俗构成的，与西方以法律构成的社会大异其趣，但是，梁先生认为新的中国社会制度仍然要依靠新的礼俗，而不是靠法律来构造。

因为我们过去的社会组织构造，是形著于社会礼俗，不形著于国家法律，中国的一切一切，都是用一种由社会演成的习俗，靠此习俗作为大家所走之路（就是秩序）。我常说：人类的生活必是社会生活，而社会生活又须靠有秩序，没有秩序则社会生活不能进行。西洋社会秩序的维持靠法律，中国过去社会秩序的维持多靠礼俗。不但过去如此，将来仍要如此。中国将来的新社会组织构造仍要靠礼俗形著而成，完全不是靠上面颁行法律。③

新的中国文化之所以能够通过改造旧文化、引进西方文化来建设，乃是因为中西文化精神已经能够渐渐融合了。第一是因为中国人与西洋人同是人类，同具理性，所以彼此就有接近的可能。第二是因为事实的变迁让它能够融合进去，这表现在两个方面：一是关于我们这方面的，从事实上促逼我们要有一个团体；二是关于西洋那方面的，也是事实上促逼他们的团体组织之道要变。当然这只是意识上的一点点接近，具体融合的事实还远未出现。④ 在梁先生的设想中，中西精神融合的社会组织有以下的特征：

这个社会组织乃是以伦理情谊为本原，以人生向上为目的，可名之为情谊化的组织或教育化的组织；因其关系是建立在伦理情谊之上，其作用为教学相长。这样纯粹是一个理性组织，它充分发挥了人类的精神（理性），充分容纳了西洋人的长处。西洋人的长处有四点：一是团体组织——此点矫正了我们的散漫；二是团体中的分子对团体生活会有力的参加，——此点矫正了我们被动的毛病；三是尊重个

---

① 梁漱溟：《东西文化及其哲学》，第233页。
② 梁漱溟：《乡村建设理论》，商务印书馆2017年版，第113页。
③ 梁漱溟：《乡村建设理论》，第144页。
④ 梁漱溟：《乡村建设理论》，第147—148页。

人，——此点比较增进了以前个人的地位，完成个人的人格；四是财产社会化，——此点增进了社会关系。以上四点是西洋的长处，在我们的这个组织里边，完全把它容纳了，毫无缺漏；所以我们说这个组织是以中国固有精神为主而吸收了西洋人的长处。我们能这样把那些冲突矛盾疑难问题解决了，我们心里才不乱，心里不乱自己才能有道走，才能为社会开一条新路。我相信这样的组织才是人类正常的文化、世界未来的文明。这种文化要从中国引一个头，先开发出来。因此我对人类的前途、中国民族的前途，完全乐观。①

梁先生的设想是非常美好的，它希望以固有的中国文化精神，结合西方的长处，就是以理性精神为主体的礼仪文化来构造的新文化，它将是世界文化的新方向。这一论断与马一浮先生对于世界文化和中国文化未来的信心是高度一致的，不过马先生还是从刊落习气着眼，以礼义复兴中国文化。

  今之人或任刑法，或尚经济，求以易天下。不知刑法、经济皆建立在习气上，是虚幻不实的。故以刑法、功利治天下者，虽能勉强把持于一时，不久即归崩坏。孟子曰："以力服人者，虽心服也，力不赡也。"惟易简之道方能久大。何谓易简之道？曰：仁义而已矣。②

"仁义"者即"礼义"也，礼义文明只能通过见性断习才能达到，其中断习尤其重要，因为习气不断，就会辗转增长，见性就愈加困难。

  古圣教人只教伊识取自性，自能断习。性乃同然的，脱体现成，无可增损。习是互异的，辗转增上，遂有多端。若见性时，自然廓落。今所忧者，如"国家"、"社会"诸名相，皆依妄想安立，本无自性。业幻所作，报缘不同，此皆一时现象，犹如梦事。若论性体，无始无终，自空劫以前，尽未来际，何曾动得一丝毫。③

然而，中国文化面对西方文化的冲击，将有亡国亡种之虞，马一浮先生却坚信中国文化不会亡，并且终有复兴之日。他说：

  世人侈言保存中国固有文化，不知中国文化是建树在心性上，心性不会亡，中国文化自然也不会亡。即使现代的文化被毁坏，心性却不能毁坏，则中国文化终有复兴之日也。④

---

① 梁漱溟：《乡村建设理论》，第178页。
② 马一浮：《马一浮全集》第一册下，第739页。
③ 马一浮：《马一浮全集》第二册上，第412—413页。
④ 马一浮：《马一浮全集》第一册下，第745页。

而且，以六艺心性为根本的中国文化，必将推广至全人类，弘扬中国文化，就要使全人类恢复本然之善。马先生说：

> 故今日欲弘六艺之道，并不是狭义的保存国粹，单独的发挥自己民族精神而止，是要使此种文化普遍的及于全人类，革新全人类习气上之流失，而复其本然之善，全其性德之真，方是成己成物，尽己之性，尽人之性，方是圣人之盛德大业。①

中国文化之所以能普及于全人类，是因为人类最根本的心性是相同的，过去、现在、将来都是如此，所谓人同此心，心同此理。马先生说：

> 人类未来之生命方长，历史经过之时间尚短，天地之道只是个"至诚无息"，圣人之道只是个"纯亦不已"，往者过，来者续，本无一息之停。此理绝不会中断，人心决定是同然。若使西方圣人出，行出来的也是这个六艺之道，但是名言不同而已。②

因此，马先生认定复兴中国文化，首要的不是提高中国的国际地位，发展中国的经济，而首先要复归六艺之道，因为人类文化最终将归属六艺文化。

> 吾敢断言，天地一日不毁，人心一日不灭，则六艺之道炳然常存。世界人类一切文化最后归宿必归于六艺，而有资格为此文化之领导者，则中国也。今人舍弃自己无上之家珍，而拾人之土苴绪余以为宝，自居于下劣，而奉西洋人为神圣，岂非至愚而可哀？诸生勉之，慎勿安于卑陋，而以经济落后为耻，以能增高国际地位遂以为可矜。须知今日所名为头等国者，在文化上实是疑问，须是进于六艺之教而后始为有道之邦也。不独望吾国人兴起，亦望全人类兴起，相与坐进此道。③

总括全文论述，梁漱溟先生与马一浮先生虽然对中西文化的认识和分析有不一致之处，但是最终都要归属儒家。他们都主张在融合西方文化的基础上，建设新的中国文化，而此新的中国文化也是世界文化的发展方向，因此复兴中国文化，必将使中国文化成为世界文化的领导者。

（作者：王一胜，浙江省社会科学院研究员）

---

① 马一浮：《马一浮全集》第一册上，第19页。
② 马一浮：《马一浮全集》第一册上，第19页。
③ 马一浮：《马一浮全集》第一册上，第20页。

论越地婚俗中的"主顾老嫚"与"送嫁老嫚"

谢一彪

【摘要】 越地婚俗男方为新娘聘请的"主顾老嫚",女方为新娘聘请的"送嫁老嫚",各代表男方和女方的利益,完成旧式婚礼的整个仪式。堕民起源之一传为"元蒙被贬",其中老嫚主持"送子仪式"颇具特色,传为蒙古初夜权遗风,其起源已难于考究。

【关键词】 主顾老嫚 送嫁老嫚 送子仪式

老嫚在绍兴旧式婚礼中扮演什么角色?[①] 老嫚在婚礼中扮演重要的角色。浙东俗语云:"办喜事是堕民老嫚的市面;办丧事是和尚道士的市面",说明老嫚在平民婚礼中几乎排他性的服务地位。绍兴新郎娶亲时,聘有"伴郎",即"主顾老嫚";新娘结婚时,聘有"送嫁老嫚"。老嫚为婚礼中最忙碌的人,负责操持婚礼,侍候新人,指教新人,保护新人。老嫚乃平民婚礼中不可或缺的角色,也从中获得丰厚的回报,有"嫁个姑娘买亩田"之说,有时需索无度,也令人生厌。

一

堕民在平民婚礼中异常活跃,男方家会请堕民吹唱班敲打,大户人家则请清音班奏乐。"越郡城有惰民巷者,居方里,男为乐户,女为喜婆。民间婚嫁,则其男歌唱,其妇扶侍新娘梳妆拜谒,立侍房闼如婢,新娘就寝始出,谓之喜婆。能迎合人,男女各遂其欢心。"[②]

[①] 关于女堕民在婚礼中的研究,俞婉君撰写的《绍兴伴娘——老嫚》,对绍兴的老嫚作了个案研究,对老嫚在整个婚礼中的作用作了淋漓尽致的描述。谢振岳撰写的《鄞县堕民》,也提及宁波的送娘在婚礼中有三大任务,指导备办嫁妆,指导姑娘新婚礼俗,代娘亲送姑娘过门。

[②] (清)袁枚:《子不语全集·续子不语》卷七《喜婆》,《笔记小说大观》第20册,广陵古籍刻印社1984年版,第210页。

绍兴老嫚最重要的职业，毫无疑问是在婚礼中做"伴娘"，绍兴人称为"做老嫚"。堕民女孩自出生后懂事起，就随着母亲去"赶好日""做老嫚"，从小亲身经历，耳濡目染，自然就学会"做老嫚"的一整套娴熟技巧。未出嫁的堕民姑娘"做老嫚"，俗称"嫚线"，"嫚"与鳗同音。出嫁后再"赶好日""做老嫚"，则称为"老嫚"。后来，堕民妇女概称为"老嫚"。凡主顾家的婚嫁喜事，主顾会提前一个月主动派人或者亲自上门与老嫚约定婚期，如果是娶亲，还得约请男堕民前去做"吹鼓手"，也称"吹叭先生"。主顾家的婚嫁喜庆，老嫚乃不可或缺的角色。

平民"好日"人家多在冬季，成为堕民最忙碌的季节。老嫚不仅在自己主顾家"做老嫚"，有时碰上"大好日"，结婚人家众多，自己忙不过来，也会邀请他人代替，俗称"客使老嫚"。老嫚只要交代结婚日期、某地某村某户人家，属于娶亲还是嫁女。女堕民"做老嫚"，有"主顾老嫚"与"送嫁老嫚"的区别，凡是主顾家的男青年娶亲，称作"主顾老嫚"，简称为"接老嫚"；主顾家的女孩子出嫁，则称为"送嫁老嫚"，简称为"送老嫚"。无论是"主顾老嫚"，还是"送嫁老嫚"，女堕民均能胜任，只是身份和职务各不相同而已。

堕民到主顾家服务，一般在婚礼举行前一天。大户人家的婚事往往提前三天，堕民一直忙到婚礼结束。服务堕民人数的多少，依主顾家讲究的排场而定。但"主顾老嫚"和"送嫁老嫚"则必不可少。老嫚前往主顾家服务，必须带齐一套"行头"。"主顾老嫚"则必提方底圆盖由赭色桐油漆过的竹制提篮——"田斗篮"，也称"老嫚篮"，篮内有隔层，一张"三星像"（即福星、禄星和寿星）；一个木质菩萨，七八寸左右，穿红衣绿裤，四肢活动，实为梨园始祖"老郎菩萨"，在婚礼中作为"开脸菩萨"和"送子菩萨"；内盛老嫚的伞、鞋等生活用品。男堕民一进门，就将"三星像"挂于厅堂正中。婚礼结束后，堕民回家时取走"三星像"。

越俗新婚新郎要剃头，新娘要"开脸"。"主顾老嫚"要为新郎举行"剃头"仪式。新郎剃头颇为讲究，正厅摆放"开脸菩萨"，点燃香烛，供上茶食。"理发时，口念'七子保团圆'或'十全如意'，拔下新郎头上七根或十根长发，挽成花结，送到女家去。"[①]"主顾老嫚"在大厅八仙桌上摆上供食，点上香烛，一边讨着"七子保团圆"或"十全如意"的彩头，一边剃头。"主顾老嫚"还要拔下如数的头发挽成花髻，送往女家与新娘"合髻"之用，是为结发夫妻。

绍俗迎亲在晚上，由堕民吹鼓手或清音班迎娶新娘。男家发轿前，须行"搜轿礼"。男堕民吹奏音乐，由"主顾老嫚"将一只点燃的蜡烛台和一面铜镜，递交给"接媳妇奶奶"。"接媳妇奶奶"一只手持点燃的蜡烛，另一只手则持铜镜，在轿内周围伴照，再以满燃檀香的熨斗熏轿，以搜索轿内是否有暗器或异物，以驱凶避邪。另一位"接媳妇奶奶"将动作再重复一次。据说是搜索隐藏轿内的"花煞"。且口中念念词："东南西北中花杀神君。轿前轿后之䄻，屋前屋后之䄻，转弯抹色之䄻，河边桥墩之䄻，祈求路神杀清，一路顺行。""主顾老嫚"扶"接媳妇奶奶"退入后堂，新郎关上轿门后，插上铜销，"搜轿"仪式结束，花轿起轿出发。

---

① 浙江民俗学会编：《浙江风俗简志》，浙江人民出版社1986年版，第243页。

"主顾老嫚"接着张罗摆设嫁妆的场地，用二顶或四顶甚至六顶八仙桌拼成大台面，铺上红台毯，等待摆放新娘家发来的嫁妆，俗称"摆堂"。大约下午二时，女家发来二至四船嫁妆，在鼓手欢快的吹奏声中，由"主顾老嫚"在前堂指挥，请行郎小心翼翼地搬进家，先将硬木等家具搬进新房，放置妥当；再将瓷器、锡器等易碎易损器皿，摆放堂前的台面上展示。新娘嫁过来的诸多被褥、衣箱搁置一旁，让众多的宾客、邻居前来观赏评论。展览完毕，"主顾老嫚"指挥行郎将这些嫁妆搬入新房，请两位"接媳妇奶奶"捧着被褥，铺好新床。

花轿到了女家，男家带来"主顾老嫚"，称为"领轿"。"主顾老嫚"先到新娘房间恭喜，再向新娘长辈恭喜，并得到"喜封"。吉时已到，就吩咐男堕民吹奏催促起轿。"主顾老嫚"第二次到新娘房间催轿时，新娘兄弟为新娘准备行装。"主顾老嫚"第三次催轿后，上轿吉时已到，新娘由兄弟抱上花轿。越俗"娶之日，不亲迎，用乐妇扶掖成婚，杂用踏藁、牵红、传席、交杯诸仪"①。花轿船摇到"好日"人家河埠头，"做亲"时刻未到，让新娘在花轿船"坐稻篷"。越俗公婆必须回避，婆婆要躲入菜园，意为婆媳融洽圆满。"乐妇扶掖出轿，请长辈齿德兼隆者祝寿。"②"主顾老嫚"在轿前以五谷撒地，袚除不祥，并为新娘下轿讨"三堂送子"的口彩。"男家所雇老嫚代婆母向轿内的新娘献上三道茶。"③即桂圆茶、枣子茶、茶叶茶，一碗碗端给花轿中的新娘喝，并依据茶的特征讨出彩头。

接着给新人举行"合卺酒"和"撒帐"仪式。"合卺酒"又称"交杯酒"。"乐妇进'合欢杯'，曰'交杯酒'。"④"主顾老嫚"先给新人喂十颗汤圆，俗称"喂子孙汤圆"或"坐堂圆圆"，由糯米制成，比空心汤圆小。每喂一颗即讨一句数字彩头。有的地方虽不用数字讨彩头，但表示夫妻恩爱、幸福美满、多子多寿之意不变。喂完汤圆，"主顾老嫚"斟满两盅花雕酒，先让新郎和新娘各呷一口，两小盅混合后再一分为二，让新郎、新娘喝完，讨"我中有你，你中有我"的彩头，又称"交心酒"。饮后将杯掷于床下，一仰一合，意为夫妻恩爱，合而为一。

新人喝完"交杯酒"，"主顾老嫚"举行"撒帐"仪式。"主顾老嫚"先念撒帐词。"主顾老嫚"念完后，将一杆秤交给新郎，让新郎将新娘的盖头袱和花冠挑起，抛到床顶，取意"称心如意"，婚后应有分寸地对待丈夫，凡事掂掂斤量。旧婚礼乃包办婚姻，新郎和新娘婚前并未谋面，新郎现在可以一睹新娘的芳容，然而，碍于旧俗的束缚，新郎此时并不敢正眼看新娘，总是别过头去揭，按迷信说法，热脸相冲，将使今后夫妻失和。"送嫁老嫚迅即放下帐门，以防热脸冲热脸。"⑤"主顾老嫚"还要在陪嫁来的"子孙桶"（即马桶）边念些吉利话："子孙桶，子孙桶，代代子孙做状元；红花生，

---

① （明）萧良干修，张元忭撰：《绍兴府志》卷之十二《风俗志》，万历十五年刻本。
② （清）王元臣修，董钦德撰：《会稽县志》卷七《风俗志》，民国二十五年绍兴县修志委员会校排印本。
③ 任桂全主编：《绍兴市志》第5册，浙江人民出版社1996年版，第2898页。
④ （清）唐煦春修，朱士黻纂：《上虞县志》卷三十八《杂志·风俗》，光绪十七年刊本。
⑤ 任桂全主编：《绍兴市志》第5册，第2899页。

红花生，人丁兴旺满堂红。"[①] 家中有儿女，儿媳女婿，各有生育，三代见面喻为"满堂红"。

第二天早上吃过"头聚饭"后，"食桶先生"带着新郎和新娘以及部分亲戚，循例去土谷祠（即土地庙）和宗庙朝拜，俗称"上庙"。"主顾老嫚"腋下夹着红地毯，由"吹叭先生"奏乐伴送。到达庙里，给各尊菩萨点上蜡烛，摆上供品，"主顾老嫚"铺好红地毯，指导新人双双"大拜"，祈求神灵保佑夫妻恩爱，白头偕老。"送嫁老嫚"和"主顾老嫚"陪同指导新人礼数，"吹叭先生"则吹奏音乐伴送，以祈求神灵护佑。拜毕回家，新人到厨房祭拜"灶神"。厅堂上佣人用二张八仙桌拼成供桌，摆满丰盛的荤素菜肴，乐队伴奏《拜蝶》曲牌，新人先拜过祖宗，随后为本家众亲，接辈分大小，"轮大落下"，一一参拜，俗称"拜三朝"。

越俗例有"送子仪式"。男家堕民送来"送子菩萨"。"主顾老嫚"接过装有"送子菩萨"的茶匙桶盘，伴随"吹叭先生"的吹打声，步入新房。将"送子菩萨"置入床正中，作面朝外端坐状，然后点上香，扶新郎和新娘跪拜。新人一边跪拜，"主顾老嫚"则讨着口彩。男堕民放着鞭炮，绍俗鞭炮为"百子炮仗"，此举为讨多子多福的彩头，誉为"麒麟送子"。有的地方将"送子菩萨"塞入被窝，以喻"早生贵子"之意。老嫚将"老郎菩萨"放在新床上，点燃蜡烛，然后奏乐。再将四式干果放入新床棉被，糕点作为点心。老嫚再从棉被取出"被里果子"，将红鸡蛋、红枣、花生顺大床滚到床榻，边滚边说："快生快养！""早生贵子早得福！"并将糖果撒向贺客。

正日中午的"正酒"，为男家正式"喜酒"。"送嫁老嫚"和"主顾老嫚"要边吃饭，边给新人夹菜，并不断说出成套彩头，以讨吉利。上第二道菜时，新娘开始"脱通换通"，脱去一件外衣，另外换穿一件。上第九道菜时，"主顾老嫚"和"送嫁老嫚"要扶着新郎和新娘从东边第一桌至西边末一桌，向尊长、宾客一一敬酒。敬酒时，"送嫁老嫚"不忘以新娘娘家人身份，拜托新郎尊长以后多多关照新娘，并代新娘喝酒。各位尊长给新娘红包时，也给"老嫚"一份。晚上新娘敬酒为夜酒的高潮，赴宴的亲戚朋友，都会出节目为难新娘，有的乃善意，纯属搞笑；有的则是恶意，存心为难新娘。如果新娘拙于应对，或者心情欠佳，对难度不大，即使善意节目也不配合，俗称"倒霉"，又称"挟乌鼻头"，可能形成僵局。每当遇到这种情况，新郎不得帮助新娘，全靠老嫚善与周旋，化解危机。

二

主顾家有女儿出嫁，"送嫁老嫚"照例也在婚前一天上午到达女家。"送嫁老嫚"向主顾家人一一道喜之后，忙着进行出嫁准备。"送嫁老嫚"在"田斗篮"也放置备用物件，如"绞脸簪""绞脸线""鹅蛋粉""双联荷包"，一张"三星像"（即福星、禄星和寿星）。还有"孝夫饼"，为煎饼型的堕民糖，取"出嫁从夫""夫妻甜美"的彩

[①] 陈永林：《上虞民风习俗》，西泠印社出版社2010年版，第288页。

头。还有"花冠",冠上满缀纸花小泥人,俗称"花冠菩萨",供于香案桌上,民国后流行"花冠"。还有老嫚的伞、鞋等生活用品。

"送嫁老嫚"要主持新娘的沐浴仪式,又称"湆浴"。在"吹叭先生"的吹打声中,"送嫁老嫚"念着多子多孙之类的吉语,一手拿筲筛,上放染红的荔枝、桂圆、胡桃、枣子、松子、栗子、花生、绿豆等喜果和鸭蛋,下接红色浴盆,另一手用热水从筲筛淋到脚盆,再用脚盆水绞毛巾让新娘揩拭,连续三次。"新娘必须洗澡,在洗澡的时候,堕民嫂要去抛果子,如枣子、花生、莲子。"① 喻意新娘嫁入男家后早得贵子。新娘洗澡时,"送嫁老嫚"在旁扶持念叨:"清清白白,恩恩爱爱。""湆浴"喻意新娘脱胎换骨,重新做人。新娘更衣后,还要闭上眼睛在圆盘上摸果子,据说摸到桂圆会生女儿,摸到枣子则生儿子。经温水淋过的喜果,俗称"湆浴果",分送亲友邻居,喻意新娘到夫家早生贵子。

新娘还要举行"开脸"仪式,也由"送嫁老嫚"主持。《越谚》"绞脸"云:"妇人整容,线除其毛,老嫚为之。"② "送嫁老嫚"先在正厅摆上"开脸菩萨",中堂摆上香案,点上香烛,再请出穿全新红衣红裤的新娘。堕民吹打班吹奏音乐,"送嫁老嫚"扶着新娘参拜"开脸菩萨"。参拜完毕,新娘端坐大厅正中,端出男方送来的装有红绿颜色的两个鸡蛋以及红绿丝线、鹅蛋粉、胭脂粉等化妆品的"开脸盆"(为圆木盘)。"送嫁老嫚"先用红绿鸡蛋在新娘脸面左右上下各滚三次,口中念念有词。随后利索地取出两根红绿棉索,绞成十字形,由嘴衔住一头,左手捏一头,左手拇指和小指头各缠一个,右手掌张开,一张一合,绞掉前额、左右面颊的汗毛。然后,再用小竹篾青片与其大拇指甲撮牢夹住,将散开的眉毛画成淑女型的"卧眉月"。再用小镊子将耳朵外边的杂毛夹掉,将脸部清理得干干净净。最后用扑粉胭脂化妆。

"送嫁老嫚"还要为新娘梳理头发。"老嫚在替新娘开脸时,在新娘头上拔七根长发,与新郎的长发混合搓成线,供新娘扎发髻用。这发线是结发夫妻的信物,也是妇女们最珍贵的东西。"③ "送嫁老嫚"取下新娘头上的七根或十根头发,与新郎的头发一起搓成"发线",并用此"发线"为新娘扎成"发髻",意为"结发夫妻"。"送嫁老嫚"在新娘的后脑勺接近头顶处,用红头绳扎紧,将原来的一条大辫子,改梳成一个髻,这个髻俗称"太婆头",而且要越高越好,越高表示越是长福长寿。新娘举行"开面"仪式后,就不再从事家务劳动。越地俗语云:"红裤红棉袄,坐坐等花轿。"

清代"送嫁老嫚"还要进行"送喜蛋"仪式。"会稽有一种人,男曰堕民,女曰老嫚,相传宋时焦光瓒部曲,以降金故锢之,使自为婚姻,不得与齐民齿。凡遇嫁之家,男充乐户,女充妇役,专以甘言饵人,所得工值赡其食用。在新婚之前日,男女各香汤沐浴,老嫚侍焉。是日复遣老嫚以红鸭蛋分饷亲邻,谓之喜蛋。"④ 越中竹枝词云:"老嫚好话说连篇,来比行郎更向前。整整安排红鸡蛋,炊炉还把茶汤煎。"⑤ 但民国已不

---

① 朱虹:《浙东的堕民嫂》,《妇女杂志》1948年第3期。
② (清)范寅:《越谚》卷中《身体》,光绪八年刻本。
③ 浙江民俗学会编:《浙江风俗简志》,第243页。
④ (清)章履安:《会稽花烛谣》,《越中竹枝词》,西泠印社出版社2008年版,第228页。
⑤ (清)章履安:《会稽花烛谣》,《越中竹枝词》,第228页。

见该俗记载。

　　女家发轿前，也有"摆堂"仪式，用二至六张八仙桌拼成一个大展台，上盖红色台毯。心灵手巧的"送嫁老嫚"将所有陪嫁的铜、锡、瓷器等器皿，在盖头或者环头处，用红绿丝线，每件系上个双全结，用红纸剪成"囍"字，贴在嫁妆上，增加喜庆色彩。两副夫妻碗筷调羹，用红头绳扎实扎紧，被褥里放进两包新包裹好的喜果，也缀上红绿丝线。金银饰品以及房屋、田地契约等贵重物品，用红绿丝线一件件缀在较厚实的大红纸板上，放进账篮。新娘的嫁妆让所有亲朋好友、左邻右舍观赏后，将嫁妆移往边厅，等候男家的行郎前来搬运。

　　女家吃过"晏酒"，撤去筵席后，远远就传来男家迎亲的锣鼓声和鞭炮声。"送嫁老嫚"立即吩咐新娘躲进眠床，并站立在眠床正中。越俗认为将来新娘生孩子做产，会生得顺畅。而新娘母亲则躲入自己的房间"哭肉"，亲生女儿即将远离，自然难舍亲情。花轿抬进人门，停放大厅正中，媒人、行郎以及吹叭先生吃过盘头点心，略作休息，行郎们就在"吹叭先生"的吹奏声中，搬取嫁妆，运到男家后再返回女家"吃夜酒"。

　　吃过夜酒后，只能等待上轿时间到来，"送嫁老嫚"则一刻没有闲着，正紧张地做着发轿前的准备。吹叭先生在廊下狂敲大锣，催促新娘上轿。敲头遍时，谓之"催妆"，"送嫁老嫚"回到房间，扶新娘拜别祖先神像，父母和亲朋。"送嫁老嫚"为新娘化妆，双联荷包内放上红枣、莲子、桂圆、红花生、松子、红蛋等喜果，别在霞帔的衣襟上，给新娘换上"红罗大袖"、全红太婆衣，戴上"花冠"，头盖红绸布，扎"兜脚绸"，打扮成死人的模样。"新娘化装成吊死鬼模样，红衣白裙黑背心，头戴纸扎大花冠，冠上缀满称为花冠菩萨的小泥人，罩住整个脸部，说是花煞神最怕吊死鬼，以此可以吓退花煞。"①"送嫁老嫚"为新娘盛装打扮。

　　上轿吉辰已到，"送嫁老嫚"在家长公公"搜轿"后，再用照妖镜（实为铜镜）在轿内照一下，口念"多福多寿多子孙，越富越贵越康宁"等彩头。新娘不得携带剪刀之类的快口，以免冲撞"轿襕"，招来不测之祸。"送嫁老嫚"扶新娘走出房门，坐在大门口。此时，"送嫁老嫚"举行"溜怀"仪式，用两只红蛋在新娘怀里上下滚动几下，口中喃喃自语："快生快养！快生快养！"男家此时须给"送嫁老嫚"红包，如果不给，"送嫁老嫚"可以阻止新娘上轿。新娘兄弟抱新娘上花轿，"送嫁老嫚"拆下"兜脚绸"，再换上新鞋，拆时老嫚还要不停地讨着彩头："会做媳妇两面光，管了娘家管夫家，娘家夫家都要管。""主顾老嫚"在前面领轿，还要背着"子孙桶"。"送嫁老嫚"随后，称为"送轿"。

　　花轿到达男家，"送嫁老嫚"在轿前将新娘携带的细软如金戒子、珍珠发夹等，当着舅爷的面，交给婆婆，俗称"献妆"。良辰一至，礼生请新娘三次"出舆"后，"送嫁老嫚"扶持新娘出轿，步入正厅拜堂，行"合卺"礼。新郎新娘交拜天地，新郎必须四跪四拜，新娘由"送嫁老嫚"扶持，跪拜时微微颔首即可。特别是新娘人生地不熟，下轿后头上还遮着一块红绸子，何时下跪何时起立，拜几下跪几下，朝着什么方

---

① 单文吉：《绍兴婚嫁旧俗》，《绍兴文史资料》第10辑，1996年，第191页。

向，完全依仗"送嫁老嫚"在耳边指点，"送嫁老嫚"的嘴巴与新娘的耳朵，时刻保持一个很近距离。新人拜过天地，鞭炮齐鸣，鼓声大作，即行"牵红"礼。两位"接媳媳奶奶"各手持一只蜡台在前面引路，新郎牵着新娘进入洞房。新娘双手牵拉红绸，两脚不是往后移步，就是被"兜脚绸"络住，视线还被挡住，还有"传宗接代"仪式，几乎寸步难行，全赖"送嫁老嫚"引导。

第二天，为男家的正日，如果天尚未亮，"送嫁老嫚"可略微休息。倘若已天亮，"送嫁老嫚"必须马上给新娘打扮。早上六点，"吹叭先生"就会到新房门口吹奏乐曲，俗名"催妆"。"起来洗面时，老嫚须要禀知新娘的母亲：'太太，我们大小姐要化妆了，洗面用帐子洗？还是用衬衫洗？'新郎的母亲必要说用衬衫洗或用帐子洗。据老年人说，用帐子洗，新郎将来必定发达；用衬衫洗，新娘子将来对公婆非常的孝顺。若是用帐子洗的，伴娘回到新房，把新床上的帐子门给新娘面上作洗面状，并不用水，手续完毕，才用毛巾在水盆内洗面。若是衬衫洗的，新郎的母亲即将身上所穿的衬衫（即小衫）脱下来，交给伴娘，如上法洗面。"① 该仪式结束后，"送嫁老嫚"给新娘穿戴好凤冠霞帔，涂脂抹粉。新娘今天要见公婆和客人，"送嫁老嫚"要将新娘打扮得妩媚动人，如果公婆看见新媳妇标致漂亮，欢天喜地，送给"送嫁老嫚"的红包也格外丰厚。

新娘出大厅堂与婆家人第一次共进早餐，大厅上方摆有一张主桌，俗称"头聚饭"。"送嫁老嫚"扶着新娘走出新房，来到大厅，坐在八仙桌的右首，与新郎面对面，这是两位新人第一次见面，但新娘因为羞涩，还是不敢抬头看新郎。新娘那碗饭堆得近尺高，四周放满红枣、莲子、桂圆、花生、松子，还插有鹅腿，上面竟然还插着一朵花，俗称"开心花"。但新娘仅象征性地吃上几口，越谚云："新媳妇吃鹅腿——头一遭。"男女老少都会争相目睹新娘的芳容，新娘低着头，不得斜视或东张西望，否则，会被认为骨头轻，不够庄重。"主顾老嫚"站在新郎边侍候，不时给主人们殷勤斟酒。"送嫁老嫚"也站在新娘身边。按照越地婚俗，每上一道菜，新娘必须起立一次，"送嫁老嫚"也得起身扶住凤冠。"头聚饭"散席后，"送嫁老嫚"扶着新娘回转新房。"送嫁老嫚"陪新娘到新房吃早餐。早餐的小菜必须是家禽的内脏，据说新娘吃了这盘内脏菜，将来的"肚里功夫"会更好，意即涵养。

男家吃过"晏酒"后，越地有乘船"回门"习俗。前头乃鼓手船，"吹叭先生"一路吹吹打打，媒人与新人坐在后船，"主顾老嫚"和"送嫁老嫚"各自陪侍在新郎和新娘旁边。"回门船一到妇家家，女家要搬出许多盘头点心招待上门的新姑爷，吃点心期间，那就是'送老嫚'的'市面'，她以女家'半个主人'的身份，领引'接老嫚'向女方长辈、亲戚一一道喜，两个老嫚各自在女家和男家唱'双簧'，互相之间讲许多好话，开口代讨'封筒'（红包），老嫚在女家也收获颇丰，以她们的话说：我们讨赏有度，也是主顾乐意赏赐。"② 女家接待新姑爷犹如男家接待舅爷一样的规格。丈母娘要将新姑爷叫进房里，说"十八句半"体己话。"回门"仅仅具有象征意义，新人在女家略坐片刻，就打道回府。

---

① 《风俗·婚礼》，《民国绍兴县志资料》第2辑第4册，广陵书社2011年版，第134页。
② 2016年7月14日，访问周春香。

第三天，是为"正三朝"。早上，"主顾老嫚"上门祝贺，说些吉利言语，请新娘吃早饭，新郎与新娘同桌，新娘坐上席，新郎屈居下位，新娘只吃半餐，等"稻篷饭"（用蜜饯、百果制成的"八宝饭"）送到，新娘即让位给婆婆，此谓"婆媳相让"。婆婆坐下后，随手从盘中取出一只用红线扎缚的鹅脚，给新媳妇吃，俗称"开稻篷"。上午，新人要拜见公婆和本家各位长辈，是为"受拜"，新人对长辈跪拜时，铺上红毡，"主顾老嫚"为新郎撩袍，"送嫁老嫚"搀扶新娘，此乃"扶摆老嫚"的由来。聚族而居的世家大族，长辈众多，新人跪得两腿疼痛。新娘第一次对长辈称呼，俗话为"开金口"。按照传统称呼，新娘比新郎要小一个辈分，新娘按将来出生孩子的辈分称呼。新娘对公婆孝敬靴鞋，对其他长辈孝敬绣品。公婆及长辈还以礼仪，拿出红包，分给新郎新娘作为见面礼。新娘还在"送嫁老嫚"的搀扶下，前往邻家见礼。由本家亲戚引见和介绍，新娘对邻居"开金口"，一一见礼，新娘以此熟悉周围环境和人际关系。

此日夜酒，称为"正三朝落"，亦称"洗厨"。待夜酒吃好，"好口"人家便把"三星"画卸下，一场热热闹闹的喜事，就此圆满结束。"到了晚上，老嫚到洞房陪新郎、新娘喝'暖房酒'，祝福新人洞房花烛、白头偕老、早生贵子。"[①] 晚上，在新房摆上十盘点心，有瓜子、花生、糕点、咸盘、菜肴等，还烫上一壶酒，让新郎新娘喝，称为"暖房酒"，又称"合欢酒"。老嫚口中念念有词："天赐良缘成偕偶，互敬互爱结鸾俦，今夜同饮合欢酒，恩爱夫妻到白头。"自成亲以来，新郎和新娘虽近在咫尺，也总是在热闹喧哗的场合相处相随，却从未说过一句话。"主顾老嫚"和"送嫁老嫚"为新人铺好床衾，悄悄退出新房。新郎和新娘同床共枕，是为"洞房花烛夜"。

三

主顾老嫚负有指导新郎新婚礼仪责任。"主顾老嫚"主持"祝喜福"仪式，祭祖俗称"做全堂羹饭"，大厅摆放八仙桌，供上三碗茶、三盅酒和三盘水果，点上三炷香烛，堕民吹敲三遍。全新打扮的新郎侍立一旁，男主人身穿绸缎长衫、马褂，头戴秋帽，足登新鞋，"致敬尽礼"，分别向"三星像"、菩萨和祖宗四跪四拜，向他们通报喜讯，请他们来喝喜酒，祈求"三星菩萨"和祖宗保佑新人幸福美满。"主顾老嫚"在旁帮主人撩袍，伴随主人起和跪，但老嫚不能拜。主人拜毕，新郎接着拜——新郎不会拜，由管家指导，"主顾老嫚"也在旁边帮助撩袍，俗称"教拜"。举行拜堂仪式时，新郎和新娘在"三星像"前恭立，先向外拜天地，再向内拜"三星"，最后为交拜礼。拜堂时，"主顾老嫚"为新郎撩袍，"送嫁老嫚"则扶着新娘，用掌扇伴拜。主顾老嫚还要主持新郎剃头、搜轿、摆堂、领轿、坐稻篷、喝合昏酒、撒帐、吃头聚饭、临门送子、吵房等一系列烦琐的旧式婚礼仪式。

主顾老嫚代表男方，维持新郎的利益。举行拜堂仪式时，"主顾老嫚"和"送嫁老

---

① 茹杏珍、包德康口述，蒋爱娟记录：《老嫚与婚俗》，《绍兴村落文化全书（漓渚卷）》，中国文联出版社2010年版，第74页。

嫚"都紧张地站稳马步，扶好新人，尽量帮自己的新人多占位置，不让对方多占。"主顾老嫚"和"送嫁老嫚"无须多说，各自心中有数，双方配合默契，各占一半，这样公平合理，平分秋色，皆大欢喜。"主顾老嫚"和"送嫁老嫚"因分别代表男家利益和女家利益，常常为此产生矛盾。"按传统风俗，绍兴人相信，坐床仪式时，多占床位的新人婚后权力大，老嫚必须使双方占位相等。为了让自己的子女婚后能压服对方，主顾往往会串通自家的老嫚多占些位置。这方老嫚需要事先与对家老嫚私下协商好，并分给一定的好处费才行。如事先未商量好，或双方受托想多占床位，两位老嫚就会闹起矛盾。如三埭街张炳荣妻子做'送老嫚'因事先没有与对方的'主顾老嫚'协商好，扶新娘坐床时多占了床位，两人就吵了嘴，回家后还为此吵个不休。"双方老嫚虽因此有了意见，不愿因吵架破坏主顾的喜庆气氛，往往会不露愠色地用堕民暗语怒斥对方，如让对方滚蛋就说"喇叭直声喊哉"。①

主顾老嫚还须引导婚礼的正常有序进行，保持婚礼的喜庆气氛。"闹新房"时，民间认为"越吵越发"，如果没人或很少人来吵房，会被认为男家没有地位，家庭也不富裕，被至亲视为"小器房"，讥为"桃树门槛"，喻意鬼神都难以进入。客人则千方百计捉弄新人。"宁绍一带的闹新房相当凶狠的，有了干练的送娘子，可以得到不少照顾。"②吵房有"文吵"与"武吵"之分，"文吵"为以言语挑逗新人，让新人难以启齿。"武吵"有时动手动脚，让人难堪，甚至造成人身伤害。"傍晚，男家的'好日'也进入尾声，留下吃夜酒的，除了帮忙的，还有血亲挚友，吃夜酒新娘子上桌相陪，由主顾老嫚照应给在座的挨个儿斟酒，'吵房'也就开始了。酒席上大家不分尊卑、辈分大小、男女性别，都可以对新娘倍加调笑，百般胡闹，而新娘子既不能怯场，也不能开口露齿嬉笑，要恰到好处全仗老嫚事先调教。亲朋好友帮了三天忙连日辛苦，为解乏就对新娘戏耍不止，此时只由婆婆选择适当时机出面陪话，但不能扫大家的兴，亲友才肯罢休，否则可以闹到天亮，故意恶作剧不让新婚夫妇小登科。"③新房套间摆有长桌、椅凳、茶点、水果。新娘端坐上首，"送嫁老嫚"陪坐一侧，亲友或坐或站，济济一堂，随意讲各种笑话，或做各种滑稽动作，千方百计逗引新娘发笑。只要新娘微露笑容，闹房即可结束。

"主顾老嫚"必须帮助新人巧妙应对，委婉制止粗鲁言行，以免伤害新人。越俗粗鲁的"闹新房"，据传为元时蒙古贵族对汉族新娘"初夜权"的遗风。清代山阴人俞蛟在《梦厂杂著》中，记述了两起极端"闹房毙命"案。"世俗娶妻，花烛之夕，亲朋毕集于新妇室中，欢呼坐卧，至更阑烛跋，甚者达旦不休，名曰'闹房'。此风盛于江浙，岭南尤盛。然房中之喧寂，视妇貌之妍媸，姿近中人者，不过酣饮谑浪，媸者一顾而散，妍者则百端狎戏，必扰之，连宵不遑寝处而后快。有周姓者娶妇甚美，其友五六人，醉后执周手足，裹以衾舁之，击钲鼓，游于市，夜半异归，置之床上，甚妇犹倚妆兀坐未寝也。次早，妇未起，五六人者，复排闼入，见衾裹如故，因大惊，启之，头截

---

① 俞婉君：《绍兴堕民》，人民出版社2008年版，第64页。
② 陈志良：《浙江的堕民》，《旅行杂志》1951年第6期。
③ 王德江：《银东关春秋》，浙江文艺出版社2014年版，第157页。

去矣。鸣于官,妇与诸人桁杨桎梏,备尝楚毒,卒不得其实。数年,诸人皆瘐死,狱始解。又,有金某娶妻,闹房者缚金于屋后竹林中,而置酒于其室,袒臂裸襟,握拳射覆,使新妇传觞。其母怜子之夜深犯风露也,窃持灯往解之。呼子不见,血污竹径。盖其地多虎,而绕屋皆山,虎逾垣入,衔子去矣。夫他人娶妻而美,何与己事,而必百计扰弄,至裹之缚之哉?羡之极,妒心生焉。妒心一萌,其中有不堪自问者矣。在周,金二人之死,虽出于意外,而究其致死之由,乌能逃罪?故凡遇闹房之友,当面斥其非;其人知过而退则已,否则绝其往来,亦无不可。乃世俗相习成风,且有同室之人亦与闹者,更可恶也。"[1] 两起闹房命案皆因闹房者因艳羡新娘美貌致使新郎被害。主顾老嫚避免类似事件发生。

"主顾老嫚"还要依靠自己的聪明才智,处理一些不可预见的"突发事件",乃至人命关天的大事。旧式婚姻乃包办婚姻,青年男女必须听从父母之命,媒妁之言。青年男女婚姻不能自由,乃至婚前从未谋面。周春香回忆王家村一户主顾人家娶媳妇,自己跟着母亲前去做"主顾老嫚",新郎和新娘拜过花烛,新郎在新房给新娘揭过红盖头,因烛光昏暗,新郎根本看不清新娘长啥模样,也碍于旧俗,新郎不敢正眼瞧新娘,就匆匆出了新房。几个油腔滑调的男青年,喝醉了酒,非要闯进新房看新娘子不可,被"送嫁老嫚"百般劝阻,才悻悻而去。谁知第二天一早,这几个男青年大为不满,立即跑到新郎面前挑拨,新娘丑陋无比,要趁早退回娘家。新郎闻言,如雷轰顶,万念俱灰,竟信以为真,立即跑到河埠头纵身一跃,欲投河自尽。这边早酒已开宴,马上就要吃"头聚饭","主顾老嫚"却找不到新郎,急得团团转。周春香站在河边,看见宽阔的河面上有一个东西在上下窜动,连忙招呼大家来看。大人们跑过来,发现是一个人,几个水性好的男人,不由分说跳下河,将那人拉上来,竟然是新郎本人。大家七嘴八舌地追问原因,得知是一班男青年的恶作剧。"主顾老嫚"连忙找来干净衣裤让新郎换上,但头发已经湿淋淋的,不停地滴着水珠,她连忙找来毛巾帮他擦干。新郎坐在新娘对面,看了一眼新娘,其实长得十分漂亮,发觉自己上了当。新娘为顾及大家颜面,当场没有发作。等"头聚饭"吃完回到新房,新娘立即吩咐打道回府。昨晚随轿来的舅爷知道真相后,也要接妹妹回家。如此一来,"好日"人家乱成一锅粥,公公、婆婆和新郎不断赔礼道歉,众多亲朋好友也来劝解,新娘仍不肯善罢甘休。后来,请来"家长太公"出面讲和,并叫来几个"罪魁祸首"向新娘家人赔礼,事情才算平息,但新娘仍不依不饶。"主顾老嫚"和"送嫁老嫚"巧舌如簧,好言相劝,新娘这才平息怒气。新娘为了争个面子,罚新郎一个月不准进入洞房。[2]

四

送嫁老嫚也要依俗指导履行新娘结婚仪式。姑娘出嫁,也得举行像新郎一样请菩

---

[1] (清)俞蛟:《梦厂杂著》,文化艺术出版社1988年版,第153页。
[2] 访问周春香,2016年7月14日。

萨、拜祖宗的仪式，"送嫁老嫚"也有"教拜"新娘的责任。新娘穿上喜庆的红衣红裤，请上菩萨，祭过祖宗后。越地还有特别的婚俗，即"豁亲"，乃"临时娶亲"之意，也少不了"送嫁老嫚"予以指导。如果男方父母患了很危险的病，据说其子娶亲前来"冲喜"，则会不治而愈。"如果那个新娘子进了门来，患病的果然痊愈了，算是新娘子的幸运；假使这个病人到了娶亲这天死了，只好停办丧事，等到新娘子'开金口'这天，先唤一人躲在死者的床背后，由老嫚领了新娘子到死者的房中，叫一声某某病好了吗？躲在床背后的人回说是好了，这样新娘子就要哭泣出来。"① 于是，喜庆的婚礼改成了孝堂，新娘子换上满身孝服，仍穿着一双鸳鸯鞋。明代徐渭曾参加这种冲喜式"霍亲"，并赋诗称赞："白帷红烛两辉煌，无常月老共举觞。今日逢凶偏化吉，满堂吊客贺新郎。"俗语曰："大姑娘上轿头一回"，新娘在婚礼全程蒙着红盖头，嫁到新郎家又是人生地不熟，需要"送嫁老嫚"全方位地悉心指导。

送嫁老嫚负有指导新娘适应新婚生活的重任。新娘嫁到男家后，第一个晚上新郎不得入洞房，由"送嫁老嫚"陪新娘过第一夜。"洞房花烛第一夜由送嫁老嫚陪睡，这一天晚上她会向新娘讲别人难以启齿也不易听到的那些令人害羞的话。"② "廿岁不嫁人，少生两个人。"以前，姑娘一般16岁出嫁，俗语云"二八妙龄"。然而16岁的姑娘对于新婚后即将开始的新生活，完全一无所知，老嫚负有教导新娘的重要责任，从孝敬公婆，尊敬丈夫，与叔伯姑妯和睦相处，以及吃、住、行、睡等种种礼节，"笑不露齿，行不动裙"，乃至房事秘诀，均由其谆谆教导。是夜，老嫚为新娘即将开始的新婚性生活进行启蒙教育，则是必不可少的一课。

"送嫁老嫚"代表新娘，自然必须极力维护娘家人的利益。"老嫚扶新娘下轿后，就有了新娘母亲的地位，可以摆起架子来了。新娘的一举一动，都要由老嫚发话。否则，新娘是不能轻举妄动的。因为此时老嫚代替的是新娘的母亲，是陪着'我家姑娘'（相当于女儿）来的，所以特别有架子。"③ 举行"坐床"仪式时，也颇有讲究。"越地坐床也有二种乡风，一种是新郎坐在床的左边，新娘坐在床的右边；还有一种是新娘跟随马桶的方向坐，马桶放在哪边，新娘就坐在靠马桶的一方。坐床时新郎和新娘只能各坐床沿一半的位置，这意味着今后夫妻在日常生活中'掌权'，双方能够平等。若是哪一方坐多了，会认为以后谁的主意（权力）大，双方就有口舌之争。要是新郎坐多了，女方送过来的'送舅爷'和陪娘等，就会当场交涉和评理，同时这也应了'喜字多口'之中的一段小插曲。也有一些修养较好的'送舅爷'，虽然当场不会发作，回家之后禀告父母，待新郎'三朝回门'时，岳父母就要给新姑爷脸色看了。"④ 民间认为谁拜堂时多占位置，婚后谁的权力就大。"这可难为了'送老嫚'，因为新郎方的伴郎会明目张胆地把新郎推向新娘方，以达到新郎多占位的目的。如果'送老嫚'弱小，新娘甚至有被推倒的可能。一旦发生这种情况，被视为'送老嫚'的失职，她将无法向新娘

---

① 《豁亲》，《民国绍兴县志资料》第 2 辑第 4 册，广陵书社 2011 年版，第 138 页。
② 王德江：《银东关春秋》，浙江文艺出版社 2014 年版，第 124 页。
③ 茹杏珍、包德康口述，蒋爱娟记录：《老嫚与婚俗》，《绍兴村落文化全书（漓渚卷）》，中国文联出版社 2010 年版，第 73 页。
④ 访问周春香，2016 年 9 月 16 日。

家交代。"① "坐床"必须均等，一方占的位置多，意味着日后处于主导地位。"夫妻结婚交拜之后在坐床时候，男人坐着女人衣襟之一角，说以后便能征服妻子。反之，丈夫便要被妻子征服。"② 一般新郎具有优势，"送嫁老嫚"定会劝解"少爷解让，少爷解让"。于是，舅爷一到床前，将新娘推向床的中间位置。男方兄弟也不甘示弱，也将新郎推向床的中间。"主顾老嫚"和"送嫁老嫚"要检查新郎和新娘坐的位置相当，没有被对方压着衣角。

送嫁老嫚必须巧与应付，妥善地维护新娘的利益。据说新娘入夫家大门，踏门槛能把小叔小姑踏死，以便小叔小姑以后不得欺辱新娘。有些新娘入嫁小叔小姑众多家庭，会有意识地踏门槛。而有些公婆有过对嫂嫂的虐待行为，也有意踏门槛，以示警告。新娘进门踏门槛，源于浙东地区的民间故事。据传，从前一户人家有两个儿子，大儿子娶了贫民姑娘，婆母是个悍妇，有着"雌老虎"的外号，对大媳妇极为刻薄，做有份吃无份，稍不顺眼，非打即骂，丈夫慑于母亲的淫威，敢怒而不敢言。二儿子勤劳厚道，通情达理，对婆母对待嫂子的所作所为看不惯。二儿子订婚的姑娘性格刚强，了解到未来婆母甚悍，但无所畏惧。二媳妇坐花轿进门时，本应由"送嫁老嫚"搀扶出轿，但她自己走出轿门，三步两步不跨门槛，在门槛上一站。此举让所有的人惊得目瞪口呆，尤其是其婆母几乎失魂落魄。站门槛对任何人都是大忌，何况是刚进门的新娘。婆母思忖新媳妇不好对付，不容小觑，对大媳妇的态度也有所转变。所以，新娘踏门槛时，"送嫁老嫚"会配合提起新娘衣裙，让旁人毫不察觉。

"送嫁老嫚"也要防止婆家采用"暗镇"，俗称"阴阳法"，以打压新娘。封建社会接受教育有限，知识浅薄而低下，封建迷信思想根深蒂固，陈规陋习猖獗一时，害人害己。婆婆为了防止新媳妇骑到自己头上作威作福，事先在新房暗藏制服对方的"暗镇"，这种"暗镇"五花八门，诸如在新眠床的天花板上搁置一根扁担，称为"压得媳妇扁扁服"，称为"扁担服"；床褥下垫一张席子，取"服服帖帖"之意。"送嫁老嫚"应仔细检查，及时发现，并通报送舅爷，由送舅爷趁簇拥新人入洞房之际，迅速将新房门卸下，予以破解。此"暗镇"还较为温和。有些较为厉害的婆家，因双方在联姻过程中产生口角，如女方所索礼金过高而女方陪嫁过少，两家为此争多论少，也有不情愿结亲，心想悔婚又顾及面子，乃采取各种刁钻古怪的方法，以迫使新媳妇降服。有些"暗镇"较为隐秘，"送嫁老嫚"难于察觉。据传有一户人家，有兄弟仨人，大哥二哥早已结婚生子。父母平时对小儿子极为疼爱，遭到二位媳妇的嫉妒。小儿子结婚时，婆婆嘱咐二位妯娌缝新婚之夜新人盖的"当家被"。二位妯娌为泄私愤，拟给未过门的妯娌做个"暗镇"，以使小叔子夫妻不和。起初，两人拟用两枚缝衣针插入被芯，但考虑缝衣针过于尖锐，容易露出马脚。乃取来两根鱼刺，交叉插入棉胎中心，外有绸缎被面包裹，难于露出破绽。小叔结婚后，夫妻貌合神离，也怀不上孩子。后来，两妯娌因闹意见，互相指责对方设计陷害小叔夫妻。婆婆闻言，不动声色拆开被芯，抽出鱼骨。果然小夫妻如胶似漆，很快就怀上了孩子。

---

① 来载璋：《传统婚礼中的堕民》，《民俗风情》，西泠印社出版社2007年版，第105页。
② （清）金明全：《绍兴风俗志·补遗》，光绪二十三年刊本，存杭州图书馆古籍部。

送嫁老嫚自然也要防止女方以骗财为目的，导致双方婚姻破裂，不欢而散。据说绍兴有户人家，生有一女，天姿国色，十里八乡前来求婚的男子几乎"踏破了门槛"。姑娘父亲贪得无厌，为了给女儿找一位如意郎君，也为自家找一棵摇钱树，东挑西拣。女家千挑万拣，终于找到一户家境殷实的人家，遂趁订婚之际，向男方漫天要价，又以逢年过节为由，索取财物礼品，用嫁女的彩礼，作为两个儿子娶妻的费用。新娘也因属于买卖婚姻，双方从未谋面，也无感情而言，更不体恤男方，对于父母的所作所为，也听之任之。男方父母为了儿子的婚事，也委曲求全以满足女方的无厌索求，但两年下来原来小康人家渐渐入不敷出，骑虎难下，欲罢不能，只得咬紧牙关借贷以填此无底洞。盼星星盼月亮终于盼来了婚期，男家以为女方收了这么多财礼，嫁妆必定非常丰盛，派了四只船去女家搬嫁妆，谁知一只船也装不满，其他三只不得不空载而归。男家及其亲戚怒不可遏，欲予以下马威，以杀杀女家的威风。但女家早有防备，派来几位悍妇作为伴娘，还有几位身强力壮的大汉陪舅爷。当花轿抬到大门口时，男方"家长太公"下令让新娘出轿步行到喜堂，并在喜堂摆设一个火盆，让新娘直接从火盆上跨过去。越俗唯有再嫁妇（二婚头或寡妇）跨火盆。新娘也不是省油的灯，她一把扯下遮在头上的盖头红，一脚踢翻了火盆，顿时火花四溅，围观者避让不及。新娘趁此混乱之际，就势似"金鸡独立"立在门槛，向男家公然示威。越俗"踏门槛"，另据迷信说法乃破败男家财运，将会导致家破人亡。新娘此举，激怒了男方在场亲戚，纷纷指责新娘虽然漂亮却形同泼妇。双方互相指责，大打出手，拳脚相加，一场婚事转眼成为闹剧。最后闹到官府，法官了解事情的来龙去脉，做出判决：（一）双方解除婚约，自此而后，各不相干；（二）彩礼交付纯属你情我愿，不必退还；（三）双方群殴伤者，由各方自理。双方为此付出惨重代价，女方丑态毕露，臭名远扬，再也无人前来说媒。直到三十岁才嫁与一个小商人为妾，成为四个孩子的"晚娘"，其生活质量可想而知。而人财两空的男方也只能自认晦气，因发泄一时之气，强迫新娘跨越火盆，新郎后来竟娶了一位寡妇为妻。作为"送嫁老嫚"，应避免导致这种婚姻破裂的不幸事件发生。①

五

越地婚俗喝完"正酒"后，老嫚循例举行"临门送子"仪式。越中竹枝词云："镜为花妆向晚开，翠翘珠花满头堆。一声蓦地闻箫鼓，报道张仙送子来。"② 有的是吃过"头聚饭"后，有的则在闹房后，各地略有不同。

绍属各县之旧式婚俗，花样至繁，男宅娶亲于结婚之次日，例有执役唱戏之堕民，届时将一尺长之小木偶，俗称"送子菩萨"，送入洞房内，置于床上，焚香烛，奏乐，祝祷，谓之"送子"。此小木偶之"送子菩萨"，通称亦曰"老郎菩

---

① 访问周春香，2017年8月13日。
② （清）章履安：《会稽花烛谣五十首》，《越中竹枝词》，第226页。

萨",盖即戏班演戏时,置于后台者。相传即为首创梨园之唐明皇。至有指为张仙送子者,详见金台纪闻所载,考其语实为花蕊夫人假托,后人不察,即以讹传讹,作求子之祀,故逢娶亲喜事,亦每以此博螽斯衍庆之彩头语。①

丹麦学者 Anders Hansson 对此送子风俗颇为不解。"难于理解的是,堕民还把老郎视作送子神,伴娘在婚礼后把老郎尊放在洞房。"②最让人感到困惑的是,竟然"有夫妇未曾同床,老嫚先来送子等趣事"③。"唯传说元人对于汉族施行此权。"周作人如是说:"又浙中有闹房之俗,新婚的首两夜,夫属的亲族男子群集新房,对于新妇得尽情调笑,无所禁忌,虽云在赚新人一笑,盖系后来饰词,实为蛮风之遗留,即初夜权之一变相。"④并引用范寅的《越谚》所载童谣:"低叭低叭(唢呐声),新人留歹,安歹过夜,明朝还倍乃。"此乃"宋末元初之谣"。⑤而绍兴县视学陈曰淀则述说德政乡谣为:"地带地带,新人留歹,借我一夜,明朝还乃。"蒋岸桥曾有恶少啸集,凡新妇过此,必劫留一宿。知县执杀数人后,此风始息。越俗"闹房"确有古代蛮风遗迹,对新娘尽情调笑,百般戏谑,对新郎施予种种恶作剧。

堕民于新人结婚时"送子习俗",三埭街传说源于唐代有六姓梨园子弟陪"千秋太子"读书,倚势享有新娘的"初夜权"。"不肖之徒乘机勾引良家妇女,为所欲为,一直发展到新婚之妇,必先与之同房,然后才可与新郎同房。百姓慑于梨园子弟系太子近侍,只得忍辱依从。"⑥另传为蒙古人享有新娘"初夜权"的遗风。东关传说"元朝入侵中国以后,蹂躏汉人令人发指,据说被安插在汉人聚居处的元人甚至对出嫁女子保有初夜权"⑦。杭州也有类似传说。"故老相传,元人既得杭州,既以蒙古兵及西域兵前来驻扎,令汉人五家合养一兵。此一兵对此五家,为所欲为,无敢抗者。甚或谓男女结婚,第一夜之新郎,亦须由此兵充之,是否确有此事,不可知也。杭州临街房屋,例有短门,谓避窃门,以防窃盗,然或谓避觑门。此等兵在此五家之中,无恶不作,行路人见之,殊属难堪,故作此短门以使人不见。其后汉人纷起亡元,五家养一兵,变为五家杀一兵。杭人有'关门杀家鞑子'之谚,即指此事而言。蒙古人畏死,多哀求,而杭人信佛心慈,亦多赦免,逐之出境,而流落于宁绍一带,是谓堕民。"⑧诸暨也有类似传说,诸暨端午节举烟火为号,共起击杀"鞑子","鞑子"求饶,沦为堕民。朱元璋建立明朝后,将"鞑子"贬为"丐户",喜庆婚丧,为平民服役。但洞房"送子习俗",乃隐其"初夜权"之名而加以美化而已。

---

① 贻爱草堂主:《送子菩萨》,《民国绍兴县志资料》第 2 辑第 4 册,第 137 页。
② [丹麦] Anders Hansson:《中国的贱民——堕民》,《绍兴学刊》1999 年第 4 期。
③ 《堕民生活》,《民国绍兴县志资料》第 2 辑第 4 册,第 94 页。
④ 周作人:《初夜权序言》,《周作人文选》,启智书局 1936 年版,第 199 页。
⑤ 范寅:《越谚》卷上《孩语孺歌之谚第十七》,光绪八年刻本。
⑥ 赵锐勇:《别了,中国的吉普赛人——来自堕民后裔的报告》,《野草》1988 年第 1 期。
⑦ 王德江:《银东关春秋》,第 122 页。
⑧ 钟毓龙、钟肇恒:《说杭州》,《西湖文献集成》第 11 集,杭州出版社 2004 年版,第 321 页。

元氏入帝中国，令富户家养鞑子一人，贫户三家一人，供以粱肉，衣以锦绣。鞑子恃骄索责，骎骎占人妇女，有新婚者，不得洞房，大败中国礼法。比里愤激，端午日，阳为分符箓，阴戒各家午时举烟火同时杀戮。今端午编蒲为剑，杂采蒿艾，同苍术、白芷焚之，犹其遗风。是时，鞑子之稍循谨者，乞为仆佣，怜而宥之。年久家衰，因令别居，有喜庆婚丧，仍招致为役。此说于书无征，而情理甚洽。上自金衢，下自杭嘉，传说皆同。或曰：今婚娶洞房之夕，送子为贺，实美其名以隐之耳。①

浙东广为流传的堕民来源于"蒙古后裔说"，其原因在于胡作非为，尤为汉人所痛恨的初夜权。明王士性在《广志绎》中记载，绍兴堕民原"是胜国勋戚，国初降之下，使不与齐民列"②。《绍兴概况调查》也载："等到元亡明兴，恨元人奴辱太甚，并将素为我国所尊重的读书人，即所谓'士'，排列在娼妓之下，自然要在明朝复兴时，采取报复手段，当时明太祖亦深恶之，一律贬为堕民，不准与四民互通婚姻，削除他们的籍，另编户为丐户，不能取得功名，进入仕途，规定服饰，与四民不相同，男的戴狗头帽，裙以横布，不着长衫，女的梳高髻，一见便知。"③ 堕民也被称为"亡元的遗产"，君实对蒙古人由作恶多端到沦为堕民的经过，作了生动地描绘。

惰民是浙东宁绍、慈溪等地一种古代遗民的别称，他们的祖宗，在元顺帝时代，却也很出过点风头。只因他们当时太跋扈了一点，到现在浙东绍兴等地的汉人，还采取消极的报复态度。他们的祖宗，用了以下方法，侮辱过汉人，他们奉了元廷的派遣，每一个蒙古人，管理五个汉族人家，五家中任何一家，都要用顶肉麻的手段，拍好了蒙古人的马屁，如拍马不慎，一下拍在马脚上，小则吃一顿大生活，大则倾家荡产，杀头灭族。例如亚毛的老婆，被蒙古老爷看上了，亚老得铺床叠被，烧茶煮水。再如浙东汉人的五天初夜权，是绝对要避让贤路，请蒙古人循例代劳的。蒙古人喜吃谁家，便吃谁家。喜睡谁家，便睡谁家。他们有的是"如朕亲至"的"圣旨"，可以生杀予夺，并统制铁器等等。待到朱明复国，这班遗民，树倒猢狲散，只得逃命于深山大泽，但是，浙东是华东南民风最强的地带，于是他们大部被汉人宰白相，后来因杀不胜杀，由朱太祖赐名为"惰民"，意思是他们写意惯了，不会做事，懒惰得很。④

元蒙对汉人作恶多端，包括享受有汉人新娘的初夜权，以致贬为贱籍，不乏史料记载。"金陵旧院有顿脱诸姓，皆元人后，设入教坊者。顺治初，余在江宁，闻脱十娘者，年八十余尚在，万历中，北里之尤也。"⑤ 脱十娘，乃金陵秦淮河畔的头牌妓女，

---

① 《诸暨社会现象》，《诸暨民报五周年纪念册》，1924 年，第 5 页。
② （明）王士性：《广志绎》，中华书局 1981 年版，第 72 页。
③ 绍兴市军事管制委员会编印：《绍兴概况调查》（1949 年），第 117 页。
④ 君实：《亡元的遗产——浙东惰民的今昔》，《三六九画报》1940 年第 16 期。
⑤ （清）王士禛：《池北偶谈》卷十二《脱十娘郑妥娘》，中华书局 1982 年版，第 288 页。

属于乐籍蒙女，原是元顺帝丞相脱脱后裔。朱元璋设立教坊司，将蒙元贵族没入教坊，充为乐户，如南教坊中的顿姓、脱姓、傅姓和沙姓，著名的有顿仁、傅寿、沙嫩、脱十娘等均为元蒙的大姓后裔。堕民最早的一支，应是南宋时叛宋投金的一支将领部曲，后来，元明统治者又不断将被征服者贬为堕民，壮大了这支贱民队伍。越地婚俗中老嫚主持的"送子仪式"，其起源已不可考。

（作者：谢一彪，绍兴文理学院越文化传承与创新研究中心教授）

从新昌调腔旧抄本浅谈舞台本曲本的整理

卢柯同　彭秋溪

【摘要】 新昌调腔旧抄本多藏于新昌县档案馆,可分为单角本、吊头本、总纲本三类。这些旧抄本存在大量的俗写字(包括生造字)、特殊符号、音乐元素。其中,特殊符号之"又"表示重词、重句或【前腔】意;"ll"符号应表省略。我们在整理这些调腔曲本时,除了要处理纯文字(别字、省字、生造字)问题以外,对于其中的"音乐元素"(曲牌、锣鼓、板式)、特殊符号等,在考虑阅读便利性的基础上,应适当考虑将它们整理进文本,以便最大限度地保留这些舞台本中的丰富信息,也使读者在获取纯文字观感的同时,更好地认识调腔的独特性。

【关键词】 新昌调腔　舞台本　曲本整理　音乐元素

调腔是我国古老的声腔之一,最早见载于明末清初张岱《陶庵梦忆》。调腔原本流传甚广——以杭州为中心,流行于宁、绍、台、温及浙西部分地区,但至20世纪中叶日渐式微,后仅新昌一地保留,故称"新昌调腔",又名绍兴高调、新昌高腔。新昌调腔于2005年列入浙江省非物质文化遗产保护名录,2006年列入首批国家级非物质文化遗产保护名录,至今约有600年历史,被称为"中国戏曲活化石"。[①]

目前关于新昌调腔的研究成果包括三类:古籍剧本的收集和整理,音响视频的采集、存档,以及期刊论文、报纸报道、年鉴资料和会议总结等学术性研究。[②] 其中,对调腔旧抄本的整理可以较直观地反映调腔剧目的历史渊源和传承、保留情况,以及当时调腔戏班的舞台演出状况等,还能为研究调腔的起源、流变、传播、生息提供重要依据。此前该方面做出重大贡献的是俞志慧、吴宗辉老师所编写的《调腔抄本叙录——

---

① 参见《大音遗韵——新昌调腔档案精品撰记》编委会编《大音遗韵——新昌调腔档案精品撰记》序言部分,新昌档案馆内部印刷品(2020年)。
② 石莹:《"非遗"语境下新昌调腔的调查与分析》,《黄河之声》2018年第14期。

新昌县档案馆藏晚清民国部分》①，此书细致、全面地展现了新昌档案馆藏晚清民国抄本的遗存状况。关于调腔剧目内容的书籍资料还有《浙江戏曲传统剧目选编》（第一、二辑）②、《调腔剧本专辑》③、《浙江省戏曲传统剧目汇编》④以及各单本出版的剧本如《白兔记：新昌调腔》⑤等可供参考。

本文将从曲本流存情况、抄本形态、文字书写特征、曲牌与音乐元素以及特殊符号几个方面来介绍新昌调腔旧抄本的相关情况和整理过程中发现的问题及部分处理方法。

一　曲本流存情况

新昌调腔抄本大部分藏于新昌县档案馆，另有复旦大学图书馆古籍部、浙江绍剧团等藏有部分调腔抄本。⑥下面主要介绍新昌调腔抄本于新昌县档案馆的馆藏情况。新昌调腔及其相关资料的档案总号为195，分1—5类。案卷号195-1收录清咸丰六年至1910年剧本，共159本，其中有具体创作时间的，咸丰年间5本，同治年间3本，光绪年间42本，宣统年间5本⑦，共55本，其余该案卷号的剧本，馆藏目录皆标记"晚清"，未标写具体时间；案卷号195-2收录1911—1949年（即大致为民国年间）剧本，共28本；案卷号195-3收录1949年后的剧本，大部分由20世纪50年代起新昌调腔剧团老艺人忆写的总纲本⑧（创作时间集中于1958年和1962年）和时代稍后的油印演出本组成。

---

① 俞志慧、吴宗辉：《调腔抄本叙录——新昌县档案馆藏晚清民国部分》，中华书局2015年版。

② 《中国戏曲志·浙江卷》编辑部，浙江省艺术研究所编印（1988年）。

③ 石永彬主编，新昌县文化广电新闻出版局、新昌县调腔保护传承发展中心编印，2015年已出版至第四卷。

④ 中国戏剧家协会浙江分会、浙江省文化局戏剧处编印，内部研究资料（1958年）。其中第十二、二十二、八十二、八十三卷为新昌调腔部分。

⑤ 浙江新昌调腔剧团整理，浙江新昌调腔剧团编印（2009年）。

⑥ 据《调腔抄本叙录——新昌县档案馆藏晚清民国部分》前言部分第16页，馆藏之外的调腔抄本"不在少数"，如咸丰庚申新昌前良（今属嵊州）目连戏抄本、清光绪年间《琵琶记》抄本等，另有复旦大学图书馆古籍部藏调腔抄本或与调腔相关的清抄本多种，有《调腔五种》五卷、《绍兴高腔六种》六卷、《倭袍》不分卷（附绍兴高腔三种）、《绍兴高腔选粹》不分卷等，均由赵景深先生捐出。详参原书。

⑦ 馆藏新昌调腔目录至少有两份，一份为新昌调腔剧团赠献新昌县档案馆剧本目录，手抄，一册，简目；一份为打印版（二者在195-3部分剧本的数量记载上稍有参差，因该部分剧本于本文中不做重点讨论对象，故不在此赘述）。两份目录皆载宣统年间的调腔抄本有3本（后者还把其中《玉簪记、阴阳极》一本封面明确书写的"宣统元年"错录成了"宣统六年"），然经初步查找，明确记载写于宣统年间的剧本有5本，除已记载的3本外，目录未录《凤麟帕》（宣统元年），以及《闹幽州、五熊阵、闹鹿台、白梅亭、三婿招、天门阵、赐绣旗、凤台关》（宣统元年）。可见部分剧本的创作年代或可比目录所载更为具体。

⑧ 多备注"赵培生抄写"。赵培生，调腔晚期主要班社"大通元"成员，善演小旦。1957年任第一期调腔训练班教师，边教学生边整理、挖掘、抄写出了五十余本的总纲本剧目。参见石永彬主编，王秋华、水正槐、吕月明、张樟海、章华琴编著《新昌调腔》，浙江摄影出版社2008年版，第86、87页。

馆藏新昌调腔抄本中，年代最早的抄本可追溯到咸丰六年（1856），即案卷号195－001－0002，收《凤麟庄》《三婿招》《双报恩》三个剧目；最晚的记载止于1997年。由目录对照抄本可知，在有具体创作时间的抄本中，中华人民共和国以前，与抄本封面题写日期同，具体到年；中华人民共和国之后，时间记载从年具体到月，且部分具备起止年月。

调腔的一种剧目，多有体式不同的若干版本，剔除重复版本，仅从剧目出发，据《调腔抄本叙录——新昌县档案馆藏晚清民国部分》，新昌县档案馆晚清民国部分所藏剧目共139种[1]。而在案卷号195－3剧目中，多为这些剧目的二次整理、忆写，加上新编的"现代戏"，如《焦裕禄》《东海小哨兵》《小保管上任》等。

调腔抄本大致可分成三种体式，即总纲本、吊头本、单角本。吊头本又可分为总纲吊头本和单角吊头本，单角本亦可分为生角本、旦角本、净角本等。馆藏旧抄本中，相比总纲本、吊头本，属单角本的数量居多。[2] 在记录同一剧目时，从篇幅来看，总纲本容纳整个剧目的舞台脚本，故篇幅较长，角色、曲文、宾白、科介都较完整，保留的曲牌也较多，承载信息最为完善；总纲吊头本其次，吊头本因为是后场人员的脚本，与前者较，省略了所有角色的宾白；单角本再次，其因为只展现一个角色的唱白而篇幅简略；单角吊头本最末。[3]

以上，可见调腔旧抄本的体量较大，时间跨度长，留存资料丰富。在整理过程中，应属总纲本的价值最高，又以年代靠前者为佳，该体式的剧本也是理解归纳剧目内容大意的不二之选。而针对一种剧目多有若干版本的情况，又可以互校曲文，补充曲牌、科介，以臻完善。由于目前考查整理的剧目数量有限，也出于上述考虑，下文将讨论的"新昌调腔旧抄本"仅指自清咸丰六年至民国末年时间段的抄本，即案卷号195－1与195－2的剧目内容。

二 抄本形态

调腔抄本的形制包括封面、目录和正文三部分。[4] 常见情况为，时间题于封面右侧，抄写者、班社名或书斋名题于封面中下，剧目名题左。不过，多数抄本不能兼具三者，目录页的存在尤少，且封面所含抄写者、抄写时间等信息的有无、抄写的位置，都

---

[1] 参见俞志慧、吴宗辉《调腔抄本叙录——新昌县档案馆藏晚清民国部分》，前言部分第39—47页。

[2] 吴宗辉：《新昌县档案馆馆藏调腔抄本的体制、形态和价值——以调腔晚清民国抄本为中心》，《浙江档案》2016年第4期。

[3] 除以上三个体式的抄本外，实际上还有不少数目的"分角本"，此处的"分角"一般是同一行当的多个角色，剧本会依表演场号记载每个角色的曲文、宾白等信息，而并非是一个角色表演内容的前后排列。由此可见，由于调腔班社里的表演人员并不充足，又"调腔剧作中的人物往往较多"，故"常常需要某些角色按行兼扮其相应的人物"。不过，该种抄本也有记载不同剧目、不同行当的角色之内容的情况，或许是整合戏份较少的角色内容为一本，复制分发给各个角色，来降低制作单角本的数量和精力。

[4] 吴宗辉：《新昌县档案馆馆藏调腔抄本的体制、形态和价值——以调腔晚清民国抄本为中心》，《浙江档案》2016年第4期。

存在一定的多样性和不稳定性。再兼抄本的首几页时有缺佚，或可作为解释档案馆藏中有诸多剧目不知具体抄写时间、只标写"晚清年间"的原因之一。同时，这样的情况也有碍直接获取剧本由谁所出、是何体式等信息。

此外，部分有破损的旧抄本有后包的封皮，并据原封面重抄剧目于上，若原封面内容有错别字，会一并修改。一般来说，封面必有剧目名，然或会在内页正文前再次题写：既有单独成面，正文从次面开始，也有题于首行中间，正文从下一行开始；亦有题于首行上端，正文紧跟书写的情况，较为自由。

除"古戏"① 有具体出名，调腔中多用"号"来标记出目。如"一号""念四号"等，从"一号"起标。场号标写之前或有开宗，然保留较少②。标写时，与上文提到剧目题写情况的后两种同，大写，有时会用红笔圈起，以使其醒目。不过即使在总纲本、吊头本的全本中，场号漏标、"跳号"情况时有发生，如 195-001-0092《葵花配》吊头本在标写"二号"后，再次出现明确标明的场号，已为"十六号"。在整理剧本的过程中，遇到上述情况要注意辨别具体是"场号"的遗漏，还是一出的内容确实都未被记载。另，也有仅保留"场号"及部分科介和曲牌，不书写具体内容的情况。再举 195-001-0092《葵花配》例，其"廿六号"至"廿九号"仅记载：

廿六号（正生，旦上，仝吹）【风入松】（小吹）【尾】（下）（生、旦全下）

廿七号（手下）（船家）【一江风】（吹）（下）

廿八号（正，老，外上引）（奏朝）（排子）（下）

廿九号（下）

调腔的曲文和宾白书写多不分字体大小，少数会作区分。如 195-001-0010《黄金印》，曲文使用大字书写，宾白双行小字。此外，在角色对白中，若句子较简短，部分剧本不会句句都在前标写脚色名，而是在一者的宾白居中大写的时候，另一者行右小写，以作区分，减少繁复。见《西厢记》书影。

调腔的宾白使用新昌官话或"浙江书面语"，夹带绍兴方言和少量的苏白③。苏白随昆剧兴起，明末清初就在江浙一带盛行。苏白在调腔中的使用应亦能够"取悦于乡人之耳"④，表"警句或炼语，讥刺或滑稽"⑤，"增浓了生活气息和地方色彩"⑥。比如，在光绪七年郭森（又名郭学问）手抄时戏《凤头钗》（总纲本）中⑦，丑角娄不清

---

① 据《新昌调腔》第119页，调腔对所演的古老剧目称"古戏"，包括宋元南戏、元杂剧、明清传奇。

② 如 195-1-110（4）《凤头钗》中正文前一页保留有开宗内容。

③ 《大音遗韵——新昌调腔档案精品撰记》，第63页。

④ 参见吴梅《顾曲麈谈 中国戏曲概论》，上海古籍出版社2010年版，第58页。

⑤ 参见鲁迅《且介亭杂文·答〈戏〉周刊编者信》。

⑥ 徐扶明：《试论昆剧苏白问题》，《艺术百家》1989年第1期。

⑦ 调腔按形成年代可分为"古戏"和"时戏"。其中，调腔时戏大多为清中晚期传奇，少数是民国所编著的剧目。（见《新昌调腔》，第128、129页。）文中所指《凤头钗》（案卷号 195-001-0110），应属清中晚期传奇。

的宾白就带有苏白特征，较明显的有"里"和"舍"字的应用①，下表摘选部分内容。

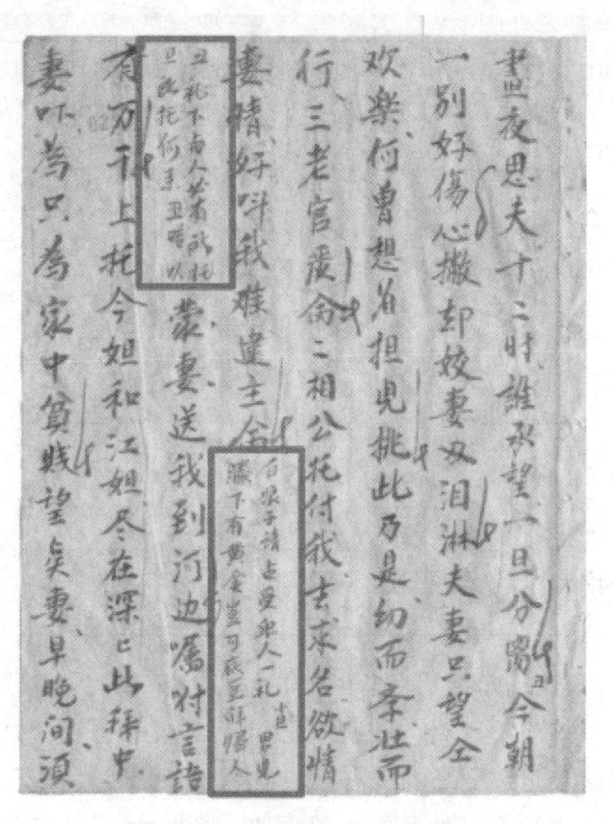

（195-001-0010《黄金印》书影）

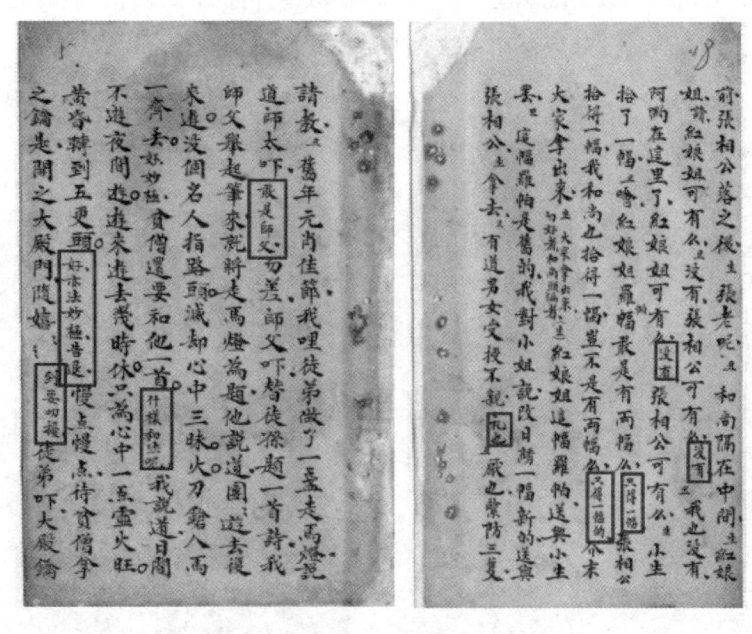

（195-001-0001《西厢记》书影）

---

① 文贵良《文学苏白的"地域神味"——论韩庆邦〈海上花列传〉的汉语诗学》一文，对苏白标志性语言的归纳，《凤头钗》中，"里"与"舍"或分别对应"俚"与"倽"。见《华中师范大学学报》2022年第1期。

场号	宾白
六号	（丑）看个边来个就是里手里拿之一大包，勿知到罗里去勾，我等来春，倘有好处也未可知
八号	（丑白）我要不青①自从答秋梨姐勾搭来往，难没吃之里，用之里，自之里，还要困之里，……有舍勿好个里是哉
	（丑）舍事体②
十二号	（丑）阿呀，个个把刀去杀舍人介
十四号	（白）我娄不青答秋梨姐两介头，千思万想，要想谋吞王家个产业。一计勿成，二计又到。要里娘写子一封假书，叫我到湖广来，要里丈人送官究治，若是勿到官，绝里个姓名
十五号	（吓）是哉，老娘家怕里做舍，拔出刀赶上去杀介贼狼禽狗去是哉
十九号	（丑）岂敢？岂敢，大相公个件事体，若勿是我个分家产，吼罗里为占得事难来分点我，拨我用用来
	（丑）咳。吼个人监中个好杀个，让我去买之一包批霜，伴之酒饭里，吼是娘旧进之监探望里，不里吃下去，怕里勿死
廿一号	（丑）老爷，扬州到湖广路隔千里，罗里杀的人来？
	（丑）老爷，王林招认苦苦寻，自我做舍。（末）狗头，你杀了人怎么叫别人低③命？（丑）罗了看见？（末）王林看见。（丑）舍个凭据？

调腔的科介一般比较简略，只作简略性的提示，如"转头""哭""上打"等，据调腔老艺人解释，另有"拷"字常出现于剧本中，与新昌方言"打"同。抄本中，用"某角色白""某角色叺"来提示的情况居多，而不写角色只写"叺""白"；不写"叺""白"只写"角色"的亦有（见下图）。在套曲、散曲开头，少部分情况下，会用"某角色上引"的格式，多数情况单写"上叺"，不做格外标明。此外，就算是书写比较精美，格式整齐的版本，在书写科介文字时的顺序也较随意（见下图）。

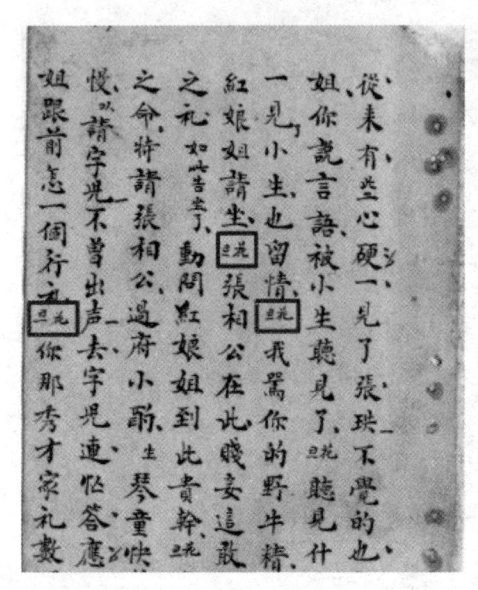

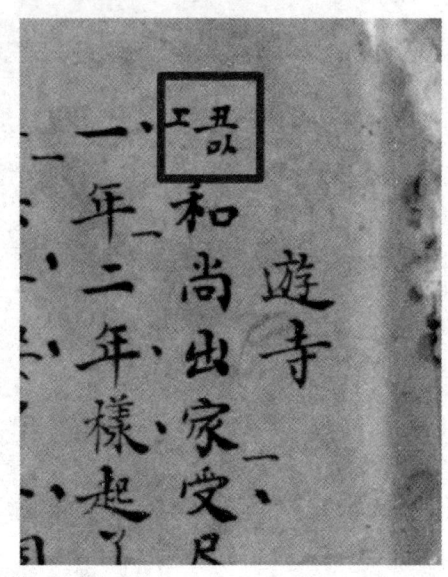

---

① 据文意，应为"亲"。
② 据文意，应意为"什么事情"。
③ 据文意，应为"抵"。

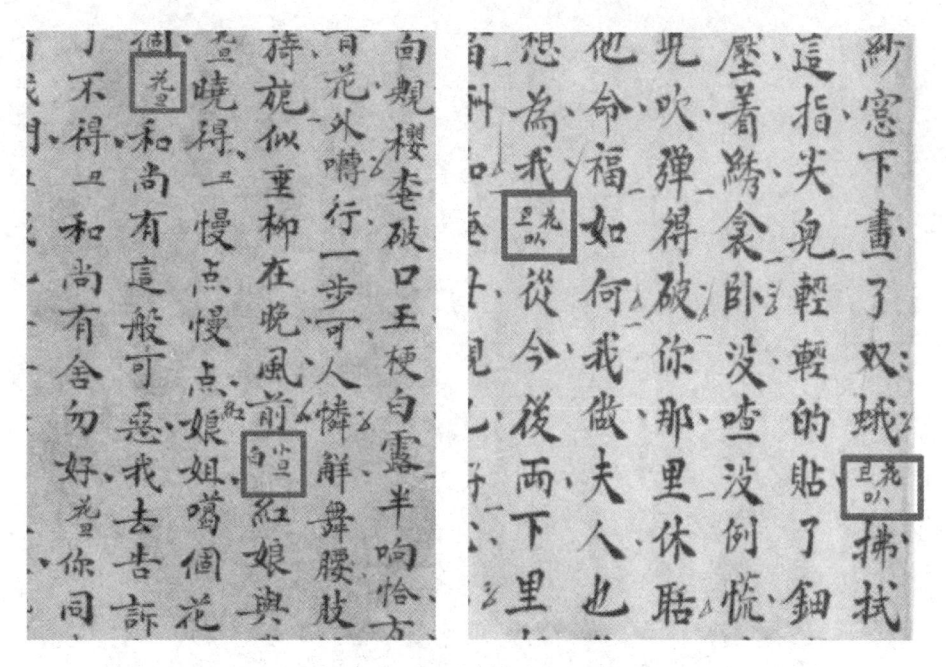

(195-1-001《西厢记》书影)

调腔中"咳""阿呀""天吓"等语气词非常丰富，有时行右小字书写，有时候又居中与宾白齐。这样的叹词会随意出现在剧本中，有的出现在一个角色宾白部分的中间，有的出现在一个角色的宾白之后，由另一个角色接叹或接话。大多数情况下都是出现在唱词之前，如"阿呀末死""咳小生""咳张烈吓"，此时应属"套板"，即"唱前曲化了的'道白'或'哭头'、'叫头'等，作为道白到唱腔的过渡"①。这些语气词、叹词的应用使得角色感情更加饱满，语言更具生活气息。

当一出结束时，或用较大字体写"下"，且最后一笔拖长。一个剧目结束时，会用较大的字体写"完"或"完了"，也是最后一笔拖长。总之，应也是为了让剧目、出目之间的间隔更加明显，排版也更加美观。与调腔抄本在封面左侧时会题写"心到功成""唐室遗踪""钟鼓乐"等格言俗语类似，某些剧本在一出结束时，常会带上"团圆"二字。此二字多用两个"○"符号来表示。关于该符号的详解见下文。

时间跨度长，抄写者众多，都导致了调腔抄本的页面排版随意，每行字数不等，且根据抄写者的习惯会有较大差异。如，195-001-0001《西厢记》格式规整，字迹娟秀，曲文、板式符号皆详细，一面8行，一行约20个字，全44面，内容约1万字；而195-001-0110《凤头钗》字体偏小，排版紧密，换出亦无空行，一面12行，一行可多达约30个字，全64面，内容共约3万字；195-001-0008《彩楼记》，排版疏朗，字迹俊美，一面8行，一行约15个字，全35面，全文约6150个字；195-001-0128《三闯辕门》的字迹则十分豪放张扬，墨色浓重，可见下笔功力，其一面8行，一行约13个字，全14面，约2000字。

导致上述情况的，还有一个原因，就是除极少部分剧目外，这些抄本都无边框界

---

① 据《叙录》前言部分第32页。

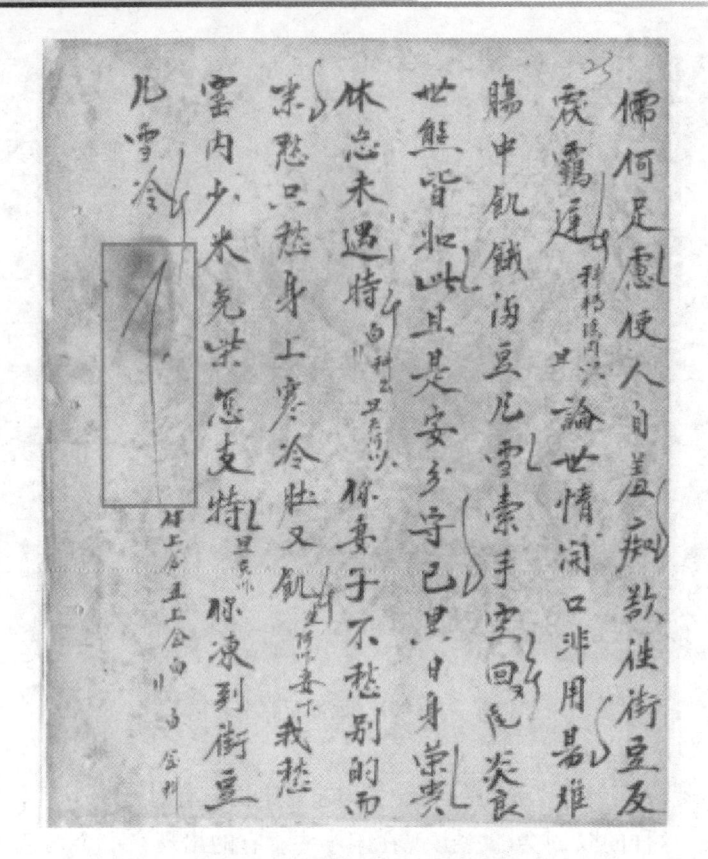

（195-001-0008《彩楼记》书影）

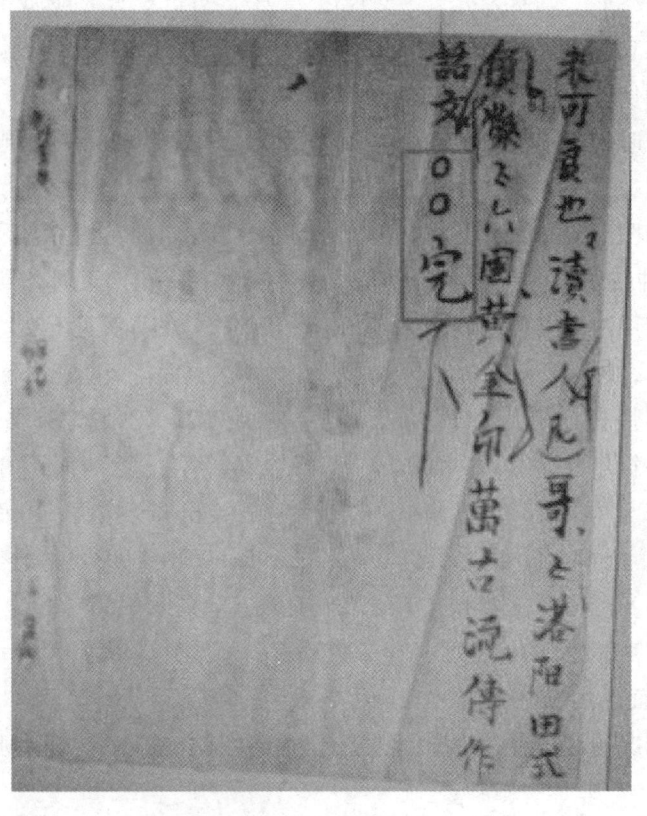

（195-1-114（1）《黄金印》书影）

格。从少部分划定边框界格的剧本可看出，即使有了边框界格，抄写者也大多并不按照其规范行事（见下图①）。首先，这样的边框界格并不是为了抄写剧目而专门划定的，极有可能是账簿用纸；又，抄手并不十分在意遵循框格书写是否会使剧本格式更加规整美观，而在意的是纸张的利用率。

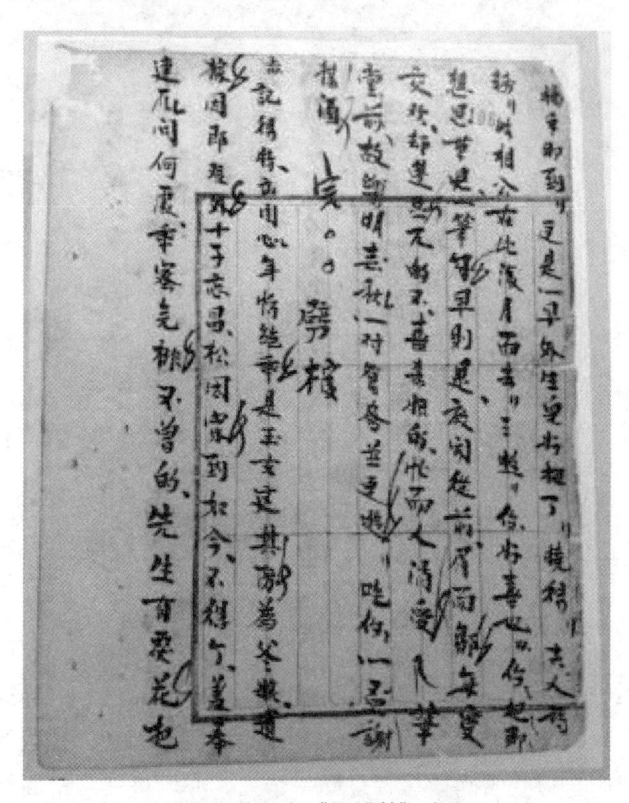

（民国间单角本《蝴蝶梦》书影）

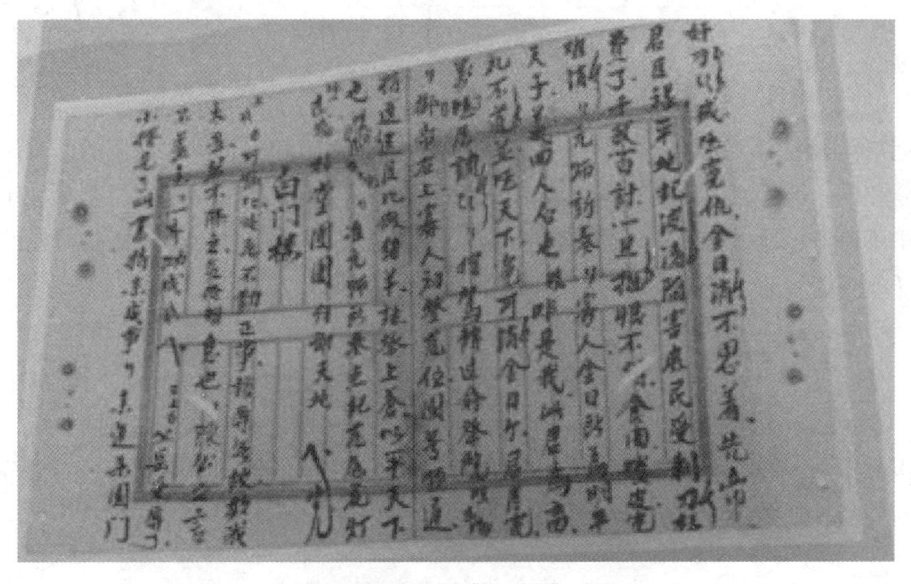

（清末民初单角本《白门楼》书影）

---

① 书影转自《大音遗韵——新昌调腔档案精品撰记》，第 27、40、9 页。

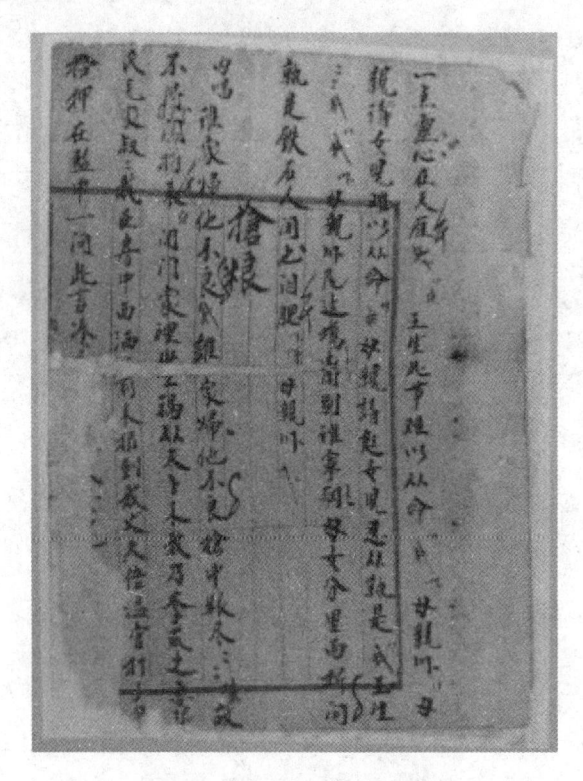

(民国间单角本《琵琶记》书影)

诸如此类，不尽数列举。相比要求严格、规范众多的曲本，这样的抄本更能充分显示不同抄写者的个性特征。材料充足的情况下，亦可以从字迹、排版等书写习惯来反推不明剧本的抄写者应与哪些明确抄写者是同一个人，亦可进一步推断抄本的具体年代。

三　文字书写特征

据新昌调腔剧团的老艺人介绍，他们通常认为，演唱和记录曲本使用的语言体系并不完全相同：前者使用新昌方言；后者使用"书面语"，仅对应通行的"官话"（但显然其中不可避免地掺杂了较多的方言元素）。二者在转换过程中，特别是从前者的口语表达转换到后者的文字形式时，由于方言地域性极强的发音和用词特征，其与"官话"属性的文字较难一一对应。如此导致的结果是，调腔抄本中呈现的文字重"音"而轻"形"，即音近字、同音字代替正字的情况比较普遍。部分剧本因音近、同音别字含量较高导致视阅效果不佳，甚至乍看不明所以，然其表达的语音形式就相对通顺、连贯。借此也能推断，调腔剧本在手抄的过程中应以口述、传述的形式为主。通过对部分剧目的总结归纳，调腔抄本中的文字书写特征如下。

1. 生造字

"形近"生造字一般会保留正字的偏旁或若干基本组成部分，呈现大体与正字相似的字形框架，而内在的笔画实际为书写者生造（见下图）。此外，也有靠音近来生造字形的情况，即生造字中的某部分与原正字发音相近。

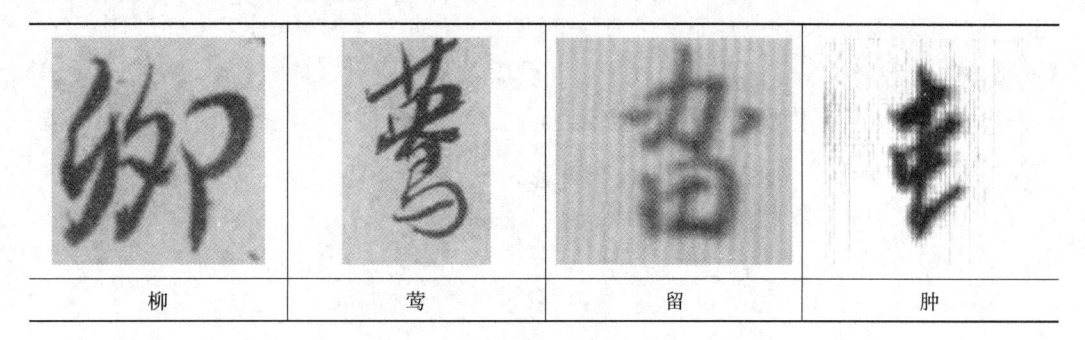

柳	莺	留	肿

2. 别字

大多用正字的音近字、同音字来代替其本身。如，"弃邪归正"作"岂邪归正"①，"宜梳妆"作"泥塑妆"②，"凤"作"风"③等。初步统计，音近字、同音字替代正字的情况在调腔出现错别字的各类情况中频率最高。值得注意的是，对于"音近字"和"同音字"的认定不应该完全取自普通话的发音，更要考虑在方言中各个字的发音是否是相同或相似的。

3. 简写字

多留一半字形，使用简写字其目的应是为了简练笔画，简便书写。如"鸳鸯"作"夗央"，"贴旦"的"贴"作"占"，"雄"作"厷"④，"头"作"豆"，"能够"作"能句"，"影"作"景"，"舅"作"旧"等⑤，此外还有举例如下：

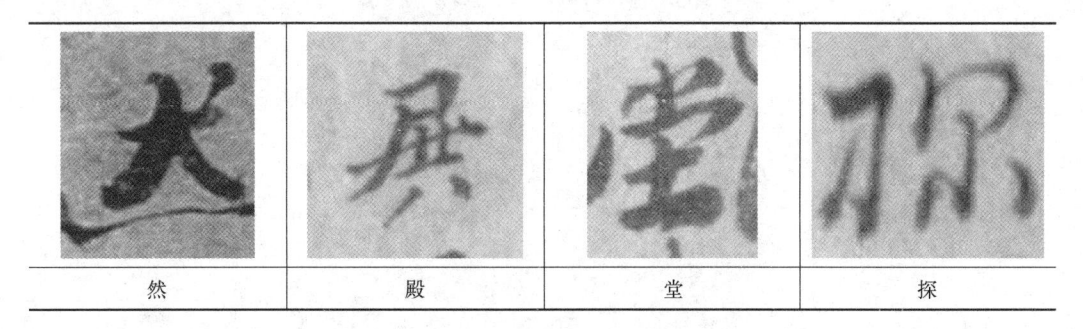

然	殿	堂	探

虽有很多俗写字的出现，但是不同的抄写者在部分字词、曲牌的书写上有统一性，可体现艺人抄本之间通行的书写习惯，如以"叭"代"唱"；在调腔抄本中出现【驻云飞】，有一标志性的格——"嗏"，在调腔中统一写成了"义"样，实际应为"叉"，音近"嗏"（见下图）。调腔抄本中还习惯用"○"代替"圆"字、"团"字，最常见

---

① 见 195-001-0049《五羊山》。
② 见 195-001-0001《西厢记》
③ 见 195-001-0004《玉簪记》
④ 见 195-001-0049《五羊山》。
⑤ 此现象尤其普遍，"头"与"豆"在新昌方言中同音，"舅"和"旧"在普通话、新昌方言中亦是同音字，故此二字在同音的基础上选择笔画较少的字来简便书写亦有可能。

的就是上节提到的,用"○○"表示"团圆"的情况("团团围住"的"团团"也会用"○○"代替),此外还有部分"圆"的同音字,如"【园林好】"中的"园"字,"一员小将"的"员"字,都出现用"○"代替的情况。可以推断,对"○"的应用首先源自字形,再引申为同音字,这也是民间抄本才会出现的有趣现象。①

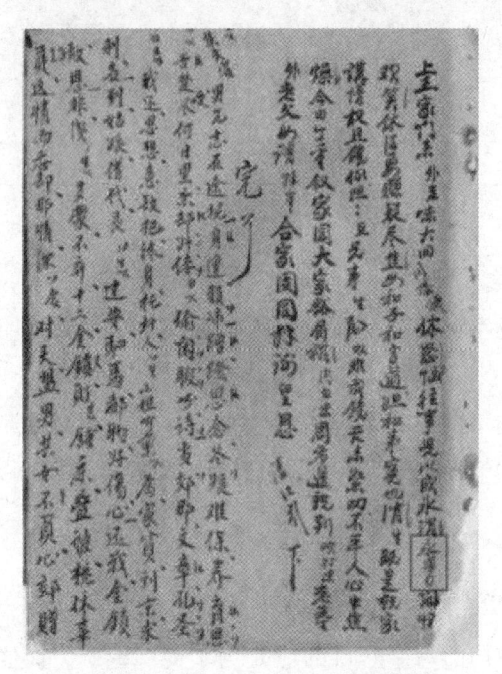

(《凤头钗》书影中出现"团圆")

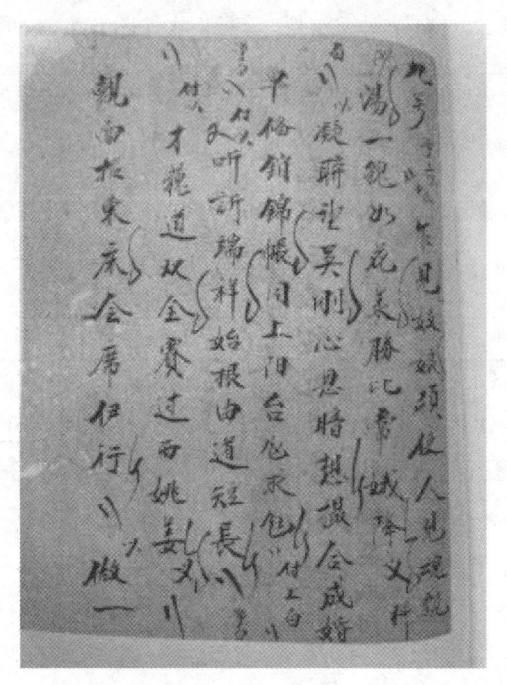

(《玉簪记》,【驻云飞】中的"义")

---

① 吴宗辉《新昌县档案馆馆藏调腔抄本的体制、形态和价值——以调腔晚清民国抄本为中心》中仅写"用'○'代替'员'、用'○○'代替'团圆'",尚不全面。

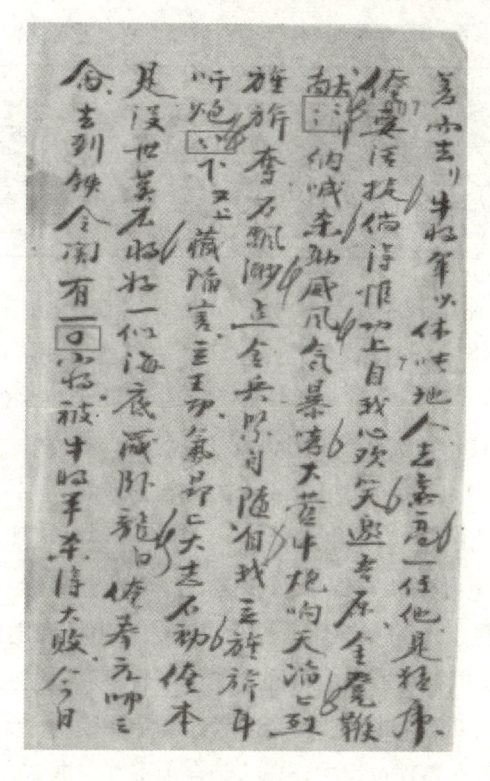

(《五羊山》书影中出现"一员小将")

在曲牌方面，较普遍的俗写有：【驻云飞】作【住云非】，【哭相思】作【哭想思】，【锁南枝】作【索南支】，【急三枪】作【急三腔】，【雁儿落】作【雁儿洛】，【忆多娇】作【意多姣】，【剔银灯】作【剔艮灯】，【红绣鞋】作【红秀圭】等。更有少部分因使用俗写字且字迹模糊而难以辨认具体曲牌的情况。

可以发现，偏旁的错写、生造，是调腔抄本中俗写字产生的一大因素。抄手们或出于简便书写的需要，或因为文化水平的限制，习惯自造、简写、错写偏旁。如"律""误"换心字旁，"险"换三点水等。某些偏旁甚至形成了较为固定的俗体格式，譬如"女"字旁的写法（见下图）。目前统计十二个剧目①所含俗体字情况，"无"的写法最为多样（见下图）。

"女"字旁的特殊写法

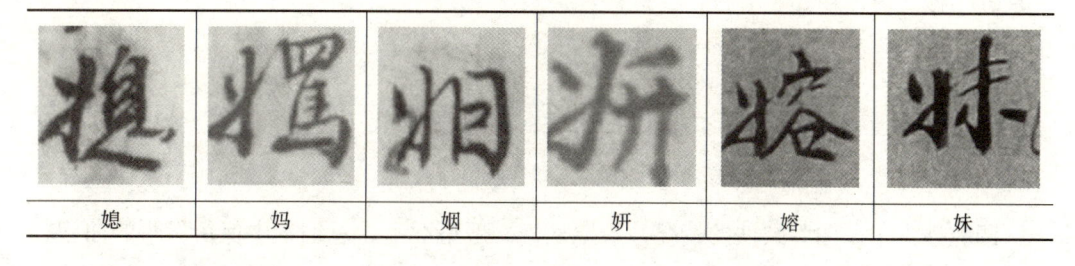

媳	妈	姻	妍	熔	妹
媳	妈	姻	妍	熔	妹

---

① 包括195-001-0001《西厢记》、195-001-0143（2）《凤麟庄》《后岳传》《渔家乐》、195-001-0135《白兔记》、195-001-0010《黄金印》、195-001-0049《五羊山》《分玉镜》、195-001-0092《葵花配》、195-001-0110《凤头钗》、195-001-0008《彩楼记》、195-001-0004《玉簪记》《铁冠图》《黄金印》《拜月记》《琵琶记》《双玉配》、195-001-0128《三婿招》《三闯辕门》。

"无"字的多种写法（包含俗体字与一般写法）

调腔抄本的书写整体呈现不严谨性和多变性，譬如，195－001－0128《三婿招》吊头本中出现"无具狗当"，初读莫名其妙，而下一面就出现了该词的正确写法"狐群狗党"。再如，195－001－0049《五羊山》单角本中，角色牛皋的"皋"字在同一面中的字形变换数次，若不从情节人物的角度出发理解，多有纰漏。这并非是偶然现象，抄本中时常出现同一人在同一剧目中把同一个字抄写成不同（书写方式大不相同）的形式，比如草书、楷书混合，俗写体和正体混合，等等。一种可能是抄写者下笔之后发现落笔有误，就根据所落笔画来调整选择能够接着写而不露破绽，"不碍观瞻"的字形，但亦可以看出抄写者掌握字形的多样性，以及书写的自由性和随意性。这些俗体字的形态，既有形成定式、在不同抄手所出的不同剧本中普遍出现的；也有在具体剧目的具体出目，顺应上下文的需要而偶然出现的。对于后者，文字释读通常要从一个词语，一个句子或段落的角度出发。所以在整理过程中还要多结合上下文，据文意理解，灵活变换。

此外，俗写字的应用，同音字、音近字的借用，并不仅仅体现在剧目内容的书写上。譬如，案卷号195－002－0021－001中，封面题"赵培生手抄"，扉页却又署名"赵备裸"，二者音近而形不同，此外，其他案卷中也出现"潘肇明"先生之名字与"潘兆明"混用。在与第一批"高腔剧团训练班"的老艺人交流过程中，也可以发现他们对俗体字、异体字的习惯性应用，以及对部分剧目唱词、同剧团艺人的名字等只知其音，不究其形的普遍现象，甚至有部分老艺人并不识字。由此亦可推测，他们在学习、传承调腔剧目时，偏向于口耳相传、以发音而非字形本身为中心。

在整理调腔剧本的过程中遇到的这些困难，究其原因是因为抄者普遍文化水平不高，又受到了方言的巨大影响。不过，一方面抄本中常出现俗写字，另一方面，部分剧本的抄写者却似乎具备一定的书法功底，对一些字的多种草书形式的运用比较熟练。这样的书法功底与文化水平之间有多少关系尚不可究，大概率还是艺人习惯性的抄写，或者是多年抄写习惯使然。

四 曲牌与其他音乐元素

调腔抄本中，曲牌缺佚的情况并不罕见，一般情况下，总纲本中保留标写的曲牌较完善。调腔使用曲牌皆自左上至右下斜写于某角色"白"与下接曲文之间。除此之外，类似斜写情况的还有，表示科介的"科"，表"下场"的"下"，以及部分音乐元素。

当一支曲牌标写在前，后应有数支【前腔】时，除少部分会直接标写【前腔】或使用"又"符号来标记"【前腔】"（详见下文）外，大部分直接省写。除去曲牌俗写

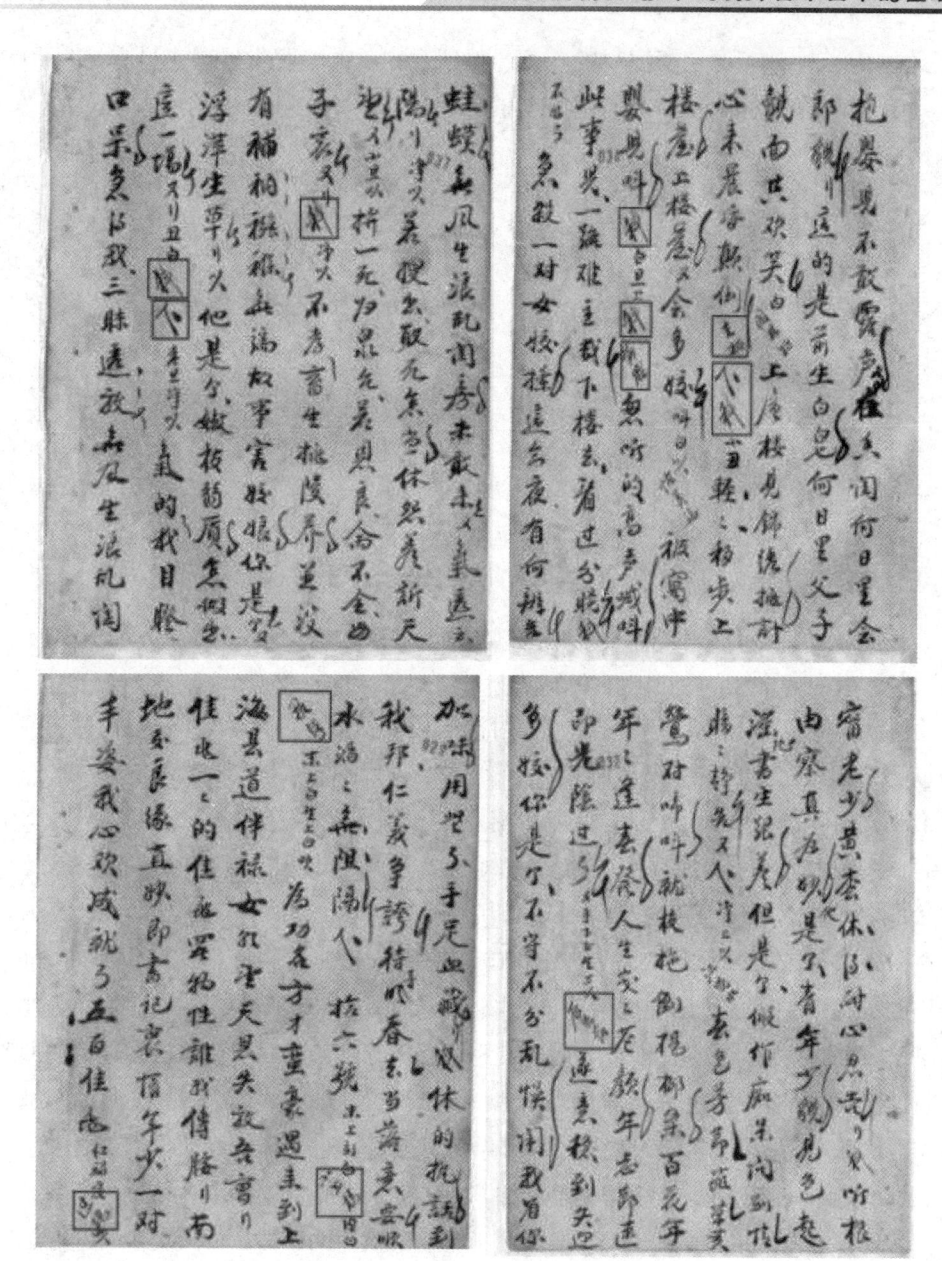

(195-001-0092《葵花配》书影)

的情况（见上文），也有曲牌省写的情况，如【风入松】省写成【风】，【急三腔】① 写成【三腔】，【园林好】写成【园】等。

又，调腔旧抄本中保留了丰富的音乐元素。除了已知的板式符号和蚯蚓符号之外②，调腔中还会保留"过场""一更""二更"等，提示此处伴奏的乐器或固定的伴奏套路。这些音乐元素通常也标写在曲文之前，人物"白"的科介之后。调腔鲜有工

---

① 标准写法是【急三枪】。
② 详见俞志慧、吴宗辉《调腔抄本叙录——新昌县档案馆藏晚清民国部分》前言部分。据方荣璋《调腔曲牌集》（浙江新昌高腔剧团编印，1964）、《调腔乐府》（浙江新昌调腔剧团编印，1982）等资料，结合馆藏调腔抄本归纳。

尺谱，在195－1－128《三婿招》的首页，保留过完整的一张工尺谱，另有195－001－0146－001《醉酒》（昆曲本），使用工尺谱书写。

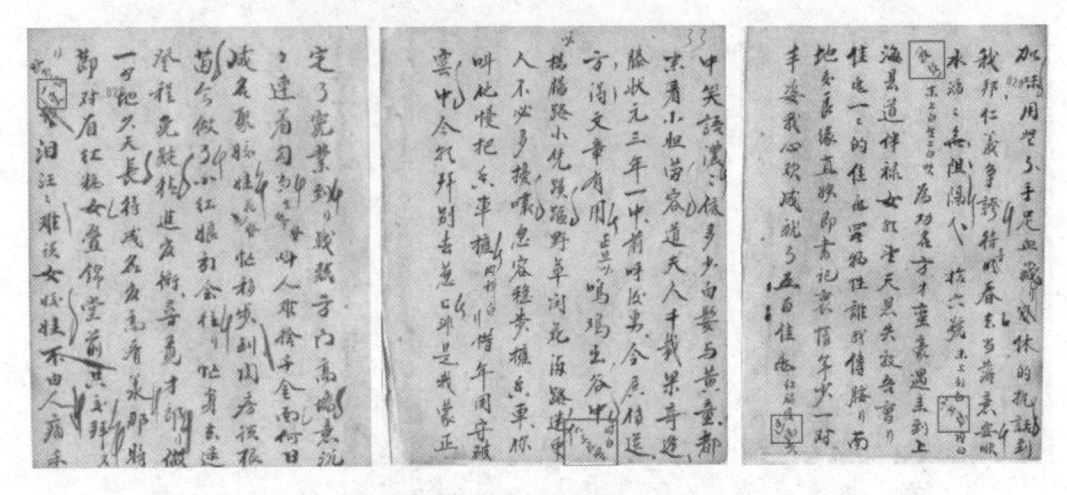

（调腔剧本中出现的部分音乐元素）

值得注意的是，"起板"是一个特殊的音乐元素。每支曲牌的首句被称为"起调"，唱法包括"起板"和"随板"，而"起板"多用于套曲的第一支曲牌首句。此外，只曲的第一支曲牌也得唱"起板"，类似于南戏中"引子"的作用。[①] 与在剧本形态中介绍到的，调腔中【引】大多省略的情况相对应，虽然"起板"是一种唱法，但是却经常在抄本中出现，或作为替代"【引】"作用的符号。

在整理过程中，时常会发现某些剧本缺少曲牌，且曲文相衔接、难以判断的情况。在分辨的过程中，我们可以通过情节、人物上下台、"接叺"[②]、"某角色插"等舞台提示，以及曲文的韵脚等来判断。此外，若有充分证据判断某出属于套曲，则缺佚的曲牌也可以通过套曲的固定套路来辅助推断。另有一些调腔蚓号，如"𝄪"，用在曲牌半结束句的下句，后可停顿插白；"𝄫"，记载于曲终结束句末等，也可作为判断依据。再加上多个版本的剧本之间相互对照，大多可填补缺漏。又，因有多类元素的书写格式为斜写，间有正写，若要正确地判定文字性质，要对曲牌、调腔所惯用的乐器，板式文字等进行了解。

五　特殊符号

调腔旧抄本里出现的特殊符号包括板式符号、"蚓号"、其他符号等，它们具有其固定作用或象征内容，为调腔艺人们"只沿土俗"，在实践中积累创造并通行使用。[③] 由于舞台本曲本本身是由艺人所抄写，供艺人来阅读和表演，故他们对很多程序化的舞台信息从简处理，这些特殊符号也因为其当时在艺人群体内的通行性而不加解释，被直

[①] 俞志慧、吴宗辉：《调腔抄本叙录——新昌县档案馆藏晚清民国部分》，"前言"第31—32页。
[②] 多写为"结叺"。
[③] 《新昌调腔》，第43页。

接使用。因此，普通读者在阅读剧本时就无法明确地知其含义。

若要精确地识读剧本，仅从文本完整性的视角出发，也不能忽略研究特殊符号的内在含义；何况某些特殊符号在其他民间艺人抄本中亦有出现，理解和研究这些剧本可供相互参照。在考察这些特殊符号时，可从其在文本中出现的位置出发，寻找其周围辅助符号，总结出程序化特征，以此来推断其内涵，再分析其在整个文本中如何发挥作用，发挥什么作用。以下是目前整理过程中发现的部分特殊符号及其被初步判定的含义。

（一）"又"符号

根据该符号出现位置的不同，可分析出其不同含义。第一种，分两种情况：（1）标写在曲文的句、逗下，行右。意为重句；（2）标在某句中间某字的右侧时，表示中间二字重复一次①。一般作"重句"意居多（见下图）：

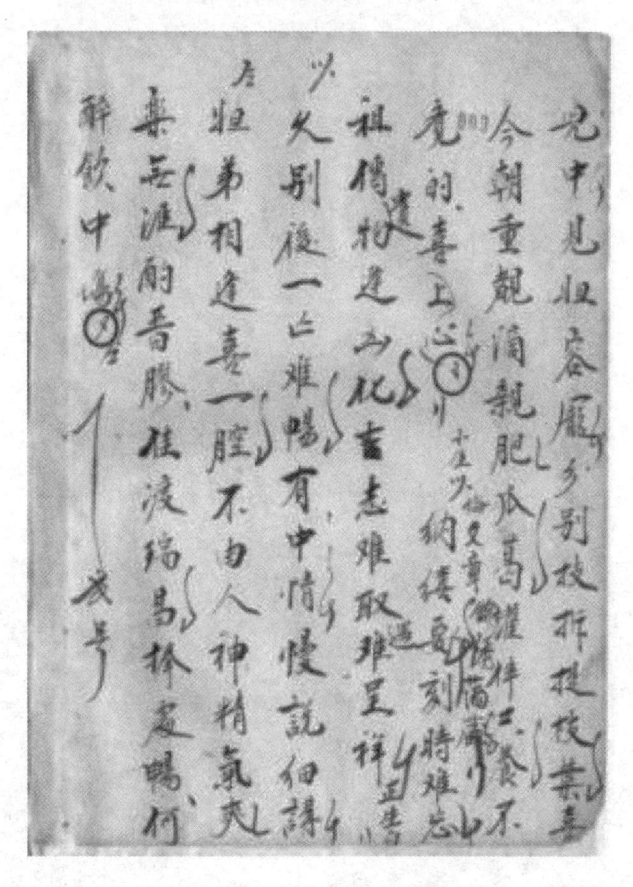

(195-001-0092《葵花配》书影)

第二种含义，当标写在一个角色开唱、下接曲文之前（行左，多数情况下会被圈起或框起），应是重复前一支曲牌，与"【前腔】"作用相同。如下右图，左第一列，付唱之曲文尽数被省略，留曲牌【驻马听】和"二段"。下出现该符号（被圈起），微左斜，所占位置、倾斜幅度与前"【驻马听】"相似下，同接"二段"；又结合调腔中时

---

① 《新昌调腔》，第46页。

常省略曲文内容仅保留部分曲牌和科介提示的现象，可初步推断该符号应是重复前支曲牌"【驻马听】"之意。由此可知，这两种含义都有"重复"意，而具体运用位置和方法不尽相同。

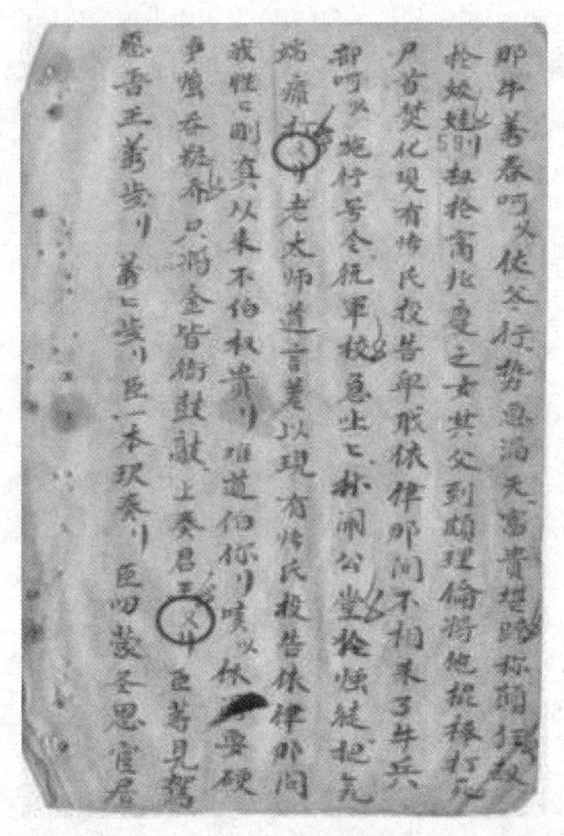

(195–001–0143（2）《凤麟庄》书影)

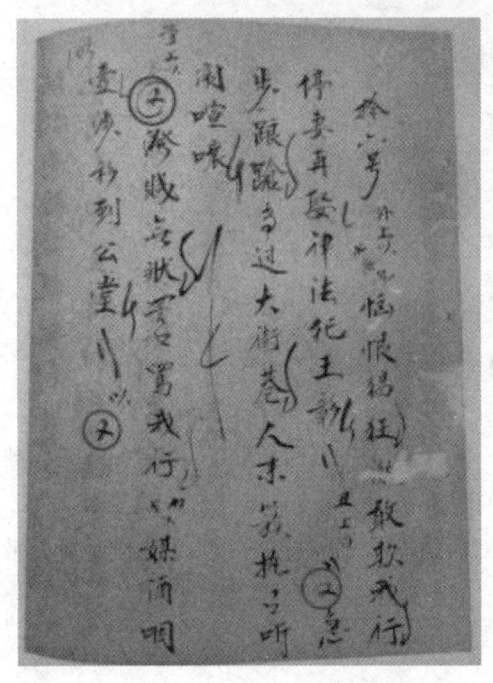

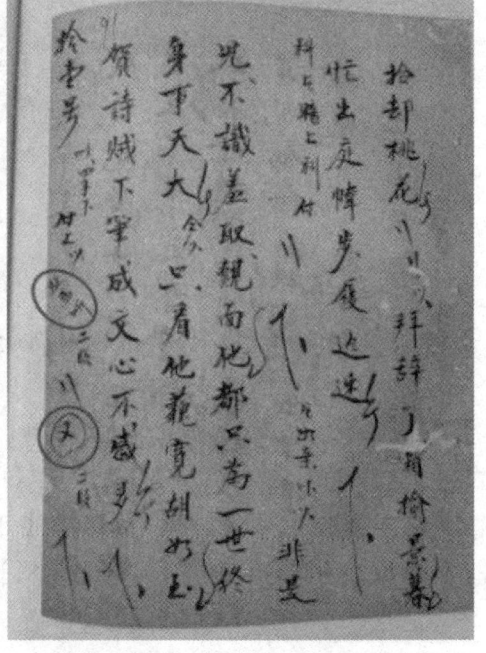

(195–001–0004《玉簪记》书影)

此外，该符号还可以通过调腔的曲牌套数来证明。调腔曲牌套数有【点绛唇】"小五只"，其中一式为"【点绛唇】—【前腔】—【村里迓鼓】—【天下乐】—【尾】"。见下图 195-001-0118《后岳传》吊头本中，已依次出现【点绛唇】、【村里迓鼓】①、【天下乐】、【尾】，而应出现"【前腔】"位置用圈起的"又"代替，可见此是"又"代替【前腔】作用的一大力证。

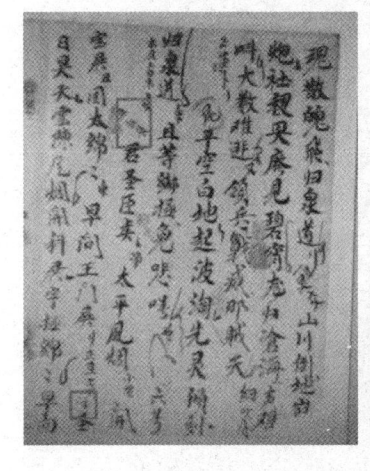

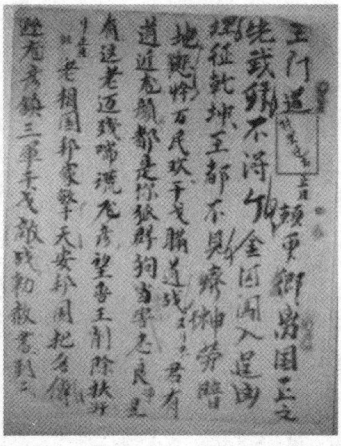

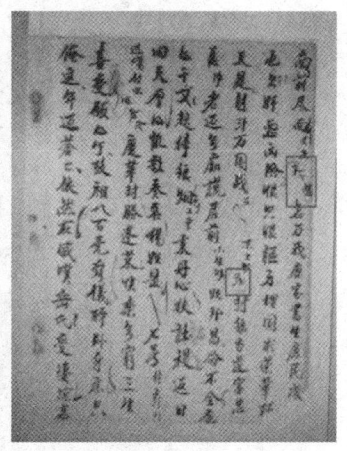

(195-001-0118《后岳传》书影)

除此之外，调腔中还有一些重字、重词符号。一般来说，"𠃌"表示重复上一个字，若两个"𠃌"左右错落书写则表示重复前面的词语；另有使用"ヒ"来表示重字符号等，都是较通行的书写方式。而这些符号在调腔中的使用，有时并不能严格匹配（见下图左），此时要据文意或曲牌格式等信息，来斟酌具体需要重复的字数。比如下图右，从【水仙子】每句唱词第一字重复三次可知，"呀"后的重文符号重复两个"呀"，而"哭"后的重文符号应重复三个"哭"字。即"呀呀呀，贼从陷害咱，哭哭哭，哭的我肝肠碎喳"。

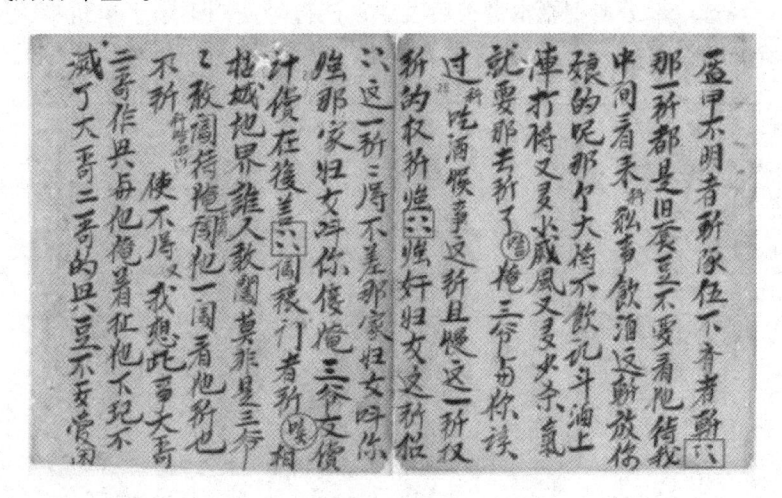

(195-001-0128《三闯辕门》书影)

---

① 【村里迓鼓】，标准写法应为【邨里迓鼓】。

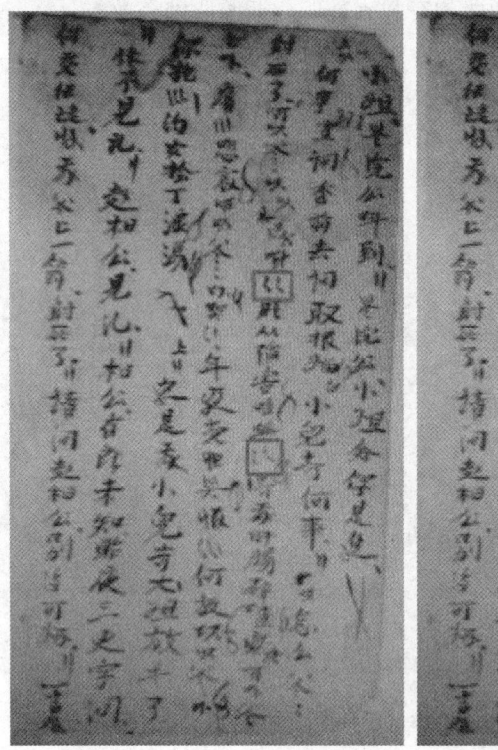

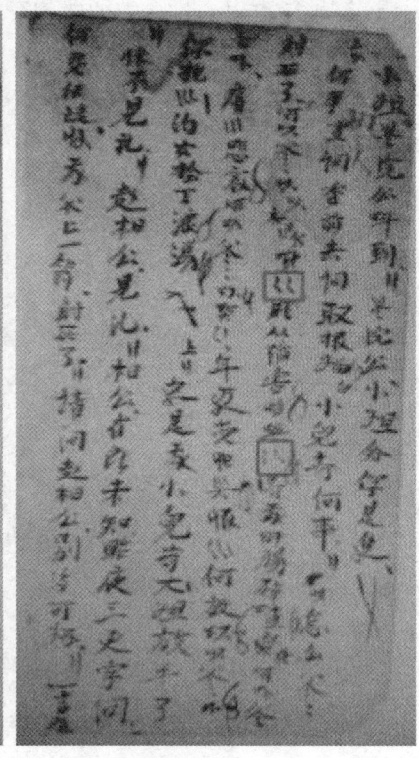

(195-001-0079《六凤缘》书影)

（二）"ll" 符号

该符号含义尚不十分明确。有调腔剧团的老艺人称这是板式符号；亦有称该符号与草书中的"行"字相似，另有《新昌县档案馆馆藏调腔抄本的体制、形态和价值——以调腔晚清民国抄本为中心》中提到，"单角本句子与句子之间"一般用该符号"隔开"。不过，经选取部分典型剧本考查后发现，该符号使用不限于单角本，同时它应该也不是单纯的间隔符号。

剧目名	形制	出现位置	图例
195-001-0001《西厢记》	总纲本	/	无
195-001-0135《白兔记》	总纲本	/	无
195-001-0010《黄金印》	总纲本	/	无
195-001-0110《凤头钗》	总纲本	/	无
195-001-0008《彩楼记》	吊头本	出现在"某角色白"后	

续表

剧目名	形制	出现位置	图例
195-001-0004《玉簪记》《铁冠图》《黄金印》《拜月记》《琵琶记》《双玉配》	吊头本	出现在"某角色白"后；曲白之后，角色之间	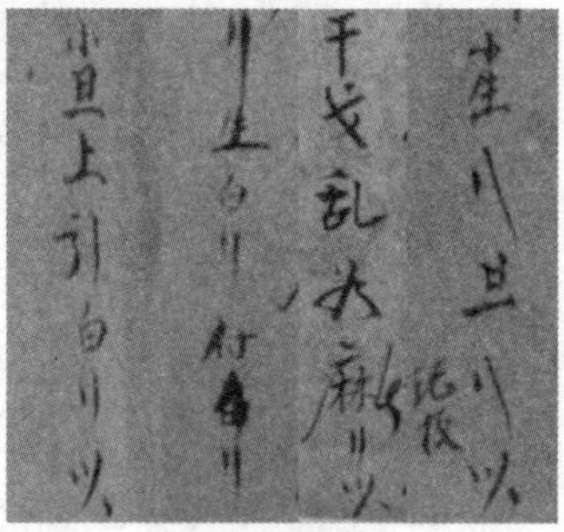
195-001-0092《葵花配》	吊头本	出现在"某角色白"后，居中（左图是唯一的例外）	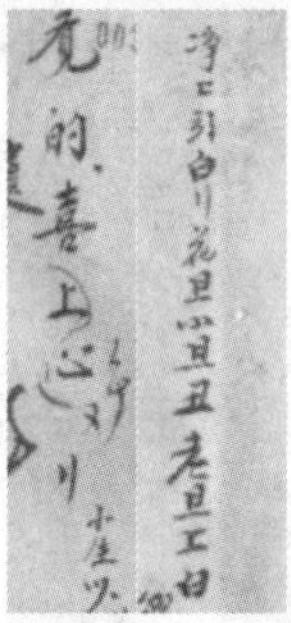
195-001-0128《三婿招》《三闯辕门》	吊头本	出现在"某角色白"后，居中	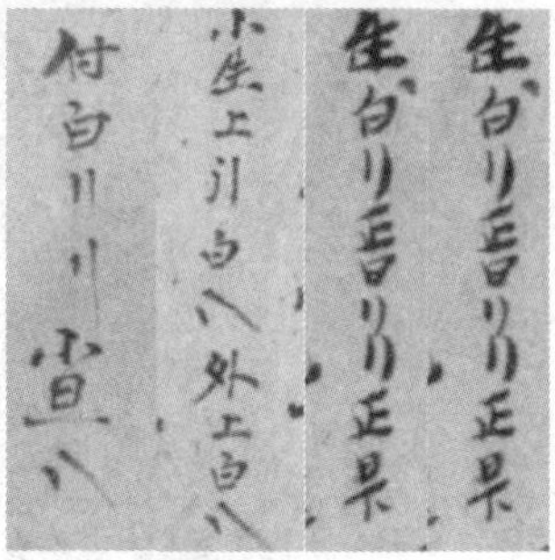
195-001-0143（2）《凤麟庄》《后岳传》《渔家乐》	单角本	出现在曲文和宾白中间，行右	
	单角本	出现在曲文和宾白中间，行右	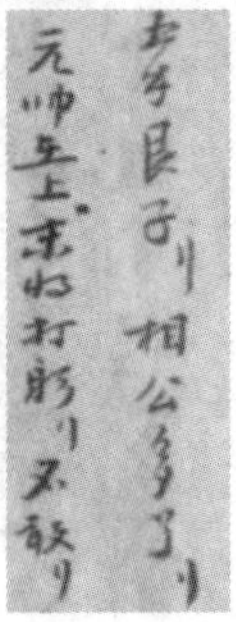

由上表可以发现，该符号在总纲本中没有出现，对应总纲本乃宾白、曲文等内容较齐全完整的剧本，没有省略书写的部分。而在吊头本中，由于吊头本不书写角色宾白，对应该符号多出现在"某角色白"后，不过直接穿插在角色之间的例子亦有；单角本中，该符号则大多穿插在曲文之间。由上推断，该符号既可以表示省略宾白，又可以省略除该单角本被记录角色外，其余角色的相关曲文和科介等内容。另，该符号在单角本中出现得最为频繁。不过，该符号在行中的位置无明显定位，不同抄手的剧本中，其位置也不同，随意性很强。另外，在195-001-0017《八美图》中发现"1"标记，与"ll"符号出现位置相似，其具体含义还待进一步探究。

此外，除了上文所提到的，用符号来表示省略，以及直接用科介语言和曲牌来串联整出的情况，还有一些省略具体文字的方法——此处的具体文字，应大部分指曲文、宾白——即"一段"（写作"一断"）（见下图）及"二段"（见上文195-001-0004《玉簪记》书影）。

另外，还出现"一句"的书写情况（见195-001-0003（1）《双珠球》书影），出现位置在一句曲文的末尾。"一句"是否指"省略一句宾白或唱词"之意，尚未确定。

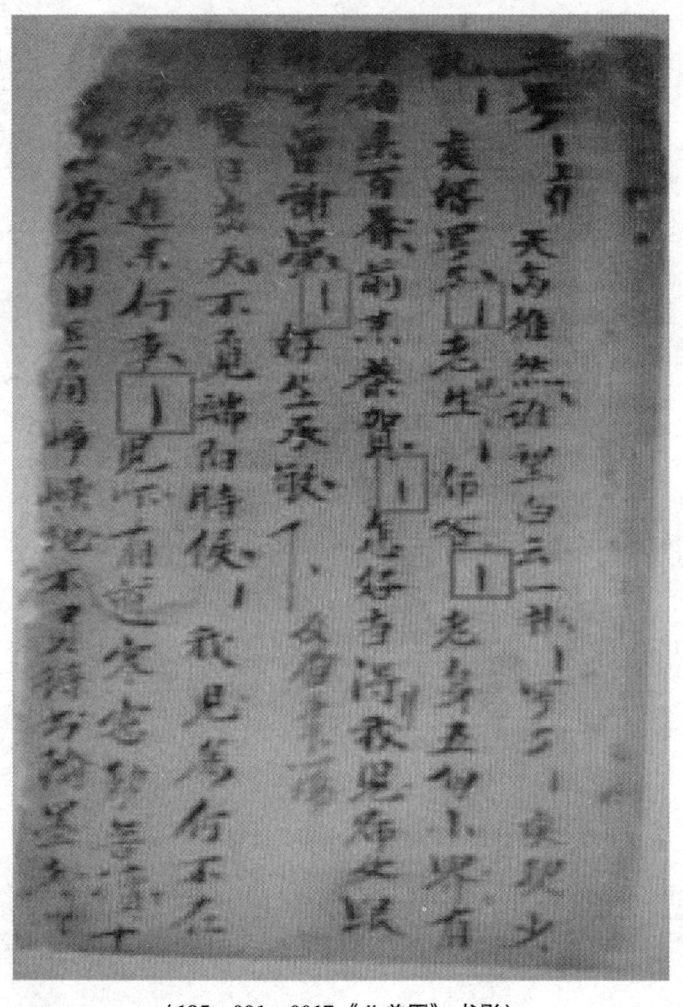

(195-001-0017《八美图》书影)

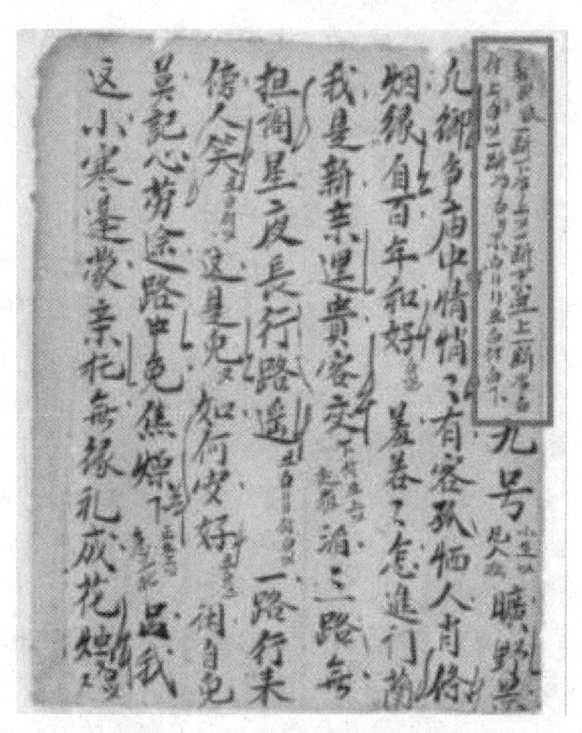

(195-001-0128《三婿招》书影)

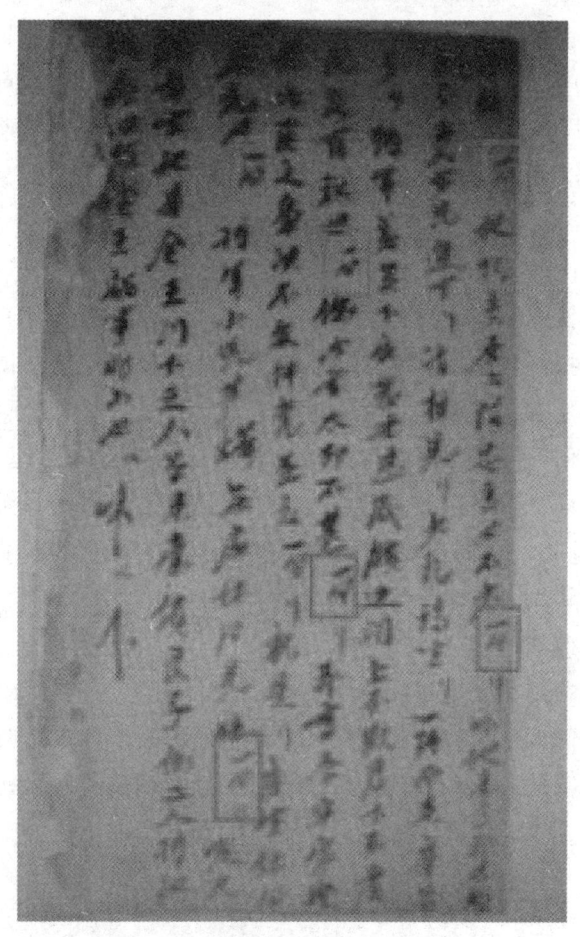

(195-001-0003(1)《双珠球》书影)

六　结语

综上，可以归纳出新昌调腔旧抄本的若干特征。首先，它们是出自民间艺人之手的舞台本曲本，在剧本形态、文字书写等方面，具有很浓的随意性；从这些极大承载了抄手书写个性和随意性的曲本中，总结出某些一般规律，就显得很有必要。其次，由于艺人的舞台表演有一定的程序和套路，又出于便捷记录的需要，抄手们会用某些特殊符号（蚓号、"又"符号、板式符号等）、省略"不必要"内容（详细科介、吊头本中的宾白等）等方式，使剧本成为艺人群体才能完全读懂的、限定行业性质的文本。再次，从班主、鼓板师傅拥有总纲本（统纲本），到后场场面上使用的吊头本，再到一般的演员们只能手持仅记录单个角色唱腔、道白的单角本，这些不同形态的剧本，都是符合戏班人员分配和运作制度需要而产生的。

整理调腔旧抄本，旨在尽量清除俗写字众多、字迹残缺模糊等释读障碍，提供"完善而便于阅读的本子"[1]。对于不同的戏曲文献，"不同时代、不同类型都会造成在整理过程中的差异，每一个对象都有其特殊性"[2]。在整理新昌调腔舞台本曲本的过程中，对地方方言的理解和保留，对大量俗写字的释读和处理，是一个普遍性的问题；而如何处理调腔中的音乐元素，正确解读特殊的字形符号，梳理不同体式（指总纲本、吊头本、单角本等）、版本的剧本，等等，又是特殊性问题。具体问题具体分析，不仅是为了呈现完善、规范的文本，也是为了尽可能保留和彰显新昌调腔作为一个独立的剧种与众不同之处。正如俞志慧先生在《叙录》后记中写道，艺术差异性"恰恰是艺术宝库丰富多彩的前提"，也正是调腔艺人对这一份"艺术差异性"的"守望和坚持"，使得新昌调腔"活化石"之名实至名归。

从以上特征和目的出发，我们总结归纳了一些处理方法：对于俗写字繁多，形式多样的情况，为了提高释读正确率，我们制作了一张俗字表，以收集各类俗写字的所在剧目，及其书写形态，在整理过程中不断丰富、补充，时时参照，并借此来探究舞台本曲本间统一的俗写习惯。而对于一些比较特殊的符号的处理，如"𠃊"、"七"，若单纯与曲文的重词、重句相关，则直接依照规律重复曲文，不做特殊标识（"又"符号作"重词、重句"时同上，若作第二种含义，整理本中直接标写为"【前腔】"）；"ll"目前识别为省略符号，暂时用"……"代替。另有"○"，一律据其使用规律以及文意，改成本字。

此外，案头式的刻本曲本以阅读为目的，里面所包含的非文本信息本就不甚丰富，凭此整理出以阅读性为主的文本无可厚非；而调腔旧抄本是典型的艺人抄本、舞台本曲本，含有丰富的音乐和舞台元素，此时，倘若和前者一般处理，仅提取其中的文本信息整理成册，未免消磨了太多调腔底本的脚本特征。比如，以往整理戏曲文献

---

[1] 龙赛州：《〈清车王府藏戏曲全编〉校勘与编辑论略》，《戏曲研究》2017年第3期。
[2] 龙赛州：《〈清车王府藏戏曲全编〉校勘与编辑论略》，《戏曲研究》2017年第3期。

中总是被忽略的音乐元素，恰恰是新昌调腔的标志性特征之一。文字形式的音乐元素提示，如"起板""一更""二更"等，能丰富读本内容，保留在整理本中也较容易；而独特的板式符号和蚓号，能够提示甩头、花腔、调高的变化等，若也能保留，读者在获得纯文字观感之外，便亦可体悟调腔的音乐特征。不过，这些符号原模原样保留显然不现实，但是我们可以选择比较方便的标记方法。如下表是板式符号和蚓号的参照表格①：

序号	类别	符号	标点位置	说明
1	板式符号	． 、	记在字的右侧	唱在板上
2		—	记在两字中间的右侧	叫做"弄拍"或"遇板"，说明该符号后的字唱在板后
3	蚓号	᧿ ᧾	记在唱句末尾	其腔由低而高，或相应高唱
4		᧿ ᧾	同上	其腔由高而低，或相应低唱
5		᧾	用于曲牌半结束句下句，或全结束处	该符号后可停顿插白
6		᧾	在下句末字右侧	表示下句有花腔
7		᧾	记在甩头和起板句末字的右侧	表示接下来的帮腔部分重复上句
8		᧾	记在曲牌结束句末字的右侧	下句重句，一般表示重复前面四个字，称为"四字重句"
9		ⓧ	在曲文句、逗之下，旁右	重词、重句
10		᧾	记在一句的末字右侧	该句作马上句，重复句作为下句
11		᧾	记在曲终结束句末字右侧	三板头，表示曲终结束句最后三个字的板上同时加耀加鼓
12		〜	在曲文某字的右侧或右下	此字延长或有花腔，或唱散唱
13		↻	在曲文句末的右侧或句下旁右	甩头

以这张表为参照，用对应的序号来表示符号本身，标记在整理本中就是可行的办法之一，则感兴趣的读者可以依表进行阅读，或开展相关研究。

由于目前的整理工作尚在推进阶段，一些后期的剧本整合、排序问题还待进一步的研究和讨论。比如，是否需要保留新昌调腔旧抄本独特的体式特征，对整理出来的剧目怎么进行合理的分类、排序，解题部分需要涵盖哪些信息等。这些整理的标准和原则不能提前空想、一蹴而就，也不能就别人整理的经验照搬全抄，调腔自有其特殊性，最合适的处理方法，也要在今后的整理过程中逐渐成熟。

最后，就意义而言，该整理工作对新昌调腔剧团的剧目传承和发展有重要贡献，同时也为大众提供可读性较强的调腔戏本，以提高其大众知名度，从而进一步促进新昌调腔作为国家级非物质文化遗产的长久发展。

---

① 俞志慧、吴宗辉：《调腔抄本叙录》前言部分第38页。

附：俗字表（部分）

标准字形	出处	俗写字形（图例）	
掣	195-001-0143（2）《凤麟庄》《后岳传》《渔家乐》		
快	1.2.195-001-0143（2）《凤麟庄》《后岳传》《渔家乐》		
然	1.195-001-0143（2）《凤麟庄》《后岳传》《渔家乐》 2.195-001-0004《玉簪记》		
头	1.195-001-0092《葵花配》 2.195-001-0110《凤头钗》		
将	1.195-001-0135《白兔记》 2.195-001-0092《葵花配》 3.195-001-0135《白兔记》		
投	195-001-0143（2）《凤麟庄》《后岳传》《渔家乐》		
拼	195-001-0143（2）《凤麟庄》《后岳传》《渔家乐》		

续表

标准字形	出处	俗写字形（图例）	
奸	195-001-0143（2）《凤麟庄》《后岳传》《渔家乐》		
往	195-001-0143（2）《凤麟庄》《后岳传》《渔家乐》		
无	1.2.195-001-0143（2）《凤麟庄》《后岳传》《渔家乐》		
绣	195-001-0143（2）《凤麟庄》《后岳传》《渔家乐》		
起	195-001-0143（2）《凤麟庄》《后岳传》《渔家乐》		
变	195-001-0143（2）《凤麟庄》《后岳传》《渔家乐》		
统	195-001-0143（2）《凤麟庄》《后岳传》《渔家乐》		

续表

标准字形	出处	俗写字形（图例）	
奔	195-001-0143（2）《凤麟庄》《后岳传》《渔家乐》		
阙	195-001-0143（2）《凤麟庄》《后岳传》《渔家乐》		
律	195-001-0143（2）《凤麟庄》《后岳传》《渔家乐》		
岁	1.2.195-001-0143（2）《凤麟庄》《后岳传》《渔家乐》		
国	1.195-001-0143（2）《凤麟庄》《后岳传》《渔家乐》 2.195-1-128《三婿招》《三关斩卞》		
出	195-001-0143（2）《凤麟庄》《后岳传》《渔家乐》		
所	195-001-0143（2）《凤麟庄》《后岳传》《渔家乐》		

· 254 ·

续表

标准字形	出处	俗写字形（图例）	
皋	195-001-0143（2）《凤麟庄》《后岳传》《渔家乐》		
非	195-001-0143（2）《凤麟庄》《后岳传》《渔家乐》		
贤	1. 195-001-0143（2）《凤麟庄》《后岳传》《渔家乐》 2. 195-001-0143（2）《凤麟庄》《后岳传》《渔家乐》		
紧	195-001-0143（2）《凤麟庄》《后岳传》《渔家乐》		
蛮	195-001-0143（2）《凤麟庄》《后岳传》《渔家乐》		
抢/枪	195-001-0143（2）《凤麟庄》《后岳传》《渔家乐》		
如	195-001-0143（2）《凤麟庄》《后岳传》《渔家乐》		

续表

标准字形	出处	俗写字形（图例）	
鱼	195-001-0143（2）《凤麟庄》《后岳传》《渔家乐》		
醉	195-001-0143（2）《凤麟庄》《后岳传》《渔家乐》		
龟	195-001-0143（2）《凤麟庄》《后岳传》《渔家乐》		
筵	195-001-0010《黄金印》		
要	1. 195-001-0010《黄金印》 2. 195-001-0110《凤头钗》		
餐	195-001-0010《黄金印》		
我	195-001-0010《黄金印》		

续表

标准字形	出处	俗写字形（图例）	
关	195-001-0110《凤头钗》		
离	1. 195-1-128《三婿招》《三关斩卞》 2. 195-001-0010《黄金印》		
不	195-1-128《三婿招》《三关斩卞》		
两	195-1-128《三婿招》《三关斩卞》		
廷/庭	195-1-128《三婿招》《三关斩卞》		
答	195-1-128《三婿招》《三关斩卞》		
强	195-1-128《三婿招》《三关斩卞》		

续表

标准字形	出处	俗写字形（图例）	
苦	195-1-128《三婿招》		
柳	195-1-128《三婿招》		
莺	195-1-128《三婿招》		
葛	195-1-128《三婿招》《三闯辕门》		
深	195-001-0092《葵花配》		
听	195-001-0092《葵花配》		
子	195-001-0092《葵花配》		

续表

标准字形	出处	俗写字形（图例）	
兰	195-001-0049《五羊山》《分玉镜》《一文钱》		
钱	195-001-0049《五羊山》《分玉镜》《一文钱》		
昨	195-001-0049《五羊山》《分玉镜》《一文钱》		
富	195-001-0049《五羊山》《分玉镜》《一文钱》		
岁	195-001-0049《五羊山》《分玉镜》《一文钱》		
进	195-001-0049《五羊山》《分玉镜》《一文钱》		
探	195-001-0110《凤头钗》		

续表

标准字形	出处	俗写字形（图例）	
般	195-001-0110《凤头钗》		
杨	195-001-0110《凤头钗》		
弄	1. 195-001-0110《凤头钗》 2. 195-001-0135《白兔记》		
豺	195-001-0004《玉簪记》《铁冠图》《黄金印》《拜月记》《琵琶记》《双玉配》		
暖	195-001-0004《玉簪记》《铁冠图》《黄金印》《拜月记》《琵琶记》《双玉配》		
凰	195-001-0004《玉簪记》《铁冠图》《黄金印》《拜月记》《琵琶记》《双玉配》		

（作者：卢柯同，杭州师范大学人文学院硕士生；彭秋溪，杭州师范大学人文学院副教授）

越地治村型乡贤主导下的村治

——以浙江省绍兴市上虞区祝温村为分析个案

裘 斌

【摘要】 祝温村是浙江乃至全国远近闻名的明星村，该村党总支书记杭兰英是越地知名的治村型乡贤。在她的示范引领下，原先矛盾众多、班子软弱、组织涣散的问题村建设成一个产业兴旺、乡风文明、村容美丽、管理民主、生活富裕的先进村。现在，杭兰英主导下的村庄治理和建设经验被学界和政界誉为"祝温模式"。本文围绕治村型乡贤主导下的村庄治理特色、治村型乡贤主导下"杭兰英式"村治的成因、乡贤主导下推进村级治理值得思考的若干问题等方面，以祝温村为分析个案，对越地治村型乡贤主导下的村治模式作了多维度探讨。

【关键词】 越地治村型乡贤 主导 村庄治理 祝温村

祝温村地处浙江省绍兴市上虞区虞北平原，位于松厦镇西北，村西为沥海镇界，村北紧依百沥公路和杭州湾海岸。祝温村在2006年4月由原祝马、温泾、后桑三村合并而成，隶属上虞区松厦镇管辖。据《上虞县志》（1990年12月第一版）记载，祝马、温泾、后桑等九个村在清康熙十三年（1674）隶属上虞县七都管辖，在民国十八年（1929）隶属上虞县松厦区管辖，在民国三十四年抗日战争胜利后隶属上虞县五埠乡管辖。1949年5月21日，中国人民解放军强渡曹娥江解放虞北大片地区，接管了五埠乡。1949年6月7日，中共上虞县委、上虞县人民政府成立，祝马、温泾、后桑等九个自然村隶属松厦区五埠乡管辖。1958年10月，人民公社化运动时，在九个自然村的基础上成立了祝马、温泾、后桑生产大队。1983年2月，镇社分设，改行乡、村制时，祝马、温泾、后桑生产大队建为祝马、温泾、后桑村。2001年11月，在上虞市区域调整时，祝马、温泾、后桑村隶属松厦镇人民政府管辖。2006年4月29日，在上虞市行政村规模调整时，祝马、温泾、后桑三村合一，建为祝温村，同时成立了祝温村党总支、村委会。

今日祝温村是浙江乃至全国远近闻名的明星村，杭兰英在1986年被推选村支书后，带领干部和全村民众经过30多年如一日的努力，将矛盾众多、班子软弱、组织涣散的问题村建设成一个产业兴旺、乡风文明、村容美丽、管理民主、生活富裕的先进村。祝温村的治理成果引起有关部门和各级领导的关注，2014年7月，时任中央政治局常委刘云山、中央政治局委员赵乐际等同志先后作出重要批示，号召各级党组织和全国共产党员向杭兰英学习，国务院副总理汪洋、浙江省委书记夏宝龙等众多领导人先后到村里调研和视察，《人民日报》、《光明日报》、中央电视台等主流媒体也纷纷予以采访报道。几十年来，村庄获得诸多荣誉，光是国家级荣誉就有"全国文明村镇""全国民主法制示范村""全国妇联基层组织先进村""全国基层党组织先进村"等多项，村庄治理和建设的领头羊杭兰英也被授予全国劳动模范、全国优秀共产党员、全国三八红旗手等诸多荣誉。

现在，杭兰英主导下的村庄治理和建设经验被学界和政界誉为"祝温模式"，众多媒体和文章围绕杭兰英的先进事迹及其治村经验作了广泛讨论，其中不乏真知灼见。笔者近年来一直密切关注浙江农村的治理经验，杭兰英带领下取得的村级治理成果无疑是我们深感兴趣的研究对象。调研表明，杭兰英作为优秀农村基层干部，以其品德和能力成为村庄治理、建设的引领者，属于越地典型的治村型乡贤，相应地，我们亦可将祝温村的村级治理称为越地治村型乡贤主导下的典型村治模式。在实地调研的基础上，我们拟重点从学理层面对于祝温村的治理特色、治村经验、推进思路等方面予以分析和探讨。

一 越地治村型乡贤主导下的祝温村治理特色

党的十九大提出了乡村振兴的战略目标，要实现乡村振兴，既需要政府的积极推进，也需要乡村本身的主动呼应。越地治村型乡贤杭兰英主导下的祝温村治理模式，既有利于结成基于干部和村民群众行动目标和价值取向一致性的村庄共同体，又呼应了党和政府关于全面建成农村小康社会的战略规划，因此，无疑是一种值得倡导和培育的村级治理模式，也值得理论工作者深入研究。调研表明，越地治村型乡贤杭兰英主导下的祝温村治理具有自身鲜明的特色。

（一）对标乡村振兴战略内在要求，提出"四园"建设并举的基本思路。"四园"，也即是生态花园、人和家园、创业乐园、文化公园。在祝温村，"四园"建设既是其村庄治理和建设的一张名片，也是其村庄建设的根本思路。

生态花园着眼于将村庄建设得更美丽。祝温村如花园般的村容村貌及其蕴含的生态建设理念常常成为参观者、调研者感兴趣的探讨话题。从村口的家和亭，到村里的墙绘文化、井然有序的农房、再到苍翠的村庄绿化，人文景观和自然景观相映成趣。松厦镇干部宋巍峰向我们说明：

> 目前，政府有关部门在发动村庄开展"五星达标、三A创建"活动，祝温村是先进村，就祝温村目前的基础和条件而言，实际上已经完全达到了"三A"要求。[①]

[①] 材料来源：与上虞区松厦镇政法委干部宋巍峰的访谈记录，2018年2月8日。

在考察祝温村于2016年筹资50万元建立起来的"那个年代"农事体验园时，我们注意到一处"微景观"——环绕园子的小水沟非常清澈，里面还有小鱼，这从一个小微侧面实实在在地折射出祝温村生态环境保护和生态建设成效的落细落小落实。

人和家园着力于将村庄建设得更和谐。在祝温村党群服务中心内的村图书室旁，建有乡贤文化长廊。考察乡贤文化长廊时，给调研者留下深刻印象的是祝温村乡贤们对于捐资助力村庄建设的慷慨和热情。村民祝小华在改革开放以来通过创业积累起一些资金后，在1989年一次性捐资2.5万元给村里搞建设。这不由得让人们对这位祝温村史上元老级捐资者肃然起敬。根据当时的物价水平，2.5万元人民币绝对不是一个小数目，而当时的祝小华也还不是一个非常富有的人，为什么能够如此大方地捐资助力村治村建？这一问题值得思考和讨论。一个值得关注的细节是，祝小华捐资的时间是在杭兰英当选村支书以后，这或许是寻找答案的重要线索。离乡贤文化走廊不远处，是一条两旁绿树成荫的"人和文化长廊"，长廊展出的是2017年度的"五十佳"——十佳"好婆婆"、十佳"好媳妇"、十佳"好少年"、十佳"孝子女"、十佳"和谐家庭"。自从2010年发起首届"五十佳"评比后，一年一度的"五十佳"评选已成为村庄百姓的一件盛事，能上榜的村民无不以此为荣。在考察祝温村的民居时，调研者可以注意到家家户户都非常干净，而且每家每户都有家训上墙。在考察途中，会经过杭兰英的家，这是很普通的一座民居，和周边的农房没有什么两样。

创业乐园致力于让村庄产业更兴旺，村民生活更富裕。在祝温村创业历史陈列馆，分"守村建庄求东篱""希望田野勤耕耘""姹紫嫣红尽芳菲""一路春风助我行"等图文并茂的板块，生动介绍了祝温村的创业发展史。"享太平，气顺心顺乐安居；图富强，勤业敬业创大业"，这是馆中的一副对联。陈列馆的前言指出，"祝温村人世代辛勤耕耘，奋发图强，形成了敢闯敢试、埋头苦干、百折不挠，宽容合作的创业精神"，这段文字是对祝温村创业历史的生动写照与创业精神的形象提炼。2006年祝马、温泾、后桑三村合并成祝温村后，杭兰英根据当地的实际情况，大力推进并落实省级千亩高产粮食示范基地建设，让村里的农业生产条件获得根本性改善，在此基础上又拓展建成了水稻良种基地、猕猴桃基地、花卉基地、来料加工业基地等。村民的收入得到稳步提升，生活条件进一步改善。近几年来，祝温村通过各种渠道筹措并投入资金2000余万元，致力于美丽乡村建设，因地制宜，新建了"那个年代"农事体验园等旨在发展乡村旅游的基础性设施，进一步优化了村容村貌，赢得了上级组织的充分肯定和村民群众的由衷支持。

文化公园聚焦于让村庄建设拥有丰富的文化内核，这充分表明了祝温人村建规划的前瞻性。通过文化建设夯实村庄治理和建设的精神内核，是杭兰英治村的重要特色，因此，早在2006年祝温行政村成立伊始，杭兰英就组织村民编写了祝温村村歌，陆续建成了家和亭、仁和亭、文化礼堂、虞舜学堂、人和文化长廊、信义林、墙绘涂鸦，所有这些，都是祝温村治理和建设的文化内核的有机组成部分。而幼儿园、社区老年活动室、体育活动室、图书阅览室、创业文化陈列室，以及暑期社区学校等有关设施的陆续建成，更是凸显了杭兰英等村班子领导对文化建设的重视。祝温村所在的上虞区是"中国乡贤文化之乡"，利用这得天独厚的区位优势，在有关部门和乡贤组织支持下，祝温村在2015年专项设立了村文化礼堂乡贤公益基金，同时成立了文化礼堂乡贤理事会，在文化建设方面形成了有钱办事、有人做事的良好机制。在祝温村调研，可以看到村农家书屋图书室资料非常丰富，常有村民在图书室边看书边讨论，图书资料的利用率很高。调研走访祝温村的文化礼堂，更会让参观者感到眼睛一亮，里面既有祝温村的历史介绍，也有祝温村文艺队组织的演出剧照。在多次前往祝温村调研的上虞区政法委陈书记看来："祝温村的文化礼堂，那真是叫文化礼堂，你看那堂内到处洋溢和散发着的文化气息！"

（二）村庄治理和建设的谋篇布局注重前瞻性、长效性。千里之行，始于足下；合抱之木，生于毫末。以治村型乡贤杭兰英为核心的祝温村干部群体深知日积月累、细水长流的道理，通过一点一滴的努力，通过几十年的积累，量变完成了质变，一个基础薄弱、破烂涣散的小村庄如凤凰涅槃似的变成了一个四园并举、世外桃源式的美丽乡村。祝温村村民祝婆婆介绍：

>我们村是由三个村并弄来的，比较散，难管的。但现在顺利起来了，好管起来了，村里都弄好了。村里的建设，刚开始做起来是很辛苦、很复杂的，现在已经有些成熟了。①

祝温村党群服务中心内的村陈列室摆满了各种各样的荣誉证书。由于原版的荣誉奖匾尺寸较大，而奖匾又很多，为了节省空间，同时又能通过陈列的方式形象展示祝温村努力奋进的步伐和取得的点滴成绩，借以激励更多的祝温人，村两委工作人员将多数奖匾按比例缩小后再加以展示。但是"全国文明村镇""全国民主法治示范村"等国家级的奖匾还是以原版的尺寸赫然在列，因为这几块奖匾的含金量相当高，作为祝温村人，能获得这么多国家级奖匾，有足够理由自豪。

创业历史陈列馆中，还展示了各级领导和各方来宾考察祝温村的资料照片，满满的一墙照片让人应接不暇，上到国务院副总理汪洋、时任浙江省委书记的夏宝龙，以及来祝温村考察的各级干部和专家，来宾基本覆盖了全国各地。"这个村不容易，这里的干部会吃苦"，这是在村里挂职锻炼多年的大学生村官丁琦的最大感触：

>真的不容易，在其他村，可能在外表外观上会做得更好，而这个村能做到这个份子上，主要是一个不容易吧。当时，在集体经济很少，而且上面没什么项目的情况下，靠大家一点点做成这个样子。而且，像这里的村干部肯定比其他村辛苦的。全日上班，周六周日也上班，所以主要是一种不容易。如果要用几个词来概括这个村的杭书记的精神，我想到的第一个词就是奉献，这里的干部就是肯吃苦，真的太苦了。②

（三）村落社区共同体建设中注重干群协同和民主协商。"这个村的民风很好，人

---

① 材料来源：与上虞区松厦镇祝温村党支部书记杭兰英婆婆祝婆婆的访谈记录，2018年4月5日。
② 材料来源：与挂职上虞区松厦镇祝温村的选调大学生丁琦的访谈记录，2018年4月2日。

和人，真的是没有什么矛盾，如上访什么的。"① 这是在祝温挂职的大学生村官丁琦给予的评价。在一定意义上而言，人际关系就是一种生产力。在村级治理和建设中，村干部们能否和村民群众凝成一条绳，齐心协力，直接关系到村庄建设的成效。调查研究表明，祝温村的干部和群众正是在这方面铸就了自己的特色和优势。

祝温村竖立了一块醒目的功德碑，将捐款在1万元以上的村民刻碑以资纪念。为村庄治理和建设捐款1万元以上的既有干部也有许多村民群众，村支书杭兰英因其捐款最多而位列第一。一位陪同调研的村干部告诉我们，这是2013年的资料数据，这几年来，干部群众的捐款又有较大幅度增长，因此有些统计需要重新做一下，现在村里正在考虑这件事。

"协商民主是实现党的领导的重要方式，是我国社会主义民主政治的特有形式和独特优势。"② 村庄治理和建设中的干群协同体现在干部和群众对于村庄事务的共商共量，这在祝温村村民代表会议召开的频率和质量上得到有力阐释。村委会主任胡树君向调研者介绍了村民代表会议的召开情况：

> "很正规的，而且次数也不少。一年下来得有七八十来次之多。"③ "我们村的村民代表会议有三个特点：一是召开次数多，一年下来起码在七八次以上，代表们对于村里的重要事项能够在第一时间知情，能够全程关注并及时获悉最终的处理结果。二是村民代表参加会议的到会率很高，由于村民代表很重视自己的代表身份，重视村庄治理和建设的最终安排，重视自身的职责履行，加之每次会议通知及时，这样，几乎每次村民代表会议，代表们都能全员参加。三是村民代表对村里的工作非常支持，召开村民代表会议时，代表们均能够对村庄治理和建设献计献策，认真参与有关议案的表决，极少有故意唱反调甚至抬杠的。"④

祝温村的人和气顺、干群协同还突出体现在该村制定的《村规民约》中，该村的《村规民约》立足于村民自治原则精神，致力于创业祝温、生态祝温、文化祝温、人和祝温建设，其有关规约易懂易记易操作，如关于人和祝温，其具体规定是："尊老爱幼、传承美德；友爱他人、互相尊重；助人为乐、和睦相处；乡风评议、积极参与；人和祝温、你我共享。"有关规约表达了祝温村民的共同心愿，获得了村民的一致认可，从制度层面和精神层面推进了村落社区共同体的建设。

（四）在"三治"融合的基础上凸显道德文化在村治中的灵魂作用。在祝温村的村级治理和建设中，既切实贯彻了村民自治的原则精神，充分发挥了村民群众在村级治理中的主人翁作用，又在治理中努力将德治和法治有机结合起来，从而形成了自治、德治、法治"三治"融合的祝温村治理模式。与此同时，在祝温村的治理和建设中，充

---

① 材料来源：与挂职上虞区松厦镇祝温村的选调大学生丁琦的访谈记录，2018年4月2日。
② 习近平：《决胜全面建成小康社会 夺取新时代中国特色社会主义伟大胜利——在中国共产党第十九次全国代表大会上的报告》，人民出版社2017年版，第38页。
③ 材料来源：与上虞区松厦镇祝温村党支部书记杭兰英的访谈记录，2018年2月8日。
④ 材料来源：与上虞区松厦镇祝温村村委会主任胡树君的访谈记录，2018年2月8日。

分发挥道德和文化在村级治理和建设中的核心和灵魂作用，构建一个全体村民心息相通的精神家园，在道德和文化的引领下，村民群众自觉地参与到村庄的治理和建设中，汇聚成村庄治理和建设中的一股精神力量，这是祝温村治理中所彰显的一大特色。

紧挨祝温村农家书屋的乡贤美德长廊卷首语，给人们留下深刻印象："想家、思家、恋家、建家、兴家、荣家，这是每个祝温儿女的心愿和使命，这是每个祝温儿女的身份和荣耀……"

在祝温村调研不难看到摄制于2013年的村歌《祝愿温馨》的MPV，据了解，村歌歌词由村旁金近小学校长何夏寿所作，曲子由祝温村村民自己谱写，全程由杭兰英为核心的村两委领导班子参与监制和指导。"村是我的家，百家连一村。家是最小村，村名叫祝温……"村歌的词和曲朴实无华，让人听后经久难忘，道出了祝温人共同的心声。调研者不难感受到，祝温村以村歌为代表的村落文化很接地气，有股乡村独有的泥土味，很能够入脑入耳。

在祝温村文化礼堂栋梁的醒目位置，张贴着社会主义核心价值观的二十四个大字。在礼堂不远处，是祝温村干部和群众精心种植和守护的"信义林"。不管是张贴在礼堂醒目位置的核心价值观二十四字，还是"美德长廊""信义林"这些名字，实际上都反映了以杭兰英为核心的村两委对全体村民在精神和道德层面的引导和期许，体现了祝温村民所追求的一种价值观。松厦镇负责治安维稳工作的镇党委副书记宋巍峰认为：

> 现在这边的村民风气也是祝温村数一数二，村容村貌好，而且经常搞活动，所以吸引了许多周边的村民来观赏。旁边的几个村，还是有几位爱闹事的村民，所以在国务院副总理汪洋、时任浙江省委书记的夏宝龙等国家级和省部级领导人来视察祝温村时，我们在布置安防工作时特别留意周边村民的动向，通常的做法是暂时性隔断周边村民来祝温村串门。而对于祝温村村民，我们在安防方面没有什么压力，因为这个村确实特别和睦，村民之间关系特别和谐，在这方面，以杭兰英为核心的村级班子在孕育和谐村风方面的努力确实功不可没。[①]

二　治村型乡贤主导下"杭兰英式"村治成因探析

在治村型乡贤杭兰英的引领下，祝温村的村级治理和建设方面取得了令人瞩目的成绩，形成了深受学界和政界好评的"祝温模式"，迄今已有多家媒体、报刊在实地采访的基础上对祝温村的治理经验和杭兰英的工作精神作了全方位报道和多视角探讨。[②] 故

[①] 材料来源：与上虞区松厦镇政法委干部宋巍峰的访谈记录，2018年2月8日。
[②] 严森海：《祝温村的发展之道》，《村委主任》2011年第13期；楼丽君、徐坚权：《"文化"盛开村前屋后》，《今日浙江》2013年第10期；方文卿：《村民的事比天大——记绍兴市上虞区祝温村党总支书记杭兰英》，《今日浙江》2014年第9期；邵组岩：《"杭兰英现象"：一个村治样本的启示》，《绍兴日报》2014年7月9日第1版；马永定、张伟光、戴大新：《乡村治理现代化的样板——对绍兴市上虞区祝温村治村模式的调研》，《绍兴文理学院学报》2014年第5期；等等。

此，本文拟重点从理论分析的视角，对治村型乡贤杭兰英主导下的祝温村治理成功之道作一剖析和探讨。

（一）信念、执着夯实了和谐干群关系的信任基础。治村型乡贤杭兰英引领下的祝温村干部群体在长期的实践中铸就了"条条大路通罗马，一旦目标制定，就想方设法去推进，绝不轻言放弃"的工作精神，这种精神感动了村民群众，从而成为构建祝温和谐干部关系的信任基础。松厦镇政法委一名干部指出：

> 祝温村的三个行政村在2006年合并时，一些村民闹事，影响了村庄的和谐和稳定，当时也是曾经动用了公安力量的，但是后来村庄风气越来越好了，这里面有政府部门在维稳和管理方面的工作绩效，但是主要的原因是村级班子工作的开展有成效，毕竟这是内部的根本原因。所以，杭兰英治村的成功之处在于长期以来抓住了乡风建设，通过抓乡风建设，整个村逐渐呈现出风清气正的状态，同时也带动了其他各方面的建设。①

上虞区政法委的陈书记曾经在松厦镇担任多年的政法系统领导，杭兰英治村的成功之处在哪里？和其他村庄相比，祝温村的治理有什么特别之处？陈书记就此问题谈了她的看法：

> 我认为，作为一个农村基层的优秀干部，作为一个村级基层党组织的带头人，杭兰英最突出的特点是有理想，想把一个村治理好。因为有理想，所以就乐于奉献，而且做事情方向明确，一步一个脚印，日积月累，逐渐走向成功。②

杭兰英对工作的信念、执着和乐此不疲也是她公婆对她的基本评价之一：

> 杭兰英一开始是读卫校的，后来做赤脚医生，再后来是做支部书记，做了多少年都不晓得了，都已经当得厌了，当然，是我们家里觉得厌了，她是不厌的，她怎么会厌呢？每天一早就出去上班，很迟才回来，她这个人做事情一定要弄得煞清爽的。③

调研中，我们发现以杭兰英为核心的祝温村干部们工作不仅有韧劲，而且特别认真，对自己甚至有些苛刻。这一点，我们在同祝温村所在乡镇的有关干部交流时也得到了证实：

> 现在，就上虞区而言，上级党组织和有关政府部门对村干部的上班时间是有要

---

① 材料来源：与上虞区松厦镇政法委干部宋巍峰的访谈记录，2018年2月8日。
② 材料来源：与上虞区政法委干部陈女士的访谈记录，2018年2月8日。
③ 材料来源：与上虞区松厦镇祝温村党支部书记杭兰英公婆祝婆婆的访谈记录，2018年4月5日。

求的，原则上的要求是每天要到岗，不少村庄，通常的做法是，村干部上午上半天班，下午一般可能不在办公室，去忙其他的事情去了，但一般都会留下电话号码，村民如有需要，可以马上找到相应的干部。另外，有些村庄很大，村民事情很多，所以有关村干部不在办公室可能也不得安宁，所以他们一般也会选择全天留在办公室，以有利于工作的开展。而祝温村在杭兰英的带领下在这方面对干部的要求则更严，要求所有村干部全体坐班，而且不得兼职，这一规矩定下来后已经执行了几十年。①

在总结祝温村治理经验时，杭兰英丝毫没谈及她自己所做出的贡献和努力，而是将取得的成绩都归功于村民群众的长期支持和积极参与。祝温村两委的工作这么多年来之所以能得到村民长期而广泛的支持，我们认为，其重要原因在于，以杭兰英为核心的村级班子在工作中所体现出来的恒心和韧劲，既使得其工作目标更有实现的可能，也极大地提升了村民群众对干部们的信任度和认可度，这无疑是祝温村的治理走向成功的重要原因。

（二）在村庄的治理和建设中，"关键少数"的带头作用明显。"其身正，不令而行；其身不正，虽令不从。"作为"关键少数"的主要干部在工作中能否发挥表率作用，直接关系到干部群体对群众的感召力和领导力。调研表明，在杭兰英的带领下，祝温村的干部们在创业致富、乡村建设、文明创建等方面都起到了很好的带头作用，特别是在道德文化建设和价值观的涵育方面，祝温村的干部们可谓是不遗余力，持之以恒。

作为村级党组织的核心，杭兰英一方面在村庄治理中以身作则，另一方面也要求全体党员争做先锋。每月5日的党员会议，既是全村党员集中学习的时间，也是党员们回村参加活动的时间。在祝温村，已经形成了以党建引领乡村治理的新理念，以杭兰英为支书的祝温村党组织在村庄建设的各个方面都发挥了引领和带头的作用。

在村庄的治理和建设中，杭兰英是一个不爱多说，而是喜欢撸起袖子加油干的人。在她的引领下，整个村干部群体在工作开展中形成了亲力亲为的勤政作风。只要群众需要，干部就第一时间赶到，这同样体现了祝温村干部们的勤政作风。

> 有些村到年终，干部们会跑到镇里要求加分什么的，我们杭书记是从来不去的。有时，镇领导跟我们讲，你们村获得什么什么奖，到年终可以加分的，但我们书记对这些不太感兴趣。她话不多，记者来采访，她会觉得很累，在村里干活，她会感到特别自在，她就是这样一个喜欢干实事的人。②

"村庄里有建设，她总是先将脚上的鞋子脱下，裤管卷起，先去干活，带起头来。她这个样子，另外人也就一起做起来了。"③"另外的村里，该怎么搞，干部总喜欢嘴巴说说，杭兰英却每每是捋起袖子自己先做起来。现在有些村干部气派是很

---

① 材料来源：与上虞区政法委干部陈女士、松厦镇党委副书记宋巍峰的访谈记录，2018年2月8日。
② 材料来源：与挂职上虞区松厦镇祝温村的选调大学生丁琦的访谈记录，2018年4月2日。
③ 材料来源：与上虞区松厦镇祝温村党支部书记杭兰英公婆祝婆婆的访谈记录，2018年4月5日。

大的，就喜欢指手画脚的。村里的活儿，都是付酬的，村里人自己多做些，工资就少付些，这是我们的感觉。就像我们一个家一样，小工雇来，但自己也干活，事情总做得快些。"①

老书记（杭兰英）头带得好，她这个人正派，为老百姓着想，天天到办公室的，机关里上班还有礼拜天，她是没有礼拜天的，除了去开会，一周七天都是在的。……这么多年来，我在看，村里下大雨刮大风了，人家早早在家里呆着了，她还是撑着雨伞，这里指挥那里指挥的，这样的精神真的很不容易的。②

在村庄道德文化建设方面，村级党组织也切实发挥了核心和堡垒作用。在祝温村，文化礼堂是其最漂亮的建筑之一。放眼望去，祝温村的文化礼堂一是窗明几净，可以判断，这个礼堂的利用率相当高；二是礼堂中的文化气息特别浓厚，有祝温村文艺表演队的演出剧照，有村史介绍和村情荟萃，还有担任文化建设功能的村级组织的示意图及其运作流程，等等。富有特色的乡贤长廊、人和文化长廊同样是涵育村民群众价值观的重要阵地和展示平台，如在乡贤长廊中，所介绍的第一位乡贤就是担任村庄文化建设指导员的金近小学校长何夏寿，登上长廊的乡贤，有捐资于家乡建设的，也有为家乡建设献智献策的，体现了一种正确的价值引领导向。杭兰英担任村支书以来，祝温村逐渐形成了干部和民众踊跃捐款助力村庄治理和建设的良好风气。在乡贤长廊中的爱心人士一栏中，杭兰英以52万元的捐款位列捐资者榜首，彰显了以杭兰英为核心的村干部在捐资助力村庄建设中的分量。调研表明，杭兰英担任村主职干部后，村民们为村治和村建捐资助力蔚然成风：

村里的建设，杭兰英总是带头捐款，同时还发动村中的创业成功人士捐款，在村中营造了一股很浓厚很好的捐资于村治村建、捐资于帮助村民扶贫解困的风气。这样，你捐我也捐，大家都不甘示弱。有些村民就会想，人家能够这么大方，把钱拿出来资助村庄建设，为什么我们就不能这样做呢？这样，愿意、热心于村治村建的村民就越来越多，村里的公益事业资金充足，村庄建设就搞得越来越好。看到村庄的治理和建设搞得越来越好，村民就更乐于捐资，这样就形成了一个良性互动抑或是良性循环机制。③

（三）干部价值取向明确，着眼于为村民服务。"人和家园"建设是祝温村四园建设之一，在调研中，我们感受到整个祝温村实际上已经有机融合为一个和谐社区，凝聚成一个同心同力的村庄共同体，这无疑是农村基层治理和村落社区建设的丰硕成果。调研表明，祝温村的治理之所以能取得如此成绩，一是村干部群体的价值取向明确，不断加强村庄制度建设，干部们以身作则，严守规矩。二是村干部群体有一种强烈的服务意

---

① 材料来源：与上虞区松厦镇祝温村林丽丽的访谈记录，2018年4月2日。
② 材料来源：与上虞区松厦镇祝温村李树生的访谈记录，2018年4月2日。
③ 材料来源：与上虞区政法委干部陈女士的访谈记录，2018年2月8日。

识，并为之孜孜不倦地努力。这就为村落和谐的干群关系夯实了政治信任的基础，为村庄公共权力的良性运作积累了厚实的社会资本。干部的规则意识让村民群众感到放心，干部的服务意识让村民群众感到贴心。当我们询问村民群众鼎力支持杭兰英的缘由时，一位李姓村民的答复颇具代表性：

> 因为她平时都是替老百姓在忙，都是为老百姓好，她在村里的捐款是最多的，已经捐了五六十万了，她七七八八地捐了很多钱，有的钱还没有统计进去。①

而九十六岁高龄的祝婆婆则将这位邻村嫁过来的杭书记的为民情怀比作菩萨心肠：

> 工作中哪里需要，钞票她总是自己拿出去的，她这个人的心，在我们看来已经跟菩萨一样了。她一定要弄得清清爽爽的，这样子已经很多年了。②

赤脚医生出身的杭兰英有一种很清晰的主政理念：干部就是群众的服务员，村民群众就是自己的亲人，村民群众的困难就是自己的困难，只有走进村民群众家中，才能知道他们的酸甜苦辣，才能有针对性地解决他们的问题和困难。杭兰英的这种爱民情怀在工作中得到了充分的阐释，杭兰英给自己定下了一条规矩："村民群众有困难，自己必须到场。"杭兰英做了三十多年村支书，这条规矩也恪守了三十多年。杭兰英的为民情怀换来了村民们对她的拥护和支持：

> 我们的杭兰英书记真的算好的，穷的人家，杭书记是很肯帮忙的，很看得起的，人家家里做地（指铺水泥地面）但没有钱的，她就自己出钱给人家做好。有些穷的，钞票少的，经济有些困难的人家，她自己拿出钱来给人家，这个是真正的好干部，你说是不是？做了这么多年干部，从来没有听说钱捞进的，钞票只有她自己拿出来的，这样的干部真的好。有些穷的人家，她就悄悄地给他们些钱，有些村民没有子女，或者子女离世了，村里的干部就把他们照顾好，这样的干部多好！一个人能碰到这样的干部多么幸运！真的要感谢她，我们讲话都是实事求是的。③
> 村民家里有困难，她总是帮他们解决掉，自己袋里不要放的，上面钱拨下来，杭书记总是将那些有困难的、无子女的、有毛病的特别是有长病的照顾好，能干活的，想办法给他们一些轻便活做做，挣点钱，解决他们的生活问题。杭书记这个人在这方面是很过硬的。④

在杭兰英的感染和引领下，村级组织中的其他干部也纷纷向她看齐。尽管做村干部

---

① 材料来源：与上虞区松厦镇祝温村李树生的访谈记录，2018年4月2日。
② 材料来源：与上虞区松厦镇祝温村党支部书记杭兰英公婆祝婆婆的访谈记录，2018年4月2日。
③ 材料来源：与上虞区松厦镇祝温村温泾自然村王彩娟、祝英的访谈记录，2018年4月2日。
④ 材料来源：与上虞区松厦镇祝温村林丽丽的访谈记录，2018年4月2日。

的报酬很有限，有的干部自嘲做了几届村干部后成了"村里的贫困户"，但大家甘于淡泊，不计得失、尽心尽力地扑在岗位上，做好村民群众的服务员和"人和家园"的守护员。如此，通过杭兰英主政下村干部群体的共同努力，村民群众充分感受到村的温暖、村的力量，干部和群众之间的关系日趋和谐。

行走在祝温村，能够真切感受到村庄公共权力运作的制度化和规范化，感受到整个干部群体的清廉作风和行事风格。一位村干部告诉我们：

> "杭兰英在1986年担任村支书之前，做过祝马村妇女主任，口碑好，所以后来高票当选为祝马村支部书记，一当就是32年。""杭兰英原来并不是祝马村人，而是邻村（杭郭村）嫁到祝马村当媳妇的，有意思的是，和杭兰英搭档了30年的村主任王茂桃原本也不是祝马村人，而是祝马村的上门女婿。""杭书记和王主任看似不是土生土长的祝温村人，看似缺少了治村的人脉和积淀，其实却形成了意外的优势，因为在村中没有了七姨八姑，在治理中就可以更客观更公正地按规矩办事，做事所受的干扰就少，从而能更清廉地行使公共权力。"①

笔者认为，祝温村治理的成功从管理层面而言，村干部们的规则意识和服务意识无疑为村庄社会资本的积累和干群之间信任关系的构建奠定了基础，这是祝温村治理和建设取得成功的重要因素，也是可以在其他村复制和推广的宝贵经验。

在走访杭兰英书记的办公室时，我们被她办公室里的丰富材料吸引，其中包括她主政村治三十多年来所积累的一百多本民情记录本。谈到杭兰英的民情记录本，松厦镇的一位干部也连声赞叹：

> 实际上，松厦镇乃至上虞区对基层村级干部都有记民情的要求，明确规定，每个干部每个月都要和百姓有面对面的沟通，沟通后要及时将有关情况记录在民情本子上，要求每季度都要有总结，到每年年终，干部们的民情记录本都要上交并检查，作为干部考核的重要内容。而祝温村村支书的民情记录本的确记得特别好，又多又全。②

几十年如一日，一丝不苟地记录民情，其坚持不懈的动因何在？在于"村民"两字在干部心中的分量。按照杭兰英的话来说，好记性不如烂笔头，之所以常年坚持做民情笔记，为的是将村民的情况了解得更清楚更细致些，以利于工作的开展。一位上虞区的干部指出：

> 作为一个村级党支部书记，杭兰英对农村、对村民富有感情，她做村民的工作有一个大前提，一个基本的思维框架：每个村民其本质是好的，是可以引导的，思

---

① 材料来源：与挂职上虞区松厦镇祝温村的选调大学生丁琦的访谈记录，2018年4月2日。
② 材料来源：与上虞区松厦镇政法委干部、党委副书记宋巍峰的访谈记录，2018年2月8日。

想上非常乐观，是非常有理想的一个人。

作为一个村支书，杭兰英非常善于做人的工作。原来村中有一位村民，总是喜欢和周边的村民吵架，喜欢和村干部顶杠，是一个非常令人头疼的人物。后来杭兰英找到他，做他的思想工作：你总觉得自己处处不如意，总觉得旁边的人对你不好，总觉得这个世界对你不公平。其实，我替你想想，真没有什么可以不高兴的。你看，你的女儿上大学了，你多有面子，女儿这么优秀！还有，你儿子很顺利地结婚了。你看看我，自己儿子这么迟才结婚，想想真不如你啊！我要是换成你，不知道该有多高兴！你老是吵来吵去，有必要吗，值得吗？而且，你也要为你子女想想，你这样跟人吵，跟干部闹，给人印象好吗？你的子女有面子吗？所以，你也要给你的子女带个好头，与人为善。后来的实际情况表明，杭书记的这次思想工作做得很成功。①

（四）干部立足于村情发展经济，工作思路明确。一个村庄的治理和建设，归根结底需要以经济的建设和发展作为支撑。对于这一点，祝温村的干部们具有非常清晰的理念和非常明确的工作思路。同时，干部们能够从祝温村自身的村情出发，布局和筹划经济发展的着力点。祝温村位于虞北平原，有成片的优质粮田，鉴于此，杭兰英积极推动农田的标准化建设，并向上级有关部门争取了土地改良资金，终于在祝温建成1000多亩的省级标准化农田，极大地提高了粮食产量，同时积极推动和完成了土地的流转，推进了农田的集约化和农业生产的规模化。

祝温村的干部们还瞄准市场的需要，鼓励村民们积极拓展种植业多样化发展的路子，在村里陆续建成了花卉基地、良种基地、猕猴桃基地等，增加了村民的收入。祝温村是个传统的建筑村，很多村民外出从事建筑行业的发展，积累了资金和丰富的从业经验。祝温村的干部们经常赴上海等地亲切慰问在外创业的祝温村民，带去家乡的关心和问候，鼓励他们在外安心创业。祝温村靠近中国伞城，村干部就鼓励和支持村民积极发展来料加工业务，为村民收入的增加拓展了更多路子。

以杭兰英为核心的村级领导班子在规划祝温村的建设蓝图时，"创业乐园"建设是其中的一个核心支撑点。杭兰英主导下的祝温村发展历史，既是一部从松散平庸村子到紧致美丽村庄的华丽变身史，也是一部滴水穿石、可圈可点的村庄创业史。在这一历程中，作为村级党组织的支部书记，杭兰英无疑发挥了关键和主导的作用。在此，颇值得探讨的话题是，作为一个在松厦镇土生土长的妇女，杭兰英为什么做事如此干练、有眼光呢？当地的几位干部就此发表了他们的观点：

> 这和杭兰英的个人努力及家庭情况有一定的关系，杭兰英非常善于学习，杭兰英的丈夫是松厦中学原副校长，负责过一家校办厂，杭兰英的一个弟弟也办有一家房地产公司，在这样的一个家庭背景下，耳熏目染，也有利于杭兰英及时捕捉时

---

① 材料来源：与上虞区松厦镇政法委干部陈女士的访谈记录，2018年2月8日。

和市场信息。①

当有人提出,杭兰英自身的文化程度并不高,能够带领村民取得这样的建设成就实属不易时,几位当地的干部发表了他们的看法:

> 其实,杭兰英的文化程度也不算低,当时,还是20世纪70年代,杭兰英经绍兴卫生学校进修后在村里担任赤脚医生,她的丈夫在中学担任教师,在当地也算是学历较高的文化人。②

调研表明,特别难能可贵的是,杭兰英在村庄治理和建设过程中碰到困难和问题时,经常会主动与其他干部和群众商量,集思广益;也注重与外出的村民保持联系,经常向他们咨询村庄治理的意见和建议,这显然有利于调动干部和群众致力于村庄治理和建设的积极性。

要担当起引领村庄治理和建设的重任,村干部群体既要对本村村情有一个清晰认识,因地制宜,谋划村庄发展之道;又要对村庄的建设规划有一定的前瞻性,能够根据新形势下经济和社会发展的客观需要,未雨绸缪,为村庄长远的治理和建设布好局谋好篇。以杭兰英为核心的祝温村干部群体在这方面交出了值得称道的答卷,在经济发展方面,根据祝温村的农耕传统以及毗邻中国伞城的有利地理位置,重点扶植和拓展村民的种植业和加工业;在乡村建设方面,注重社区绿化和环境保护,致力于将祝温村建成花园式村庄。清晰的定位、明确的思路、切实的举措,使得村庄的建设一步一个脚印,三十年磨一剑,终于促成了质的飞跃,让生活在其中的老百姓有了实实在在的获得感。如此,老百姓对村级组织的工作更加支持,有了村民大力支持的村两委会工作就更自信、更尽力,从而形成了一个村庄公共权力运作的良性闭合式循环。

(五)民主管理村庄,注重发挥村民群众在村庄治理和建设中的主体性作用。自从20世纪80年代在农村施行村民群众自治制度以来,"民主选举、民主决策、民主管理、民主监督"的制度设计成为落实村民群众自治的重要原则精神,也是当代中国乡村治理的重要推进方向。在祝温村,干部和群众在落实民主治村方面做了诸多努力,无论是村级公共权力运作中的集思广益、对村民意见的重视、对村民代表会议运作的规范,抑或是在村庄建设中对发挥乡贤组织和外出精英作用的努力,还是在村庄建设中的内外协同、村校共建,都彰显了村民群众在村庄治理和建设中的主体性作用。

实践证明,在经济和社会的发展中,人际关系是一种重要的生产力。在村庄的治理和建设中,村庄中良好的人际关系同样有助于村庄治理和建设目标的更好完成。而在祝温村,干部和干部之间、干部和群众中间、群众和群众之间良好的人际关系给调研者留下了深刻的印象。调研期间,祝温村的大学生村官丁琦向我们介绍,杭兰英已经担任了

---

① 材料来源:与挂职上虞区崧厦镇祝温村的选调大学生丁琦的访谈记录,2018年4月2日。
② 材料来源:与上虞区崧厦镇政法委干部陈女士、党委副书记宋巍峰的访谈记录,2018年2月8日。

32年的村支书，还有一位刚刚退下来的村主任王茂桃，也担任了三十多年的村主任，两人搭档的时间长达30多年，互相之间配合得很好。

关于多个村庄的研究表明，治理成功的村庄，村支书与村主任的关系往往比较融洽，或者是相当融洽。不少治理得好的村庄，村支书和村主任的关系甚至可谓"黄金搭档"。我们调研过的嵊州浦东村、八何洋村、上店村，柯桥大山西村，以及本次调研的上虞区祝温村莫不如此。

有学者指出："由于传统的村庄政治结构具有一元化的特征，党支部书记掌握着村务大权，当竞选上台的村主任要求执掌村务时，一场争斗便难以避免了。"[1] 的确，村级层面的干部组织结构是比较复杂的，一方面，有关文件规定，村级党支部是村级工作的领导和核心，另一方面，有关法律又明确了村委会主任及其为首的村委会在村庄治理中的主体地位。有关制度规定的不清晰常常造成村级党组织与村级自治组织之间的不和谐甚至矛盾，这种矛盾很多时候集中体现在村支书与村主任两者之间的关系上，致使村级组织内耗严重，甚至影响到整个村庄的治理和发展。

祝温村的干部们有句名言："搞卫生比造房子还重要！"[2] 这是农村基层干部们在长期工作实践中得出的切肤体会，在不少农村地区，通过经济的发展，造房铺路等乡村的硬件设施建设推进得很快，然而，随处可见的垃圾、异味弥漫的厕所，表明农民生活习惯的改变并不是一件容易的事，这也凸显了农村精神文明建设的长期性和艰巨性。而在祝温村，房前屋后，很难看到垃圾，产业的兴旺和村容村貌的提升齐头并进。调研表明，之所以能做到这一点，祝温村的村两委无疑带了个好头，杭兰英对全体干部有明确的要求，"要求村民做到的，干部们应该首先做到"。同时，在村务管理中，祝温村的干部们注重尽量让村民群众参与到村庄的公共生活中来，参与村庄事务的民主讨论、决策和落实，让每个村民对村中的事务都有说得上话的机会。就祝温村的美丽乡村建设而言，从一开始建设目标的拟就、到具体方案的落实、再到对优秀村民的表彰奖励，都做到了干部带头、民众参与、共同完成，从而保证了美丽乡村建设的各项工作能落到实处，精神文明建设与物质文明建设比翼双飞。

在祝温村参观文化礼堂的时候，一位镇干部介绍：

> 祝温村的文化礼堂也是村庄的会堂，村里规模较大的会议都是安排在这里完成的，按照上级有关部门的规定，村民代表会议一般每年须召开两次以上，主要是村主职干部述职、汇报工作。祝温村的村民代表会议召开次数更多，经常就村级重要事务的商讨通过村民代表会议最后议决，祝温村在这方面做得特别规范。[3]

在同当地几位干部座谈时，笔者提出了一个问题："有媒体报道，祝温村的治理和

---

[1] 景跃进：《当代中国农村"两委关系"的微观解析与宏观透视》，中央文献出版社2004年版，第53—54页。
[2] 材料来源：与上虞区松厦镇祝温村村委会原主任王茂林的访谈记录，2014年7月2日。
[3] 材料来源：与上虞区松厦镇党委副书记宋巍峰的访谈记录，2018年2月8日。

建设让每个村民都有发言权、都有面子，具体有什么举措？"上虞区政法委的陈书记就此问题做了阐释：

> 一方面是该村的村民代表会议开得很规范，现在村民事情很多，很多村民经常不住村里，在外面跑来跑去，生活条件好了，眼光也开了，大家对村里的利益分配盯得不是很紧，而且，现在是工业反哺农业，国家加大了对乡村振兴的推进力度，所以政府对村级治理的规范化也在不断推进，因此，村干部的工作就总体上而言，还是让村民越来越放心。
>
> 另一方面，村民们不管是常住在村里，还是经常在外面跑的，都很高兴能被选为村民代表，因为这样对村里的事情可以第一时间知道，而且可以作为村民代表向其他普通村民传达村里重要事项的具体内容及相关精神，他们觉得很有面子、很光荣。
>
> 在祝温村，村民代表会议召开的频率特别高，村民代表经常有机会就村务发表自己的意见。除了村民代表会议开得规范，杭兰英也很重视听取普通村民对村治的意见和建议，老百姓的意见被村里采纳后，自然觉得很有面子，也会很高兴。[①]

在村庄治理和建设中善于调动和利用各方面的力量和资源，虚心向各方人士学习和请教，寻求他们的帮助，是杭兰英主导下祝温村的治理走向成功的又一个重要因素。在村庄的文化建设中，杭兰英充分借助了村旁金近小学教师特别是该校校长何夏寿的智力支撑，不管是村歌的创作、村文化墙的绘制，还是村庄"五十佳"评选的设计和运作，祝温村都得益于何夏寿校长及其学校师生的献智献策和全程支持。

三 治村型乡贤主导下推进村治值得思考的几个问题

当前，中国的乡村治理已成为国家治理体系和治理能力现代化的重要基础。有效的乡村治理实际上是一个不断走向善治的进程，是一个为乡村产业兴旺、乡风文明、生态宜居、生活富裕提供良好治理支撑的进程。2022年中央"一号文件"指出，要"充分发挥农村基层党组织领导作用，扎实有序做好乡村发展、乡村建设、乡村治理重点工作，推动乡村振兴取得新进展、农业农村现代化迈出新步伐"。[②] 以祝温村为例，就越地治村型乡贤主导下的村治模式而言，为了提升和拓展村级治理，笔者认为，有几个问题需要作进一步的思考和探讨。

（一）民众认同的村庄领袖及其主导下的村域善治能否得以延续的问题。改革开放以来，随着村民群众自治制度在农村地区的普遍推行，以民主和自治为内核的村治制度设计催生了乡村治理中的经济能人治村模式，较好地顺应了上级组织和政府层面加快发

[①] 材料来源：与上虞区政法委干部陈女士的访谈记录，2018年2月8日。
[②] 《中共中央 国务院关于做好2022年全面推进乡村振兴重点工作的意见》，参见中华人民共和国中央人民政府网，http://www.gov.cn/zhengce/2022-02/22/content_5675035.htm。

展农村经济的战略构想，也呼应了村民群众希望有经济能人引领他们一同致富的热情期盼，因此，经济能人治村模式在农村地区不断涌现，成为乡村基层令人瞩目的政治景观。而治村型乡贤主导下的村级治理更是呼应了十八大以来党和政府希望又好又快地建设新农村的美好期许，因此得到了各方面的大力支持，形成了广受关注的贤人治村的模式，这实际上是能人治村的升级版。① 然而，不管是能人治村还是贤人治村，实际上都面临着可否持续的问题。调查发现，在能人或者贤人担任了村庄的主职干部后，村庄建设往往会随之出现新气象，而一旦治理型能人或贤人离去，村庄的各方面发展往往难以为继。与之相联系的是村庄的善治能否延续的问题。在乡贤主导下的村庄治理和建设中，往往更能够调动各方面力量参与村庄公共生活的积极性，在治理目标、治理手段、治理结果等诸多方面呈现善治的基本特征。然而，一旦受村民推崇和尊敬的治村型乡贤离开了村治中的领导岗位，村落场域的善治同样面临着难以为继的问题。②

上述问题的凸显表明了村级后备班子建设的重要性，村主要干部在带领村民群众积极开展村庄治理和建设的同时，务必将后备班子建设和梯队培育作为自己工作的重要组成部分。唯有如此，才能让受民众认同的村级干部队伍以建设及趋向于善治的村域治理获得可持续发展。其次，治村型乡贤的培育与村域善治的探索，离不开社会主义核心价值观的引领。所以，通过宣传和践行，确保社会主义核心价值观在农村地区的落细落小落实，是培育治村贤人与推进村庄善治的重要思路。再次，民众认同的村庄领袖及其主导下的乡村善治能否得以延续的问题，也促使我们进一步反思如何在传承优秀乡村治理文化的同时，加快推进乡村治理体系和治理能力的现代化。实践证明，不管是能人治村还是贤人治村，如果没有健全的制度作为支撑，实际上仍是一个人治的范畴，这显然不利于村级治理的现代化。因此，只有大力推进以村规民约为核心的村落制度建设，才能给村庄的善治提供切实有效的机制保障。

（二）村治中治村型乡贤的主导作用与村民群众的主体作用有机结合的问题。以治村型乡贤杭兰英为核心的祝温村干部群体通过以身作则，在村庄治理和建设中发挥了很好的主导作用。与此同时，村民代表会议等相关制度的规范运作，为村民群众参与村庄公共生活提供了切实的保障作用，彰显了村民群众在村庄治理和建设中的主体作用，从而将治村型乡贤的主导作用与村民群众的主体作用有机结合起来。按照村民群众自治制度的原则精神，村民群众是村级治理的法律主体，在村干部的选举、村庄重要事项的决策、管理和监督等各个环节都要让村民群众参与进来。同时，村庄的建设也需要一个领导核心，按照党和政府加快农村基层政治文明建设的基本思路，要充分发挥农村基层党组织在村庄建设和发展中的领导和核心作用。很显然，祝温村治理在上述两方面达到了较为和谐的统一，以杭兰英为核心的村干部群体通过几十年如一日的辛勤工作和默默奉献的爱民情怀，赢得了民众对于干部群体的政治信任，从而为其在村庄治理中领导作用

---

① 参见裘斌《"乡贤治村"与村民自治的发展走向》，《甘肃社会科学》2016年第2期。
② 在祝温村，富有前瞻性眼光的杭兰英在主导着村政趋向善治的同时，也注意到干部梯队的构建问题，推荐选拔了胡树君等年轻干部作为重点培育对象。不过，并不是所有村庄的主职干部都能够前瞻性地谋划这些问题。

的发挥奠定了厚实的政治基础。与此同时，村民群众也因为在村庄治理中说得上话、办得成事而感到有面子，从而进一步激发了村民群众在村庄治理和建设中的主人翁精神。

在新时代农村基层政治文明建设进程中，协商民主是调动基层民众参与公共政治生活的基本途径。"有事好商量，众人的事情由众人商量，是人民民主的真谛。"[1] 然而，调查研究表明，在为数不少的村庄治理中，能人、贤人的主导作用与村民群众的主体性作用尚未有机地结合起来。在部分村庄，基层组织涣散，村两委战斗力软弱，无法调动和引领村民群众积极参与到村庄的治理和建设中来；还有部分村庄，经济能人或贤人在村庄公共权力的运作中处于掌控地位，在他们的引领下，村庄建设尽管开展得比较顺利，但是村民群众依附治村能人或贤人的现象比较突出，为数不少的村民实际上是在治村精英的裹挟下被动地参与到村庄的公共政治生活中，缺少自己的声音，这显然不利于村民群众自治制度的落实和推进。要解决好这个问题，一方面，上级党组织和政府有关部门要加强对治村型能人或贤人的培训、教育和引导，提高农村基层干部的治理能力，打造一支作风过硬、本领高强的治村型乡贤队伍。另一方面，有关部门要督促、引导村两委会搭建和利用好村级党员会议、村民代表会议、民情恳谈会议等村民群众意见征集平台和民主协商平台，同时要积极推进乡贤参事会等有关组织建设，为乡村精英群体参与村庄治理提供组织支撑。

（三）乡贤引领下村庄治理中村域经济的增长及其可持续发展问题。祝温村是一个以种植业为传统支撑产业的农耕村庄，村庄集体收入在所属的上虞区处于中等偏下位置。然而，调研者走进祝温村，无不惊叹于其村容村貌的美丽、村落生活的井然有序、公共设施的高效运作。据了解，祝温村的美丽乡村建设水平在所在的松厦镇数一数二，也是当地政府重点支持打造的"五星达标、三A创建"村庄。众所周知，美丽乡村建设既需要村民群众的共同参与，也离不开必要的经济发展水平作为支撑。那么，作为一个村级集体经济并不雄厚的村庄，祝温村的建设和发展资金从何而来？调研表明，祝温村的建设资金主要由三个部分组成：上级政府的拨款、村民的捐款以及村庄的公共建设资金。除了村庄公共建设资金的积累以及村民捐款的支持，现在，政府对"五星达标、三A创建"等美丽乡村建设项目的支持力度也很大，资助的数额很可观。不过，政府层面对村庄建设的资助有一条基本原则：必须通过项目申报，不经申报就直接予以拨款资助的几乎没有。祝温村也不例外，要想获得政府部门的资助，必须通过项目申报，申报的流程和其他村并无二致。当然，由于有杭兰英在牵头，在申报有关项目时，有关部门可能会更加关注，予以资助的可能性也就更大些。因为有关部门会觉得，如果他们资助祝温村，杭兰英带领下的村级班子有可能将相关资助款利用得更好。

除了通过项目申报获得上级相关部门的资助，干部和群众对于村庄建设的踊跃捐款也是祝温村治理和建设的重要支撑。然而，我们认为，上级的资助和村民的捐资毕竟是有限的，要从根本上实施乡村振兴战略，还是需要有可持续发展的村级经济作为根本支撑。调研表明，祝温村在村两委的带领下已经在这方面进行了可贵尝试。2016年，祝

---

[1] 习近平：《决胜全面建成小康社会　夺取新时代中国特色社会主义伟大胜利——在中国共产党第十九次全国代表大会上的报告》，人民出版社2017年版，第38页。

温村结合自身村情，建成了"那个年代"农事体验园，同时与上虞区教体局达成协议，每年安排中小学生来村里体验农事，自己动手，生火做饭。2017年参加体验活动的中小学生有6000多人，学生只需自带食材，体验园提供柴火、锅碗等全套材料。但是，调研发现，祝温村农事体验园的乡土特色尚有待于挖掘和提炼，因此，能否设计一个通过农事活动链，让参与者全方位感受传统乡村生产和生活方式的体验流程？能否利用祝温村打造的"四园"建设品牌，加快推进亲子、民宿、观光等乡村旅游资源的挖掘和利用？能否顺应新时代的发展趋势，打造一个"互联网+"祝温，全方位推介祝温村的乡土特色和文化资源？等等，都是杭兰英主导下的祝温村在推进村域善治中有待于进一步思考的问题。现在，祝温村在美丽乡村建设方面尽管已经成为一个样板村，但是，在治村型乡贤主导下，怎样立足村情，通过乡村振兴再设计、再规划、再创业，让村庄的产业发展和"四园"建设更上一层楼，其中还有很多文章可做。

（作者：裘斌，绍兴文理学院马克思主义学院教授）